Curso Básico de Astrologia

MARION D. MARCH
JOAN McEVERS

Curso Básico de Astrologia

VOLUME II
Técnicas de Interpretação

Fórmulas – Efemérides – Planetas Retrógrados –
Os Nodos Lunares – Padrões de Mapas –
Aspectos ao Ascendente e ao Meio do Céu

Tradução
Denise de Carvalho Rocha

Prefácio de
Verbenna Yin

Editora
Pensamento
SÃO PAULO

Título do original: *The Only Way to Learn Astrology – Vol. 2 – Math & Interpretation Techniques*.
Copyright © 2009 ACS Publications, uma impressão da Starcrafts LLC.
Copyright da edição brasileira © 1988, 2022 Editora Pensamento-Cultrix Ltda.
2ª edição 2022.
Primeira edição por Marion D. March e Joan McEvers
Copyright © 1977 Astro-Analytics Publications.
Copyright © 1981 Edição revisada ACS Publications.
Segunda edição por Marion D. March e Joan McEvers
Copyright © 1999 ACS Publications.

Todos os direitos reservados. Nenhuma parte deste livro pode ser reproduzida ou usada de qualquer forma ou por qualquer meio, eletrônico ou mecânico, inclusive fotocópias, gravações ou sistema de armazenamento em banco de dados, sem permissão por escrito, exceto nos casos de trechos curtos citados em resenhas críticas ou artigos de revista.

A Editora Pensamento não se responsabiliza por eventuais mudanças ocorridas nos endereços convencionais ou eletrônicos citados neste livro.

Editor: Adilson Silva Ramachandra
Gerente editorial: Roseli de S. Ferraz
Gerente de produção editorial: Indiara Faria Kayo
Consultoria técnica: Verbenna Yin
Editoração eletrônica: Join Bureau
Revisão: Adriane Gozzo

Dados Internacionais de Catalogação na Publicação (CIP)
(Câmara Brasileira do Livro, SP, Brasil)

March, Marion D.
 Curso básico de astrologia: volume II: técnicas de interpretação / Marion D. March, Joan McEvers; tradução Denise de Carvalho Rocha; prefácio de Verbenna Yin. – 2. ed. – São Paulo: Editora Pensamento, 2022.

 Título original: The only way to learn astrology: vol. 2: math & interpretation techniques
 ISBN 978-85-315-2245-1

 1. Astrologia – Manuais I. McEvers, Joan. II. Yin, prefácio de Verbenna. III. Título.

22-125883
CDD-135.47

Índices para catálogo sistemático:
1. Astrologia: Ciências ocultas 135.47
Cibele Maria Dias – Bibliotecária – CRB-8/9427

Direitos de tradução para a língua portuguesa adquiridos com exclusividade pela
EDITORA PENSAMENTO-CULTRIX LTDA., que se reserva a
propriedade literária desta tradução.
Rua Dr. Mário Vicente, 368 – 04270-000 – São Paulo – SP – Fone: (11) 2066-9000
http://www.editorapensamento.com.br
E-mail: atendimento@editorapensamento.com.br
Foi feito o depósito legal.

*... falando por experiência própria,
gostaríamos de adverti-lo sobre
a veracidade deste antigo provérbio chinês:
"O que se vê, se esquece;
o que se ouve, se lembra;
o que se escreve, se entende".*

– March & McEvers
de seu Prefácio sobre a importância
de fazer a lição de casa!

Dedicatória

Dedicamos este livro aos nossos alunos, que insistiram e até nos pressionaram para que puséssemos no papel o que temos "ensinado e pregado" há tantos anos.

Nota do editor: *Embora tenhamos o prazer de oferecer esta nova edição do Volume II da popular e agora clássica trilogia* Curso Básico de Astrologia, *com materiais adicionais, nova capa e alterações de formatação, os leitores devem estar cientes de que o texto dos Agradecimentos permanece o mesmo da segunda edição revisada do* Curso Básico de Astrologia, Volume II, *conforme publicado pela ACS Publications, em 1997.*

Agradecimentos

Nossos mais profundos agradecimentos vão para nossa editora original, a ACS, principalmente para Maria Kay Simms e Maritha Pottenger, que nos deram a chance de atualizar este livro, o Volume II de nossa trilogia *Curso Básico de Astrologia*. Nesse intervalo de vinte anos, algumas mudanças ocorreram, exigindo grandes mudanças no cálculo do horóscopo.

1) As efemérides para o meio-dia saíram de moda. Em toda parte, exceto nos Estados Unidos, a notação de 24 horas foi adotada, e o dia começa à meia-noite; portanto, os posicionamentos para a meia-noite geralmente são ensinados no mundo todo.
2) Muitas das efemérides mais recentes têm certas correções que eliminam a necessidade de usar a Tábua de Logaritmos (logs), como na versão inicial deste livro. Aliás, nossas novas fórmulas para encontrar as casas são muito mais curtas e fáceis.
3) Nos últimos vinte anos, uma grande revolução aconteceu: o computador! A Astrologia e os astrólogos tiraram proveito desse fenômeno: hoje, ninguém precisa "calcular" um mapa. Tudo que você precisa fazer é fornecer alguns dados, como

datas, horas e locais, apertar alguns botões e *voilá*: o mapa está pronto! Mas como você vai saber se cometeu um erro? Nesta nova versão do Volume II da trilogia *Curso Básico de Astrologia*, tentamos fornecer algumas dicas para o usuário dos programas de computador.

4) Em 1978, quando este livro foi publicado pela primeira vez, os dados do mapa eram um "acontecimento" muito aleatório, com várias versões diferentes espalhadas por aí. Isso levou a astróloga Lois Rodden a coletar dados e a criar um sistema de classificação hoje usado pela comunidade astrológica no mundo todo. Agora temos alguns bancos de dados fantásticos. A coleção de Edwin Steinbrecher, com 28 mil nomes, é um dos melhores. Agradecemos a ele e a Lois Rodden, que nos permitiram usar apenas mapas classificados como AA, A ou B nesta nova versão do Volume II.

5) Ao atualizar este livro, notamos, com muito prazer, que nossa habilidade de escrita melhorou muito... Então, obrigado, ACS, por nos dar a chance de fazer todas essas mudanças.

6) Por último, mas não menos importante, um agradecimento muito especial a Jeani Lewis, que mais uma vez veio em nosso socorro. Com seu Sol perfeitamente organizado e Mercúrio em Capricórnio, ela nos ajudou a "limpar" uma versão escaneada muito confusa. Com sua Lua em Sagitário, entusiasmada e idealista, ela selecionou centenas de mapas do banco de dados Steinbrecher para nos ajudar a encontrar os "ideais" para ilustrar nosso texto e nos estimulou a refazer as alterações matemáticas.

– Marion D. March e Joan McEvers

Nota da editora da terceira edição em inglês:

Nós da Starcrafts LLC temos o prazer de apresentar esta terceira edição do *Curso Básico de Astrologia, Volume II: Técnicas de Interpretação*. Este livro tem um tesouro valioso de técnicas interpretativas – destaques, planetas retrógrados, interceptações, padrões de mapas, para citar algumas – que garantem sua grande popularidade nesta trilogia, mesmo para usuários de computador dedicados. Se você é iniciante, porém, não pule a parte da matemática! Qualquer astrólogo familiarizado com os perigos do computador em relação ao "entra lixo, sai lixo"* conhece bem a importância da compreensão básica dos cálculos do mapa para evitar erros ocasionais na inclusão de dados!

Quanto às seções sobre matemática, ocorreram outras mudanças desde que Marion e Joan completaram a segunda edição deste volume, impressa pela primeira vez em 1997. Com grande respeito pelo trabalho delas e lamentando não ser possível chamá-las para fazer as revisões atuais, sentimos que duas seções precisavam de alguns materiais adicionais. A primeira adição, no fim do Módulo 2,

---

* Referência à capacidade dos computadores de processar todos os tipos de dado, mesmo que não façam sentido, e produzir, consequentemente, informações sem sentido. (N. da T.)

mostra como usar o formato alterado do *The International Atlas, Revised Sixth Edition*. A segunda adição mostra uma lista de chaves para o primeiro grau de cada signo e exemplos usando o método do cálculo do número inteiro, mencionado muito brevemente pelas autoras na segunda edição. Como o método dos números inteiros é amplamente usado e ensinado atualmente, achamos útil explicá-lo um pouco mais.

Maria Kay Simms

Sumário

Índice dos Mapas Astrológicos 21
Prefácio à Edição Brasileira, de Verbenna Yin 25
Prefácio 29
Introdução 33

Parte I

Módulo 1: Regras Básicas, Abreviaturas, Ferramentas Necessárias
"Você tem um Computador?" 37
    Regra Número 1: Hora Exata do Nascimento 38
    Regra Número 2: Confira e Revise 39
    Regra Número 3: Equivalências Matemáticas 39
    Regra Número 4: Notação de 24 horas/dia 39
    Regra Número 5: Ferramentas Básicas para Calcular e
        Interpretar um Mapa Astrológico 40
    Regra Número 6: Entenda o Que é Latitude e Longitude 42
    Regra Número 7: Observações sobre o Tempo 43
    Regra Número 8: Os Meridianos 44
    Mapa do Mundo com Latitudes e Longitudes 45

Regra Número 9: Horário de Verão 46
Regra Número 10: Hora Sideral (ou Hora das Estrelas)...... 46

Módulo 2: Como Determinar a Cúspide das Casas 49
  Fórmula para Determinar a Cúspide das Casas 49
  Amostra do *Atlas* para a Califórnia................................ 50
  Amostra das Tabelas de Horários do *Atlas* 51
  Excerto de Efemérides... 51
  Exemplo 1 A Fórmula (Manhã) na Prática 52
    Amostra da Tabela de Casas Koch 53
    Excerto de Efeméride 55
    O Gráfico do Mapa (somente cúspides) 56
  Exemplo 2 (Noite)... 56
    Amostra das Tabelas de Casas Koch 57
    O Gráfico do Mapa (cúspides para Los Angeles) 58
  Exemplo 3 (Leste de Greenwich) 58
    Amostras do *Atlas* para a França 59
  Exemplo 4 (Sul do Equador) 61
    Amostras do *Atlas* 62
    Excerto de Efeméride 63
    Amostra da Tabela de Casas Koch 63
    O Gráfico do Mapa 64
  Instruções Alternativas para o Atual *International Atlas* 64
    Exemplo 3 Usando a 6ª Edição do *Atlas* 66
    Exemplo 4 Usando a 6ª Edição Ampliada do *Atlas* 67

Módulo 3: Fórmulas para Corrigir os Planetas................................ 69
  A Correção dos Planetas no Exemplo 1 (Manhã) 70
  Excerto de Efemérides 70
    Plutão 70
    Netuno 71

Urano	71
Saturno	72
Júpiter	72
Marte	72
Vênus	73
Mercúrio	74
Exemplo 5: Cálculos para Corrigir os Luminares Sol e Lua	75
Mapa Completo para Los Angeles 10:30	79
Correção dos Planetas para o Exemplo 2 (Noite)	79
Excerto de Efemérides	80
Exemplo 6: Cálculos para Corrigir o Sol e a Lua (Noite) para o Exemplo 2 (Noite) do Módulo 2	81
Cálculos para Corrigir o Sol	81
Cálculos para Corrigir a Lua	82
Mapa Completo para Los Angeles 22:30	84
Apanhado Geral	84
Mapa de Farrah Fawcett	85
Biografia – Farrah Fawcett, atriz	86
Dados para Joan Sutherland	87
Biografia – Joan Sutherland, cantora de ópera	87
Módulo 4: Dicas para Usuários de Computador (e Proteção para Todos os Mapas, Feitos por Computador ou à Mão)	**89**
E se a Hora de Nascimento for Desconhecida?	92
Mapa Plano	93
Mapa do Equilíbrio Solar	94

Parte II

Introdução: Etapas para Aperfeiçoar o Delineamento do Mapa	
Herman Hesse, escritor	98
Mapa de Herman Hesse	99

Módulo 5: Destaques – Ausência de Elemento, Ausência de Qualidade, Ausência de Ênfase por Casa e Planetas sem Aspectos 103

   A Ausência de um Elemento no Horóscopo 103
   A Ausência de uma Qualidade no Horóscopo 110
   A Ausência de Ênfase nas Casas 114
   O Planeta sem Aspectos 121

Módulo 6: Continuação dos Destaques: Ausência de um Aspecto Específico, Configurações e Marca Final e Submarca 133

   Ausência de um Aspecto Específico 133
   Configurações 141
   A Grande Cruz 142
   A Quadratura T 144
   O *Stellium* 146
   O *Yod* 148
   O Grande Trígono 149
   O Grande Sextil 152
   A Pipa 152
   O Bumerangue 153
   O Retângulo Místico 154
   A Marca Final (ou Tipo) 155
   A Submarca 157

Módulo 7: Planetas Retrógrados 159

   Mercúrio Retrógrado 162
   Vênus Retrógrado 163
   Marte Retrógrado 164
   Júpiter Retrógrado 164
   Saturno Retrógrado 165
   Urano Retrógrado 166
   Netuno Retrógrado 166

Plutão Retrógrado 167
Tempo que os Planetas Ficam em Cada Signo do Zodíaco 168
Períodos de Movimento Retrógrado 169

Módulo 8: Casas e Signos Interceptados 171
Planetas Interceptados 172
Casas Conectadas 176

Módulo 9: Recepção Mútua, Dispositor Final, Regente do Mapa,
Planeta em Alto Foco 183
Recepção Mútua 183
Dispositor Final e Planeta em Alto Foco 185
O Regente do Mapa 187

Módulo 10: Padrões de Mapas 191
Padrões Uniformes ou Interconectados 193
Padrão Espalhado 193
Padrão Locomotiva 194
Padrão Tigela 195
Padrão Feixe 196
Padrão Gangorra 197
Padrão Balde 199
Padrão Ventilador 200
Padrão Tripé 201
Padrão Carrinho de Mão 202

Módulo 11: A Visão Geral do Mapa 205

Módulo 12: Decanatos e Dodecatemórias 211
Decanatos 211
Tabela dos Decanatos 212

Dodecatemórias 213
Tabela das Dodecatemórias 214

Módulo 13: Os Nodos Lunares 217
O Eixo Nodal 220

Módulo 14: Delineamento da Cúspide das Casas 223
Áries na Cúspide das Casas 225
Touro na Cúspide das Casas 231
Gêmeos na Cúspide das Casas 237
Câncer na Cúspide das Casas 243
Leão na Cúspide das Casas 249
Virgem na Cúspide das Casas 254
Libra na Cúspide das Casas 260
Escorpião na Cúspide das Casas 266
Sagitário na Cúspide das Casas 272
Capricórnio na Cúspide das Casas 278
Aquário na Cúspide das Casas 284
Peixes na Cúspide das Casas 291
Como Delinear a Cúspide das Casas 297

Módulo 15: Aspectos do Ascendente e do Meio do Céu 301
Aspectos do Sol 303
Aspectos da Lua 305
Aspectos de Mercúrio 308
Aspectos de Vênus 311
Aspectos de Marte 314
Aspectos de Júpiter 317
Aspectos de Saturno 320
Aspectos de Urano 323

Aspectos de Netuno 326
Aspectos de Plutão 329
Como Delinear o Ascendente e o Meio do Céu 332
Questionário Especial para Testar seu Conhecimento
   da Parte II 334

PARTE III

Introdução: Etapas para uma Compreensão mais Aprofundada 338

**Módulo 16: Planetas de Aparição Oriental, Eclipse Pré-natal,
o Vértice/Antivértice** 341
   Planetas de Aparição Oriental 341
   Eclipses 343
   Tabela de Eclipses Solares e Lunares de 1950 a 2050 345
   O Ponto Vértice 351

Módulo 17: Partes Arábicas 355
   As Partes Arábicas (ou Pontos Arábicos) 355
   Calculo da Parte da Fortuna 357
   Partes Arábicas na Astrologia 360

Módulo 18: Estrelas Fixas e Graus Críticos 363
   Estrelas Fixas 363
   Tabela de Estrelas Fixas 367
   Graus Críticos 369

Módulo 19: Miscelânia 371

Módulo 20: Etapas do Delineamento 373
   Etapa I – Visão Geral 374

Etapa II – Interpretação de Cada Área do Mapa 375
Sequência para Delineamento do Mapa 376
Anotações 378

Apêndice 379
Respostas do Teste de Revisão nº 1: Módulo 3 379
Para Determinar as Cúspides das Casas do Mapa
   de Farrah Fawcett 380
Correção dos Planetas 382
Correção dos Luminares 383
Segunda Pergunta do Teste de Revisão – Módulo 3 386
Resposta do Teste de Revisão, Módulo 6 392
Resposta do Teste de Revisão, Módulo 7 392
Resposta do Teste da Revisão, Módulo 8 393
Respostas do Teste da Revisão, Módulo 9 394
Resposta do Teste da Revisão, Módulo 10 396
Resposta do Teste da Revisão, Módulo 11 398
Resposta do Teste da Revisão, Módulo 12 401
Resposta do Teste da Revisão, Módulo 13 402
Resposta do Teste da Revisão, Módulo 14 402
Resposta do Teste da Revisão, Módulo 15 403
Respostas do Teste da Revisão, Módulo 16 405
Resposta do Teste da Revisão, Módulo 17 406
Respostas do Teste da Revisão, Módulo 18 407
Posição do Sol ao Longo das 24 Horas do Dia 409
Tabela da Correção do Horário Solar-Sideral 410
Tabela das Zonas Horárias Padrão Propostas
   (separadas por meridianos) 412
Mapas das Autoras 415

ÍNDICE DOS MAPAS ASTROLÓGICOS (em ordem alfabética)

Baryshnikov, Mikhail	93, 94
Berger, Candice	196
Brando, Marlon	150
Browning, Kurt	106
Charles III, Rei	121
Chopin, Frederic	188
Dickinson, Emily	140
Domingo, Plácido	140
Dylan, Bob	181
Eastwood, Clint	138
Einstein, Albert	186
Fawcett, Farrah	85
Field, Sally	131
Fitzgerald, Zelda	116
Flynn, Errol	112
Friedan, Betty	198
Gandhi, Mohandas	125
Garland, Judy	117
Gates, Bill	113
Hall, Arsenio	154
Hauptman, Bruno	111
Hearst, Patricia	115
Hesse, Hermann	101
Hoffmann, Dustin	108
Hutton, Barbara	119
Iglesias, Julio	197
Joplin, Janis	128
Kennedy, John F.	132

Kennedy, Ted	129
Leary, Timothy	195
Lindbergh, Charles	134
MacDonald, Jeffrey	109
Mancini, Henry	193
Mehta, Zubin	199
Mussolini, Benito	120
Nash, Graham	163
Nehru, Jawaharlal	149
Newman, Paul	123
Patton, George	146
Picasso, Pablo	147
Pyle, Ernie	105
Remarque, Erich Maria	179
Ronstadt, Linda	161
Rooney, Mickey	126
Schweitzer, Albert	143
Smith-Astaire, Robyn	122
Spelling, Aaron	153
Springsteen, Bruce	200
Streisand, Barbra	136
Sutherland, Dame Joan	386
Swaggart, Jimmy	132
Van Gogh, Vincent	118
Volcker, Paul	201
Wells, Orson	138
Williams, Robin	203

De acordo com o sistema Rodden, classificamos todos os mapas da seguinte maneira:

AA   Certidões de nascimento, registros de nascimento em cartórios ou hospitais
A   Informações da própria pessoa ou da família
B   Biografias ou autobiografias
C   Cautela; fonte não especificada
DD   Dados duvidosos; mais de uma hora/data/local

Prefácio à Edição Brasileira

A Astrologia é um conhecimento fascinante, presente em diversas culturas desde tempos imemoriais. Encontramos registros históricos do conhecimento e uso da Astrologia no Antigo Egito, na Mesopotâmia, na China e na Mesoamérica pré-colombiana, além de hoje reconhecermos descobertas importantes, como a Máquina de Antikythera, criada no século I a.C. na Grécia romana para fazer cálculos astrológicos precisos, e o Calendário Astrológico Chinês, instituído pelo imperador Huang Ti em 2637 a.C., além de diversos estudos astrológicos descobertos nos *Vedas*, os livros sagrados da região da Índia atual, escritos aproximadamente em 1500 a.C.

Aqui no Ocidente, a Astrologia foi consolidada como conhecimento a partir dos gregos, com o célebre *Tetrabiblos*, de Ptolomeu, no século II d.C., e já no período pós-Renascentista, com a obra *Astrologia Cristã*, de William Lilly, no século XVII. Essas obras são a referência do que chamamos Astrologia Tradicional, e é justamente essa a abordagem que encontraremos nos três volumes do *Curso Básico de Astrologia*, que já se tornou um clássico entre os estudantes de Astrologia em vários países.

Neste livro, o segundo volume de uma trilogia, as autoras Marion D. March e Joan McEvers compartilham os fundamentos para a montagem de um mapa astrológico e sua interpretação por meio de técnicas mais refinadas. Para quem já entrou em contato com os conceitos sobre signos e planetas tratados no primeiro volume, agora o convite é no sentido de entender a lógica de construção de um mapa e dominar as sutilezas que o retrato fiel do céu de nascimento de alguém (ou de um casamento, uma empresa, um país) pode revelar.

Com este livro, é possível aprender a localizar nas efemérides os posicionamentos planetários num dado momento e organizar sua distribuição no zodíaco, bem como definir as aberturas das casas astrológicas. Ainda que hoje haja programas de computador que fazem esses cálculos, só quem conhece a lógica dessa distribuição é capaz de perceber erros na definição do Ascendente por informação equivocada do horário de nascimento, por exemplo, situação que pode desacreditar a Astrologia, pois a interpretação dada ao mapa não será reconhecida pelo nativo.

Ao longo do livro, as autoras também demonstram que, para afirmar o potencial de um posicionamento astrológico, não basta saber o que indica um planeta num determinado signo e casa. É preciso considerar sua influência em relação à orbita da Terra naquele momento, avaliando se o planeta está em movimento direto, facilitando sua atuação, ou retrógrado, exigindo do nativo um grau de consciência mais elevado para assimilar suas influências. Ou mesmo se o planeta está num signo interceptado, o que requer esforço ainda maior, pois tal compreensão de si não é natural para o nativo.

E assim vamos cada vez mais fundo nos detalhes, aprendendo a utilizar técnicas da Astrologia Tradicional que permitem avaliar as tonalidades especiais da singularidade de cada um, como o uso das Estrelas Fixas, dos Pontos Arábicos, dos Decanatos e das Dodecatemórias – esta última tão enfatizada por astrólogos antigos, como Firmicus Maternus e Manilius, que ajudam a diferenciar características até em irmãos gêmeos, tamanha a precisão.

E, para além dos detalhes, também encontramos neste volume técnicas muito práticas que revelam rapidamente as possibilidades de um mapa, como o desenho da distribuição dos planetas no mapa, os aspectos com os ângulos do mapa e a identificação dos eclipses pré-natais, seção que conta com valiosa tabela contendo a localização zodiacal de todos os eclipses solares e lunares de 1950 a 2050, facilitando o trabalho de pesquisa.

Mais uma vez, as autoras nos fazem exercitar criativamente a articulação dos conceitos e técnicas e, à medida que vamos entrando em contato com as novas informações, somos convidados a nos relembrar do repertório já desenvolvido anteriormente, ampliando, de forma significativa, o leque de possibilidades para uma leitura astrológica, enriquecendo e refinando esse conhecimento. Além disso, o texto conversa com o leitor numa agradável interação que vai tecendo um diálogo fora do tempo cronológico, algo muito original que talvez se possa atribuir a uma característica comum das duas autoras: ambas são aquarianas. Deve vir daí o talento para propor uma aprendizagem objetiva, rápida e eficiente, como acontece com este livro, uma vez que Aquário é o signo do elemento ar que mais corresponde à transmissão do conhecimento em larga escala.

Aprender e propagar o conhecimento com liberdade são a tônica dos signos de ar, e não podemos deixar de reconhecer que este volume conta, indiretamente, com o legado da astróloga geminiana Lois Rodden, que coletou inúmeros mapas astrológicos de pessoas reais e que hoje podem ser encontrados no projeto Astrodatabank, associado ao site www.astro.com, o maior repositório de mapas astrológicos do mundo. Neste livro, são estudados mapas verificados com precisão de data e horário (qualificação AA, A ou B) que permitem ao estudante traçar comparativos concretos entre o mapa de uma pessoa pública e sua história de vida, enriquecendo com exemplos reais a fixação dos conhecimentos astrológicos.

Por fim, saber que as autoras contribuíram significativamente para a ampla divulgação do conhecimento da Astrologia, que, além deste livro, organizaram várias conferências internacionais e partilharam seu conhecimento em artigos de revistas e periódicos dedicados à área denota não só a tônica do elemento ar presente em suas trajetórias individuais, mas também indica o alcance das ações de quem tem compromisso consciente com as próprias potencialidades. Certamente, as autoras não falharam em dar vida às significações astrológicas dos próprios mapas, comprovando com exemplos pessoais o valor do conhecimento astrológico para uma vida com mais significado.

Que este livro possa continuar sendo uma inspiração não só para quem quiser conhecer a linguagem dos astros, mas também a quem estiver disposto a ser tudo aquilo que os astros revelam sobre si mesmo, permitindo a todos que acessarem esse saber magnífico assumir também seu lugar na continuidade da Astrologia como um conhecimento valioso, libertário e transformador.

Verbenna Yin
Inverno de 2022.

Prefácio

No Volume I do *Curso Básico de Astrologia*, apresentamos as bases da Astrologia: os signos do zodíaco, os planetas, as casas, os aspectos e a relação entre os princípios envolvidos. Ensinamos a interpretar um mapa astrológico usando palavras e frases-chave apenas à medida que se aplicam ao horóscopo em questão, utilizando bom senso e discernimento na escolha. Neste segundo volume, fornecemos outros instrumentos para o cálculo e a interpretação do mapa astrológico. Este livro se divide em três partes:

Parte I   Apresentação dos recursos matemáticos para o cálculo ou levantamento do mapa astrológico, com ou sem o auxílio de um computador.

Parte II   Apresentação de recursos para aprimorar a interpretação astrológica, com informações adicionais sobre áreas menos óbvias do horóscopo.

Parte III   Apresentação de recursos para adquirir maior *insight* astrológico ao mostrar pontos mais sensíveis de cada mapa.

Os ensinamentos contidos neste livro são de nível básico e seguem a metodologia de ensino dos Aquarius Workshops. Como no Volume I, ele é estruturado em módulos, não em capítulos, sendo cada um deles baseado em nossos muitos anos de experiência de ensino. Desse modo, conseguimos antecipar a maioria de suas perguntas. Como no Volume I, cada módulo também apresenta uma tarefa ao leitor. Mais uma vez, falando por experiência própria, gostaríamos de adverti-lo sobre a veracidade deste antigo provérbio chinês: "O que se vê, se esquece; o que se ouve, se lembra; o que se escreve, se entende". Se não *anotar por escrito as tarefas*, se não aplicar as fórmulas nos exercícios, você vai esquecer – e pior: não vai entender a natureza básica da Astrologia e os princípios envolvidos na interpretação dos mapas.

Temos ficado muito satisfeitas com a porcentagem de bons astrólogos formados pelo nosso método. Entretanto, eles realmente se tornaram bons calculando inúmeros mapas nos intervalos das aulas, lendo e relendo as anotações copiadas nos cadernos e fazendo várias tentativas de combinar as diferentes qualidades que compõem um ser humano. À medida que você compreender a natureza básica de cada signo, planeta, casa e aspecto, a própria lógica o guiará. Nossas explicações, exemplos, palavras e frases são apresentados apenas como diretrizes, não para serem usados literalmente. Se alguma coisa não fizer sentido para você, se não puder explicá-la logicamente nos próprios termos, não a use – e estamos falando sério.

Quando terminar este livro, você estará pronto para fazer a interpretação básica de qualquer mapa. Pode ser que não seja capaz de determinar os potenciais, as características ou as necessidades psicológicas secundárias. Para isso, é preciso alguns anos interpretando mapas de pessoas que lhe digam se você está certo ou errado. Porém, acima de tudo, é necessário se conscientizar de que todo indivíduo tem livre-arbítrio e, portanto, pode escolher que partes do horóscopo manifestará. É preciso compreender isso e não se deixar abater ao ver um *stellium* na casa 10 de alguém que diz: "Eu só penso em trabalho? De jeito nenhum! Sou um sujeito caseiro". É preciso captar o significado e, em seguida, ser capaz de orientar a pessoa na direção certa; isso requer tempo, prática e compreensão da natureza humana ou *insight* psicológico. Então, por favor, não desanime. A prática faz o mestre.

Boa sorte, e que o conhecimento da Astrologia possa lhe trazer novos vislumbres sobre si mesmo e sobre os outros.

Joan McEvers e Marion March

Introdução

A Astrologia, como qualquer outro corpo de conhecimento, deve ser ensinada pelo professor e aprendida pelo aluno de maneira lógica e sistematizada. Embora o mercado editorial ofereça muitas obras sobre Astrologia, bem poucas poderiam ser consideradas obras didáticas, no sentido utilizado em escolas e universidades, como base de um currículo sistemático. Um número ainda menor apresenta tarefas para o leitor e testes de revisão. Esta trilogia atende muitíssimo bem a essa necessidade.

Ao longo dos anos, tive a oportunidade de observar as autoras deste livro em ação, assistindo às suas aulas e percebendo a rapidez com que seus alunos dominam a matéria astrológica apresentada nesta trilogia. Sei que o método funciona porque eu mesmo já dei aulas aos alunos de March-McEvers. Nos meus próprios cursos, eles se destacavam e se mostravam superiores. É mais fácil ensinar a eles, pois já têm uma base sólida e dominam os fundamentos da Astrologia. O material apresentado nesta série de três volumes é o segredo do ensino bem-sucedido – não me refiro necessariamente ao conteúdo básico, que pode ser encontrado em muitos outros livros, mas ao método, à maneira como é ensinado e a sequência em que é oferecido. O verdadeiro segredo está na maneira de envolver o aluno no processo de aprendizagem. Não basta que o estudante preste atenção e tome notas. Precisa haver envolvimento pessoal, por meio de atividades e testes bem elaborados, para que o conhecimento apresentado seja realmente aprendido e compreendido.

Neste volume, destacam-se principalmente os módulos sobre "Aspectos do Ascendente e do Meio do Céu" e "Delineamento da Cúspide das Casas", que são exposições peculiares, no sentido de que o material apresentado, novo e original, está baseado na observação pessoal das autoras de pessoas reais no processo de vivenciar seus mapas astrológicos. Também me impressionou particularmente a forma como as autoras colocaram os vários elementos para o cálculo do mapa em perspectiva adequada – a maneira delas de colocar as coisas mais importantes em primeiro lugar.

Sir Isaac Newton disse: "Ser capaz de dizer que ele(a) foi meu aluno(a), de sustentar nos ombros o peso de um aluno(a) que seja, e que talvez enxergue um pouco mais longe que você, deveria ser a meta de todos os professores". Marion March e Joan McEvers aceitaram de bom grado essa tarefa e, ao fazer isso, nos legaram uma coleção didática sobre Astrologia de qualidade superior, com a qual todos só têm a aprender e ganhar.

Robert Carl Jansky, 1978, Van Nuys, Califórnia

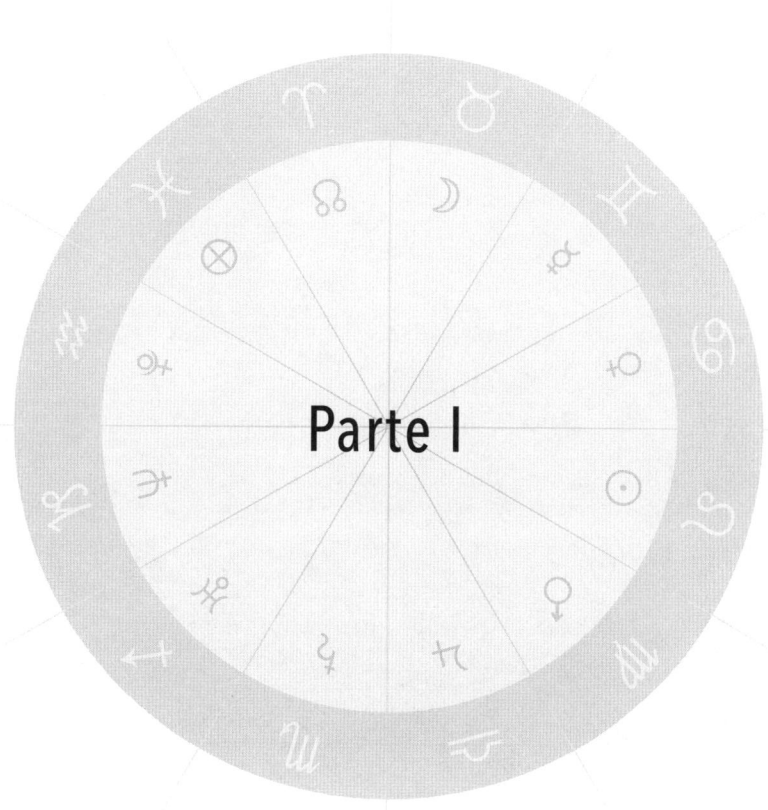

Parte I

Módulo 1
Regras Gerais, Abreviaturas, Ferramentas Necessárias "Você tem um Computador?"

Como enfatizamos em todo o Volume I de *Curso Básico de Astrologia*, nossos livros não são obras de Astrologia comuns. São obras didáticas, ou manuais, fruto de anos de experiência em sala de aula. Assim, a maneira como ensinamos os cálculos para fazer um mapa natal é baseada na experiência de aprendizado dos nossos alunos. Para começar, vamos apresentar algumas regras básicas e ferramentas necessárias.

Mas antes mesmo de tratarmos das regras ou ferramentas queremos saber: *Você tem um computador?* Uma grande porcentagem de astrólogos iniciantes tem experiência em informática e vai adorar não ter que se preocupar com qualquer tipo de cálculo matemático. Tudo que eles precisarão é encontrar um bom programa astrológico, apertar alguns botões e *voilá*, o mapa estará pronto! Mas eles poderão cometer um erro e nunca saberão! Além disso, a maioria dos cursos astrológicos ou exames de qualidade ainda exige conhecimento pleno do cálculo do mapa. Então, por favor, leia esta primeira parte do livro, tente entender o que faz o mundo da Astrologia girar, familiarize-se com alguns termos técnicos e perceba que algumas ferramentas são necessárias mesmo que você use computador para fazer os cálculos. **Usando ou não computador, leia a Parte 1 deste livro!**

Regra Número 1: Hora Exata do Nascimento

Para calcular o mapa astrológico, é preciso saber a hora exata do nascimento. A fonte mais confiável para isso é a certidão de nascimento original ou autenticada. Na maioria dos países, a certidão é obtida em cartório ou pela internet.*

Se esse documento não indicar a hora de nascimento (o que acontece frequentemente com certidões mais antigas), será preciso usar outra fonte: participação de nascimento ou registro do hospital, quando possível. A lembrança pessoal de membros da família, como "minha mãe acha que nasci por volta das seis da manhã", em geral não é muito boa. Embora com certeza sua mãe estivesse lá, estava preocupada com questões mais urgentes que consultar o relógio. Além disso, as lembranças do parto vão se perdendo com o tempo. Sempre que possível, baseie sua fonte da hora de nascimento num *registro por escrito*, mesmo que essa pesquisa exija persistência, esforço e tempo; caso contrário, você poderá descobrir, mais tarde, que todo seu exercício matemático foi em vão. Se depois da pesquisa ainda não for possível determinar a hora de nascimento exata, explique à pessoa que você não pode garantir uma interpretação precisa. Isso poderá evitar constrangimentos.

Há um axioma astrológico que vale a pena lembrar: "A precisão da interpretação não pode ser maior que a da hora, da data, da latitude e da longitude usadas para calcular o mapa natal". Por causa da velocidade da rotação da Terra, um novo grau do zodíaco cruza o Meio do Céu a cada quatro minutos; por isso, use todos os meios ao seu alcance para conseguir as informações mais exatas possível em relação ao nascimento.

---

* No Brasil, é possível retirar a certidão de nascimento física em cartório ou solicitar a segunda via do documento pela internet, pelo site Registro Civil, da Associação Nacional dos Registradores de Pessoas Naturais (Arpen). (N. da T.)

Regra Número 2: Confira e Revise

Mesmo o mais experiente astrólogo profissional precisa, por várias razões, conservar todos os cálculos matemáticos utilizados no levantamento do horóscopo. Por isso, recomendamos com veemência que, ao calcular um novo mapa, você faça as contas em algum canto em branco do formulário de mapas que usar. Confira os cálculos mais de uma vez para detectar possíveis erros. (Também é importante seguir essa instrução quando estiver colocando os dados no computador: revise todas as informações fornecidas ao sistema!)

Regra Número 3: Equivalências Matemáticas

Familiarize-se com as equivalências matemáticas, ou melhor, memorize-as, como segue:

60" (segundos)	= 1' minuto
60' (minutos)	= 1h (hora)
60' (minutos) de longitude	= 1 (grau) de longitude
1° (grau) de longitude terrestre	= 4' (minutos)
15° (graus) de longitude terrestre	= 1h (hora) [4×15'=60']
30° de longitude zodiacal	= 1 signo (do zodíaco)
12 signos	= 360° ou todo o zodíaco

Regra Número 4: Notação de 24 horas/dia

No mundo todo, com exceção de alguns países, principalmente de língua inglesa, as pessoas trabalham e vivem de acordo com a notação 24 horas/dia. Esse tipo de notação do tempo dispensa o uso das siglas AM (*Ante Meridiem*, ou "antes do meio-dia") e PM (*Post Meridiem*, ou "depois do meio-dia"), em referência a cada um dos dois períodos de doze horas em que está dividido o dia, e evita que se confunda, por exemplo, 2 da manhã com 2 da tarde. Foi justamente para evitar esse tipo de confusão que, muito tempo atrás, os militares passaram a usar o relógio de 24 horas. Pelo menos assim, durante um combate, todos os soldados sabiam que deveriam empreender um ataque às 14 horas, não às 2 da manhã. Em outras palavras, a notação de 24 horas vai da 0:00 hora às 24:00 horas. Para facilitar os cálculos e evitar erros desnecessários, usamos essa notação de 24 horas.

Regra Número 5: Ferramentas Básicas para Calcular e Interpretar um Mapa Astrológico

1. **Efemérides.** Este é o livro básico de referência que fornece a posição diária exata de cada planeta à meia-noite (o início do dia) em Greenwich, Inglaterra, cuja longitude é exatamente 0°. Todo astrólogo deve consultar as efemérides, mesmo que gere seus mapas por computador, pois elas, provavelmente, são a ferramenta mais importante de qualquer praticante de Astrologia. É possível consultar efemérides para um ano, dez anos, cinquenta anos e até para cem anos. Por serem mais confiáveis, nossas efemérides favoritas são *The American Ephemeris*, publicadas pela ACS Publications. Elas são calculadas ou para o meio-dia ou para a meia-noite, mas, como quase o mundo todo adotou a notação de 24 horas e o dia começa à meia-noite, as efemérides para a meia-noite são as mais usadas atualmente.
2. **Atlas.** Para saber qual é a longitude e a latitude de qualquer local de nascimento, você precisa de um atlas. Muitos programas de computador têm um banco de dados composto de milhares de cidades, mas você só encontrará ali as mais conhecidas. Para encontrar as coordenadas geográficas de cidades menores e menos conhecidas, você precisará de um bom atlas, que mostrará a zona horária (ou fuso horário) das cidades e a data em que esse sistema de contagem das horas foi efetivado em cada

cidade, tendo em vista que essa efetivação ocorreu de maneira gradual pelos países. O atlas também mostra outra informação muito importante: quando foi instituído o *horário de verão (Daylight Time)* em cada cidade ou se eram *tempos de guerra (War Time)*. Usamos o *The American Atlas: US Longitudes & Latitudes, Time Changes and Time Zones,* assim como o *The International Atlas: World Latitudes, Longitudes and Time Changes,* ambos publicados pela ACS Publications.

2a. *Atlas Internacional*: Existe, em termos linguísticos, uma grande diferença entre os países de língua inglesa e o restante do mundo, e, para usarmos os atlas, precisamos entendê-la. Em inglês, o mês vem antes do dia, nas datas. Por exemplo, em inglês se escreve 10/15/1967, caso se queira registrar uma data ocorrida no dia 15 de outubro de 1967, ou seja, o "mês" é registrado antes do "dia do mês".

O mundo inteiro, com exceção dos países de língua inglesa, registra primeiro o dia, depois o mês e em seguida o ano, não apenas oralmente, mas também por escrito: 15/10/1967. Isso não é tão problemático quando nos referimos a uma data cujo dia vai do 1 ao 12 (como no exemplo de 15 de outubro), pois não existe mês 15. Mas, se a data é, por exemplo, 4 de outubro de 1967, o *International Atlas* a registrará assim: 4/10/1967.

Na edição revisada de 1995, o *International Atlas* da ACS resolveu esse problema grafando as datas da seguinte maneira: "4 Oct 1967". Contudo, as versões anteriores desse atlas, assim como outros atlas internacionais, utilizavam a grafia 4/10/1967. Portanto, preste atenção. Esse é um detalhe muito importante para os falantes de língua inglesa, sobretudo quando buscam informações sobre o horário de verão e os tempos de guerra nos atlas internacionais.

3. **Tábua de Casas.** (Esta ferramenta é necessária apenas para o cálculo manual do horóscopo.) Há muitos sistemas de casas; todos são válidos e têm seus defensores. Recomendamos o sistema de Koch, que segue o sistema de Placidus, mas baseia a cúspide das casas intermediárias na localização geográfica.
4. **Calculadoras.** Para aqueles que não usam computadores, esclarecemos que é permitido o uso de calculadora nos exames astrológicos. Assim os cálculos ficam mais rápidos e exatos.

Regra Número 6: Entenda o Que É Latitude e Longitude

Do ponto de vista geográfico, a Terra é dividida em dois conjuntos imaginários de círculos. Um conjunto de círculos utiliza o Equador como ponto de referência, vai de leste a oeste e é usado para medir a distância a norte ou a sul do Equador. Trata-se da *latitude*.

Consulte a página 45 e observe os números à esquerda do mapa. Essas medidas de latitude são comumente denominadas *paralelos*. Localize o paralelo 40 de um lado a outro do mapa. Observe que Denver, no estado do Colorado (EUA), está localizado bem próximo a essa linha. Dizemos, portanto, que a latitude de Denver é 40° *Norte* (N) do Equador. A cidade de Beijing, na China, também está localizada nessa linha, assim como Madri, na Espanha. Em outras palavras, essas cidades estão aproximadamente na mesma latitude que Denver, por isso precisamos encontrar outra forma de localizá-las, para diferenciar uma cidade da outra.

Dissemos anteriormente que a Terra se divide em *dois* conjuntos de círculos. O segundo conjunto divide a Terra longitudinalmente, de um polo a outro. Esses são os chamados *meridianos de longitude*. Todos os lugares do mundo que estão na mesma longitude marcam o meio-dia no mesmo instante, estejam ao norte ou ao sul do Equador.

Se você olhar o mapa da página 45, verá linhas numeradas no sentido vertical, de polo a polo. Essas são as linhas longitudinais, e a de número 0° é o Meridiano Principal de Greenwich, na Inglaterra. Todos os lugares do mundo são considerados a leste ou a oeste de Greenwich, o Meridiano 0° (Principal).

Portanto, designamos por longitude a localização geográfica a leste ou oeste de Greenwich, e por latitude a localização a norte ou a sul do Equador.

Quando dizemos que um local tem determinada longitude e latitude, eliminamos qualquer possibilidade de confusão acerca dele. Assim, a latitude de Denver é 39° N 45' (aproximadamente 40°, como afirmamos antes), e a longitude é 104° O 59' (O = Oeste). Beijing, na China, está localizada a 39° N 55' (N = Norte) e 116° L 25' (L = Leste); Madri, na Espanha, está a 40° N 24' e 3° O 41'. Embora os dois locais estejam perto do mesmo grau de latitude, a longitude os diferencia e os localiza em dois pontos totalmente diferentes da superfície da Terra.

Regra Número 7: Observações sobre o Tempo

O tempo da Terra baseia-se no movimento dela em volta do Sol. Nós, os terrestres, gostamos de certa ordem na vida e queremos saber que dia é, que horas são, que ano é, que mês é, e assim por diante. Para tanto, precisamos ir contra as verdadeiras leis da natureza, pois a Terra não se move em velocidade constante. Assim, o dia não tem exatamente 24 horas, e, por isso, no fim de cada quatro anos, precisamos somar um dia extra (ano bissexto) para compensar o movimento irregular. O mesmo princípio de praticidade se aplica às zonas horárias* ou aos meridianos estabelecidos na Terra.

---

* Zonas geográfico-políticas onde se aplica oficialmente a mesma hora. (N. da T.)

O Sol, em relação à Terra, parece mover-se 60 milhas (96 km) a cada quatro minutos. Sessenta milhas equivalem a 1° no mapa. Assim, o movimento do Sol é de 2° em oito minutos, 5° em vinte minutos, e 15° em 60 minutos (ou em 1 hora). A cada 15°, o Sol se afasta uma hora do Meridiano Principal a 0°, de Greenwich. Como o Sol nasce no leste e se põe no oeste, se é meio-dia em Greenwich e nos deslocamos 30° para leste, serão 2:00 da tarde; o Sol passou por ali e já se foi. Por outro lado, se nos deslocamos 60° a oeste de Greenwich, sabemos que deve ser quatro horas mais cedo (60 ÷ 15 = 4). O Sol, indo de leste a oeste, ainda não alcançou esse ponto; portanto, meio-dia no Meridiano Principal de 0° equivale a 8:00 da manhã a 60° oeste. Porém, é preciso entender que, quando você pega o telefone em Los Angeles para falar com seu amigo na Suíça, o tempo do relógio, nessas duas cidades, é diferente. Em Los Angeles são 9:00h da manhã e, na Suíça, 18:00h.

Regra Número 8: Os Meridianos

Para simplificar, a maioria dos meridianos foi estabelecidas a intervalos de 15° de longitude, ou mais uma hora para cada meridiano. Há muitos meridianos, começando pelo Meridiano Principal a 0°, de Greenwich. Depois dele, os meridianos seguem na direção leste e vão mudando a cada 15°, até chegar a 180° (que é NZT, sigla de New Zealand Standard Time, a Hora Oficial da Nova Zelândia). Seguindo na direção oeste a partir de Greenwich, chegamos a 180° Oeste. (Consulte a Tabela das Zonas Horárias Oficiais Propostas no Apêndice para uma lista completa das zonas horárias oficiais, cortesia de Lois Rodden.)

Quanto aos Estados Unidos, você encontrará alguns meridianos, ou zonas horárias, muito familiares, como EST (Eastern Standard Time, a hora oficial da costa leste dos Estados Unidos e do Canadá) a 75° O 00' e PST (Pacific Standard Time, a Hora Oficial do Pacífico)

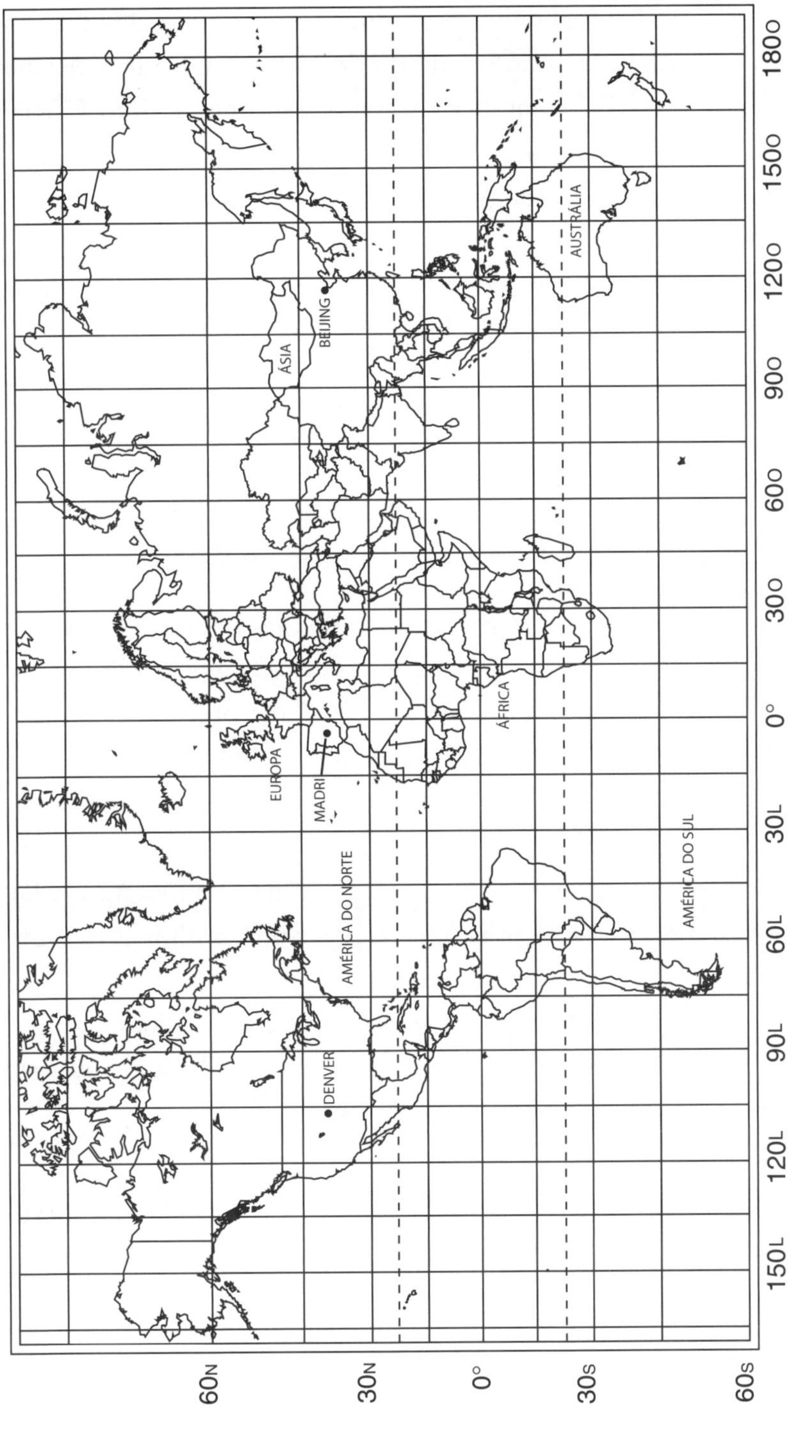

ÁSIA
BEIJING
EUROPA
MADRI
ÁFRICA
AUSTRÁLIA
AMÉRICA DO NORTE
DENVER
AMÉRICA DO SUL
180O
150O
120O
90O
60O
30O
0°
30L
60L
90L
120L
150L
60N
30N
0°
30S
60S

a 120° O 00'. Na realidade, os Estados Unidos abrangem oito zonas horárias, de AST (Atlantic Standard Time, a Hora Oficial do Atlântico) a 60° O até NAT (Nome-Bering Standard Time, a Hora Oficial de Bering) a 165° Oeste. Mas a maior parte do continente dos Estados Unidos fica entre as longitudes 65° e 125° Oeste. (Veja o mapa na p. 45.) A cidade de Nova York se localiza a 73° O 57' (° = grau, ' = minuto) e, portanto, fica no meridiano 75° O, ou 5 horas mais cedo (oeste) que Greenwich. Na realidade, todo o Estado de Nova York usa o meridiano 75° O; assim, quando é meio-dia em Greenwich, são 7:00 da manhã em todo o Estado de Nova York. Isso se denomina 7:00 PM EST (Eastern Standard Time, a Hora Oficial do Leste).

Regra Número 9: Horário de Verão

Há outro ponto em relação à hora que requer atenção redobrada: o horário de verão (também chamado *horário de guerra* nos tempos de guerra). Trata-se de um arranjo artificial que precisa ser levado em conta no cálculo do mapa. Os atlas que usamos são extremamente valiosos para a determinação das áreas e dos períodos em que o horário de verão ou de guerra foram adotados.

A não ser que você recorra a algum atlas com longitudes, latitudes e as mudanças de horário, será preciso consultar a internet ou outra fonte para obter informações precisas.

Lembre-se: no horário de verão, os relógios são adiantados em uma hora, de modo que, antes de começar os cálculos, é necessário subtrair uma hora da hora de nascimento.

Regra Número 10: Hora Sideral (ou Hora das Estrelas)

Você vai encontrar o termo "Hora Sideral" muitas vezes na Astrologia. Ele está relacionado ao movimento do zodíaco, começando no ponto 0 de Áries – assim como o Local Mean Time (LMT, sigla de Tempo

Médio Local) relaciona-se ao movimento do Sol. (O LMT era usado antes que se adotassem as zonas horárias.) Como 0 de Áries se eleva e se põe mais depressa que o Sol, a hora sideral é mais rápida ou está à frente do tempo solar. Lembre-se de que o tempo solar é a base dos nossos relógios, na Terra. A maioria das efemérides traz a hora sideral de cada dia, e, portanto, não é preciso fazer cálculos. Entretanto, queremos que você entenda a expressão quando encontrá-la.

A hora sideral, como apresentam as efemérides, é o ponto do zodíaco que está no alto do céu à meia-noite, expresso em horas, minutos e segundos, em vez de signos, graus, minutos e segundos. Cada signo do zodíaco corresponde a duas horas do tempo sideral, começando em 0 de Áries. Desse modo, todos os doze signos caberiam num dia de 24 horas. Se a hora sideral corresponde a 2 h (horas) 0 m (minutos) 0 s (segundos), isso significa que Touro está no alto do céu. Um tempo sideral de 6h 0m 0s equivale a Câncer no alto do céu. As efemérides mostram as horas siderais de cada dia, por isso você não terá que fazer o próprio cálculo. No entanto, queremos que você entenda o princípio aqui.

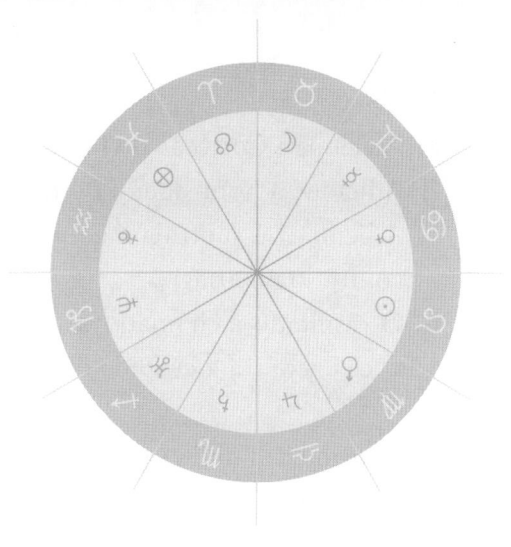

Módulo 2
Como Determinar a Cúspide das Casas

Existem dois procedimentos diferentes para calcular um mapa natal. Um dos cálculos permite encontrar a cúspide correta das casas; o outro corrige os planetas em função da data exata de nascimento.

Fórmula para Determinar a Cúspide das Casas

a) Dados do nascimento (data, hora e local).
b) Verifique se nessa data estava sendo adotado o horário de verão ou de guerra. Se sim, subtrair 1 hora.
c) Adicione ou subtraia a diferença de fuso horário do local de nascimento em relação a Greenwich:
   – adicione as horas se o local de nascimento for a oeste de Greenwich;
   – subtraia as horas se o local de nascimento for a leste de Greenwich.
d) O resultado é chamado de *Tempo Universal* ou *UT* (antes chamado de *Greenwich Mean Time*, *Tempo Médio de Greenwich*, ou *GMT*).

e) Adicione a Correção do Horário Solar-Sideral (tabela no atlas).
f) Adicione a hora sideral do dia (encontrada em efemérides).
g) Adicione ou subtraia o equivalente horário da longitude (encontrado no atlas).
h) O resultado é chamado de "hora sideral local", com a qual você encontra a cúspide das casas.

Essa fórmula simples servirá para mapas da manhã ou da tarde, estejam localizados a leste ou a oeste de Greenwich, ao norte ou ao sul do Equador.

Fonte: *The American Atlas: US Longitudes & Latitudes, Time Changes and Time Zones*, 5ª Edição Ampliada, Thomas Shanks, ACS Publications, 1990.

Coluna 1 – cidade: Los Angeles Coluna 2 – condado: 19 Coluna 3 – latitude: 34N03' 08" (queda 08") Coluna 4 – longitude: 118O14'34" (arredondado para 118O15) Coluna 5 – equivalente horário da longitude: 7:52:58	**CALIFORNIA** Lorenzo Station 1 　　　　　　　　37N41'33　122w07'44　8:08:31 Lort 54　　　　36N20'34　119w09'12　7:56:37 Los Alamitos 30　33N48'11　118w04'18　7:52:17 Los Alamitos Junction 30 　　　　　　　　33N48'21　117w59'54　7:52:00 Los Alamos 42　34N44'40　120w16'38　8:01:07 Los Altos 19　　33N47'38　118w07'28　7:52:30 Los Altos 43　　37N23'07　122w06'47　8:08:27 Los Altos Hills 43 　　　　　　　　37N22'47　122w08'11　8:08:33 Los Angeles 19　34N03'08　118w14'34　7:52:58 Los Banos 24　　37N03'30　120w50'56　8:03:24 Los Berros 40　35N07　　120w35　　8:02:20 Los Coyotes Indian Res 37 　　　　　　　　33N18　　116w31　　7:46:04

CALIFORNIA 4/24/1960　02:00　PDT　　4/25/1965　02:00　PDT 9/25/1960　02:00　PST　　10/31/1965　02:00　PST 4/30/1961　02:00　PDT　　4/24/1966　02:00　PDT 9/24/1961　02:00　PST　　10/30/1966　02:00　PST 4/29/1962　02:00　PDT　→　4/30/1967　02:00　US#1　← 10/28/1962　02:00　PST 4/28/1963　02:00　PDT 10/27/1963　02:00　PST 4/26/1964　02:00　PDT 10/25/1964　02:00　PST	A Califórnia tem apenas um conjunto de Tabelas de Horários no Atlas. Ele nos remete (para economizar espaço) à Tabela de Horários dos Estados Unidos #1 para quaisquer datas de nascimento após 30 de abril de 1967 (às 2:00 da manhã)

Tabelas de Horários dos Estados Unidos (amostra parcial)

A Tabela de Horários dos Estados Unidos nº 1 mostra que o horário de verão começou dia 24 de abril de 1977, às 2:00 da manhã, e continuou até 30 de outubro de 1977, às 2:00 da manhã – quando iniciou o horário oficial.

US # 1					
Before 11/18/1883		LMT	10/27/1968	02:00	ST
11/18/1883	12:00	ST	4/27/1969	02:00	DT
3/31/1918	02:00	WT	10/26/1969	02:00	ST
10/27/1918	02:00	ST	4/26/1970	02:00	DT
3/30/1919	02:00	DT	10/25/1970	02:00	ST
10/26/1919	02:00	ST	4/25/1971	02:00	DT
3/28/1920	02:00	DT	10/31/1971	02:00	ST
10/31/1920	02:00	ST	4/30/1972	02:00	DT
4/24/1921	02:00	DT	10/29/1972	02:00	ST
9/25/1921	02:00	ST	4/29/1973	02:00	DT
4/30/1922	02:00	DT	10/28/1973	02:00	ST
9/24/1922	02:00	ST	1/06/1974	02:00	DT
4/29/1923	02:00	DT	10/27/1974	02:00	ST
9/30/1923	02:00	ST	2/23/1975	02:00	DT
4/27/1924	02:00	DT	10/26/1975	02:00	ST
9/28/1924	02:00	ST	4/25/1976	02:00	DT
4/26/1925	02:00	DT	10/31/1976	02:00	ST
9/27/1925	02:00	ST	→ 4/24/1977	02:00	DT ←
4/25/1926	02:00	DT	10/30/1977	02:00	ST ←
9/26/1926	02:00	ST	4/30/1978	02:00	DT
4/24/1927	02:00	DT	10/29/1978	02:00	ST
9/25/1927	02:00	ST	4/29/1979	02:00	DT
4/29/1928	02:00	DT	10/28/1979	02:00	ST
9/30/1928	02:00	ST	4/27/1980	02:00	DT
4/28/1929	02:00	DT	10/26/1980	02:00	ST
9/29/1929	02:00	ST	4/26/1981	02:00	DT
4/27/1930	02:00	DT	10/25/1981	02:00	ST
9/28/1930	02:00	ST	4/25/1982	02:00	DT
4/26/1931	02:00	DT	10/31/1982	02:00	ST
			4/24/1983	02:00	DT

Fonte: *The American Ephemeris for the 20th Century 1900-2000 at Midnight*, 5ª Edição Revisada, Neil F. Michelsen, com revisões de Rique Pottenger, ACS Publications, 1998 (amostra parcial).

JULY 1977 — LONGITUDE

Day	Sid.Time	☉	0 hr ☽	Noon ☽	True ☊	☿	♀	♂
1 F	18 35 44	9♋ 3 2	7♑ 3 0	14♑34 15	20♎58.4	10♋15.3	24♉ 4.3	18♉
2 Sa	18 39 41	10 0 14	22 2 13	29 25 46	20R 47.8	12 25.3	25 6.9	18
3 Su	18 43 37	10 57 25	6♒43 54	13♒55 50	20 37.5	14 34.5	26 9.8	19
4 M	18 47 34	11 54 36	21 0 58	27 58 57	20 28.6	16 42.6	27 12.9	20
5 Tu	18 51 30	12 51 47	4♓49 36	11♓32 56	20 22.0	18 49.5	28 16.2	21
6 W	18 55 27	13 48 59	18 9 11	24 38 39	20 17.9	20 55.0	29 19.8	21
7 Th	18 59 23	14 46 11	1♈ 1 48	7♈19 11	20 16.0	22 59.1	0♊23.6	22
8 F	19 3 20	15 43 23	13 31 23	19 39 3	20 15.6	25 1.5	1 27.6	23
9 Sa	19 7 16	16 40 36	25 42 52	1♉43 30	20 15.5	27 2.2	2 31.8	23
→ 10 Su	19 11 13	17 37 49	7♉41 37	13 37 50	20 14.8	29 1.2	3 36.2	24 ←
11 M	19 15 10	18 35 2	19 32 49	25 27 6	20 12.4	0♌58.4	4 40.9	25
12 Tu	19 19 6	19 32 16	1♊21 16	7♊15 46	20 7.5	2 53.7	5 45.7	26
13 W	19 23 3	20 29 30	13 11 4	19 7 33	19 59.9	4 47.2	6 50.7	26
14 Th	19 26 59	21 26 45	25 5 32	1♋ 5 20	19 49.7	6 38.9	7 55.9	27
15 F	19 30 56	22 24 1	7♋ 7 8	13 11 9	19 37.5	8 28.6	9 1.3	28

Exemplo 1   A Fórmula (Manhã) na Prática

Nascimento: 12 de julho de 1977 em Los Angeles, Califórnia, EUA, 118O15 34N03

a)		**10:30:00**	PDT – 12 de julho de 1977. (*Atlas* diz que havia horário de verão.)
b)	–	**1:00:00**	Subtraia 1 hora.
	=	**9:30:00**	PST – 12 de julho de 1977.
c)	+	**8:00:00** PST	A zona horária encontrada no *Atlas*; está a oeste de Greenwich, portanto adicione
d)	=	**17:30:00** UT	Tempo universal ou hora de Greenwich, quando é 10:30 no fuso horário do Pacífico.
e)	+	**2:52**	Correção do horário solar-sideral, de aproximadamente 10 segundos por hora, para compensar a diferença entre 17:30 e 24:00, ou meia-noite. Essa correção pode ser feita com base na Tabela de Correção do Horário Solar--Sideral do *Atlas* ou do Apêndice deste livro.
f)	+	**19:19:06**	ST (hora sideral) de 12 de julho de 1977, encontrada nas efemérides.
	=	**36:51:58**	
g)	–	**7:52:58**	Equivalente horário da longitude, encontrado no *Atlas*, que é a diferença entre Los Angeles e Greenwich.
	=	**28:59:00**	
	–	**24:00:00**	Como o dia tem 24 horas, é preciso subtrair 24.
h)	=	**4:59:00**	Hora sideral local, com a qual você encontra a cúspide das casas.

Fonte: *The Michelsen Book of Tabels*, compilado e programado por Neil F. Michelsen, revisões de Rique Pottenger, ACS Publications, 1998, p. 42 (amostra parcial).

A amostra apresentada é da seção das Tabelas de Casas Koch do livro.

	4h 56m 0s 74° 0' 0' 15 Ⅱ 16					5h 0m 0s 75° 0' 0' 16 Ⅱ 11				
LAT.	11	12	ASC	2	3	11	12	ASC	2	3
0	12♋53	11♌32	12♍39	15♎12	16♏28	13♋49	12♌32	13♍43	16♎17	17♏28
5	13 33	12 23	13 16	15 23	16 21	14 27	13 21	14 18	16 25	17 20
10	14 12	13 11	13 51	15 33	16 15	15 06	14 08	14 51	16 34	17 12
15	14 52	13 59	14 25	15 43	16 08	15 45	14 54	15 23	16 42	17 05
20	15 33	14 47	14 58	15 53	16 02	16 25	15 40	15 54	16 49	16 58
21	15 41	14 56	15 05	15 55	16 01	16 33	15 49	16 01	16 51	16 56
22	15 50	15 06	15 12	15 57	16 00	16 41	15 58	16 07	16 53	16 55
23	15 58	15 15	15 18	15 59	15 59	16 49	16 07	16 13	16 54	16 54
24	16 07	15 25	16 01	15 58	16 58	16 17	16 19	16 56	16 52
25	16 16	15 34	15 31	16 03	15 57	17 06	16 26	16 25	16 58	16 51
26	16 25	15 44	15 38	16 05	15 55	17 15	16 35	16 32	16 59	16 49
27	16 34	15 54	15 44	16 07	15 54	17 24	16 44	16 38	17 01	16 48
28	16 43	16 03	15 51	16 09	15 53	17 33	16 54	16 44	17 03	16 47
29	16 52	16 13	15 58	16 11	15 52	17 42	17 03	16 50	17 04	16 45
30	17 01	16 23	16 04	16 13	15 51	17 51	17 13	16 57	17 06	16 44
31	17 11	16 33	16 11	16 15	15 50	18 00	17 22	17 03	17 08	16 43
32	17 21	16 43	16 18	16 17	15 49	18 09	17 32	17 09	17 10	16 41
33	17 30	16 53	16 25	16 20	15 48	18 19	17 42	17 15	17 12	16 40
34	17 40	17 03	16 31	16 22	15 47	18 29	17 51	17 22	17 14	16 39
35	17 51	17 14	16 38	16 24	15 46	18 38	18 01	17 28	17 16	16 38
36	18 01	17 24	16 45	16 27	15 45	18 49	18 11	17 35	17 18	16 36
37	18 12	17 34	16 52	16 29	15 44	18 59	18 21	17 41	17 20	16 35
38	18 23	17 45	16 59	16 32	15 43	19 09	18 31	17 48	17 22	16 34
39	18 34	17 56	17 06	16 34	15 42	19 20	18 42	17 55	17 24	16 33
40	18 45	18 06	17 14	16 37	15 41	19 31	18 52	18 01	17 26	16 32

Dados: Nascido em 12 de julho de 1977, às 10:30, em Los Angeles, Califórnia, EUA

Consulte a Tabela de Casas Koch (ou procure na tabela acima) e encontre a hora sideral mais próxima desse número (4:59:00). Você encontrará a hora sideral num quadro no alto das colunas. A hora mais próxima é 5h 0m 0s; a hora seguinte mais próxima é 4h 56m 0s, ou 4 minutos exatos de diferença. 4:59 é exatamente 1 minuto, ou ¼ em relação à coluna mais próxima. Logo abaixo da hora 5h 0m 0s, está a posição do Meio do Céu, marcada como 16° 11' de Gêmeos, ao passo que o Meio do Céu de 4h 45m 0s é 15° 16' de Gêmeos:

$$\begin{array}{r} 16\ 11' \text{ de Gêmeos} \\ -\ 15\ 16' \text{ de Gêmeos} \\ \hline \text{Uma diferença de 55'.} \end{array}$$

Como nosso cálculo exige subtração de ¼, dividimos 55 por 4, cujo resultado é 13,75, que arredondamos para cima: 14'. Subtraia 14' de 16 11' de Gêmeos.

16 11' de Gêmeos
−14'
15 57' de Gêmeos

Se você fizer esses cálculos no computador, a resposta será 15° 58' de Gêmeos. Sempre que em suas respostas houver uma variação de até 5', isso é sinal de que você está indo muito bem!

Agora você sabe como calcular o Meio do Céu. Em seguida, precisa encontrar a latitude do local de nascimento. Los Angeles, como você viu no *Atlas*, está localizada na latitude 34N03; 34 N é o mais próximo disso. Agora você vai encontrar a cúspide das casas intermediárias. A Tabela de Casas mostra a cúspide da casa 10 até a casa 3. Da 4 até a 9, as casas têm os mesmos graus e minutos, porém são de signos opostos.

Talvez você queira apenas inserir as cúspides como são apresentadas na coluna 5h 0m 0s, pois a correção de ¼ não é tão imprescindível assim. Se você for uma pessoa mais minuciosa, consulte a coluna 4h 56m 0s, divida a diferença por 4 e depois subtraia o resultado da coluna mais acima, assim como fez com o Meio do Céu.

Exemplo: casa 11 em 18° 29' de Câncer (na coluna 5h 0')
− casa 11 em 17° 40' de Câncer (na coluna 4h 56')
49' ÷ 4 = 12'
18° 29' de Câncer
−   12'
= 18° 17' de Câncer (O mesmo na leitura
de computador
da p. 56.)

Exemplo: Ascendente 17° 22' de Virgem (coluna 5h 0')
– Ascendente 16° 31' de Virgem (coluna 4h 56')
51' ÷ 4 = 12,75 ou arredondado
para 13'

Ascendente 17° 22' de Virgem
−   13'
Ascendente 17° 09 de Virgem

Se você fez esses cálculos no computador, a resposta será 17° 10' de Virgem. Se suas respostas tiverem variação de até 5', está tudo muito bem! Consulte a página seguinte para ver a Roda completa, com a cúspide das casas.

Vamos praticar um pouco mais essa fórmula simples. No Exemplo 1, você fez os cálculos com um horário da manhã (10:30). Desta vez, vai fazer o cálculo para um mapa em que o nascimento foi à noite, embora no mesmo dia e no mesmo local.

A mesma página parcial de *The American Ephemeris*, repetida da p. 51 por conveniência.

Data: 12 de julho de 1977
Hora: 10:30 PDT
Local: Los Angeles, Califórnia, EUA
Longitude: 118O15
Latitude: 34N03

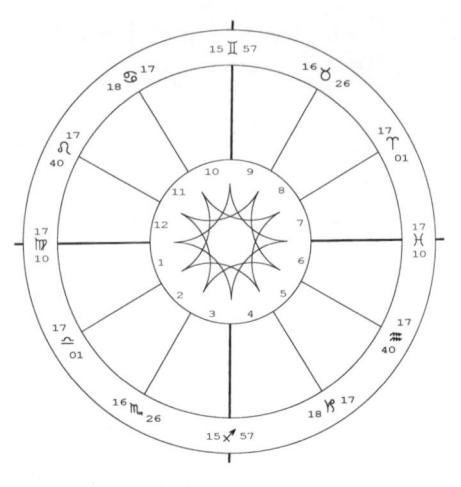

Exemplo 2 (Noite)

12 de julho de 1977, às 22:30, em Los Angeles, Califórnia, EUA
118O15 34N03

a)		**22:30:00**		PDT – 12 de julho de 1977. (O *Atlas* diz que havia horário de verão.)
b)	–	**1:00:00**		Subtraia 1 hora.
	=	**21:30:00**		PST – 12 de julho de 1977.
c)	+	**8:00:00**	**PST**	Zona horária de Los Angeles, a oeste de Greenwich, portanto, adicione
	=	**29:30:00**		
	–	**24:00:00**		O dia só tem 24 horas, por isso informe o dia seguinte. Encontre a hora para o dia seguinte.
d)	=	**5:30:00**	**UT**	Tempo universal da *manhã seguinte*, ou 13 de julho de 1977.
e)	+	**0:54**		Correção do horário solar-sideral, veja a tabela no Apêndice.
f)	+	**19:23:03**		Hora sideral de 13 de julho de 1977, encontrada nas efemérides.
	=	**24:53:57**		
g)	–	**7:52:58**		Equivalente horário da longitude, encontrado no *Atlas*, que é a diferença entre Los Angeles e Greenwich.
h)	=	**17:00:59**		Hora sideral local.

Consulte a Tabela de Casas Koch e encontre a hora sideral mais próxima de 17:00:59 ou de 17:01 (basta arredondar 59 segundos para 1 minuto). A coluna mais próxima é 17:00m, e a hora seguinte é 17h04m, ou 4 minutos de diferença. Nosso cálculo de 17:01 é exatamente ¼ em relação à próxima coluna. Na coluna 17h04, o Meio do Céu é 17° 07' de Sagitário, ao passo que, na coluna 17h00, o Meio do Céu é 16° 11' de Sagitário, uma diferença de 56'.

Como nosso cálculo requer que se some ¼, dividimos 56 por 4, cujo resultado é 14'. Some 14 minutos à primeira coluna de:

                          16° 11 de Sagitário
                          16° 25' de Sagitário
Uma diferença de: 56'

Se você fizer esse cálculo no computador, a resposta será exatamente a mesma. (Veja o gráfico na página a seguir.)

	17h 0m 0s 255° 0' 0' 16 ♐ 11					17h 4m 0s 256° 0' 0' 17 ♐ 07				
LAT.	11	12	ASC	2	3	11	12	ASC	2	3
0	13♐49	12♒32	13H43	16T17	17O28	14♐44	13♒32	14H48	17T21	18O28
5	13 09	11 41	13 05	16 08	17 36	14 06	12 42	14 12	17 14	18 37
10	12 29	10 46	12 24	15 57	17 45	13 26	11 49	13 34	17 07	18 48
15	11 46	09 46	11 38	15 46	17 55	12 44	10 51	12 51	16 58	18 59
20	11 00	08 40	10 45	15 32	18 06	11 59	09 47	12 01	16 48	19 11
21	10 50	08 26	10 34	15 29	18 08	11 50	09 33	11 50	16 45	19 13
22	10 41	08 11	10 22	15 26	18 10	11 40	09 19	11 39	16 43	19 16
23	10 31	07 56	10 10	15 23	18 13	11 30	09 04	11 28	16 41	19 19
24	10 20	07 41	09 57	15 20	18 15	11 20	08 49	11 16	16 38	19 22
25	10 10	07 25	09 44	15 16	18 18	11 08	08 34	11 03	16 35	19 24
26	10 00	07 08	09 30	15 13	18 20	10 59	08 18	10 50	16 32	19 27
27	09 49	06 52	09 16	15 09	18 23	10 49	08 02	10 37	16 29	19 30
28	09 38	06 34	09 01	15 05	18 25	10 38	07 45	10 23	16 26	19 33
29	09 26	06 16	08 45	15 00	18 28	10 27	07 27	10 08	16 23	19 37
30	09 15	05 58	08 29	14 56	18 31	10 15	07 09	09 53	16 19	19 40
31	09 03	05 39	08 12	14 51	18 34	10 03	06 51	09 37	16 16	19 43
32	08 50	05 19	07 54	14 46	18 37	09 51	06 31	09 20	16 12	19 47
33	08 38	04 58	07 36	14 41	18 40	09 39	06 11	09 03	16 07	19 50
34	08 25	04 37	07 16	14 35	18 43	09 26	05 50	08 44	16 03	19 54
35	08 11	04 14	06 56	14 29	18 46	09 13	05 28	08 25	15 58	19 58
→ 36	07 57	03 51	06 34	14 22	18 50	08 59	05 06	08 05	15 53	20 02	←
37	07 43	03 27	06 11	14 15	18 53	08 45	04 42	07 43	15 47	20 06

Fonte: *The Michelsen Book of Tabels*, compilado e programado por Neil F. Michelsen, revisões de Rique Pottenger, ACS Publications, 1998, pp. 64-5 (amostra parcial).

Nota do Editor: Ao preparar esta nova edição de *Curso Básico de Astrologia*, Volume II, percebemos que os exemplos deste capítulo para locais internacionais basearam-se em informações da 5ª edição revisada do *The International Atlas*, agora esgotada. Como as tabelas de horários sofreram alterações significativas na 6ª edição desse atlas, seguiremos as instruções e os exemplos das autoras, que usaram a 5ª edição revisada, com instruções adicionais com base na 6ª edição revisada.

Data: 12 de julho de 1977
Hora: 22:30 PDT
Local: Los Angeles, Califórnia, EUA
Longitude: 118O15
Latitude: 34N03

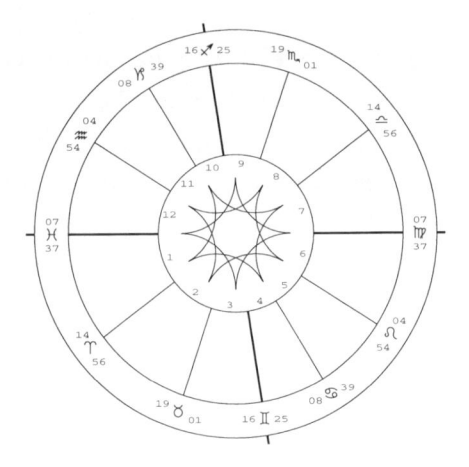

Até aqui, praticamos um jeito simples de calcular um mapa de um local a oeste de Greenwich. Vamos agora praticar com um mapa cujo local de nascimento seja Paris, França, apenas para que você constate que a fórmula usada para locais a leste de Greenwich pode ser a mesma, com poucas alterações.

Exemplo 3 (Leste de Greenwich)

12 de julho de 1977, às 10:30, em Paris, França 2L20 48N52

a)		10:30:00	CEDT	(Horário de verão da Europa Central) 12 de julho de 1977.
b)	−	1:00:00		Subtraia 1 hora do horário de verão.
	=	9:30:00	CET	(Hora oficial da Europa Central), 12 de julho de 1977.
c)	−	1:00:00	PST	Correção do meridiano. Ver amostra da página do *Atlas*. Subtraia a correção do meridiano, pois Paris está a leste de Greenwich.
d)	=	8:30:00	UT	Tempo universal.
e)	+	1:24		Correção do horário solar-sideral, veja Apêndice.
f)	+	19:19:06		Hora sideral de 12 de julho de 1977, encontrada nas efemérides.
	=	27:50:30		
g)	+	9:20		Equivalente horário da longitude, encontrado no *Atlas*, que é a diferença entre Paris e Greenwich.
	=	27:59:50		
	−	24:00:00		O dia só tem 24 horas, portanto subtraia 24.
h)	=	3:59:50		Hora sideral local. Arredonde para 3:60 = **4H00m00s**.

171 O *The International Atlas*, na 5ª edição revisada, refere-se a Paris em suas tabelas de horários nº 61, referente à França.

FRANCE

Palinges	25	46N33	4E13	-0:16:52
Palluau	25	46N48	1W37	0:06:28
Pamiers	1	43N07	1E36	-0:06:24
Pange	12	49N05	6E22	-0:25:28
Panissières	1	45N47	4E20	-0:17:20
Pantin	61	48N54	2E24	-0:09:36
Paray le Monial	25	46N27	4E07	-0:16:28
Parentis en Born	24	44N21	1W05	0:04:20
Pargny sur Saulx	88	48N46	4E50	-0:19:20
Parigné l'Évêque	47	47N56	0E22	-0:01:28	←
→ Paris	61	48N52	2E20	-0:09:20
Parmain	80	49N07	2E12	-0:08:48
Parthenay	24	46N39	0W15	0:01:00
Pas en Artois	122	50N09	2E30	-0:10:00

A Tabela de Horários nº 61 remete à Tabela de Horários nº 1, para encontrar datas posteriores a 25 de agosto de 1944.

FRANCE

Time Table # 61
Before 15 Mar 1891 LMT
Begin Standard 2E20

15 Mar	1891	0:01	TT#1
14 Jun	1940	0:00	-2:00
1 Nov	1942	3:00	-1:00
29 Mar	1943	2:00	-2:00
4 Oct	1943	3:00	-1:00
3 Apr	1944	2:00	-2:00
→ 25 Aug	1944	0:00	TT#1	←

FRANCE

Time Table # 1
Before 15 Mar 1891 LMT
Begin Standard 2E20

15 Mar	1891	0:01	-0:09	3 Oct	1925	24:00	0:00	26 Mar	1938	23:00	-1:00
Begin Standard 0W00				17 Apr	1926	23:00	-1:00	1 Oct	1938	24:00	0:00
11 Mar	1911	0:00	0:00	2 Oct	1926	24:00	0:00	15 Apr	1939	23:00	-1:00
14 Jun	1916	23:00	-1:00	9 Apr	1927	23:00	-1:00	18 Nov	1939	24:00	0:00
1 Oct	1916	24:00	0:00	1 Oct	1927	24:00	0:00	25 Feb	1940	2:00	-1:00
24 Mar	1917	23:00	-1:00	14 Apr	1928	23:00	-1:00	4 May	1941	24:00	-2:00
7 Oct	1917	24:00	0:00	6 Oct	1928	24:00	0:00	6 Oct	1941	1:00	-1:00
9 Mar	1918	23:00	-1:00	20 Apr	1929	23:00	-1:00	8 Mar	1942	24:00	-2:00
6 Oct	1918	24:00	0:00	5 Oct	1929	24:00	0:00	2 Nov	1942	3:00	-1:00
1 Mar	1919	23:00	-1:00	12 Apr	1930	23:00	-1:00	29 Mar	1943	2:00	-2:00
5 Oct	1919	24:00	0:00	4 Oct	1930	24:00	0:00	4 Oct	1943	3:00	-1:00
14 Feb	1920	23:00	-1:00	18 Apr	1931	23:00	-1:00	3 Apr	1944	2:00	-2:00
23 Oct	1920	24:00	0:00	3 Oct	1931	24:00	0:00	8 Oct	1944	1:00	-1:00
14 Mar	1921	23:00	-1:00	2 Apr	1932	23:00	-1:00	2 Apr	1945	2:00	-2:00
25 Oct	1921	24:00	0:00	1 Oct	1932	24:00	0:00	Begin Standard 15E00			
25 Mar	1922	23:00	-1:00	25 Mar	1933	23:00	-1:00	16 Sep	1945	3:00	-1:00
7 Oct	1922	24:00	0:00	7 Oct	1933	24:00	0:00	28 Mar	1976	2:00	-2:00
				7 Apr	1934	23:00	-1:00	26 Sep	1976	3:00	-1:00
				6 Oct	1934	24:00	0:00	→ 3 Apr	1977	2:00	-2:00	←
				30 Mar	1935	23:00	-1:00	25 Sep	1977	3:00	-1:00

As páginas parciais deste exemplo foram retiradas do *The International Atlas, World Longitudes & Latitudes, Time Changes and Time Zones*, 5ª edição revisada, compilado e programado por Thomas Shanks, ACS Publications, 1999, p. 155.

JULY 1977   LONGITUDE

Day	Sid.Time	☉	0 hr ☽	Noon ☽	True ☊	☿	♀	♂	♃
1 F	18 35 44	9♋ 3 2	7♑ 3 0	14♑34 15	20♎58.4	10♋15.3	24♉ 4.3	18♉13.0	19♊
2 Sa	18 39 41	10 0 14	22 2 13	29 25 46	20R47.8	12 25.3	25 6.9	18 56.1	19
3 Su	18 43 38	10 57 25	6♒43 54	13♒55 50	20 37.5	14 34.5	26 9.8	19 39.1	20
4 M	18 47 34	11 54 36	21 0 58	27 58 57	20 28.6	16 42.6	27 12.9	20 22.1	20
5 Tu	18 51 30	12 51 47	4♓49 36	11♓32 56	20 22.0	18 49.5	28 16.2	21 4.9	20
6 W	18 55 27	13 48 59	18 9 11	24 38 39	20 17.9	20 55.0	29 19.8	21 47.7	20
7 Th	18 59 23	14 46 11	1♈ 1 48	7♈19 11	20 16.0	22 59.1	0♊23.6	22 30.5	21
8 F	19 3 20	15 43 23	13 31 23	19 39 3	20 15.6	25 1.5	1 27.6	23 13.1	21
9 Sa	19 7 16	16 40 36	25 42 52	1♉43 30	20 15.5	27 2.2	2 31.8	23 55.7	21
10 Su	19 11 13	17 37 49	7♉41 37	13 37 50	20 14.8	29 1.2	3 36.2	24 38.2	21
11 M	19 15 10	18 35 2	19 32 49	25 27 6	20 12.4	0♌58.4	4 40.9	25 20.6	21
→ 12 Tu	19 19 6	19 32 16	1♊21 16	7♊15 46	20 7.5	2 53.7	5 45.7	26 2.9	22	←
13 W	19 23 3	20 29 30	13 11 4	19 7 33	19 59.9	4 47.3	6 50.7	26 45.2	22
14 Th	19 26 59	21 26 45	25 5 32	1♋ 5 20	19 49.7	6 38.9	7 55.9	27 27.4	22
15 F	19 30 56	22 24 1	7♋ 7 7	13 11 9	19 37.5	8 28.6	9 1.3	28 9.5	22

Seção da página de *The American Ephemeris*, repetida da p. 55 por conveniência.

59

| 4h | 0m | 0s | 60° | 0' | 0" | | 4h | 4m | 0s | 61° | 0' | 0" | |
| | | | 02 Ⅱ 05 | | | | | | | 03 Ⅱ 03 | | | |
11	12	ASC	2	3			11	12	ASC	2	3		LAT.
00♋00	27♌55	27♌49	00♎00	02♏11			00♋55	28♌52	28♌52	01♎05	03♏13		0
00 51	29 05	28 55	00 40	02 21			01 45	00♍01	29 56	01 43	03 22		5
01 42	00♍15	29 58	01 17	02 31			02 35	01 09	00♍57	02 18	03 31		10
02 35	01 23	00♍59	01 53	02 40			03 28	02 17	01 56	02 53	03 39		15
03 31	02 33	01 58	02 28	02 50			04 22	03 25	02 54	03 26	03 48		20
03 42	02 47	02 10	02 35	02 52			04 33	03 38	03 05	03 33	03 49		21
03 54	03 01	02 22	02 42	02 54			04 45	03 52	03 17	03 39	03 51		22
04 06	03 15	02 34	02 49	02 56			04 56	04 06	03 28	03 46	03 53		23
04 18	03 30	02 46	02 56	02 58			05 08	04 20	03 40	03 52	03 55		24
04 30	03 44	02 58	03 03	03 00			05 20	04 34	03 52	03 59	03 56		25
04 42	03 58	03 10	03 10	03 02			05 32	04 48	04 03	04 06	03 58		26
04 55	04 13	03 22	03 17	03 04			05 45	05 03	04 15	04 12	04 00		27
05 08	04 28	03 34	03 24	03 06			05 57	05 17	04 27	04 19	04 02		28
05 21	04 43	03 47	03 31	03 08			06 10	05 32	04 39	04 26	04 04		29
05 34	04 58	03 59	03 38	03 10			06 23	05 46	04 50	04 33	04 06		30
05 48	05 13	04 11	03 46	03 12			06 37	06 01	05 02	04 40	04 08		31
06 02	05 28	04 23	03 53	03 15			06 50	06 16	05 14	04 47	04 10		32
06 16	05 44	04 36	04 00	03 17			07 04	06 31	05 26	04 54	04 12		33
06 31	05 59	04 48	04 07	03 19			07 18	06 46	05 38	05 01	04 14		34
06 46	06 15	05 01	04 15	03 22			07 33	07 02	05 51	05 08	04 16		35
07 01	06 31	05 14	04 22	03 24			07 48	07 18	06 03	05 15	04 18		36
07 17	06 48	05 27	04 30	03 26			08 03	07 34	06 15	05 22	04 20		37
07 33	07 04	05 40	04 38	03 29			08 19	07 50	06 28	05 29	04 23		38
07 49	07 21	05 53	04 46	03 32			08 35	08 06	06 41	05 37	04 25		39
08 07	07 38	06 06	04 54	03 34			08 52	08 23	06 54	05 45	04 28		40
08 24	07 56	06 20	05 02	03 37			09 09	08 40	07 07	05 52	04 30		41
08 42	08 13	06 33	05 10	03 40			09 27	08 57	07 20	06 00	04 33		42
09 01	08 31	06 47	05 18	03 43			09 45	09 14	07 33	06 08	04 36		43
09 21	08 50	07 01	05 27	03 46			10 04	09 32	07 47	06 16	04 38		44
09 41	09 09	07 15	05 35	03 49			10 24	09 50	08 00	06 24	04 41		45
10 02	09 28	07 29	05 44	03 53			10 44	10 09	08 14	06 33	04 45		46
10 23	09 47	07 44	05 53	03 56			11 05	10 28	08 28	06 42	04 48		47
10 46	10 07	07 59	06 03	04 00			11 27	10 47	08 43	06 51	04 51		48
11 09	10 27	08 14	06 12	04 04			11 50	11 07	08 57	07 00	04 55		49
11 34	10 48	08 29	06 22	04 08			12 13	11 27	09 12	07 09	04 59		50

Consulte a Tabela de Casas Koch para encontrar a hora sideral mais próxima de 4h 00m 00s. A hora mais próxima na tabela é justamente 4h 00m 00s, e o Meio do Céu é 2° 05' de Gêmeos. Se você calcular esse mapa pelo computador, o Meio do Céu será 2° 03' de Gêmeos, ou seja, apenas 2 minutos de diferença. Como a variação é inferior a 5 minutos, você não precisa se preocupar.

Veja o gráfico com a cúspide de todas as casas na página seguinte.

✦ ✦

Você poderá usar essa fórmula simples da mesma maneira para calcular mapas para manhã ou noite, para leste ou oeste de Greenwich. Mas agora precisamos adicionar outra pequena modificação, ajustando o cálculo para mapas referentes ao sul do Equador. A fórmula matemática é basicamente a mesma, só é preciso adicionar 12 horas após somarmos ou subtrairmos o equivalente horário da longitude (entre as etapas f e g da fórmula).

A razão disso é muito simples: a hora sideral em todas as efemérides é calculada a partir do ponto 0 na época do equinócio de primavera, em torno de 22 de março de cada ano.

Cúspide de todas as casas do exemplo 3:
Data: 12 de julho de 1977
Hora: 10:30 CEDT
Local: Paris, França
Longitude: 2L20
Latitude: 48N52

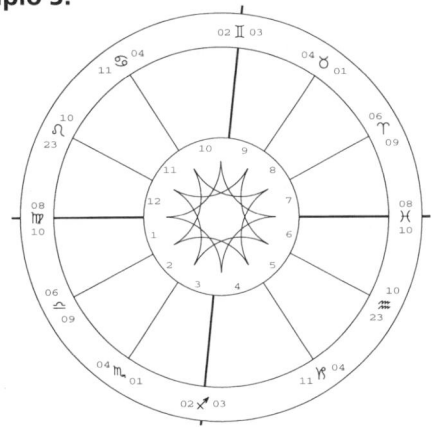

Quando é primavera nas latitudes norte, é outono ao sul do Equador. É preciso alinhar a hora sideral somando-se 12 horas (ou invertendo Áries para Libra).

Exemplo 4 (Sul do Equador)

12 de julho de 1977, às 22:30, em Santiago, Chile, 70O40 33S27

a)		22:30:00	AST	(Hora Oficial do Atlântico) 12 de julho de 1977.
b)				Não há horário de verão em julho no sul do Equador.
c)	+	4:00:00		Correção para o Chile, a oeste de Greenwich, portanto adicione 4 horas.
	=	26:30:00	UT	Tempo universal.
	−	24:00:00		O dia só tem 24 horas, por isso subtraia 24.
d)	+	2:30:00	UT	UT (tempo universal) de 13 de julho de 1977 (manhã).
e)	+	0:25		Correção do horário solar-sideral. Veja tabela no Apêndice.
f)	+	19:23:03		Hora sideral de 13 de julho de 1977, encontrada nas efemérides.
	=	21:53:28		
	+	12:00:00		Some 12 horas para o sul do Equador.
	=	33:53:28		
	−	24:00:00		O dia só tem 24 horas, portanto subtraia 24.
	=	9:53:28		
g)	−	4:42:40		Equivalente horário da longitude encontrado no *Atlas*, que é a diferença entre Santiago, no Chile, e Greenwich.
h)	=	5:10:48		Hora sideral local. Arredonde para **5:11**.

As páginas parciais desse exemplo são do *The International Atlas, World Longitudes and Latitudes, Tome Changes and Time Zones*, 5ª edição revisada, compilado e programado por Thomas Shanks, ACS Publications, 199, pp. 92-4.

CHILE

Santa Rosa de Huechuraba		2 33S21	70W41	4:42:44
Santa Rosa de Locobe		2 33S26	70W33	4:42:12
Santa Teresa de lo Ovalle		2 33S23	70W47	4:43:08
→ Santiago		2 33S27	70W40	4:42:40 ←
San Vicente de Tagua-Tagua		2 34S26	71W05	4:44:20
Sewell		1 34S05	70W23	4:41:32
Sierra Gorda		1 22S54	69W19	4:37:16
Socaire		1 23S36	67W51	4:31:24
Talagante		1 33S40	70W56	4:43:44
Talca		1 35S26	71W40	4:46:40
Talcahuano		1 36S43	73W07	4:52:28
Taltal		1 25S24	70W29	4:41:56
Tana		1 19S27	69W57	4:39:48
Tegualda		1 41S02	73W26	4:53:44
Temuco		1 38S44	72W36	4:50:24
Teno		1 34S52	71W11	4:44:44
Tierra Amarilla		1 27S29	70W17	4:41:08

O *The International Atlas*, na 5ª edição revisada, refere-se a Santiago na Tabela de Horários nº 2.

A Tabela de Horários nº 2 nos remete à Tabela de Horários nº 1 para encontrar datas posteriores a outubro de 1969. A Tabela de Horários nº 1 diz que Santiago está na Hora Oficial (4 horas de Greenwich) de 13 de março de 1977 até 9 de outubro.

CHILE

Time Table # 1					27 Sep 1998	0:00	3:00	Time Table # 2		
Before 1 Jan 1890 LMT					14 Mar 1999	0:00	4:00	1 Sep 1927	0:00	4:00
Begin Standard 70W40					10 Oct 1999	0:00	3:00	1 Sep 1928	0:00	5:00
1 Jan 1890		0:00		4:43	12 Mar 2000	0:00	4:00	1 Sep 1928	0:00	4:00
Begin Standard 75W00					15 Oct 2000	2:00	3:00	1 Apr 1929	0:00	5:00
1 Jan 1910		0:00		5:00	11 Mar 2001	2:00	4:00	1 Sep 1929	0:00	4:00
Begin Standard 60W00					14 Oct 2001	2:00	3:00	1 Apr 1930	0:00	5:00
1 Sep 1932		0:00		4:00	10 Mar 2002	2:00	4:00	1 Sep 1930	0:00	4:00
12 Oct 1969		0:00		3:00	13 Oct 2002	2:00	3:00	1 Apr 1931	0:00	5:00
15 Mar 1970		0:00		4:00	9 Mar 2003	2:00	4:00	1 Sep 1931	0:00	4:00
11 Oct 1970		0:00		3:00	12 Oct 2003	2:00	3:00	1 Apr 1932	0:00	5:00
14 Mar 1971		0:00		4:00	14 Mar 2004	2:00	4:00	Begin Standard 60W00		
10 Oct 1971		0:00		3:00	10 Oct 2004	2:00	3:00	1 Sep 1932	0:00	4:00
12 Mar 1972		0:00		4:00	13 Mar 2005	2:00	4:00	→ 12 Oct 1969	0:00	TT#1 ←
15 Oct 1972		0:00		3:00	9 Oct 2005	2:00	3:00			
11 Mar 1973		0:00		4:00	12 Mar 2006	2:00	4:00	Time Table # 3		
14 Oct 1973		0:00		3:00	15 Oct 2006	2:00	3:00	Before 1 Jan 1890 LMT		
10 Mar 1974		0:00		4:00	11 Mar 2007	2:00	4:00	Begin Standard 70W40		
13 Oct 1974		0:00		3:00	14 Oct 2007	2:00	3:00	1 Jan 1890	0:00	4:43
9 Mar 1975		0:00		4:00	9 Mar 2008	2:00	4:00	Begin Standard 75W00		
12 Oct 1975		0:00		3:00	12 Oct 2008	2:00	3:00	1 Jan 1910	0:00	4:00
14 Mar 1976		0:00		4:00	15 Mar 2009	2:00	4:00	1 Sep 1931	0:00	4:00
10 Oct 1976		0:00		3:00	11 Oct 2009	2:00	3:00	1 Apr 1932	0:00	5:00
13 Mar 1977		0:00		4:00	14 Mar 2010	2:00	4:00	Begin Standard 60W00		
→ 9 Oct 1977		0:00		3:00 ←				1 Sep 1932	0:00	4:00
12 Mar 1978		0:00		4:00				12 Oct 1969	0:00	TT#1

JULY 1977 LONGITUDE

	Day	Sid.Time	☉	0 hr ☽	Noon ☽	True ☊	☿	♀	♂	♃		
	1 F	18 35 44	9♋ 3 2	7♑ 3 0	14♑34 15	20♎58.4	10♋15.3	24♉ 4.3	18♉13.0	19♊45.9	15♌	
	2 Sa	18 39 41	10 0 14	22 2 13	29 25 46	20R 47.8	12 25.3	25 6.9	18 56.1	19 59.3	15	
	3 Su	18 43 37	10 57 25	6♒43 54	13♒55 50	20 37.5	14 34.5	26 9.8	19 39.1	20 12.8	15	
	4 M	18 47 34	11 54 36	21 0 58	27 58 57	20 28.6	16 42.6	27 12.9	20 22.1	20 26.2	15	
	5 Tu	18 51 30	12 51 47	4♓49 36	11♓32 56	20 22.0	18 49.5	28 16.2	21 4.9	20 39.6	15	
	6 W	18 55 27	13 48 59	18 9 11	24 38 39	20 17.9	20 55.0	29 19.8	21 47.7	20 52.9	15	
	7 Th	18 59 23	14 46 11	1♈ 1 48	7♈19 11	20 16.0	22 59.1	0♊23.6	22 30.5	21 6.3	15	
	8 F	19 3 20	15 43 23	13 31 23	19 39 3	20 15.6	25 1.5	1 27.6	23 13.1	21 19.5	15	
	9 Sa	19 7 16	16 40 36	25 42 52	1♉43 30	20 15.5	27 2.2	2 31.8	23 55.7	21 32.8	16	
	10 Su	19 11 13	17 37 49	7♉41 37	13 37 50	20 14.8	29 1.2	3 36.2	24 38.2	21 46.0	16	
	11 M	19 15 10	18 35 2	19 32 49	25 27 6	20 12.4	0♌58.4	4 40.9	25 20.6	21 59.1	16	
→	12 Tu	19 19 6	19 32 16	1♊21 16	7♊15 46	20 7.5	2 53.7	5 45.7	26 2.9	22 12.2	16	←
	13 W	19 23 3	20 29 30	13 11 4	19 7 33	19 59.9	4 47.2	6 50.7	26 45.2	22 25.3	16	
	14 Th	19 26 59	21 26 45	25 5 32	1♋ 5 20	19 49.7	6 38.9	7 55.9	27 27.4	22 38.3	16	

Consulte a Tabela de Casas Koch. As horas siderais mais próximas de 5h 11m na tabela são 5h 8m e 5h 12m. Como antes, vamos calcular a diferença entre os dois Meios do Céu, 18° 02' de Gêmeos e 18° 58' de Gêmeos ou 56 minutos. Divida por 4, e o resultado será 14 minutos. Subtraia 14 minutos de 18° 58' de Gêmeos (5h 12m na tabela), e você obterá 18° 44' de Gêmeos.

	5h 8m 0s 77° 0' 0" 18 ♊ 02						5h 12m 0s 78° 0' 0" 18 ♊ 58					
	11	12	ASC	2	3	LAT.	11	12	ASC	2	3	
	15♋40	14♌32	15♍53	18♎26	19♏27	0	16♋36	15♌32	16♍57	19♎30	20♏26	
	16 17	15 17	16 23	18 30	19 17	5	17 12	16 16	17 26	19 32	20 15	
	16 54	16 01	16 52	18 34	19 07	10	17 48	16 58	17 52	19 35	20 04	
	17 30	16 44	17 20	18 39	18 57	15	18 23	17 39	18 18	19 37	19 53	
	18 08	17 26	17 47	18 43	18 48	20	19 00	18 20	18 43	19 39	19 43	
	18 16	17 35	17 52	18 44	18 46	21	19 08	18 28	18 48	19 40	19 41	
	18 24	17 43	17 58	18 45	18 44	22	19 15	18 36	18 53	19 40	19 39	
	18 32	17 52	18 03	18 45	18 42	23	19 23	18 44	18 58	19 41	19 37	
	18 40	18 00	18 08	18 46	18 41	24	19 31	18 53	19 03	19 41	19 34	
	18 48	18 09	18 14	18 47	18 39	25	19 39	19 01	19 08	19 42	19 32	
	18 56	18 18	18 19	18 48	18 37	26	19 46	19 09	19 13	19 43	19 30	
	19 04	18 26	18 24	18 49	18 35	27	19 54	19 17	19 18	19 43	19 28	
	19 12	18 35	18 30	18 50	18 33	28	20 02	19 25	19 23	19 44	19 26	
	19 21	18 44	18 35	18 51	18 31	29	20 11	19 34	19 28	19 44	19 24	
	19 29	18 52	18 41	18 52	18 30	30	20 19	19 42	19 33	19 45	19 22	
	19 38	19 01	18 46	18 53	18 28	31	20 27	19 51	19 38	19 46	19 20	
	19 47	19 10	18 52	18 54	18 26	32	20 36	19 59	19 43	19 46	19 18	
→	19 56	19 19	18 57	18 56	18 24	33	20 44	20 08	19 48	19 47	19 16	←
	20 05	19 28	19 03	18 57	18 22	34	20 53	20 16	19 53	19 48	19 14	
	20 14	19 37	19 08	18 58	18 21	35	21 02	20 25	19 58	19 49	19 12	

Há mais uma mudança importante quando se faz um mapa para o sul do Equador: consultamos a Tabela de Casas de maneira diferente. Na maioria das tabelas de casas, as latitudes fornecidas são para o norte do Equador. Para encontrar a posição para o sul, é preciso inverter o mapa. No nosso exemplo, o Meio do Céu é a 18° 44'

Data: 12 de julho de 1977
Hora: 22:30 AST
Local: Santiago, Chile
Longitude: 70040
Latitude: 33S27

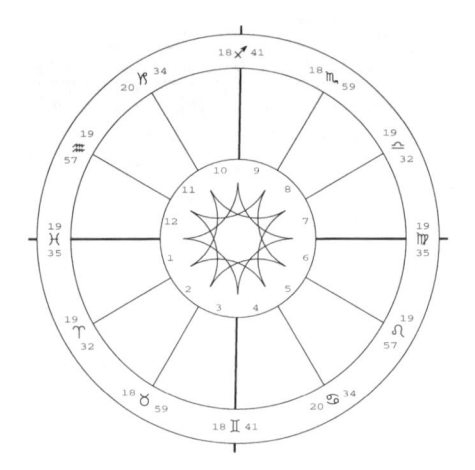

de Gêmeos, mas essa é a posição para latitudes ao norte do Equador. Como Santiago fica localizado a 33° Sul 27', o Meio do Céu fica a 18° 44' de Sagitário, posição inversa a Gêmeos.

Se você estiver usando o computador, a resposta será 18° 41' de Sagitário, ou apenas 3 minutos de diferença.

Instruções Alternativas para o Atual *International Atlas*

As tabelas de horários da 6ª edição ampliada do *International Atlas* têm formato mais simplificado do que foi mostrado nos exemplos anteriores, extraídos da 5ª edição revisada. Mantivemos as instruções e os gráficos originais fornecidos pelas autoras nesta edição revisada do Volume II do *Curso Básico de Astrologia* porque temos consciência de que muitos leitores têm a edição anterior. Como ela está esgotada, os novos leitores deste livro vão, provavelmente, usar a 6ª edição ampliada do *Atlas*. A seguir estão as instruções e amostras de páginas das tabelas de horários em que você poderá obter as mesmas cúspides usadas nos dois exemplos internacionais, Paris e Santiago.

Primeiro, vamos refazer o **Exemplo 4, para Paris:** vá para a lista de países em ordem alfabética do *Atlas* e encontre a França (página 142) e, em seguida, encontre Paris (página 154). Todas as listas de cidades trazem primeiro o nome da cidade. O próximo item, um número, mostra a Província ou Divisão (12 para Paris). O item seguinte é o número da Tabela de Horários (5 para Paris), seguido da Latitude, da Longitude e do Tempo Equivalente a Greenwich. A linha para Paris é assim:

    Paris   12   5   48N52   2E20   –0:09:20

Agora volte para a página 142 do *Atlas*, onde começou a seção da França. Na página oposta, você verá uma série de pequenas seções da Tabela de Horários. Encontre nº 5 na primeira linha, que se parece com isso:

Time Table # 5
Before 15 Mar 1891 LMT
Begin Standard 2E20
15 Mar 1891   0:01   TT#1
14 Jun 1940   0:00   -2:00
1 Nov 1942   3:00   TT#1

Como nossos dados de nascimento são posteriores a novembro de 1942, precisamos, agora, consultar a Tabela de Horários nº 1. Examine as colunas e primeiro observe que, quando você chega a 2 de abril de 1945, a próxima linha diz Begin Standard 15E00. Isso revela que nessa data a França reconheceu esse meridiano como sua hora oficial. Continue seguindo a tabela até chegar à data imediatamente anterior à de nascimento do nosso exemplo: 12 de julho de 1977, ou seja:

    3 Apr 1977   -2:00
    25 Sep 1977   -1:00

Como nossa data é em julho, a correção a ser usada é -2:00.

Nosso nascimento em Paris foi às 10h30. Subtraia duas horas e você chegará às 8:30 UT, exatamente o mesmo resultado do Exemplo 3, na p. 58. Agora basta adicionar a correção do horário solar-sideral de

1:24, a mesma de antes, e depois adicionar a hora sideral das efemérides. Por fim, adicione o intervalo de tempo entre Paris e Greenwich, como indicado anteriormente, no fim da linha da cidade de Paris, porque Paris fica a oeste de Greenwich. Obtivemos um resultado superior a 24 horas, então subtraímos 24 e terminamos do mesmo modo que o Exemplo 3, usando a 5ª edição do *Atlas*, com a mesma hora sideral local de 3:59:50, que podemos arredondar para 4:00:00. O sistema da 6ª edição nos leva a esse resultado até um pouco mais rápido!

Exemplo 3 usando a 6ª edição do *Atlas*
12 de julho de 1977, às 10:30, em Paris, França

10:30:00	Horário do nascimento, Paris
− 2:00:00	Diferença de horas entre Paris e Greenwich
8:30:00	UT
+ 1:24	Correção do horário solar-sideral
+19:19:06	Hora sideral das efemérides
27:50:30	
+ 0:09:20	Intervalo de tempo entre Paris e Greenwich
27:59:50	
− 24:00:00	
3:59:50	Hora sideral local (arredondada para 4:00:00)

Agora vamos dar outra olhada no **Exemplo 4 (do sul do Equador)**, para Santiago, Chile, usando a 6ª edição ampliada do *Atlas*. Consulte as listas e encontre o Chile (a partir da página 85), depois ache Santiago. Você vai encontrá-lo na página 86, conforme abaixo:

Santa Rosa de Locobe	12	1	33S26	70W41	4:42:44
Santa Teresa de lo Ovalie	12	1	33S34	70W47	4:43:08
Santiago	12	1	33S27	70W40	4:42:40
San Vincente de Tagua-Tagua	7	1	34S26	71W05	4:44:20

Copie as informações da linha de Santiago; depois, vá para a Tabela de Horários nº 1 e procure Santiago. Nossa data de nascimento de 12 de julho de 1977 vem depois de 13 de março de 1977 na coluna de Santiago da Tabela de Horários nº 1 e antes de 9 de outubro de 1977, então usaremos março. Observe que há 4 horas de diferença entre Santiago e Greenwich.

13 March 1977   0:00   4:00

Exemplo 4 usando a 6ª edição ampliada do *Atlas*
12 de junho de 1977, às 22:30, em Santiago, no Chile

22:30:00	Horário do nascimento, Santiago
+ 4:00.00	Diferença entre Santiago e Greenwich
26:30:00	Horas demais para um dia
− 24:00:00	
2:30:00	UT
0:25	Correção do horário solar-sideral
19:23:03	Hora sideral nas efemérides
21:53:28	
+12:00:00	para sul do Equador
33:53:28	Horas demais para um dia
− 24:00:00	Subtraia horas de um dia
9:53:28	Hora sideral local (arredondar para 4:00:00)
− 4:42:40	Equivalente horário para Greenwich
5:10:48	Hora local sideral (arredondar para 5:11)

Como você pode ver, chegamos aos mesmos resultados, com a 6ª edição do *Atlas*, que havíamos chegado com a 5ª edição. A única diferença é que as tabelas da edição mais recente são um pouco mais fáceis de consultar.

Referência: *The International Atlas, Expanded Sixth Edition, World US Longitudes & Latitudes, Time Changes and Time Zones*, compilado e programado por Thomas G. Shanks e Rique Pottenger, ACS Publications, 2003.

Módulo 3
Fórmulas para Corrigir os Planetas

Até agora, você aprendeu a encontrar as cúspides de um mapa natal. Nesse cálculo, você precisava primeiro "traduzir" a hora do nascimento de qualquer lugar do mundo para a hora em que estava em Greenwich. Esse horário é o equivalente ao que é chamado de "tempo universal", cuja abreviatura é UT.

Para corrigir os planetas, você precisa determinar que horas eram em Greenwich na hora do nascimento. Nas efemérides para a meia-noite, todos os planetas são calculados para a meia-noite, ou seja, o início do dia. Você precisa somar ou subtrair da meia-noite para encontrar a hora real do nascimento. Se ele ocorreu em Nova York, às 19:00, por coincidência era meia-noite em Greenwich. Como em Nova York é 5 horas mais cedo (oeste de Greenwich), você não precisa fazer nenhuma correção. Mas vamos imaginar que o nascimento tenha ocorrido às 7:00, o que equivale a 12:00 (meio-dia). Obviamente, o nascimento ocorreu 12 horas depois da meia-noite, e, portanto, os planetas têm que ser corrigidos somando-se aproximadamente metade da diferença entre os planetas daquele dia e do dia seguinte.

Os cálculos atuais parecem mais complicados que de fato são, mas, como a maioria dos planetas, com exceção da Lua, não muda tanto de posição de um dia para o outro, a estimativa no "olhômetro", ou seja, a medição sem cálculos propriamente ditos, é uma boa opção, e vamos mostrar a você como fazê-la. Os cálculos referentes ao Sol e à Lua, porém, devem ser feitos com bastante exatidão, porque você pode precisar usar esses dois luminares em estudos posteriores, para outros tipos bastante esclarecedores de horóscopos (como os Retornos Solar e Lunar) que precisam de cálculos exatos.

Se você não gosta de matemática, saiba que grande parte dos cálculos pode ser feita com calculadora nos testes de proficiência astrológica. Mostramos a seguir o método "longo", mais exato, assim como o método do "olhômetro", de algumas posições planetárias. Depois de aplicar duas ou três fórmulas apresentadas neste livro, você verá que não é muito difícil.

A Correção dos Planetas no Exemplo 1 (Manhã)

Nos quatro exemplos apresentados no Módulo 2, convertemos a hora local do nascimento para a hora de Greenwich. O resultado chama-se UT (tempo universal), e para identificá-lo nós o colocamos na linha d) da nossa fórmula. O Exemplo 1 é baseado na data de nascimento de 12 de julho de 1977, às 10:30, PDT (Horário de Verão do Pacífico), que equivale a 17:30 UT em Greenwich.

Uma rápida olhada revela que são quase 18:00 horas, ou ¾ do dia (18 horas correspondem a ¾ de 24 horas). Portanto, qualquer cálculo que se fizer deve estar alinhado com isso.

Fórmula para Corrigir os Planetas

Data de nascimento: 12 de julho de 1977, às 10:30 PDT, Los Angeles = 17:30 UT

Encontre as efemérides de julho de 1977 e localize, na tabela, as linhas correspondentes aos dias 12 e 13 de julho. Comece pela última posição, a do planeta **Plutão**, e observe que no dia 12 de julho a posição desse planeta era 11 30,9 de Libra. Em 13 de julho, ele estava em 11 31,6 de Libra, ou seja, nem 1 minuto de diferença. Portanto, você não precisa calcular a posição desse planeta, mas apenas arredondá-la para 11 Libra 31. No computador, será 11 Libra 31.

JULY 1977

Day	Sid.Time	☉	♃	♄	♅	♆	♇
1 F	18 35 44	9♋ 3	♊45.9	15♌ 5.4	7♏47.3	14♐ 6.7	11♎25.4
2 Sa	18 39 41	10 0 1	59.3	15 12.2	7R 46.5	14R 5.3	11 25.8
3 Su	18 43 37	10 57 2	12.8	15 18.9	7 45.8	14 3.9	11 26.1
4 M	18 47 34	11 54 3	26.2	15 25.8	7 45.2	14 2.5	11 26.5
5 Tu	18 51 30	12 51 4	39.6	15 32.6	7 44.5	14 1.1	11 27.0
6 W	18 55 27	13 48 5	52.9	15 39.5	7 44.0	13 59.7	11 27.4
7 Th	18 59 23	14 46 1	6.3	15 46.5	7 43.5	13 58.4	11 27.9
8 F	19 3 20	15 43 2	19.5	15 53.4	7 43.0	13 57.1	11 28.5
9 Sa	19 7 16	16 40 3	32.8	16 0.4	7 42.6	13 55.7	11 29.0
10 Su	19 11 13	17 37 4	46.0	16 7.5	7 42.3	13 54.5	11 29.6
11 M	19 15 10	18 35	59.1	16 14.6	7 41.9	13 53.2	11 30.2
12 Tu	19 19 6	19 32 1	12.2	16 21.7	7 41.7	13 51.9	11 30.9
13 W	19 23 3	20 29 3	25.3	16 28.9	7 41.5	13 50.7	11 31.6
14 Th	19 26 59	21 26 4	38.3	16 36.1	7 41.3	13 49.5	11 32.3
15 F	19 30 56	22 24	51.2	16 43.3	7 41.2	13 48.3	11 33.1
16 Sa	19 34 52	23 21 1	4.2	16 50.5	7D 41.2	13 47.1	11 33.9

Passe para o planeta seguinte, **Netuno**. Como você pode ver na nossa amostra das efemérides, a coluna onde está Netuno é um pouco mais escura que as outras. Isso é indicação de que Netuno está Rx (retrógrado), ou seja, está se movendo "para trás". (Consulte o Módulo 7, Planetas Retrógrados, para mais informações.) Em 12 de julho, Netuno estava em 13 51,9 de Sagitário. Em 13 de julho, a posição desse planeta era 13 50,7 de Sagitário, ou pouco mais de 1 minuto antes. Netuno é quase tão lento quanto Plutão. Por isso, você só tem que arrendondar essas casas decimais para obter 13 51 de Sagitário. Certifique-se de incluir a sigla Rx ao lado do símbolo de Netuno, para você saber que o planeta está retrógrado. No computador, Netuno estará Rx em 13 51 de Sagitário.

O planeta seguinte, um dos chamados "transcendentais", também é muito lento: **Urano**. Assim como Netuno, ele está retrógrado.

E como mudará de direção em poucos dias (quatro dias depois, você verá nas efemérides a letra D, de Direto) ele está se movendo com bastante lentidão. A diferença é menos de 1 minuto, portanto será Urano Rx a 7 41 de Escorpião. No computador, Urano está Rx a 7 42 de Escorpião.

Você seguirá adiante, deixando os planetas transcendentais e passando para os planetas "sociais", **Saturno** e **Júpiter**. Saturno se move de 16 21,7 de Leão para 16 28,9 de Leão, portanto:

```
   16° 28,9'   de Leão 13 de julho
-  16° 21,7'   de Leão 12 de julho
=      7,2'   (ou aproximadamente 7 minutos de diferença)
```

Como 17:30 representam ¾ do dia 12 de julho e está a ¼ de 13 de julho, você tira em torno de 2 minutos (aproximadamente ¼ de 7 minutos) do dia 13, resultando em Saturno em 16 27 de Leão. No computador, Saturno está em 16 27 de Leão.

O movimento de **Júpiter** pode ser calculado da seguinte maneira:

```
   22° 25,3'   de Gêmeos 13 de julho
-  22° 12,2'   de Gêmeos 12 de julho
=     13,1'   (ou aproximadamente 13 minutos de diferença)
```

13 ÷ 4 = em torno de 3 minutos, portanto:

```
   22° 25,3'   de Gêmeos 13 de julho
-      3,0'
=     22,3'   (arredondado para 22° 22' de Gêmeos)
```

No computador, Júpiter está a 22 22 de Gêmeos.

Marte é um dos planetas "pessoais". Se você é muito exigente e quer que seus cálculos dos planetas fiquem mais precisos, pode calcular a diferença exata entre os dois dias. Na realidade, as autoras acham que 1 ou 2 minutos em qualquer direção não é grande coisa e não fará diferença na interpretação astrológica, mas, se a exatidão dos cálculos é importante para você, vá em frente. Continuando no "olhômetro", Marte está em 26 02,9 de Touro em 12 de julho e se move para 26 45,2 de Touro em 13 de julho.

```
      26° 45,2'   de Touro 13 de julho
 −    26° 02,9'   de Touro 12 de julho
 =       42,3'    (aproximadamente 42')
```

Tirando ¼ disso, você tem quase 11 minutos para subtrair da posição de Marte no dia 13.

42 ÷ 4 = em torno de 11 minutos, portanto:

```
      26° 45,2'   de Touro 13 de julho
 −       11,0'
 =       34,2'    (por volta de 26° 34' de Touro)
```

Pelo computador, você obterá Marte a 26 34 de Touro.

Vênus se move um pouco mais rápido, de 5 45,7 de Gêmeos em 12 de julho para 6 50,7 de Gêmeos em 13 de julho.

```
      6° 50,7'   de Gêmeos 13 de julho
 −    5° 45,7'   de Gêmeos 12 de julho
 =    1°  5,0'
```

65 minutos é mais fácil de trabalhar. Voltando à nossa proporção de ¾ *versus* ¼; 65 ÷ 4 = pouco mais de 16, pouco menos de 17 minutos.

Vênus corrigido é:

```
      6° 50'   de Gêmeos
 −       16'   (ou 17', se você arredondar)
 =    6° 34'   (ou 6° 33' de Gêmeos)
```

O computador mostrará Vênus a 6 33 de Gêmeos.

Com exceção da Lua, **Mercúrio** é o mais rápido dos planetas. As posições para 12 e 13 de julho são:

```
    4° 47,2'   de Leão 13 de julho
−   2° 53,7'   de Leão 12 de julho
=   1°         (ou 113 ½ minutos; arredondando será 114')
    53,5'
```

Arredondando os minutos para 144' ÷ 4 = 28 e uma fração, ou seja, 29' minutos.

```
    4° 47'   de Leão 13 de julho
−     29'
=   4° 18'   de Leão
```

O computador mostrará Mercúrio a 4 17 de Leão.

Um pequeno aviso aqui. Ao fazer uma estimativa da velocidade dos planetas com base no "olhômetro", você precisa ter certos fatos em mente. 17:30 horas não são exatamente 18:00 horas, quando já se passaram exatamente ¾ do dia e falta apenas ¼ de dia para o dia seguinte. Em outras palavras, das 17h30 à meia-noite são 6 horas e meia, não 6 horas; portanto, pouco mais de ¼. Quando você lida com apenas alguns minutos de um dia para o outro, essa diferença é mínima e sem importância. Quando está lidando com quase 2 graus, como é o caso de Mercúrio, você pode ter um intervalo de 3 ou 4 minutos. Se você não é bom no "olhômetro", faça a matemática real com a calculadora.

A seguir, mostraremos os cálculos exatos para encontrar o Sol e a Lua corretos.

JULY 1977 **LONGITUDE**

Day	Sid.Time	☉	0 hr ☽	Noon ☽	True ☊	☿	♀	♂	♃	
1 F	18 35 44	9♋ 3 2	7♑ 3 0	14♑34 15	20♎58.4	10♋15.3	24♉ 4.3	18♉13.0	19♊45.9	15♌
2 Sa	18 39 41	10 0 14	22 2 13	29 25 46	20R 47.8	12 25.3	25 6.9	18 56.1	19 59.3	15
3 Su	18 43 37	10 57 25	6♒43 54	13♒55 50	20 37.5	14 34.5	26 9.8	19 39.1	20 12.8	15
4 M	18 47 34	11 54 36	21 0 58	27 58 57	20 28.6	16 42.6	27 12.9	20 22.1	20 26.2	15
5 Tu	18 51 30	12 51 47	4♓49 36	11♓32 56	20 22.0	18 49.5	28 16.2	21 4.9	20 39.6	15
6 W	18 55 27	13 48 59	18 9 11	24 38 39	20 17.9	20 55.0	29 19.8	21 47.7	20 52.9	15
7 Th	18 59 23	14 46 11	1♈ 1 48	7♈19 11	20 16.0	22 59.1	0♊23.6	22 30.5	21 6.3	15
8 F	19 3 20	15 43 23	13 31 23	19 39 3	20 15.6	25 1.5	1 27.6	23 13.1	21 19.5	15
9 Sa	19 7 16	16 40 36	25 42 52	1♉43 30	20 15.5	27 2.2	2 31.8	23 55.7	21 32.8	16
10 Su	19 11 13	17 37 49	7♉41 37	13 37 50	20 14.8	29 1.2	3 36.2	24 38.2	21 46.0	16
11 M	19 15 10	18 35 2	19 32 49	25 27 6	20 12.4	0♌58.4	4 40.9	25 20.6	21 59.1	16
12 Tu	19 19 6	19 32 16	1♊21 16	7♊15 46	20 7.5	2 53.7	5 45.7	26 2.9	22 12.2	16
13 W	19 23 3	20 29 30	13 11 4	19 7 33	19 59.9	4 47.2	6 50.7	26 45.2	22 25.3	16
14 Th	19 26 59	21 26 45	25 5 32	1♋ 5 20	19 49.7	6 38.9	7 55.9	27 27.4	22 38.3	16
15 F	19 30 56	22 24 1	7♋ 7 8	13 11 9	19 37.5	8 28.6	9 1.3	28 9.5	22 51.2	16
16 Sa	19 34 52	23 21 16	19 17 31	25 26 18	19 24.1	10 16.5	10 6.9	28 51.5	23 4.2	16
17 Su	19 38 49	24 18 32	1♌37 37	7♌51 30	19 10.7	12 2.5	11 12.6	29 33.5	23 17.0	16
18 M	19 42 46	25 15 49	14 7 59	20 27 7	18 58.5	13 46.6	12 18.6	0♊15.3	23 29.8	17

Exemplo 5: Cálculos para Corrigir os Luminares Sol e Lua

Para o Exemplo 1 (Manhã) do Módulo 2

Você pode usar uma calculadora para facilitar esses cálculos matemáticos. Lembre-se, no entanto, de que as frações decimais resultantes não são o número correto em minutos (ou segundos) de que você precisa. Esqueça a fração; arredonde para menos, deixando o grau (ou minuto) inteiro. Encontre os minutos (ou segundos) conforme indicado abaixo.

Cálculo do Sol: 17:30 UT de 12 de julho de 1977

13 de julho de 1977	20° 29′ 30″ de Câncer		19° 89′ 30″ de Câncer
12 de julho de 1977	19° 32′ 16″ de Câncer	–	19° 32′ 16″ de Câncer
	57′ 14″	=	57′ 14″

Nota: Como você não pode subtrair 32' minutos de 29' minutos, "pega emprestado" 1° (grau) ou 60' (minutos) e converte 20° 29' de Câncer em 19° 89' de Câncer, fazendo depois a subtração. O resultado (57' 14") é a diferença entre a posição do Sol em 12 de julho e em 13 de julho, da meia-noite (00:00) até a meia-noite (00:00) do dia seguinte.

Para facilitar o cálculo, converta os minutos em segundos:

$$57' \times 60 = 3420''$$

Adicione os 14 segundos restantes:

$$3420'' + 14'' = 3434'' \text{ (movimento diário do Sol em segundos)}$$

Agora temos o número total de segundos (3434") que o Sol se moveu entre a meia-noite do dia 12 de julho e a meia-noite do dia 13 de julho.

Então, converta os segundos em horas:

$$3434'' \div 24 \text{ horas} = 143'' \text{ (segundos por hora do movimento do Sol)}$$

Como o UT de 12 de julho é 17:30, 17h e ½ h do dia 12 de julho, multiplique 17,5 horas pelos segundos calculados por hora que o Sol percorreu.

$$143'' \times 17,5 = 2503'' \text{ (segundos que o Sol percorreu até a hora de nascimento em questão, 17:30 em 12 de julho, arredondados)}$$

Para obter o número total de minutos e segundos do 17:30 UT, precisamos adicionar à 00:00 de 12 de julho graus, minutos e segundos. Primeiro, precisamos converter em minutos o número de segundos que calculamos na etapa acima e, em seguida, converter esse número de minutos outra vez em segundos.

Para converter os segundos de volta em minutos, divida o número de segundos por 60:

$$2503'' \div 60 = 41' \text{ minutos (minutos do 17:30 UT, arredondados para baixo)}$$

O número calculado de minutos multiplicado por 60 (segundos) resulta no número total de segundos para 17:30 UT.

$$41' \times 60 = 2460''$$

Para calcular o número de segundos que você precisa adicionar a 19° 32' de Câncer 16" 00:00 UT, de modo a obter os minutos/

segundos corretos para 12 de julho 17:30 UT, subtraia os segundos convertidos do número de segundos que o Sol viajou em 12 de julho 17:30 UT.

    2503" Segundos para 12 de julho UT 17:30
− 2460" Minutos convertidos em segundos para 12 de julho UT 17:30
=   43" O total de segundos a serem adicionados é 43", portanto 41' 43"

Sol em 12 de julho de 1977   19° 32' 16" de Câncer
+   41' 43" 12 de julho UT 17:30
= 19° 73' 59" de Câncer (arredondado para 19° 74' de Câncer, convertendo para 20° 14' Câncer)

O Sol corrigido para 12 de julho de 1977 é: 20° 14' de Câncer.

O resultado do computador para a posição do Sol é 20° 14' de Câncer.

Cálculo da Lua: 17:30 UT em 12 de julho de 1977

Facilite a vida descartando os segundos da Lua! Você pode usar uma calculadora para fazer esses cálculos matemáticos. Lembre-se, entretanto, de que as frações resultantes *não* são frações de minuto; para obter o minuto verdadeiro, você precisa descartar quaisquer frações resultantes.

13 de julho de 1977 13° 11' de Gêmeos *ou* 12° 71' de Gêmeos
12 de julho de 1977   1° 21' de Gêmeos   − 1° 21' de Gêmeos
                        11° 50' de Gêmeos   11° 50' de Gêmeos

Observação: Como não é possível subtrair 21 minutos de 11 minutos, você pode "pegar emprestado" 1° (grau) ou 60' (minutos) e converter 13° 11' de Gêmeos em 12° 71' de Gêmeos, fazendo depois a subtração.

Para facilitar o cálculo, converta os 11° 50' de Gêmeos resultantes em minutos, multiplicando por 60.

```
11° x 60'  =   660'
        +      50'
           =  710'   minutos de movimento diário da Lua
```

Como a hora do nascimento é 17:30 UT, precisamos encontrar o movimento da Lua por hora:

710' ÷ 24 = 29,5' ou aproximadamente 29 ½ minutos por hora

Multiplique o movimento que a Lua faz por hora pelo número de horas desde a meia-noite de 12 de julho até nosso horário de nascimento, às 17:30 UT (17,5).

29,5' x 17,5 = 516' minutos

Para converter minutos de volta em graus, divida por 60.

516' ÷ 60 = 8° (arredondado para baixo até obter graus completos)

Pegue o número de graus e multiplique por 60 para convertê-los em minutos, depois subtraia esse número do número total de minutos do movimento da Lua em uma hora (516', conforme calculado acima).

8° x 60 = 480°   17:30 minutos UT

```
   516'   Movimento da Lua em uma hora
 - 480'   8° convertido em minutos
    36'   minutos restantes.
```

O restante é o número de minutos que você precisa adicionar à posição da Lua em 12 de julho 00:00 UT para chegar ao horário corrigido para 17:30 UT.

                Lua de 12 de julho de 1977   1° 21' de Gêmeos
                                            +   8° 36'
                                            =   9° 57' de Gêmeos

A Lua corrigida para 12 de julho de 1977 é 9° 57' de Gêmeos.

O resultado do computador para a posição da Lua é 9° 58' de Gêmeos.

A seguir, você verá o gráfico referente ao Exemplo 1 (Manhã), ao qual adicionamos as posições planetárias.

Em seguida, mais um exemplo, para que você possa ver que esse processo fica mais fácil à medida que você avança.

Data: 12 de julho de 1977
Hora: 10:30 PDT
Local: Los Angeles, Califórnia
Longitude: 118O14
Latitude: 34N03

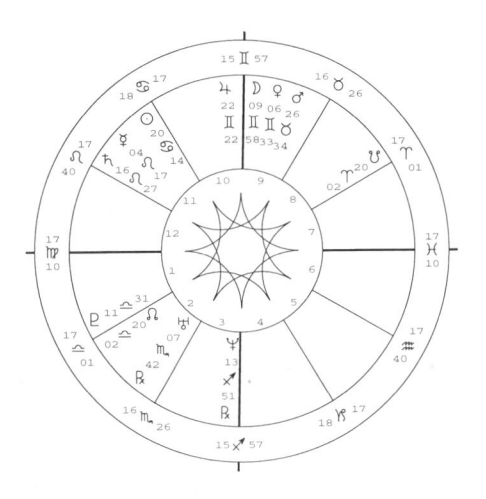

Correção dos Planetas para o Exemplo 2 (Noite) do Módulo 2

12 de julho de 1977, às 22:30 PDT, Los Angeles
= 5:30 UT de 13 de julho de 1977

O horário desse nascimento, ocorrido no fim da noite em Los Angeles, converte-se em início da manhã em Greenwich. Enquanto esse bebê é saudado pela noite escura de Los Angeles, o Sol já estava nascendo em Greenwich.

Consulte as efemérides para julho de 1977. (A amostra das efemérides, abaixo, foi repetida para sua conveniência.) Localize as linhas referentes a 13 e 14 de julho. Basicamente, não estamos muito longe da meia-noite, pois não se passou nem ¼ do dia; portanto, certifique-se de que seus cálculos reflitam esse fato.

Para refrescar a memória, volte algumas páginas deste módulo, até o trecho em que corrigimos os planetas do Exemplo 1 e mostramos como "estimar" a posição de todos os planetas, exceto o Sol e a Lua. Vamos relacionar esses planetas a seguir, para você checar os resultados.

Lista dos planetas mais lentos para os mais rápidos:

Plutão	11 32 de Libra	**Júpiter**	22 28 de Gêmeos
Netuno	℞ 13 50 de Sagitário	**Marte**	26 55 de Touro
Urano	℞ 7 41 de Escorpião	**Vênus**	7 06 de Touro
Saturno	16 30 de Leão	**Mercúrio**	5 14 de Leão

Nossos resultados no computador foram Saturno – 16° 31' de Leão, Mercúrio – 5° 13' de Leão. Os demais resultados são iguais.

JULY 1977 **LONGITUDE**

Day	Sid.Time	☉	0 hr ☽	Noon ☽	True ☊	☿	♀	♂	♃	
1 F	18 35 44	9♋ 3 2	7♑ 3 0	14♑34 15	20♎58.4	10♋15.3	24♉ 4.3	18♉13.0	19♊45.9	15♌
2 Sa	18 39 41	10 0 14	22 2 13	29 25 46	20℞ 47.8	12 25.3	25 6.9	18 56.1	19 59.3	15
3 Su	18 43 37	10 57 25	6♒43 54	13♒55 50	20 37.5	14 34.5	26 9.8	19 39.1	20 12.8	15
4 M	18 47 34	11 54 36	21 0 58	27 58 57	20 28.6	16 42.6	27 12.9	20 22.1	20 26.2	15
5 Tu	18 51 30	12 51 47	4♓49 36	11♓32 56	20 22.0	18 49.5	28 16.2	21 4.9	20 39.6	15
6 W	18 55 27	13 48 59	18 9 11	24 38 39	20 17.9	20 55.0	29 19.8	21 47.7	20 52.9	15
7 Th	18 59 23	14 46 11	1♈ 1 48	7♈19 11	20 16.0	22 59.1	0♊23.6	22 30.5	21 6.3	15
8 F	19 3 20	15 43 23	13 31 23	19 39 3	20 15.6	25 1.5	1 27.6	23 13.1	21 19.5	15
9 Sa	19 7 16	16 40 36	25 42 52	1♉43 30	20 15.5	27 2.2	2 31.8	23 55.7	21 32.8	16
10 Su	19 11 13	17 37 49	7♉41 37	13 37 50	20 14.8	29 1.2	3 36.2	24 38.2	21 46.0	16
11 M	19 15 10	18 35 2	19 32 49	25 27 6	20 12.4	0♌58.4	4 40.9	25 20.6	21 59.1	16
12 Tu	19 19 6	19 32 16	1♊21 16	7♊15 46	20 7.5	2 53.7	5 45.7	26 2.9	22 12.2	16
13 W	19 23 3	20 29 30	13 11 4	19 7 33	19 59.9	4 47.2	6 50.7	26 45.2	22 25.3	16
14 Th	19 26 59	21 26 45	25 5 32	1♋ 5 20	19 49.7	6 38.9	7 55.9	27 27.4	22 38.3	16
15 F	19 30 56	22 24 1	7♋ 7 8	13 11 9	19 37.5	8 28.6	9 1.3	28 9.5	22 51.2	16
16 Sa	19 34 52	23 21 16	19 17 31	25 26 18	19 24.1	10 16.5	10 6.9	28 51.5	23 4.2	16
17 Su	19 38 49	24 18 32	1♌37 37	7♌51 30	19 10.7	12 2.5	11 12.6	29 33.5	23 17.0	16
18 M	19 42 46	25 15 49	14 7 59	20 27 7	18 58.5	13 46.6	12 18.6	0♊15.3	23 29.8	17
19 Tu	19 46 42	26 13 5	26 48 57	3♍13 33	18 48.3	15 28.8	13 24.6	0 57.1	23 42.6	17

Exemplo 6: Cálculos para Corrigir o Sol e a Lua (Noite) para o Exemplo 2 (Noite) do Módulo 2

Você pode usar uma calculadora para fazer esses cálculos, mas não se esqueça de descartar as frações resultantes para chegar ao minuto correto!

Cálculo do Sol: 5:30 UT de 13 de julho de 1977

14 de julho de 1977	21° 26' 45" de Câncer	ou	20° 86' 45" de Câncer
13 de julho de 1977	20° 26' 45" de Câncer	ou	20° 29' 30" de Câncer
	57' 14"		57' 14"

Converta os minutos em segundos:

57' × 60 = 3420"

Adicione os 15 segundos restantes:

3420" + 15" = 3435" (movimento diário do Sol em segundos)

Calcule os segundos por hora:

3435" ÷ 24 horas = 143" segundos por hora

Como a UT do dia 13 de julho é 5:30, multiplique 5 ½ (ou 5,5) horas pelos segundos por hora calculados que o Sol percorreu.

143" × 5,5 = 786" segundos

Para converter o resultado de volta em minutos, divida por 60:

786" ÷ 60 = 13' minutos

O número calculado de minutos multiplicado por 60 (segundos) produz o número total de segundos para 5:30 UT.

13' × 60 = 780"

Para calcular o número de segundos que você precisa adicionar a 20° 29' 30" de Câncer 00:00 UT, para obter os minutos/segundos corretos para 13 de julho 5:30, subtraia os segundos convertidos do número de segundos que o Sol viajou em 13 de julho 5:30 UT.

```
   786"   segundos para 13 de julho 5:30 UT
 − 780"   minutos convertidos em segundos para 13 de julho 5:30 UT
 =   6"   Total de segundos a serem adicionados é 6", portanto 13' 6"
```

Sol em 13 de julho de 1977   20° 29' 30" de Câncer
                             +   13' 06"
                             = 20° 42' 36" de Câncer   (ou 20° 43' de Câncer
                                                       arredondado para cima)

O Sol corrigido de 13 de julho de 1977 é: 20° 43' de Câncer. O computador diz o mesmo!

Calcule a Lua: 5:30 UT em 13 de julho de 1977

Torne a vida mais fácil, descartando os segundos da Lua.

Lua   14 de julho de 1977   25° 05' de Gêmeos   ou   24° 65' de Gêmeos
      13 de julho de 1977   13° 11' de Gêmeos   − 13° 11' de Gêmeos
                             11° 54' de Gêmeos   11° 54' de Gêmeos

Para facilitar o cálculo, converta os 11° 54' de Gêmeos para minutos.

```
   11° x 60'  =   660'
            +      54'
              =   714'   minutos de movimento diário da Lua
```

Como a hora do nascimento é 5:30 UT, precisamos encontrar o movimento por hora:

714' ÷ 24 = 30' (arredondado para cima)

Multiplique o resultado por 5 ½ horas (ou 5,5) para contabilizar nossa hora do nascimento às 5:30 UT.

30' × 5,5 = 165' minutos

Para converter o resultado de volta em graus, divida por 60.

165' ÷ 60 = 2° (arredondado para baixo até um grau completo)

Pegue o número de graus e multiplique por 60 para converter os graus em minutos; depois subtraia esse número do número total de minutos do movimento da Lua em uma hora (165', como calculado anteriormente).

```
2° × 60 = 120°         5:30 minutos UT
                  165'
              −   120'  graus convertidos em minutos
              =    45'  minutos extras para adicionar
```

O restante é o número de minutos mais os 2° que você precisa adicionar à posição da Lua em 13 de julho 00:00 UT para chegar ao horário corrigido de 5:30 UT.

```
    13° 11' de Gêmeos – Lua de 13 de julho, meia-noite UT
+    2° 45'
=   15° 56' de Gêmeos
```

Lua corrigida de 13 de julho de 1977, 5:30 UT = 15° 56' de Gêmeos.

O computador teria calculado a posição da Lua para 15° 54' de Gêmeos.

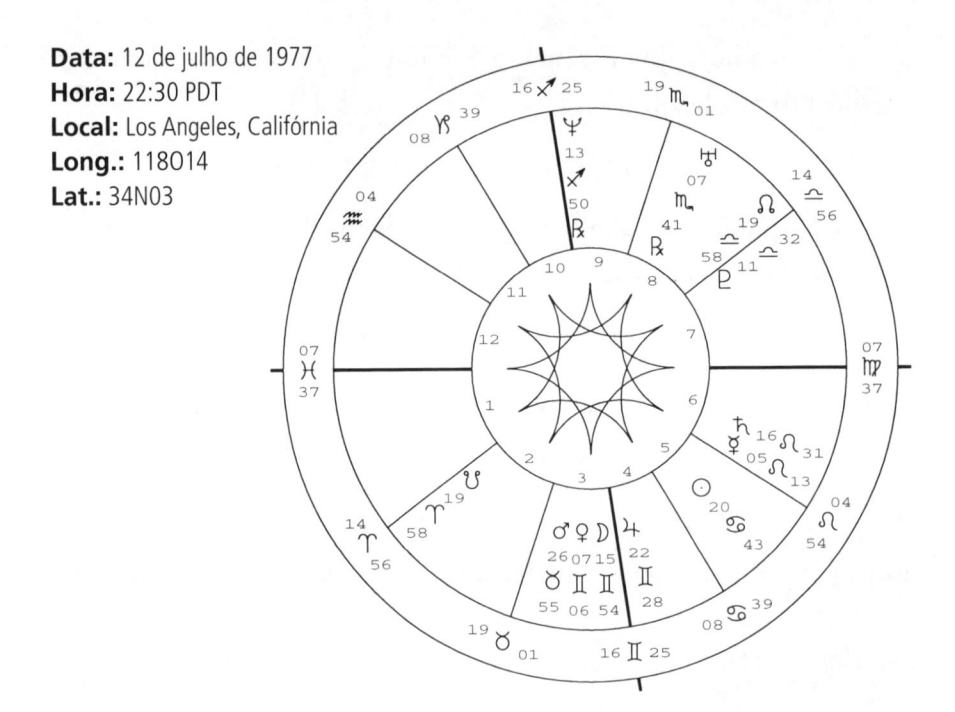

Data: 12 de julho de 1977
Hora: 22:30 PDT
Local: Los Angeles, Califórnia
Long.: 118014
Lat.: 34N03

Apanhado Geral

Você aprendeu a encontrar as cúspides astrológicas e conseguiu corrigir os planetas. Agora pode testar seus conhecimentos. Eis o mapa da atriz Farrah Fawcett. Como você pode ver, ele está totalmente preenchido e aspectado em todos os detalhes. Mas gostaríamos que você descobrisse como chegamos a este gráfico e a estes planetas. Esse é o nosso **primeiro teste de revisão**. Para conhecer nossas respostas, consulte o Apêndice na página 379.

Como usaremos o horóscopo a seguir (veja a próxima página) muitas vezes para interpretar parte do material que você estará aprendendo, achamos que apreciaria uma breve biografia.

Primeiro Teste de Revisão: Farrah Fawcett, Atriz

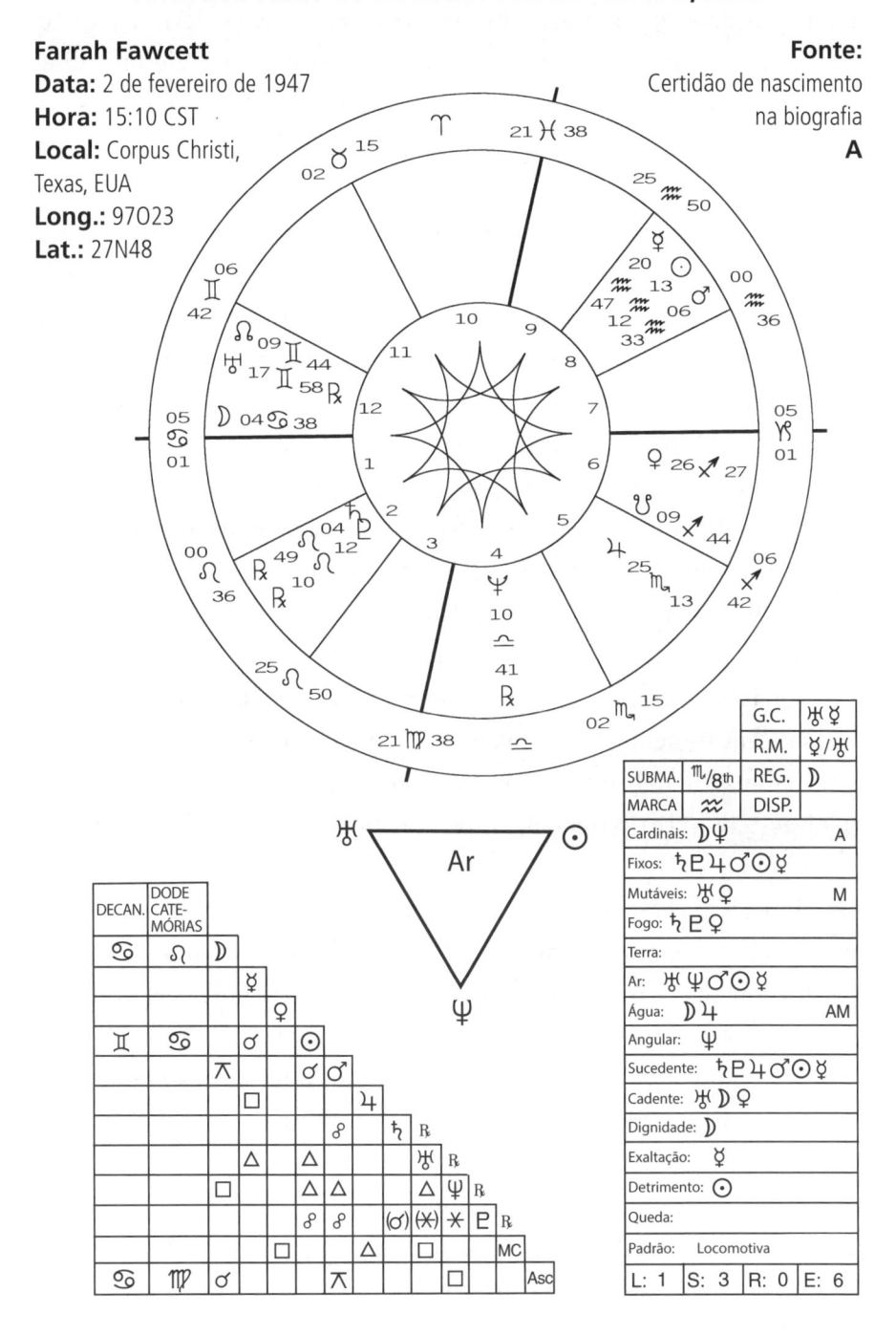

Farrah Fawcett
Data: 2 de fevereiro de 1947
Hora: 15:10 CST
Local: Corpus Christi, Texas, EUA
Long.: 97O23
Lat.: 27N48

Fonte:
Certidão de nascimento
na biografia

A

De "pantera" a atriz, foi uma estrada longa e acidentada. Mas quem pensaria que a glamourosa Farrah Fawcett poderia deixar o seriado *As Panteras* para representar o papel principal de um filme dramático e fazer sucesso? Reconhecida como um dos maiores símbolos sexuais da TV norte-americana, Farrah Fawcett foi casada e feliz com o ator Lee Majors. Estrelou com Kate Jackson e Jaclyn Smith um programa de TV semanal que decolou como foguete. No entanto, depois de um ano, renunciou ao programa de sucesso, enfrentou problemas contratuais, e sua carreira definhou. O casamento com Majors também acabou, e ela se envolveu num escândalo com o amante, Ryan O'Neal.

Em 1984, porém, Farrah deu a volta por cima. A carreira começara a se recuperar em 1983, quando ela protagonizou o filme de suspense *Seduzida ao Extremo*, fora dos circuitos da Broadway. A força de sua encenação levou a NBC a convidá-la para o papel principal de *Cama Ardente*, filme de uma esposa que sofre violência doméstica e acaba matando o marido.

Quando *Cama Ardente* foi ao ar, fez um sucesso sem precedentes para um filme da NBC-TV, e Farrah recebeu críticas muito favoráveis. O papel afetou também sua vida longe das câmeras. Ela disse: "Coisas que antes pareciam importantes já não parecem ter tanta importância".

Em 1979, Farrah conheceu Ryan O'Neal e, quatro anos e meio depois, eles tiveram um menino, Redmond. Todo mundo esperava que fossem se casar; na realidade, muitos fãs, até hoje, pensam que eles se casaram, pois pareciam uma família feliz de Hollywood. Mas ambos tinham saído de casamentos infelizes (dois no caso de Ryan), então decidiram que estar casados no papel não era garantia de comprometimento.

Após viverem juntos quase duas décadas, Farrah e Ryan se separaram. A estrela de cinema e garota-propaganda de juba dourada e o playboy devasso que encantava o público do cinema terminaram o relacionamento de 17 anos em 1997. A separação foi uma surpresa total para amigos e familiares. Mas não era segredo que a parceria entre eles era tempestuosa. O caso de amor durou muito mais tempo do que a maioria das pessoas poderia presumir.

> **Nota do editor:**
> Farrah Fawcett morreu aos 62 anos num hospital em Santa Monica, Califórnia, em 25 de junho de 2009, depois de longa batalha contra o câncer. A doença foi diagnosticada como câncer no reto em setembro de 2006. Embora em fevereiro de 2007 ela tenha declarado que o câncer estava em remissão, após alguns meses, ele voltou. Ryan O'Neal ficou ao lado de Farrah por todo período em que ela ficou doente e anunciou, apenas alguns dias antes da morte dela, que Farrah concordara em se casar com ele. O último trabalho da atriz foi um documentário de 90 minutos sobre sua batalha contra o câncer, que foi ao ar na NBC em maio de 2009, atraindo 8,9 milhões de espectadores. O filme incluía uma cena dela deitada numa cama de hospital com O'Neal dizendo: "Nunca vou amar ninguém como amo Farrah". (Fonte: www.abcnews.com.)

Segundo Exercício de Revisão
Joan Sutherland, cantora de ópera

Para garantir que você entendeu de fato o procedimento, gostaríamos que calculasse mais um horóscopo: o da grande cantora de ópera Joan Sutherland.

Aqui estão seus dados completos: Joan Sutherland, nascida em 7 de novembro de 1926, às 17:30, em Sydney, Austrália. Para tornar seu trabalho um pouco mais desafiador, reproduzimos o mapa completo no Apêndice.

Sua segunda tarefa é calcular esse mapa, as cúspides e os planetas. Tente primeiro fazer o mapa por conta própria e, em seguida, consulte nossas respostas no Apêndice, na página 386. Como Joan é outra das nossas "personagens principais" que serão usadas ao longo do livro, incluímos sua breve história de vida.

O pai de Sutherland, um imigrante escocês, morreu quando a filha tinha 6 anos, e ela passou a morar na casa dos avós maternos.

Quando criança, Joan lembrava de ouvir a mãe cantando e depois tentava imitá-la. Até os 18 anos, a mãe não lhe permitia estudar canto. Aos 24, usando o prêmio em dinheiro de uma competição na Austrália, Sutherland viajou para Londres com a intenção de iniciar a carreira de cantora. Após três audições, foi contratada como soprano residente.

Enquanto estava em Londres, Joan entrou em contato com um estudante de piano, Richard Bonynge, que conhecera na Austrália. Ele demonstrou mais que interesse passageiro pela carreira dela – e pela própria Joan. Sob a orientação de Bonynge, Sutherland esqueceu Wagner e começou a se concentrar no repertório de coloratura. Sua performance como Lucia di Lammermoor, em 1959, rendeu-lhe aclamação internacional.

Com Bonynge como professor, Joan trabalhou com afinco para consolidar a voz, e, em 1955, a administração do Covent Garden percebeu que tinha uma soprano de coloratura nas mãos. Em 1961, Joan chegou ao topo no repertório de *bel canto*. Lucia e Alcina a levaram ao auge da carreira. Ela se apresentou no La Scala de Milão, em San Francisco, Chicago, Dallas e no Metropolitan Opera. "La Stupenda" chegara.

Sutherland acreditava que sua bela voz era uma herança de família. "É preciso ser dotado fisicamente... Todo mundo na minha família cantava. Há algo que Deus colocou ali." Ela atribui a longa carreira à técnica vocal. Mas seus agudos já não eram os mesmos. Joan levava mais tempo para aquecer a voz, porém o marido, Bonynge, transpôs algumas de suas árias para notas mais baixas. Sutherland sentia, no entanto, que chegara a hora de descansar e apreciar a companhia dos filhos e dos netos, e tinha esperança de que ao menos um deles levasse adiante a herança musical da família.

Módulo 4
Dicas para Usuários de Computador
(e Proteção para Todos os Mapas, Feitos por Computador ou à Mão)

Se você faz seus mapas por computador ou manualmente, não importa; você sempre precisará verificar a entrada de dados. Verifique principalmente a hora do dia. Em grande parte do mundo, o relógio de 24 horas é útil, mas nos Estados Unidos (exceto nas Forças Armadas) a escorregada do dedo no teclado ou a leitura incorreta de AM *versus* PM tem sido uma das falhas mais frequentes.

Se você se lembra da Roda do Volume I desta trilogia, sabe que cada casa tem uma zona horária. (Para sua conveniência, neste livro, colocamos essa Roda no Apêndice, na p. 409.) O Sol na casa 1 é sinal de que o nascimento ocorreu em algum momento entre 4:00 e 6:00 da manhã; na casa 2, ele pode ter ocorrido em qualquer momento entre 2:00 e 4:00 da manhã, e assim por diante. Uma pessoa nascida às 9:30 da manhã teria o Sol próximo à casa 12, que abarca o período entre 8:00 e 10:00.

Com referência aos dados de Farrah Fawcett, ela nasceu às 15:10, com o Sol na casa 8, claro, tendo em vista que essa casa abrange o período entre 14:00 e 16:00 horas. Essa é uma excelente maneira de verificar a precisão da sua Roda. Lembre-se também de que você pode se deparar com um horário de verão ou de guerra, e

6:00 da manhã pode cair na casa 2, não perto do Ascendente, pois, na realidade, o nascimento ocorreu uma hora antes do indicado. Às vezes, o Sol está bem do outro lado da cúspide, mas razoavelmente por perto. Isso acontece principalmente quando o nascimento fica muito ao norte ou ao sul do Equador.

A tentação que representa o computador leva à falta de compreensão das efemérides. Na verdade, alguns estudantes de Astrologia nem sequer têm efemérides. No entanto, é muito importante verificar algumas posições planetárias para conferir se você está com a data certa. Os planetas transcendentais podem colocá-lo rapidamente no caminho certo. Se Plutão estiver em Câncer, você sabe que tem diante de si um nascimento anterior à década de 1940. Não ria. Nós já nos deparamos com um ano de 1938 quando deveria ser 1983, ou 1962 quando se pretendia escrever 1963. Para saber se um dia está errado (como o dia 5, quando deveria ser o dia 6), basta consultar a Lua nas efemérides e comparar com a Lua na tela do seu computador. Outra razão importante para verificar as efemérides é estabelecer o dia real em que um planeta fica retrógrado (ou direto). O computador diz se o planeta está ou não Rx, mas não mostra quando. No entanto, o momento de um planeta mudar de direção é significativo – na realidade, ao calcular manualmente um horóscopo, marcamos esse fato com um **D** (direto), mas o computador não indica isso. Portanto, tenha as efemérides à mão.

Dependendo do software que você está usando no computador, as ferramentas podem variar. Alguns programas têm atlas integrados completos, do tipo que você precisa comprar para encontrar os fusos horários (horário de verão, de guerra ou hora oficial), a latitude e a longitude do local de nascimento e o equivalente horário da longitude. Como isso geralmente custa um pouco mais, a maioria dos programas tem apenas uma quantidade limitada de dados de localização, não todos, o que significa que você ainda precisa das "ferramentas de trabalho", como sugerimos no início deste livro. Adquira o hábito de verificar se a hora do nascimento informada era oficial ou algum outro tipo de horário, como o horário de guerra ou de verão.

Tenha muita cautela ao digitar o ano de nascimento no computador. Se você quer um horóscopo do dia 16 de novembro de 1973, não digite "16/11/73", porque muitos dos programas astrológicos lhe darão um mapa para a data de "16 de novembro" e o ano de "73" – um ano do século I. Em termos astrológicos, "73" é apenas isso. Pode ter sido um ano muito interessante, mas provavelmente não é o que você está procurando. Siga sempre as instruções do programador sobre como ele quer que você insira os dados. Na maioria dos casos, esses programas requerem que se forneça o ano inteiro (4 dígitos), embora alguns exijam apenas dois dígitos. Outros exigem um numeral para indicar o mês (como "11" para novembro) ou preferem que se escreva o nome do mês. Existe essa diferença porque, como já mencionado, os países de língua inglesa colocam o mês *antes* do dia (mês, dia e ano), e, quando o programa pede para que se escreva o nome do mês, a confusão é eliminada.

Ao corrigir os planetas manualmente, tenha em mente o UT, o "tempo universal" (ou "tempo de Greenwich"). 5:30 da manhã equivale a quase um quarto do dia (24 horas ÷ 6 horas = ¼). Portanto, as correções devem ser de aproximadamente ¼ ou pouco menos, uma vez que o horário do nascimento é 5h30, não 6h. No caso da Lua, uma correção de 2º a 3º é a correta para um nascimento às 5:30 (o movimento diário da Lua é, em média, de 12 graus). Se você chegar a uma correção de 5º, vai saber que seus cálculos estavam errados. Ao ensinar matemática para o cálculo de mapas, tentamos enfatizar a lógica por trás do que você está fazendo e a razão por que está fazendo. Verifique tudo com muita atenção antes de inserir os planetas na Roda; evite erros por descuido e, consequentemente, o constrangimento que isso pode lhe causar.

Descobrimos que relacionar a posição dos planetas no aspectário do mapa, antes de efetivamente inseri-los na Roda, ajuda a visualizar quantos planetas vão em cada casa e, assim, deixar espaço suficiente para todos.

Ao inserir os planetas na Roda manualmente, o mapa pronto não deve estar apenas correto; deve apresentar, também, um quadro visual. Por exemplo, no mapa de Farrah Fawcett, a Lua está a 4° 38' de Câncer, na casa 12. O Ascendente está a 5° 01' de Câncer. Assim, a Lua deve ser colocada bem perto da cúspide da casa 1.

Um tema constante de discussão é a vantagem ou desvantagem de optar pela folha de papel impresso que o computador "cospe", em vez de um mapa desenhado à mão. Poderíamos dedicar muitos parágrafos à importância de traçar um horóscopo manualmente, mas para resumir: as autoras vivem repetindo que *um mapa feito à mão* é algo que causa muito mais impacto que *um papel impresso por computador*. Por algum motivo desconhecido, o horóscopo torna-se mais pessoal. Lembre-se disso à medida que você se profissionalizar na interpretação.

E se a Hora de Nascimento for Desconhecida?

Esta é uma das dificuldades da Astrologia. Existem alguns métodos de retificação do horóscopo, mas esse é um assunto muito difícil e complicado, e, mesmo depois de muitas horas ajustando acontecimentos a determinados padrões estelares, nunca se pode ter absoluta certeza da correção do mapa retificado.

Há vários métodos simples de levantamento de um mapa que possibilitam alguma compreensão, embora nenhum deles revele tanto quanto o mapa natal (radical), baseado na hora real de nascimento.

Mapa Plano de Mikhail Baryshnikov

28 de janeiro de 1948
Riga, Letônia
24L06   56N57

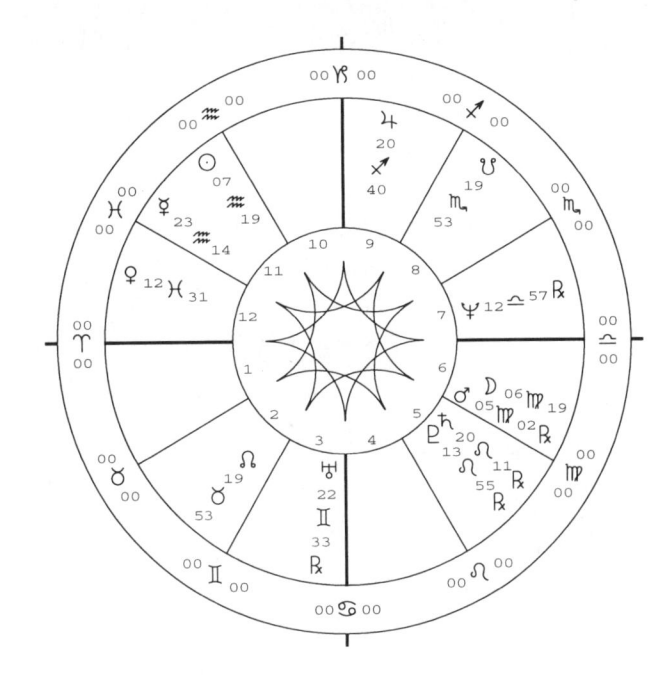

Mapa Plano

O mapa plano corresponde à **Roda natural** ou **plana** ensinada no Volume I desta trilogia. Coloca-se Áries a 0° no Ascendente, Touro a 0° na cúspide da casa 2, Gêmeos a 0° na cúspide da casa 3, e assim por diante. As posições dos planetas são simplesmente copiadas conforme aparecem nas efemérides na data de nascimento, e os planetas são inseridos nas devidas casas. Infelizmente, como o movimento da Lua chega até a 15° por dia, não é possível observar a verdadeira relação lunar com os outros planetas. É claro que não é possível interpretar as posições por casa, mas pelo menos podem-se usar os aspectos entre os planetas e interpretá-los, bem como a localização por signo dos planetas. Esse tipo de mapa pode mostrar algumas das tendências naturais e características básicas do indivíduo, mas não mais que isso.

Equilíbrio Solar do Mapa de Mikhail Baryshnikov

28 de janeiro de 1948
Riga, Letônia
24L06, 56N57

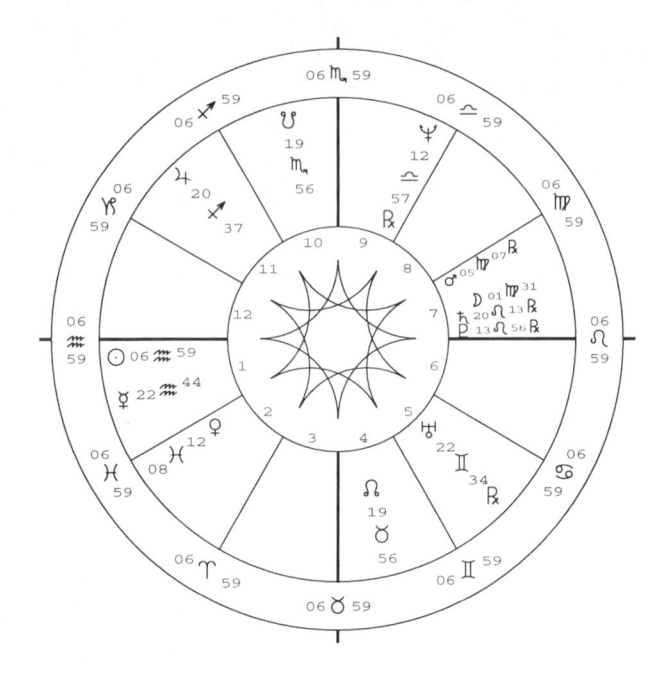

Mapa do Equilíbrio Solar

Usa-se como Ascendente a posição exata do Sol no dia do nascimento, de acordo com as efemérides. O dançarino russo Mikhail Baryshnikov, por exemplo, nasceu em 28 de janeiro de 1948, mas não há nenhum registro do horário do seu nascimento. Segundo as efemérides, o Sol, nesse dia, estava a 6° 59' de Aquário. Essa é considerada a cúspide da casa 1. A casa 2 está em 6° 59' de Peixes, a casa 3 em 6° 59' de Áries, e assim por diante. Coloca-se essa posição na cúspide da casa 1. Na casa 2, lê-se Capricórnio a 12° e 40'; na casa 3, Aquário a 12° e 40'; e assim por diante. Assim como ocorre no mapa plano, os demais planetas são colocados na Roda. Os planetas são aspectados para determinar seus relacionamentos mútuos. Esse mapa também não substitui o mapa natal corrigido, mas, quando se coloca o grau do Sol no Ascendente, é possível ver alguns dos potenciais e recursos, algumas das capacidades básicas do indivíduo em questão.

Usando o *mapa plano* e o *mapa de equilíbrio solar*, é possível ter alguma noção da personalidade básica do indivíduo. Entretanto, como não se tem o Ascendente verdadeiro e, portanto, não se conhecem as posições corretas dos planetas, não é possível determinar as áreas que realmente têm mais ênfase nem a personalidade exterior. Não será possível descrever o tipo de parceiro que o indivíduo deseja ou com o qual se sentiria mais feliz, nem sua atitude em relação aos filhos, o senso de valores, a necessidade de uma religião ou filosofia de vida, a possibilidade de concluir os estudos e todas as outras centenas de detalhes que um mapa natal preciso pode revelar.

Vamos fazer um resumo da vida de Misha, como o bailarino era carinhosamente chamado. Misha Baryshnikov é um dos maiores bailarinos de todos os tempos. Em 1998, retornou da primeira viagem de volta a Riga, Letônia, desde que desertara da União Soviética, em 1974. Estava feliz em voltar à sua companhia de dança moderna, a White Oak Dance Project, fundada com Mark Morris. Mal podia esperar para chegar a casa e rever a ex-bailarina Lisa Rinehart (com quem se casara em 2006) e os três filhos, e apresentá-los a "Maggie", a nova cachorrinha, que ele adotara em Riga. Seu "lar" ficava nos arredores de Manhattan, com vista para o Hudson. Ele estava ansioso para se preparar para a próxima turnê de apresentações solo, seguida de uma turnê por todos os Estados Unidos, com sua companhia de dança. Olhar para a frente e vislumbrar o futuro parecia mais fácil para ele que refletir sobre o passado.

Nas lembranças de Misha, sua infância não fora fácil. O pai, um oficial militar soviético, era alguém de quem tinha poucas lembranças, e a mãe morrera quando ele contava apenas 11 anos. Logo depois, Misha foi admitido numa prestigiosa escola de teatro, ópera e balé em Riga, e, desde então, o palco passara a ser sua verdadeira casa. Aos 16 anos, ingressou na companhia de balé de Kirov, em Leningrado, onde desde o início foi visto como bailarino "especial", pelas extraordinárias manobras aéreas e talento maravilhoso para a dança. Mas o estrelato no balé nunca fora suficiente para a curiosidade insaciável de Misha, assim como a vida triste do modernismo soviético.

A imprensa chamou de *grand jeté* para a liberdade, quando Misha disparou num carro que o esperava depois de uma apresentação em Toronto. Os Estados Unidos o receberam de braços abertos. O mesmo aconteceu com algumas mulheres, incluindo a atriz Jessica Lange, com quem teve um filho. Misha enfrentou um desafio atrás do outro nos palcos, a maioria deles com muito sucesso, fosse trabalhando com Merce Cunningham, Paul Taylor, Twyla Tharp, Jerome Robbins, Alvin Ailey ou outros. Quer enfatizando o minimalismo ou dançando ao som audível do próprio coração, a elegância insuperável de Mikhail Baryshnikov sempre encantou suas sempre fiéis plateias.

Parte II

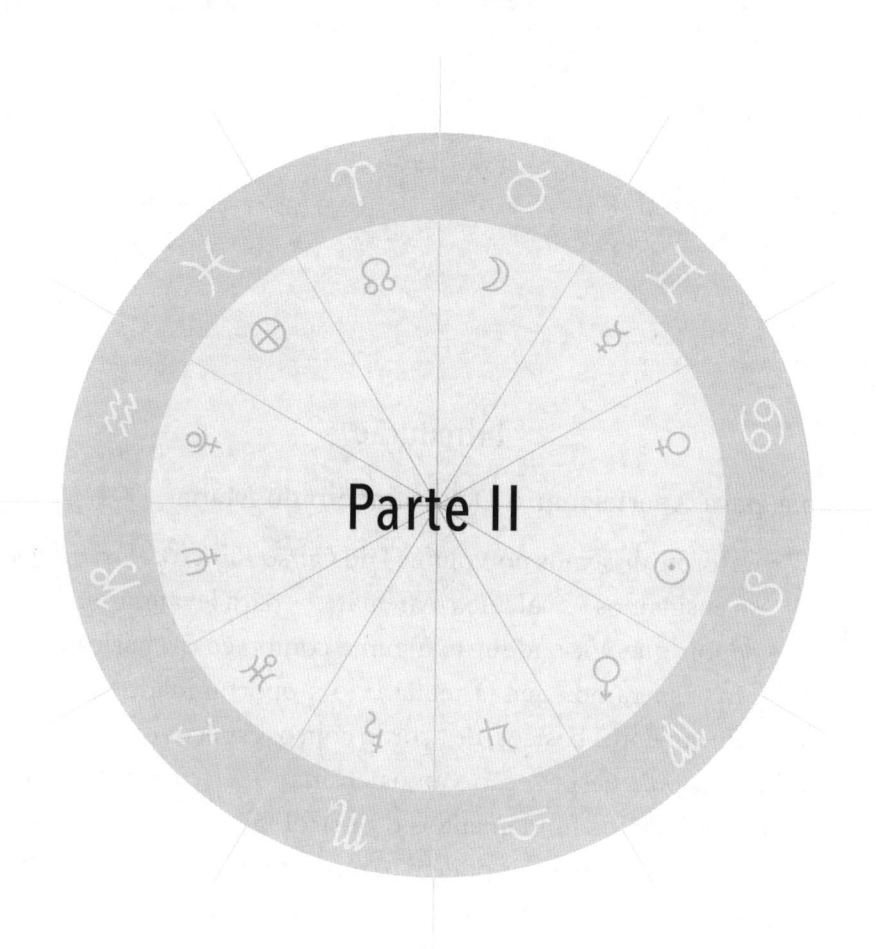

Introdução

Etapas para Aperfeiçoar o Delineamento do Mapa

Conforme dissemos no Volume I do *Curso Básico de Astrologia*, só ensinamos os cálculos matemáticos para levantar um mapa depois que você adquiriu alguma compreensão básica da interpretação. Esperamos que já tenha tido a oportunidade de treinar alguns delineamentos básicos, de acordo com os esboços e as sugestões do Volume I, pois nesta seção vamos ensinar aperfeiçoamentos baseados nos princípios fundamentais da Astrologia.

Esses aperfeiçoamentos podem parecer complicados ou de difícil compreensão caso você ainda não tenha se familiarizado com a natureza e as qualidades de todos os planetas, signos, casas e aspectos. A esta altura, para evitar quaisquer problemas, sugerimos que você pegue um mapa de sua escolha, ou qualquer um apresentado no Volume I, e o interprete de acordo com os conceitos básicos ensinados no primeiro livro.

Primeiro, examine o mapa como um todo; em seguida, desmembre-o e interprete o Sol por signo, regência de casa e aspectos, fazendo o mesmo com todos os outros planetas e casas. Recapitule as palavras-chave que podem lhe ter escapado antes. Em nossos cursos, sempre damos uma aula de revisão logo depois de ensinar os cálculos matemáticos, que são outro assunto totalmente diferente da avaliação astrológica. Após revisar o conteúdo e se familiarizar com o básico, você deverá estar apto a aprender a descobrir alguns traços e características menos óbvios que cada pessoa tem.

Como vamos usar aqui os mapas de Farrah Fawcett (ver a p. 85), Joan Sutherland (ver a p. 386) e Hermann Hesse (veja o mapa desse escritor na página 101), será bom copiá-los em formulários para horóscopos. Este pequeno exercício tem duplo propósito. É mais fácil acompanhar algumas de nossas explicações com o mapa em mãos, em vez de ficar indo e voltando à página do livro. Porém, o mais importante é que, enquanto você copia o mapa manualmente, vai adquirindo certa noção da constituição e do caráter da personalidade em questão. Por alguma razão, é mais proveitoso que você mesmo trace as cúspides na Roda, insira os planetas e aspecte o mapa, em vez de apenas olhar o que fizemos. Não estamos querendo lhe dar mais trabalho – estamos só transmitindo algumas coisas que aprendemos em anos de ensino de Astrologia para principiantes.

À medida que avançamos para a Parte II, você verá mais um horóscopo que servirá como outro "personagem principal" ao longo de todo livro, o escritor Hermann Hesse, e aqui está uma breve biografia da vida dele.

Hermann Hesse, escritor

Hermann Hesse foi romancista, ensaísta e poeta, mas principalmente um homem que desejava e temia o sucesso. No entanto, foi mais bem-sucedido que em seus sonhos mais desvairados, pois era um escritor superdotado. O Prêmio Nobel de Literatura, que lhe foi concedido em 1946, foi uma homenagem a um escritor fanático, que nunca quis fazer nada além de escrever. Os pais de Hesse eram missionários religiosos praticantes da fé na Índia. A infância de Hesse foi muito difícil, com longas ausências dos pais e muitos deslocamentos entre a Alemanha e a Suíça, para garantir a melhor escolaridade. Depois de sete meses sozinho numa escola teológica, sem pais e irmãos por perto, Hesse fugiu do rigoroso seminário alemão "para se tornar escritor". Obviamente uma decisão equivocada aos 15 anos, que provocou brigas com os pais e, por fim, uma tentativa de suicídio.

Aos 22 anos, Hesse começou a escrever a sério e foi contratado como atendente de uma loja de livros raros. Seus primeiros romances, com vívidos retratos da natureza e da vida nas pequenas cidades, foram notáveis pela prosa musical. A inclinação psicológica e simbólica de sua escrita já estava bem desenvolvida, e ele insistia que a infância era o único período da vida humana em que o homem podia viver uma vida plena e "se encontrar".

Embora casado e pai de três filhos, Hesse deixou a família para viajar pela Índia, viagem que acabou o levando ao seu romance de sucesso fenomenal, *Sidarta*, que contém muitas histórias que refletem o interesse do autor pelo misticismo oriental. Mas a "viagem" até o primeiro livro de sucesso de Hesse, *Demian*, foi complicada: divórcio, doença grave do filho mais novo, morte do pai e colapso nervoso. Hesse recebeu cuidados psiquiátricos de Carl Jung, que se tornou amigo da família, e por fim mudou-se para Montagnola, na Suíça, onde finalmente se sentiu "permanentemente em casa".

Seu outro romance muitíssimo aclamado, *O Lobo da Estepe*, é uma severa acusação à vida urbana ocidental do século XX, com sua falta de cultura real. Hesse, assim como Oswald Spengler, acreditava que o mundo ocidental estava fadado a ruir, a menos que se renovasse com as novas ideias do Oriente. A natureza dual do homem também está presente em *Narciso e Goldmund*, considerada por muitos sua obra-prima, e num de seus últimos livros, *O Jogo das Contas de Vidro*, que teve nascimento longo, quase durante toda a Segunda Guerra Mundial, enquanto Hesse compartilhava momentos difíceis

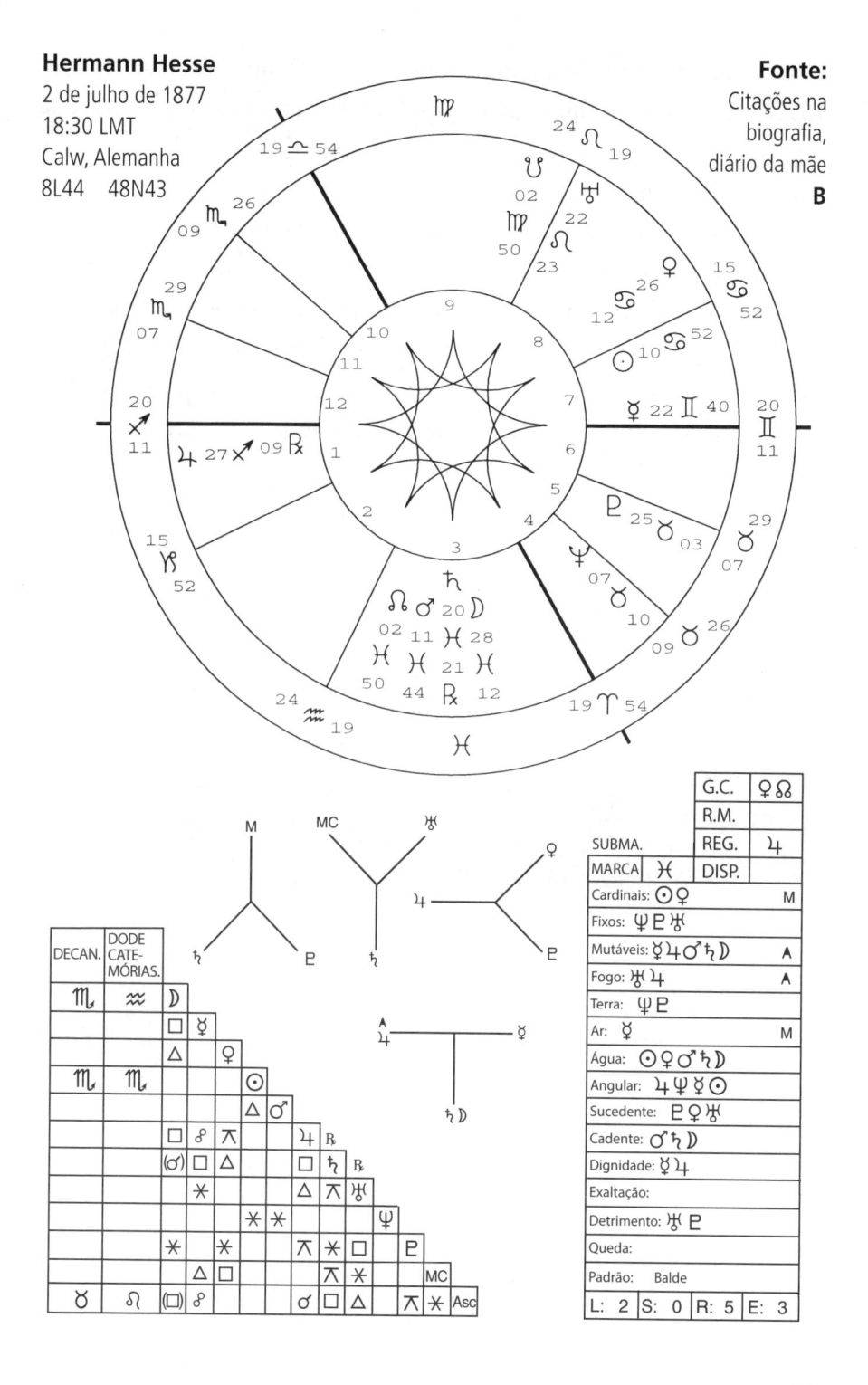

Hermann Hesse
2 de julho de 1877
18:30 LMT
Calw, Alemanha
8L44   48N43

Fonte:
Citações na
biografia,
diário da mãe
B

G.C.	♀ ☊	
R.M.		
SUBMA.	REG.	♃
MARCA	♓	DISP.	
Cardinais: ☉ ♀		M
Fixos: ♆ ♇ ♅		
Mutáveis: ☿ ♃ ♂ ♄ ☽		A
Fogo: ♅ ♃		A
Terra: ♆ ♇		
Ar: ☿		M
Água: ☉ ♀ ♂ ♄ ☽		
Angular: ♃ ♆ ♀ ☉		
Sucedente: ♇ ♀ ♅		
Cadente: ♂ ♄ ☽		
Dignidade: ☿ ♃		
Exaltação:		
Detrimento: ♅ ♇		
Queda:		
Padrão: Balde		
L: 2	S: 0	R: 5	E: 3

com a terceira esposa, judia. Ele também se preocupava com os inúmeros colegas e amigos, que tinham que fugir para a Europa, e outros que não tiveram nem a chance de fugir... A qualidade suave e lírica, outras vezes sombria, mas idílica, da prosa de Hesse é compartilhada por sua poesia, assim como suas ilustrações e desenhos, menos conhecidos.

Após receber o Prêmio Nobel de Literatura em 1946, uma doença, mais tarde diagnosticada como leucemia, subjugou Hesse, mas ainda era possível encontrá-lo em seu jardim, plantando flores ou desenhando. Em 9 de agosto de 1962, cinco semanas depois de comemorar seu 85º aniversário, ele morreu de hemorragia cerebral.

Módulo 5
Destaques – Ausência de Elemento, Ausência de Qualidade, Ausência de Ênfase por Casa e Planetas sem Aspectos

O que é destaque? Na verdade, pode ser muitas coisas. Pode ser a falta de determinado elemento ou qualidade, ou um planeta sem aspectos. Pode ser uma configuração planetária óbvia, como um *stellium* de planetas, ou uma quadratura, ou cruz T. Pode ser qualquer coisa do horóscopo que chame a atenção até de um principiante. Quando o professor pergunta: "Por que você escolheu isso primeiro?", o aluno invariavelmente responde: "Porque é algo que se destaca!". Neste módulo, vamos tratar desses destaques.

A Ausência de um Elemento no Horóscopo

Em alguns horóscopos utilizados no Volume I e neste (veja o horóscopo de Hermann Hesse, na página 101), pode-se notar que na parte inferior da página temos um *aspectário*. Do lado esquerdo, anotamos os aspectos efetivamente existentes entre os planetas; do lado direito, catalogamos alguns indicadores que consideramos importantes no delineamento. Incluímos aí as qualidades, os elementos, os tipos de casas (divididas em angulares, sucedentes e cadentes – relacionando-se com as qualidades), os tipos de casas (divididas em vida, bens materiais, relacionamentos e conclusões – relacionando-se com os elementos), as dignidades planetárias, a exaltação, o detrimento e a queda, o padrão do mapa (Módulo 10), o regente do mapa, o dispositor final (Módulo 9), as recepções mútuas (Módulo 9) e os graus críticos (Módulo 18).

Ausência do Elemento Terra

Quando examina o horóscopo e marca esses itens, você logo percebe se está faltando alguma qualidade, algum elemento ou outro fator importante. Por exemplo, se você observar o horóscopo de Farrah Fawcett (ver página 85), verá que no mapa dela *não há planetas no elemento Terra*; entretanto, se olhar a divisão por casas na parte inferior do mapa, notará que ela tem três planetas nas casas de bens materiais (relacionadas ao elemento Terra). Saturno e Plutão estão na casa 2, relacionada a Touro, e Vênus está na casa 6, relacionada a Virgem. Isso nos diz que os traços associados ao elemento Terra estão presentes; um pouco da qualidade terrena de Touro a ajudava a manter os pés no chão. Vênus em Sagitário é capaz de se mover em muitas direções e dispersar seus afetos; porém, o posicionamento desse planeta na casa 6 (Virgem) acrescenta um toque de "Vamos pensar antes de agir", "Vamos analisar isso" e, naturalmente, "Vamos voltar ao trabalho".

Suponhamos que você esteja com um horóscopo que *não tenha planetas nos signos de Terra nem nas casas de bens materiais*. Você vai constatar que esse indivíduo não tem os pés no chão; tem dificuldade em guardar dinheiro, porque, para ele, o dinheiro não tem muito significado; e tem sonhos impossíveis, que raramente coloca em prática. O que é mais difícil para esses indivíduos é estabelecer uma diferença entre o que realmente importa (o que é uma característica bem terra, bem prática) e o que não é importante ou é transitório. Fazem tempestades em copos d'água e dificilmente encontram tempo para cuidar dos pequenos detalhes. A escritora Zelda Fitzgerald,

Ausência do Elemento Terra

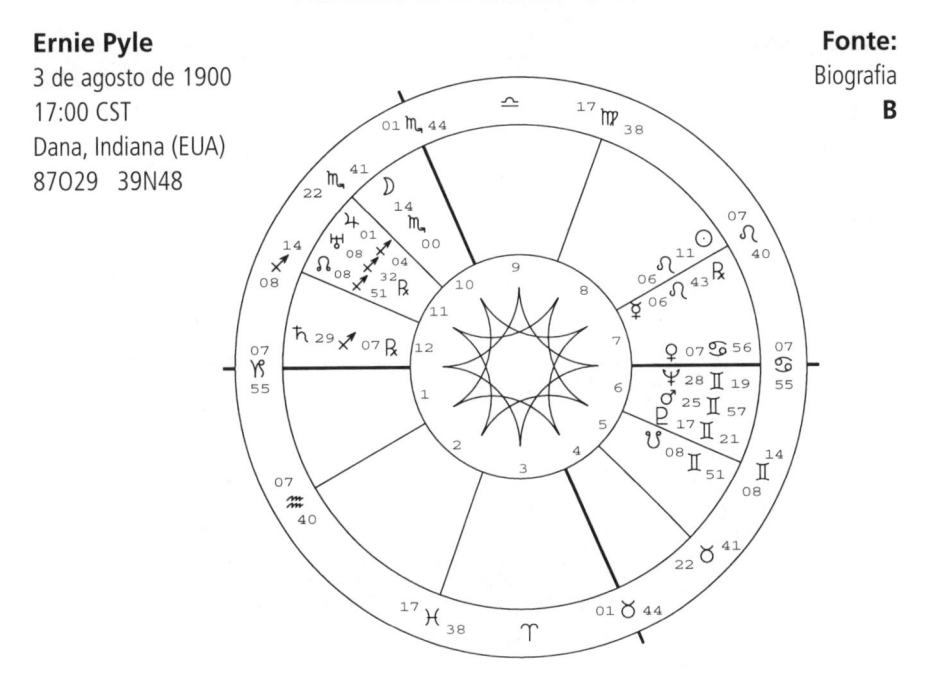

Ernie Pyle
3 de agosto de 1900
17:00 CST
Dana, Indiana (EUA)
87O29   39N48

Fonte:
Biografia
B

eterna brincalhona, lépida, sempre buscando e dificilmente encontrando, ilustra bem esse tipo de ausência do elemento Terra.

Entre algumas personalidades famosas *sem Terra, mas com alguns planetas nas casas de bens materiais*, estão os escritores Mark Twain, Eugene O'Neill e Arthur Miller, a Duquesa de Windsor e o astro do beisebol Joe di Maggio. Essas pessoas tateiam à procura da realidade, mas, em geral, só descobrem facetas dela. Mark Twain, um idealista pouquíssimo prático, descreveu com o maior realismo sua juventude no Mississípi, em vários de seus livros.

O mapa de Ernie Pyle é outro exemplo. Pyle pode parecer uma pessoa muito pé no chão, apesar da falta de planetas no elemento Terra, pois com Ascendente em Capricórnio (Terra) ele se mostra um tipo de pessoa muito responsável.

Ausência do Elemento Fogo

Kurt Browning
18 de junho de 1966
10:28 MST
Rocy Mountain House
Alberta, Canadá
114O55 52N22

Fonte:
Lois Rodden
citando Jeffrey
Simpson,
"da mãe dele"
A

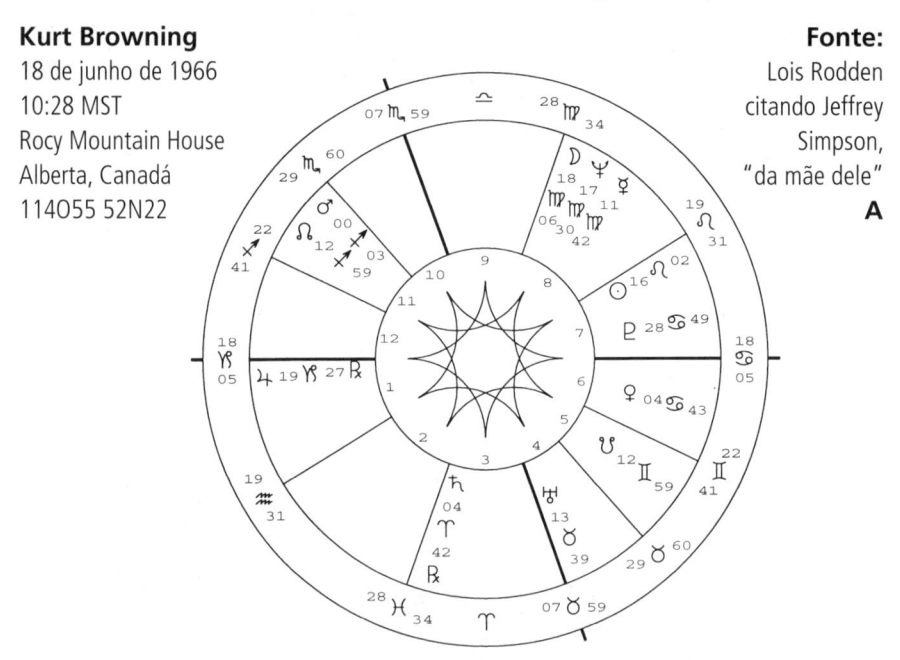

Ausência do Elemento Fogo

"Sem fogo" – essas duas palavras já dizem tudo. Falta a essas pessoas uma centelha de vida. Pode dar vontade de acender uma fogueira embaixo delas, porque demonstram pouco ou nenhum entusiasmo. Podem ser extremamente cumpridoras de seus deveres, práticas, ambiciosas, inteligentes, intelectuais, e tudo mais que seu horóscopo prometa, porém carecem de certo brilho. Sua motivação não deriva da vontade de crescer e se expandir (Leão/Sagitário) ou da pressão interna para tentar e ousar (Áries), mas, sim, da necessidade ou do desejo de ser bem-sucedido. O cientista Louis Pasteur, com *stellium* no ambicioso Capricórnio, é um bom exemplo disso.

Quando *o elemento Fogo está ausente, mas as casas da vida estão ocupadas*, nota-se, em parte, a marca do Fogo, mas não de forma muito evidente. Pense no patinador Kurt Browning, uma pessoa reservada, mas que se assemelha a uma bola de fogo quando está deslizando pelo gelo. A atriz Merle Oberon, com rosto maravilhoso, porém quase inexpressivo, encaixa-se na mesma categoria. Outros exemplos são o ator Vincent Price, o presidente Franklin Roosevelt e o astro do beisebol Babe Ruth.

Ausência do Elemento Ar

Quando *o elemento Ar está ausente, e as casas de relacionamento estão vazias*, as faculdades sensoriais e mentais ou estão ausentes ou prejudicadas, e a ênfase é dirigida em outro sentido. Como o Ar é considerado o elemento da comunicação (Gêmeos/Mercúrio), essas pessoas precisam encontrar um modo totalmente diferente de se comunicar, usando o talento e o potencial de que dispõem para se expressar. O Ar está associado à capacidade de intelectualizar, de entender os conceitos abstratos, de deixar as emoções de lado e encarar os assuntos de maneira objetiva e factual (Aquário/Urano). Também mostra como nos relacionamos socialmente (Libra). Quando essas capacidades estão ausentes, pode ser que as emoções tomem conta ou ser preciso encontrar alguma outra solução.

O artista Vincent van Gogh é um bom exemplo de alguém sem o elemento Ar nem planetas em casas de relacionamentos. Você pode ver o mapa de Van Gogh na página 118.

A ausência do elemento Ar, mas com casas de relacionamento ocupadas, é uma situação exemplificada pelo ator Marlon Brando (ver página 150), o qual, com seus resmungos, criou um novo estilo de comunicação, tornando charmosa a dicção pouco inteligível. Outro exemplo é o do ator Dustin Hoffman (ver o mapa na página 108), que não tem planetas no elemento Ar, mas tem Saturno na casa 3, Plutão e o Sol na casa 7, e Marte na casa 11. Dustin, assim como Marlon Brandon e Jack Nicholson, tem um jeito muito peculiar de falar, e

Ausência do Elemento Ar

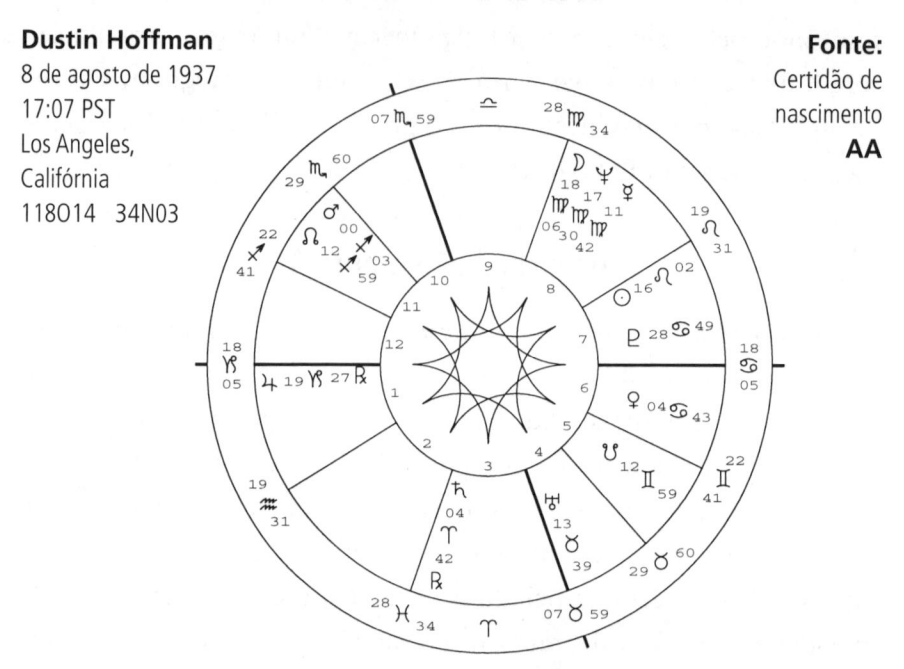

Dustin Hoffman
8 de agosto de 1937
17:07 PST
Los Angeles,
Califórnia
118O14   34N03

Fonte:
Certidão de
nascimento
AA

todos eles, cada um à própria maneira, compensa, com muita desenvoltura, a falta de planetas no elemento Ar.

Ausência do Elemento Água

Água e nenhum planeta nas casas de conclusões indicam uma pessoa que carece de sensibilidade ou de capacidade de sentir de modo profundo e intuitivo. Normalmente, isso caracteriza pessoas cujas emoções são bem controladas, que não se deixam influenciar pelo ambiente e, em geral, não demonstram seu estado de espírito.

Todo ser humano tem sentimentos, incluindo as pessoas que não têm planetas em Água; no entanto, estas expressam os sentimentos num nível diferente. Sua motivação não é nutrir (Câncer), sentir profundamente (Escorpião) ou conhecer intuitivamente (Peixes); outros elementos assumem o comando.

Ausência do Elemento Água

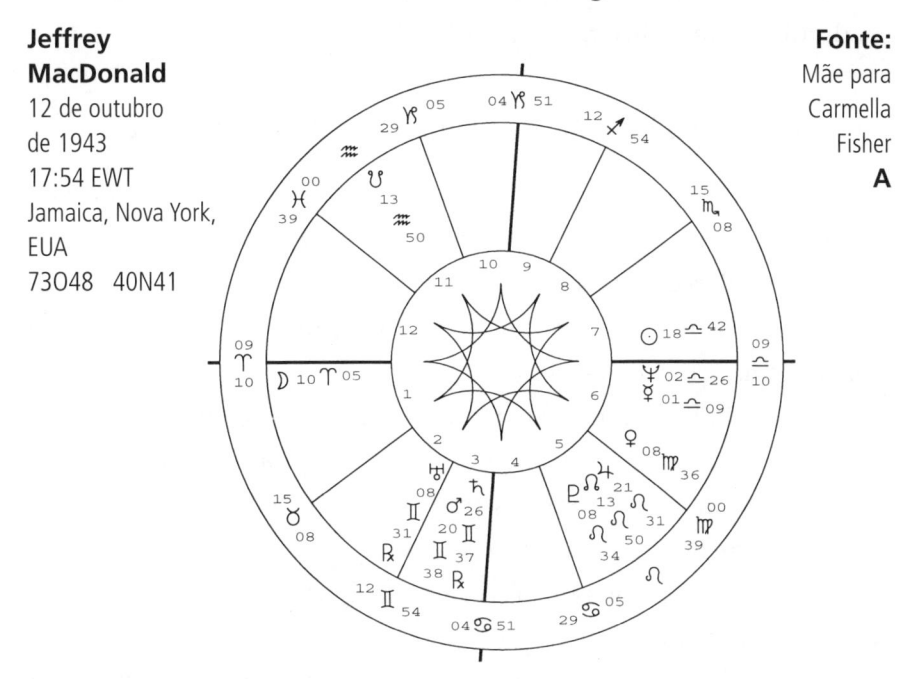

Jeffrey MacDonald
12 de outubro de 1943
17:54 EWT
Jamaica, Nova York, EUA
73048 40N41

Fonte:
Mãe para Carmella Fisher
A

Jeffrey MacDonald (ver mapa acima), acusado de matar a facadas os dois filhos e a esposa, não tem o elemento Água no mapa nem planetas nas casas de conclusões. Ele parecia muito controlado e sem emotividade durante seu julgamento, no qual foi primeiro absolvido e depois condenado em novo julgamento.

A ausência de Água, mas com a ocupação das casas de conclusões, é exemplificada pela atriz Marlene Dietrich e pelo pugilista Muhammad Ali. Os dois pareciam frios, reservados e pouco emotivos. Entretanto, todos os que conheciam o amor de Marlene pela filha e seu lado dona de casa percebiam forte casa 4 em ação. Observando Muhammad Ali, podemos sentir que, por trás da fachada "eu sou o maioral", havia um ser humano ansioso e até emotivo. Outros exemplos são o cantor e humorista Maurice Chevalier, a senadora Margaret Chase Smith, o gerente de ópera Rudolf Bing e o ditador Adolf Hitler.

Quando o Elemento Ausente está no Ascendente

Um dos fenômenos mais interessantes sobre a ausência de um elemento se observa quando o *elemento que está faltando ocupa o Ascendente*. Parece que a supercompensação é total, e toda a personalidade exterior (Ascendente), a forma como os outros o veem, é representada pelo elemento ausente.

Napoleão Bonaparte, sem planetas em Ar, mas com o Ascendente em Libra, exemplifica o estrategista de Libra, o homem que precisava fazer guerra para equilibrar os pratos da balança; que necessitava desesperadamente comunicar suas ideias e crenças na forma do Código Napoleônico; e que precisava se relacionar com uma, duas, três ou quatro parceiras.

Outros bons exemplos seriam Vanessa Redgrave e a Princesa Stephanie de Mônaco, sem Fogo no mapa, mas com Ascendente em Leão. A nutricionista Adelle Davis e Ernie Pyle (ver mapa na p. 105) não tinham terra no mapa, mas tinham o Ascendente em Capricórnio; e o artista Toulouse-Lautrec, sem Água, mas com Escorpião no Ascendente, são casos interessantes para estudar.

A Ausência de uma Qualidade no Horóscopo

Assim como procuramos fatores compensatórios nas casas de vida, bens materiais, relacionamentos e conclusões quando ocorre a ausência de algum elemento, examinamos as casas angulares, sucedentes ou cadentes quando descobrimos *a ausência de uma qualidade*. Há quatro elementos, porém apenas três qualidades; assim, é menos provável encontrar pessoas sem uma qualidade nem a compensação de uma correspondente ativação por casa, mas existem alguns casos.

Ausência da Qualidade Cardinal

Bruno Hauptmann
26 de novembro de 1899
13:00 MET
Kamenz, Alemanha
14L06   51N16

Fonte: Radiograma da mãe
A

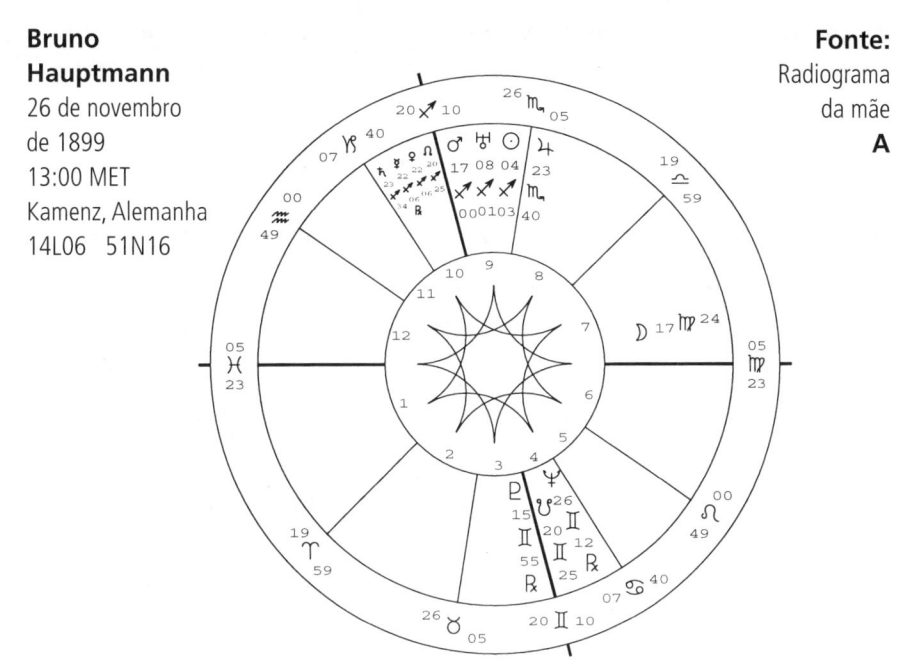

Ausência da Qualidade Cardinal

Se relembrarmos as palavras-chave básicas para as qualidades, poderemos imaginar o que pode acontecer quando um horóscopo carece totalmente de alguma qualidade. Quando a *qualidade cardeal está ausente*, a iniciativa, a ação, a rapidez, o espírito de pioneirismo, a ambição e o ardor cardeais dão lugar ao hábito de "deixar que os outros façam tudo em seu lugar". Tudo que é empreendido é facilmente motivado pela autopiedade do tipo: "Nada nunca dá certo para mim", em vez de derivar de autêntico senso de direção ou de prioridade. Por outro lado, se esse indivíduo tiver potencial para atividades criativas ou envolvimento espiritual, poderá ir mais longe que muitos outros que se mantêm tão *ocupados* que não lhes sobra tempo para viver.

O sequestrador do bebê dos Lindbergh, Bruno Hauptmann (ver mapa na página anterior), é um bom exemplo do "Nada nunca dá certo para mim".

Ausência da Qualidade Fixa

O indivíduo fixo é estável, resoluto, obstinado, talvez um pouco teimoso, mas leal e confiável. Consegue as coisas devagar, mas consegue. Quando a *qualidade fixa está ausente*, o indivíduo não tem a capacidade de levar as coisas até o fim. Pode ter coragem, ousadia e grandes ideias, mas, em geral, alguém tem que terminar o que ele começou. Entretanto, mesmo com a ausência da estabilidade, quando esse traço é utilizado de modo positivo, pode tornar o indivíduo mais

Ausência da Qualidade Fixa

Errol Flynn
20 de junho de 1909
2:25 AEST
Hobart, Austrália
147L19 42S53

Fonte:
A informação partiu dele mesmo, por intermédio de um amigo mútuo
A

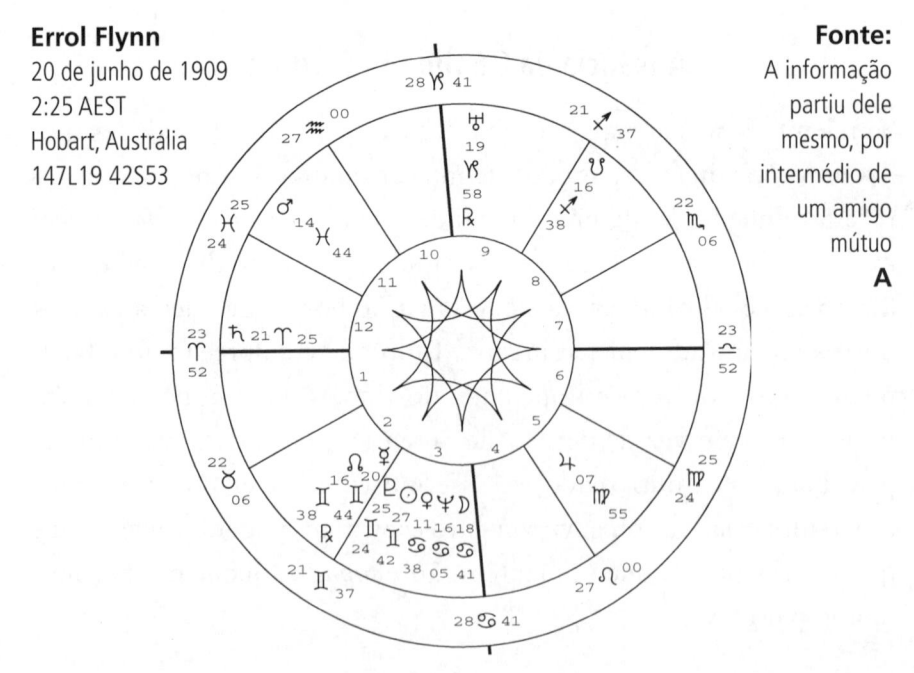

livre que os outros, menos sobrecarregado pela sua própria falta de maleabilidade. Ele é capaz de mudar e crescer sem o sofrimento que tantas vezes acompanha a mudança.

O ator Errol Flynn, o cantor Nelson Eddy e a poetisa Elizabeth Barrett Browning são alguns exemplos de pessoas sem a qualidade fixa.

Ausência da Qualidade Mutável

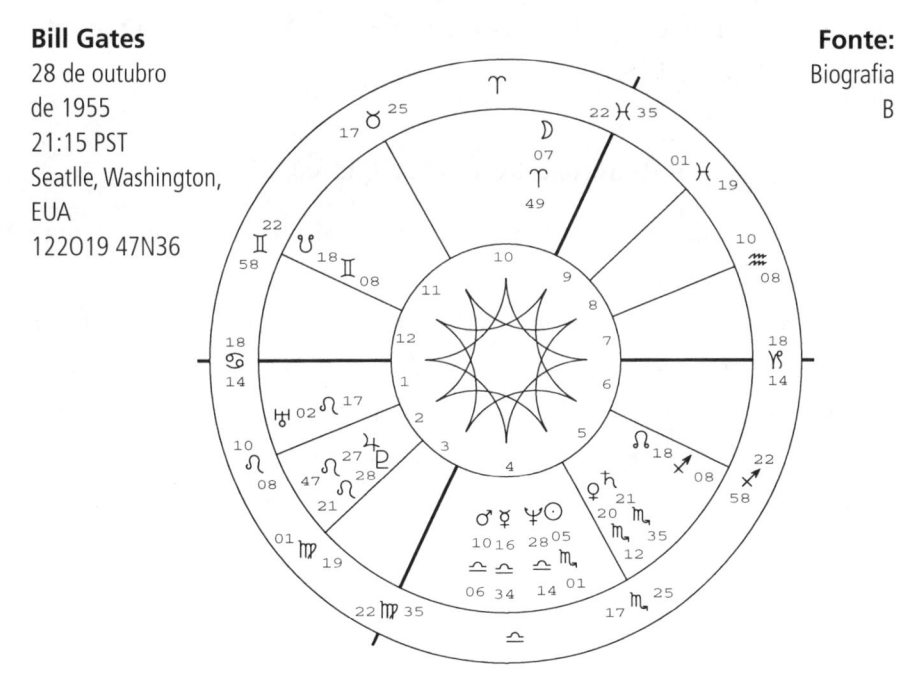

Quando *a qualidade mutável está ausente*, pode faltar ao indivíduo versatilidade, adaptabilidade, mutabilidade, qualidades tão bem representadas pelos signos mutáveis. Isso pode indicar que ele é muito dependente e teimoso, o que, muitas vezes, chega ao ponto de aborrecer os outros; muito obstinado e exigente no sentido de que as outras

Ausência da Qualidade Mutável

Bill Gates
28 de outubro
de 1955
21:15 PST
Seatlle, Washington,
EUA
122O19 47N36

Fonte:
Biografia
B

pessoas sejam tão perfeitas quanto ele. Por outro lado, os signos mutáveis, como grupo, estão muito envolvidos com os outros; na realidade, são quase dependentes deles. Quando essa necessidade está ausente, o indivíduo fica livre para ser ele mesmo, crescer e evoluir à própria maneira, sem se preocupar com o que os outros dizem ou pensam.

Um exemplo bastante típico de falta da qualidade mutável é o multibilionário unidirecional Bill Gates, fundador da Microsoft. Além disso, o escritor Romain Rolland e o compositor Camille Saint-Saens são bons exemplos.

Quando a Qualidade Ausente Está no Ascendente

Quando *uma qualidade está ausente por posicionamento planetário, mas ocupa o Ascendente* (como vimos no caso da ausência de certo elemento), mais uma vez parece que o indivíduo supercompensa essa ausência. A atriz Barbra Streisand não tem planetas cardeais, mas tem um Ascendente cardeal (Áries); seria difícil encontrar uma pessoa mais ativa, enérgica, ambiciosa e empreendedora. (Ver o mapa de Barbra na página 136.)

A Ausência de Ênfase nas Casas

Aqui o procedimento é inverso ao usado no caso de elementos e qualidades. Para compensar qualquer falta nas casas de vida, bens materiais, relacionamentos e conclusões, examine os elementos. A falta de planetas em casas angulares, sucedentes ou cadentes é atenuada por planetas em signos cardeais, fixos ou mutáveis. A ausência de ênfase nas casas não é tão importante quanto a de um elemento ou de uma qualidade, mas deve ser observada, pois toda ausência indica certo desequilíbrio.

Casas de Vida Vazias

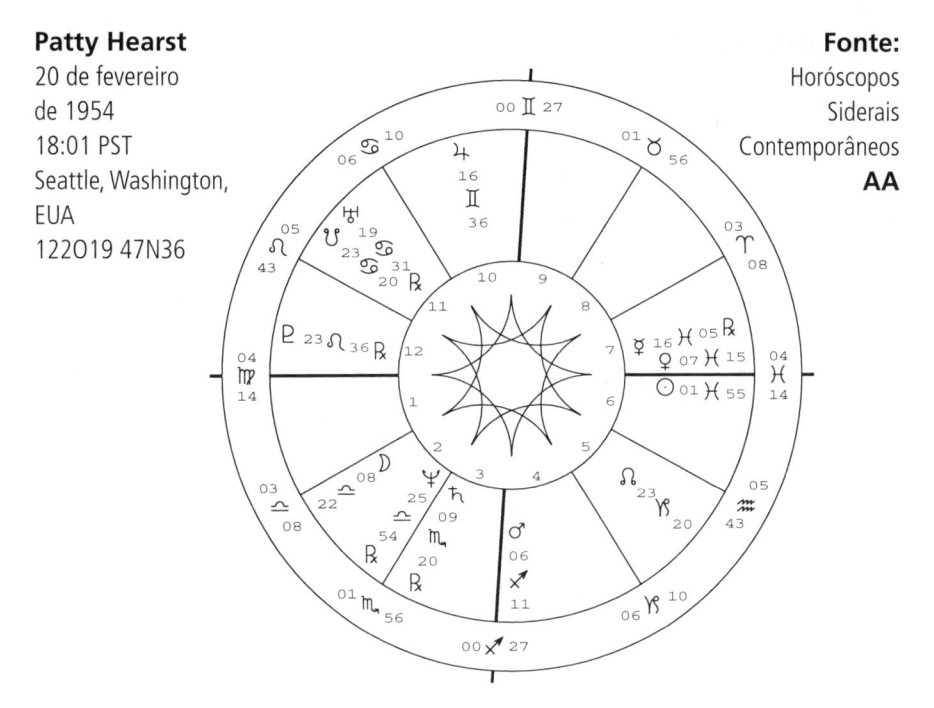

Patty Hearst
20 de fevereiro
de 1954
18:01 PST
Seattle, Washington,
EUA
122O19 47N36

Fonte:
Horóscopos
Siderais
Contemporâneos
AA

Ausência de Planetas nas Casas de Vida

As casas de vida não ocupadas podem indicar falta de inspiração ou de idealismo, ou até certa dificuldade de fazer planos para o futuro. Afinal, estamos falando das casas 1, 5 e 9! A herdeira Patty Hearst é um bom exemplo.

Ausência de Planetas nas Casas de Bens Materiais

A *ausência de planetas nas casas de bens materiais* (casas 2, 6 e 10), muitas vezes, produz indivíduos que podem ter dificuldade de decidir qual é sua vocação ou tendem a confundir seu senso de valores. Com as casas 2, 6 ou 10 vazias, pode ser que a carreira do indivíduo seja

Casas de Bens Materiais Vazias

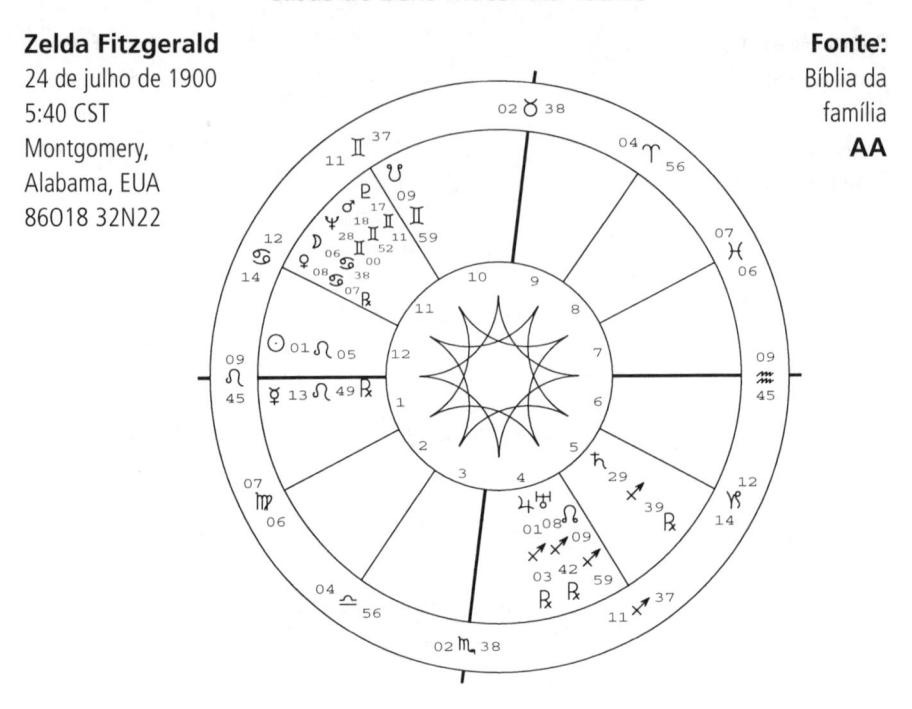

Zelda Fitzgerald
24 de julho de 1900
5:40 CST
Montgomery,
Alabama, EUA
86O18 32N22

Fonte:
Bíblia da
família
AA

imposta pelas circunstâncias, não pela preparação dirigida. O escritor Hermann Hesse (ver página 101), o líder do culto às drogas Timothy Leary (ver página 195) e a indomável escritora Zelda Fitzgerald ilustram bem o problema em questão.

Ausência de Planetas nas Casas de Relacionamentos

Quando *as casas de relacionamentos* (casas 3, 7 e 11) *não estão ocupadas*, isso gera indivíduos para os quais qualquer forma de relacionamento é assunto de importância menor. Por isso esse indivíduo pode ser um solteirão inveterado ou, com mais frequência, interessados na carreira ou no trabalho, não em relacionamentos. Um exemplo

Casas de Relacionamento Vazias

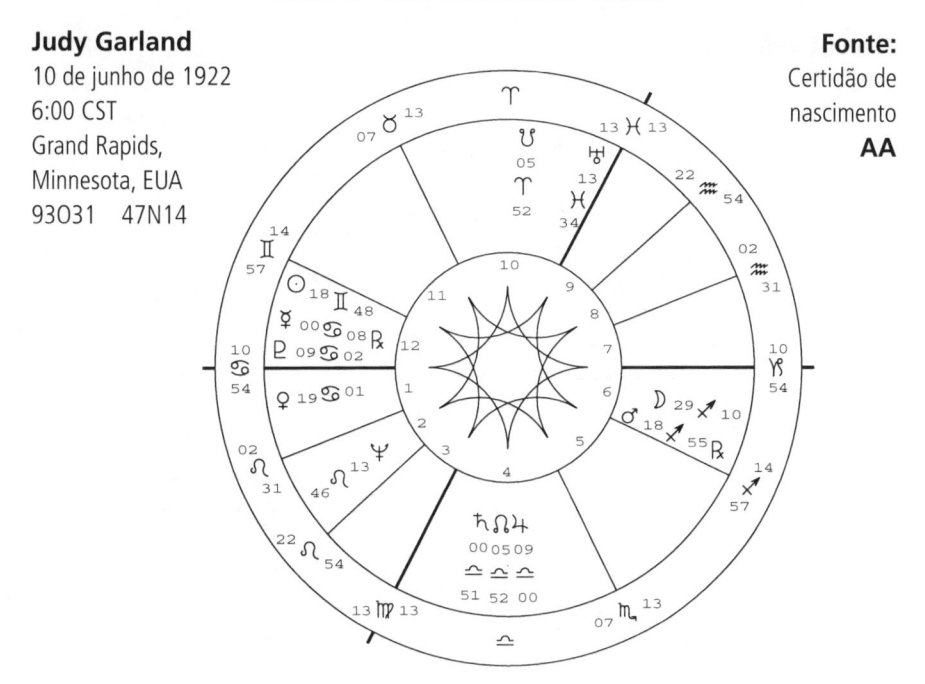

Judy Garland
10 de junho de 1922
6:00 CST
Grand Rapids,
Minnesota, EUA
93031 47N14

Fonte:
Certidão de
nascimento
AA

é a megaestrela Judy Garland, alguém que se casou cinco vezes, não gostava de ficar sozinha, mas dedicava pouquíssimo tempo aos relacionamentos.

Ausência de Planetas nas Casas de Conclusões

Nenhum planeta nas *casas de conclusões* (casas 4, 8 e 12) pode indicar falta de profundidade ou de sensibilidade, mas, na maioria dos casos, mostra grande dificuldade, ou até medo, de olhar para dentro de si mesmo. O ator Orson Welles, a rainha Elizabeth II e o pintor Vincent van Gogh ilustram esse problema.

Casas de Conclusões Vazias

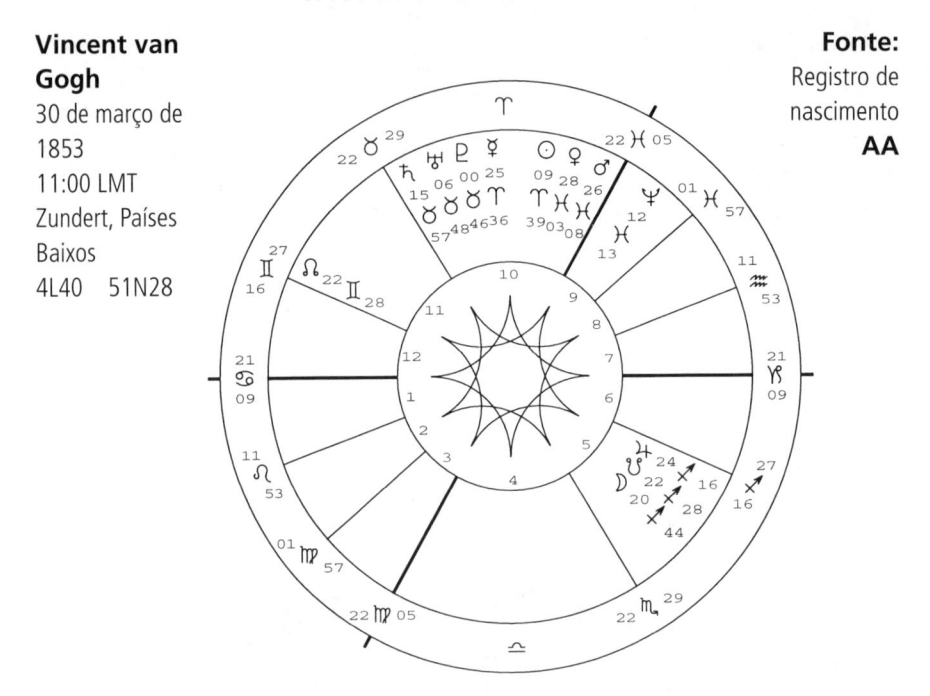

Vincent van Gogh
30 de março de 1853
11:00 LMT
Zundert, Países Baixos
4L40   51N28

Fonte:
Registro de nascimento
AA

Ausência de Planetas nas Casas Angulares

É difícil encontrar mapas de pessoas famosas *sem planetas nas casas angulares* (casas 1, 4, 7 e 10), pois os ângulos nos impulsionam à ação; sem alguma forma de ação, há pouca chance de atingir a fama. Barbara Hutton é um dos poucos exemplos que encontramos, e sua fama foi devida à riqueza do pai, não à sua própria iniciativa. A ausência de planetas nas casas 1, 4, 7 e 10 indica a pessoa que prefere trabalhar com outras pessoas ou por intermédio delas. Parece que lhe falta garra; é preciso haver planetas cardeais para ajudá-la a se tornar ativa. Essa característica é ilustrada pelos mapas de Sydney Biddle

Casas Angulares Vazias

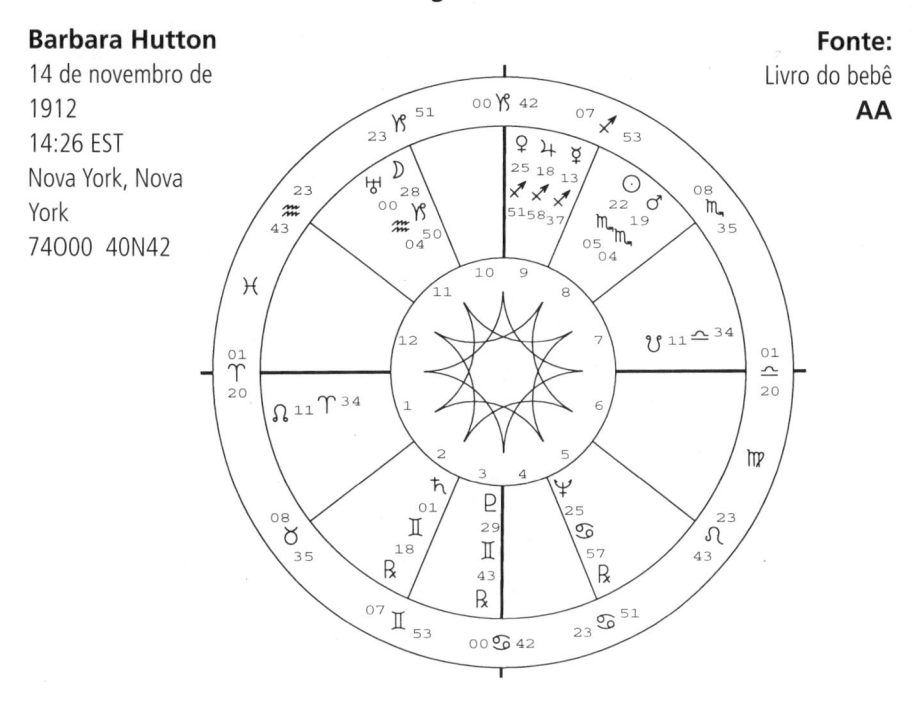

Barbara Hutton
14 de novembro de 1912
14:26 EST
Nova York, Nova York
74O00 40N42

Fonte:
Livro do bebê
AA

Barrows (de *Mayflower Madam*), os atores Marcello Mastroianni e Robert Redford, assim como os cantores Regine Crespin e Lily Pons.

Ausência de Planetas nas Casas Sucedentes

A ausência de planetas nas *casas sucedentes* (casas 2, 5, 8 e 11) é menos grave que a falta deles nos ângulos, e, quando há planetas fixos no mapa, a compensação é mais ou menos fácil. Entretanto, há certo desequilíbrio (ver mapa na página seguinte). Embora tivesse três planetas fixos e um Ascendente fixo, o mapa de Mussolini é muito desequilibrado, especialmente com todos os planetas num pequeno segmento e todos acima do horizonte, indicando a busca por poder.

Casas Sucedentes Vazias

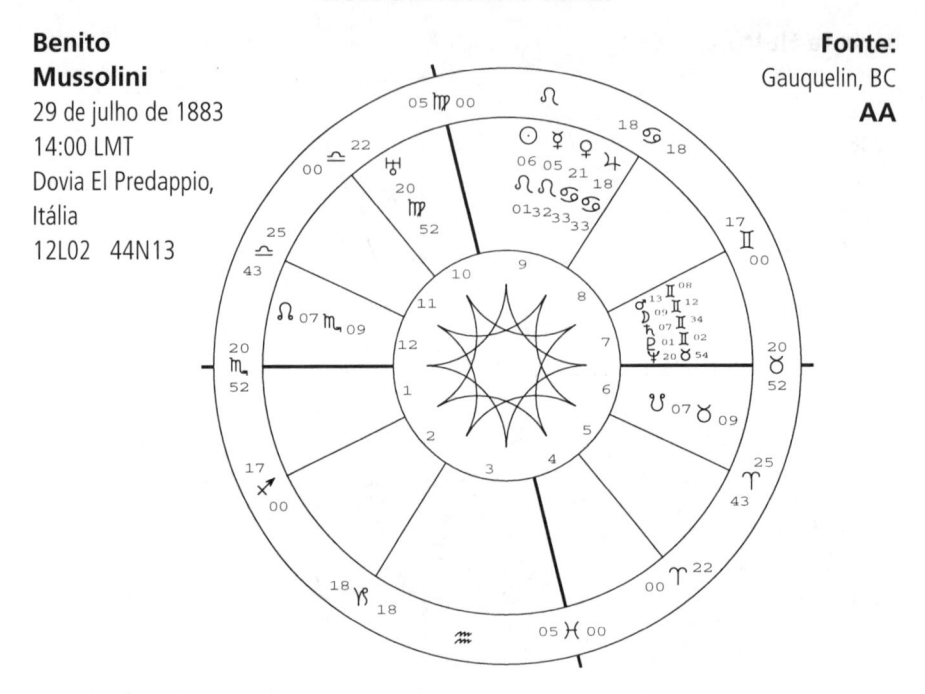

Benito Mussolini
29 de julho de 1883
14:00 LMT
Dovia El Predappio,
Itália
12L02   44N13

Fonte:
Gauquelin, BC
AA

Ausência de Planetas nas Casas Cadentes

A não ocupação das casas cadentes (casas 3, 6, 9 e 12) também é menos importante que a ausência de planetas nos ângulos e facilmente equilibrada com alguns planetas mutáveis no horóscopo. Essa ausência vai se evidenciar em áreas como adaptabilidade, versatilidade ou mobilidade, ou em quaisquer outras palavras que você escolha para definir as casas 3, 6, 9 e 12. Um bom exemplo é o Rei Charles III, da Inglaterra, assim como os mapas do advogado Melvin Belli e dos atores Peter Fonda, Ryan O'Neal e Bill Bixby, além da aviadora Amelia Earhart.

Casas Cadentes Vazias

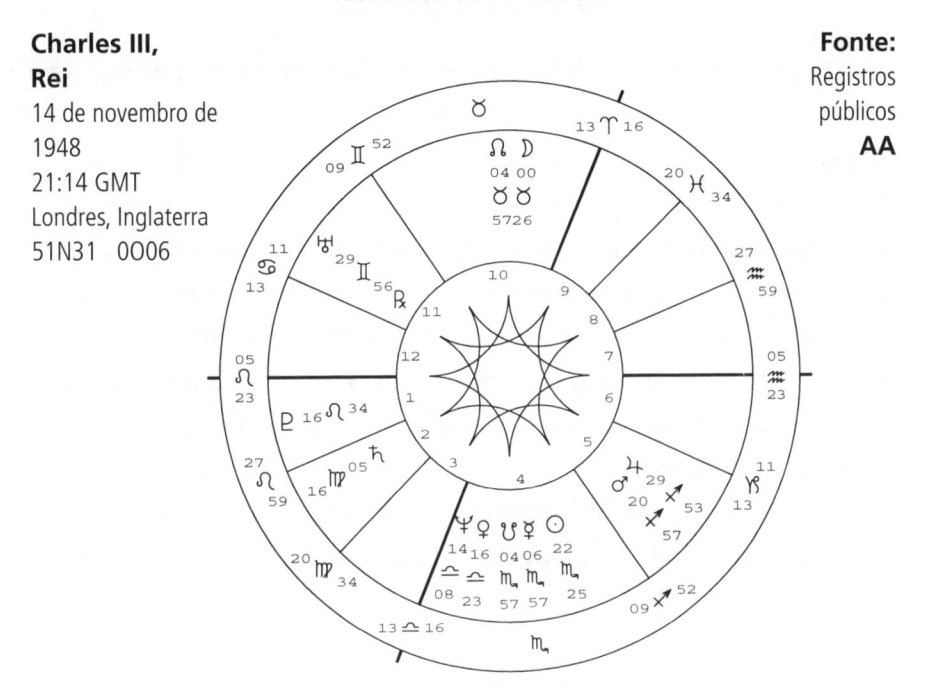

**Charles III,
Rei**
14 de novembro de
1948
21:14 GMT
Londres, Inglaterra
51N31   0006

Fonte:
Registros
públicos
AA

O Planeta sem Aspectos

É quase impossível encontrar um planeta totalmente sem aspectos; entretanto, existem planetas que não fazem os chamados *aspectos maiores* (conjunções, sextis, quadraturas, quincunces, trígonos e oposições), e, nesse caso, eles geram um padrão muito interessante. Não conclua que esse planeta, por não se integrar ao restante do mapa, é fraco; ao contrário, ele afeta o mapa em dobro, como se tentasse compensar o fato de estar sozinho. Esse solo pode, às vezes, ser exaustivo, mas nunca é aborrecido! Muito depende do planeta que não tem aspectos, do signo e da casa ocupada.

O Sol sem Aspectos

O *Sol*, que representa a individualidade, o ser interior e o coração do mapa, sem formar aspecto com outros planetas, manifesta-se de diversas formas, todas muito importantes, porque estamos falando do *Eu Interior*. Se *você* age por conta própria, sozinho, e tudo que faz é feito sem sobrecarregar ou preocupar os outros, então as outras partes de você (como seu pensamento, seus sentimentos, suas ambições, seus parceiros, sua família) têm a possibilidade de ser diferentes. Você pode ser qualquer coisa que seu Sol deseje. É possível que se empenhe muito nesse sentido, mas vai ser relativamente fácil, porque nada nem ninguém pode detê-lo.

A rainha Elizabeth II, que teve a coragem de ser humana mesmo sendo rainha; a independente atriz Mia Farrow, que faz o que mais

Sol sem Aspectos

Robyn Smith-Astaire
14 de Agosto de 1944
00:03 PWT
São Francisco, CA, EUA
122O25 37N46

Fonte:
Rodden: carta de autoria dela
A

lhe agrada; a jóquei Robyn Smith-Astaire (ver mapa na página anterior), a primeira a quebrar um tabu; e o pintor Vincent van Gogh são bons exemplos.

A Lua sem Aspectos

A *Lua* mostra as emoções, os sentimentos, as necessidades, os hábitos e o instinto. Quando está sem aspectos, e se o restante do mapa confirmar isso, ela pode levar a um tremendo sucesso no mundo. Não há obstáculo maior que nossas próprias emoções. Elas nos impedem de pensar com clareza, de demonstrar amor e afeto por medo da rejeição e de perseguir nossos objetivos por medo de magoar os outros ou de falhar, além de muitas outras coisas. Não nos envolvendo emocionalmente, podemos perder um dos aspectos mais importantes da vida –

Lua sem Aspectos

Paul Newman
26 de janeiro
de 1925
6:30 EST
Cleveland, Ohio, EUA
81O33   41N31

Fonte:
Gauquelin BC
AA

isto é, o verdadeiro relacionamento com outro ser humano. Entretanto, ficará muito mais fácil satisfazer a todas as áreas práticas da vida sem traumas ou problemas emocionais.

Louis Pasteur, o grande cientista francês, tinha Lua sem aspectos em Gêmeos, na casa 8. No caso dele, o restante do mapa confirmava o direcionamento para realizações concretas e a capacidade de vencer, pois Pasteur tinha *stellium* de seis planetas em Capricórnio, na casa 3, regida por Saturno angular em Touro, em trígono com o *stellium*. O ator Paul Newman (ver mapa na página anterior) e – que interessante – a mulher dele, Joanne Woodward, tinham, ambos, a Lua sem aspectos.

Mercúrio sem Aspectos

Mercúrio representa a capacidade de raciocínio, a mente, o impulso intelectual e a forma de expressão. Quando está sozinho, sem aspectos, todo processo de pensamento é separado do restante do mapa – ou seja, de *você*. Pode ser que você esteja chorando num canto, afogado numa angústia emocional, enquanto sua mente lhe diz: "Ora, ora. O que você está fazendo aí chorando?", absolutamente desligada da sua infelicidade ou autopiedade. No meio de uma aventura romântica, no sono profundo, a mente nunca para de trabalhar e sempre o impulsiona numa direção mental. Se Mercúrio está num dos signos racionais (Terra) ou mentais (Ar), a direção é lógica, fria e reservada. Se está num signo transitório (Fogo) ou emocional (Água), às vezes pode se tornar difícil de lidar; pode ser que você perca a cabeça ou sofra distúrbios nervosos. Nesse caso, a meditação e o yoga trazem grandes benefícios, dando à mente oportunidade de descansar de vez em quando.

Pessoas de renome com Mercúrio sem aspecto são a educadora Maria Montessori, com Mercúrio em Libra na casa 10, e o escritor Alessandro Manzoni, com Mercúrio em Aquário, na casa 11.

Mercúrio sem Aspectos

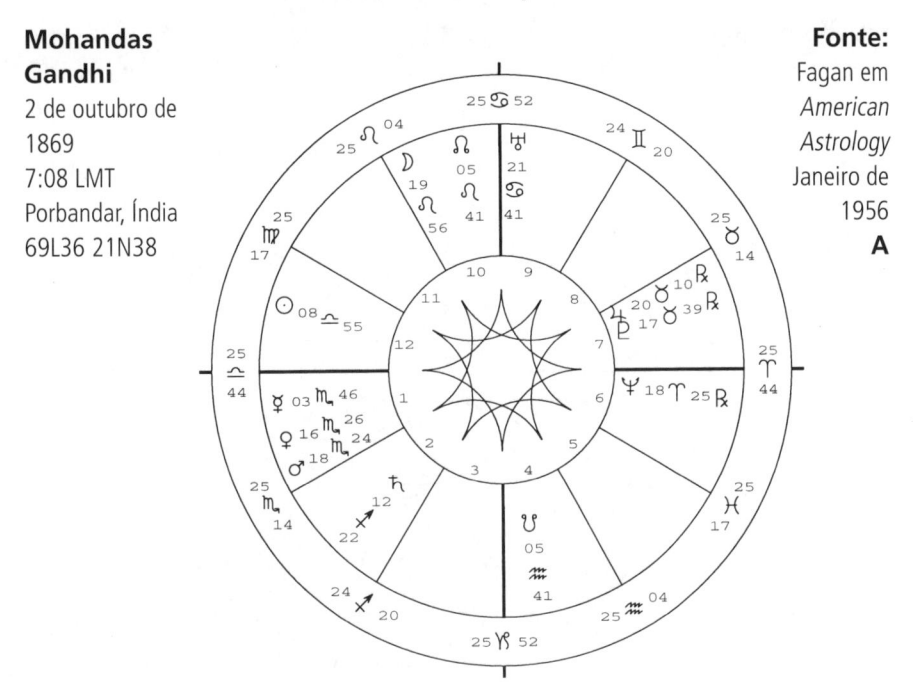

Mohandas Gandhi
2 de outubro de 1869
7:08 LMT
Porbandar, Índia
69L36 21N38

Fonte:
Fagan em *American Astrology*
Janeiro de 1956
A

Como ilustração de um horóscopo em que um Mercúrio sem aspectos fortaleceu a mente, veja o mapa de Mohandas Gandhi. Gandhi, afetuosamente conhecido como "Mahatma", tinha Mercúrio sem aspectos em Escorpião, na casa 1, o que nos ajuda a compreender sua incrível capacidade de colocar a mente acima da matéria, de sobreviver a longos períodos de prisão, de passar por intermináveis greves de fome e ainda assim ser capaz de conduzir a Índia à independência, com tranquilidade e sabedoria.

Vênus sem Aspectos

Vênus, o planeta da afeição, dos valores e do impulso social, quando carece da capacidade de integração, pode seguir dois caminhos. É possível que a pessoa persiga suas metas e seus objetivos sem necessidade de amor e afeto, desapegada de todos e autossuficiente (à maneira

Vênus sem Aspectos

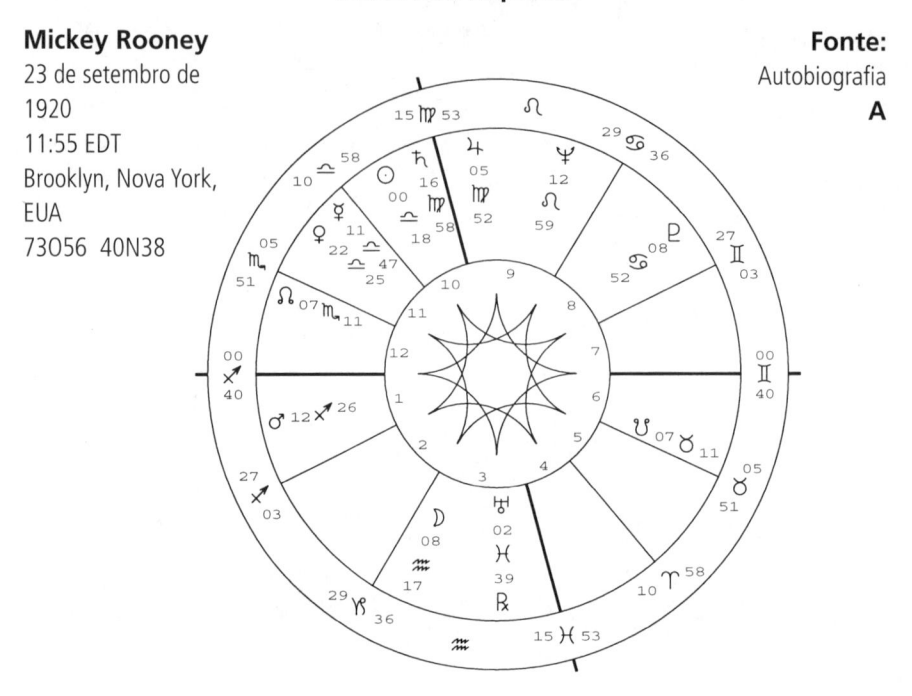

Mickey Rooney
23 de setembro de
1920
11:55 EDT
Brooklyn, Nova York,
EUA
73O56 40N38

Fonte:
Autobiografia
A

de uma Lua sem aspectos), mas de forma mais evidente, pois as emoções são, até certo ponto, ocultas, e os afetos manifestam-se nos padrões externos de conduta. A outra alternativa é a pessoa que sente constante necessidade de dar e receber amor e afeto, mas, ao mesmo tempo, a despeito da quantidade dada ou recebida, sente-se não amada, não desejada e sozinha. Entre as pessoas famosas, encontramos exemplos dos dois casos.

O ator Mickey Rooney (ver mapa acima), com Vênus em Libra, mudava constantemente de parceiras para se sentir amado, assim como *sir* Lawrence Olivier. Jean Claude-Killy, o famoso esquiador e atleta francês, com Vênus em Virgem na casa 2, autossuficiente e satisfeito com o próprio sistema de valores – principalmente o dinheiro.

Marte sem Aspectos

Marte simboliza energia, impulso, ação e iniciativa. Quando esses atributos funcionam isoladamente, muitas vezes se transformam em algo muito bom. A pessoa acorda cedo e vai para a cama tarde, por assim dizer, consumindo-se, desse modo, muito depressa. Quando Marte está num signo passivo (Touro, Câncer, Escorpião, Capricórnio, Peixes), isso ajuda. Esses indivíduos são, muitas vezes, os exploradores, os pioneiros, os inventores, os super-realizadores, cuja intensidade pode assustar as outras pessoas. Janis Joplin encaixa-se muito bem nessa descrição (ver mapa na página a seguir), assim como o ator Rock Hudson e o explorador Roald Amundson.

Júpiter sem Aspectos

Júpiter nos leva a outro reino. Agora nos distanciamos dos planetas muito pessoais e entramos num reino mais geral. Júpiter e Saturno permanecem entre os planetas pessoais e os transcendentais, entre a ação automotivadora e a esfera abstrata e impessoal. Entretanto, Júpiter representa um fator da vida importante para o crescimento pessoal, ou seja, a capacidade de se expandir e de usar a mente superior em direções como ideias e ideais, filosofia e religião.

Quando Júpiter não tem aspectos, o indivíduo forma precocemente as próprias crenças e imagens mentais. Seus pares podem considerá-lo não ortodoxo, até mesmo bizarro, principalmente porque ele parece não se importar com o que os outros pensam. Se o horóscopo indica ambição e o indivíduo deseja crescer e se expandir, vai fazê-lo a seu modo, independentemente da moral e dos costumes da época. Num mapa que é, ao contrário, bem integrado, o resultado pode ser um indivíduo empolgante, capaz de oferecer conceitos novos a um mundo ansioso. Todavia, num horóscopo já difícil, pode

Marte e Júpiter sem Aspectos

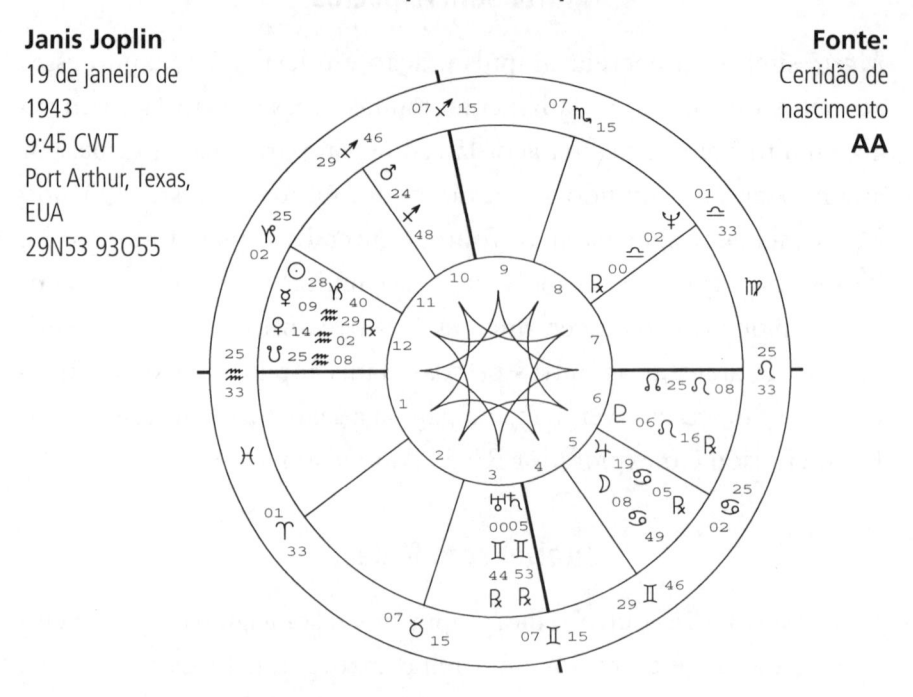

Janis Joplin
19 de janeiro de
1943
9:45 CWT
Port Arthur, Texas,
EUA
29N53 93O55

Fonte:
Certidão de
nascimento
AA

levar aos excessos jupterianos; a diferença está no posicionamento de Júpiter.

O mapa de Ludwig von Beethoven tem esse posicionamento. Ele pode ter sido um homem dado a excessos, mas pelo menos ofereceu à humanidade o melhor em relação à música. Janis Joplin, com Marte e Júpiter sem aspectos, também era, à sua moda, dada a excessos, mas pense nas músicas incríveis que fez.

Saturno sem Aspectos

Saturno, mesmo não sendo um planeta pessoal, é muito importante em todos os horóscopos. Representa o impulso para a segurança, senso de responsabilidade; modela a ambição e o impulso do ego. É o mestre e o capataz simbólicos de que precisamos para não irmos além dos limites. Quando não está aspectado, Saturno pode indicar um indivíduo

Saturno sem Aspectos

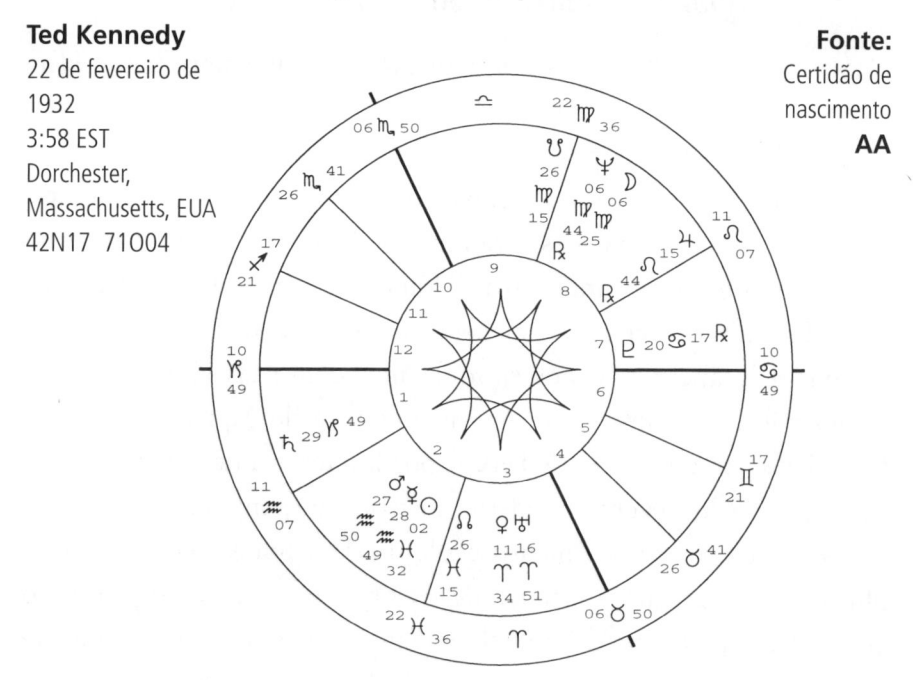

Ted Kennedy
22 de fevereiro de 1932
3:58 EST
Dorchester, Massachusetts, EUA
42N17 71004

Fonte:
Certidão de nascimento
AA

muito exigente. Nada nunca é suficientemente bom; é preciso sempre se esforçar mais, e mesmo assim não é o bastante. O resultado pode ser uma pessoa muito solitária, tão autodisciplinada que a vida não lhe oferece alegrias nem prazeres, apenas trabalho e deveres.

Se o restante do mapa for suave e mutável, Saturno se tornará útil, porque direcionará a pessoa, o que consideramos benéfico. Mas num horóscopo sensível e propenso à tensão pode ser bastante difícil lidar com um Saturno sem aspectos e excessivamente predominante.

O senador Ted Kennedy tem Saturno sem aspectos; ele próprio e a família fazem tremendas exigências a si mesmos. É assim que, de vez em quando, ele tenta uma fuga, que nunca dura muito tempo, porque Saturno sempre o chama de volta para o dever (representado por Saturno). Outros com Saturno sem aspecto são o cantor Johnny Cash, a astronauta Sally Ride e a atriz Sigourney Weaver.

Planetas Transcendentais sem Aspectos

Urano, Netuno e *Plutão*, os três planetas transcendentais, não podem receber a mesma interpretação dos nossos delineamentos anteriores. Os seres humanos são moldados, sobretudo, por fatos e acontecimentos de seus primeiros anos. O ambiente da infância, a atitude dos pais, os irmãos – esses são fatores determinantes que influenciam a maneira como nos conduzimos mais tarde. Urano, Netuno e Plutão estão bastante distantes da Terra, são planetas muito impessoais e abstratos, e, durante a infância, não nos sintonizamos com suas vibrações, pelo menos não conscientemente. Até uma criança de Aquário é mais influenciada por Saturno; a de Peixes, por Júpiter; e a de Escorpião, por Marte, que pelos regentes modernos. Parece que a influência, qualquer que seja, se dá no nível menos evoluído. Um pouco da intensidade plutoniana impregna a criança de Escorpião; a criança de Aquário pode ser um pouco mais original ou mais rebelde que uma pessoa efetivamente regida por Saturno; a criança de Peixes pode ser um pouco mais imaginativa ou sonhadora. Entretanto, aparentemente, esse é todo o escopo de sua influência. Portanto, o fato de esses planetas estarem sozinhos e sem aspectos só influencia a última parte da vida, depois de a personalidade básica ter sido formada.

Urano sem Aspectos

Urano sem aspectos permite que o indivíduo use qualquer singularidade que tenha desenvolvido durante a vida adulta, fazendo-o se destacar como alguém diferente ou especial em alguma época da vida. Temos como exemplos o general Charles de Gaulle, o bispo James Pike, o tenor Enrico Caruso, o líder trabalhista James Hoffa e a atriz Sally Field (ver mapa na página a seguir).

Urano sem Aspectos

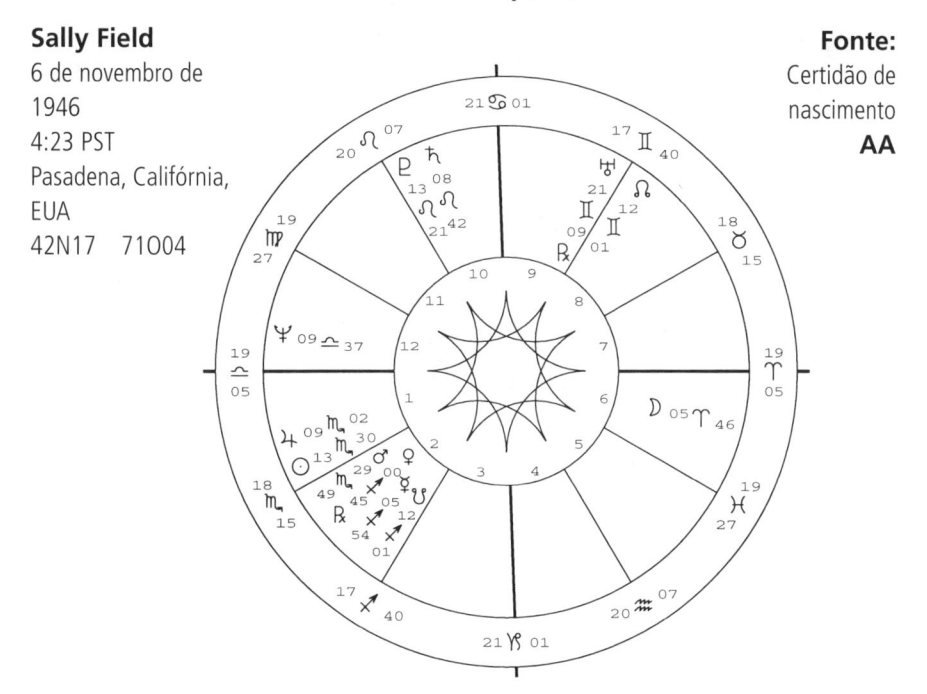

Sally Field
6 de novembro de 1946
4:23 PST
Pasadena, Califórnia, EUA
42N17 71O04

Fonte:
Certidão de nascimento
AA

Netuno sem Aspectos

Netuno traz à tona a criatividade, a espiritualidade ou a capacidade artística que já tenham se manifestado e pode colocar o indivíduo em evidência depois que ele se sintoniza com sua energia. O televangelista Jimmy Swaggart (ver mapa na página a seguir), o autor Lewis Carroll, a atriz Deborah Kerr e a *designer* de moda Laura Biagiotti são alguns exemplos.

Plutão sem Aspectos

Plutão, o planeta da transformação, também é o planeta das massas – da atração das massas para o bem ou para o mal. Quando o indivíduo se torna consciente da força e da intensidade de Plutão, começa a se destacar na multidão como alguém com quem é possível se identificar, como foi o caso dos presidentes John F. Kennedy (ver o mapa) e Gerald Ford.

Netuno sem Aspectos

Jimmy Swaggart
15 de março de 1935
1:35 CST
Ferriday, Louisiana, EUA
73O56 40N38

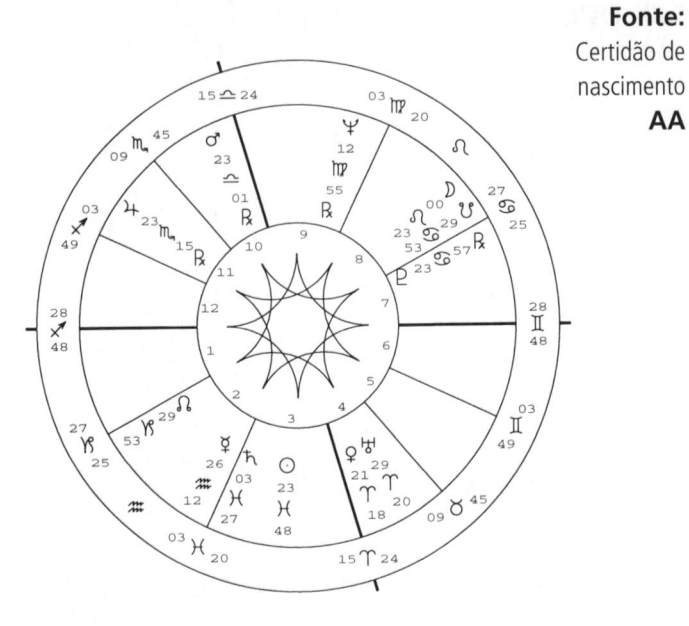

Fonte:
Certidão de nascimento
AA

Plutão sem Aspectos

John F. Kennedy
29 de maio de 1917
14:59 EST
Brookline, Massachusetts, EUA
42N19 72O07

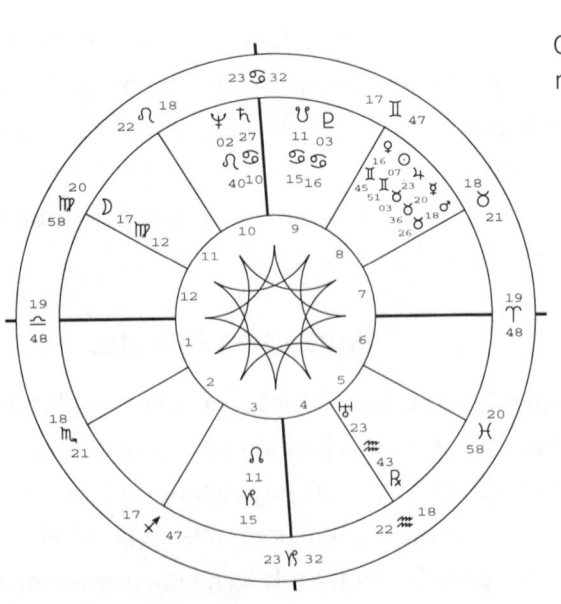

Fonte:
Certidão de nascimento
AA

Módulo 6
Continuação dos Destaques: Ausência de um Aspecto Específico, Configurações e Marca Final e Submarca

Ausência de um Aspecto Específico

Um planeta sem quadraturas, oposições, conjunções, quincunces, trígonos ou sextis é facilmente detectado no aspectário do seu horóscopo; na verdade, isso também é um destaque. A falta de um aspecto específico não é muito importante quando se trata de trígonos ou sextis, mas é definitivamente percebida pela pessoa quando não há quadraturas ou oposições. Sentimos que há algo faltando no horóscopo. Nesse caso, a questão passa a ser: é possível colocar outra coisa no lugar do que falta? Podemos nos arranjar a despeito da falta?

Ausência de Quadraturas

Se usarmos o significado básico de qualquer aspecto nos orientando pela Roda plana, veremos que, na realidade, a quadratura é "Áries *versus* Câncer" ou "Áries *versus* Capricórnio". Áries, signo de Fogo, voltado para o "eu" faz quadratura com Câncer, signo suave de Água. Mas o que a água faz com o fogo? Apaga-o. Como se sente Áries quando alguém tenta eliminá-lo? Fica bravo o suficiente para tomar alguma providência. E o que acontece no confronto entre Capricórnio, sossegado, pé no chão, mas ambicioso, e Áries, esquentado

Ausência de Quadraturas

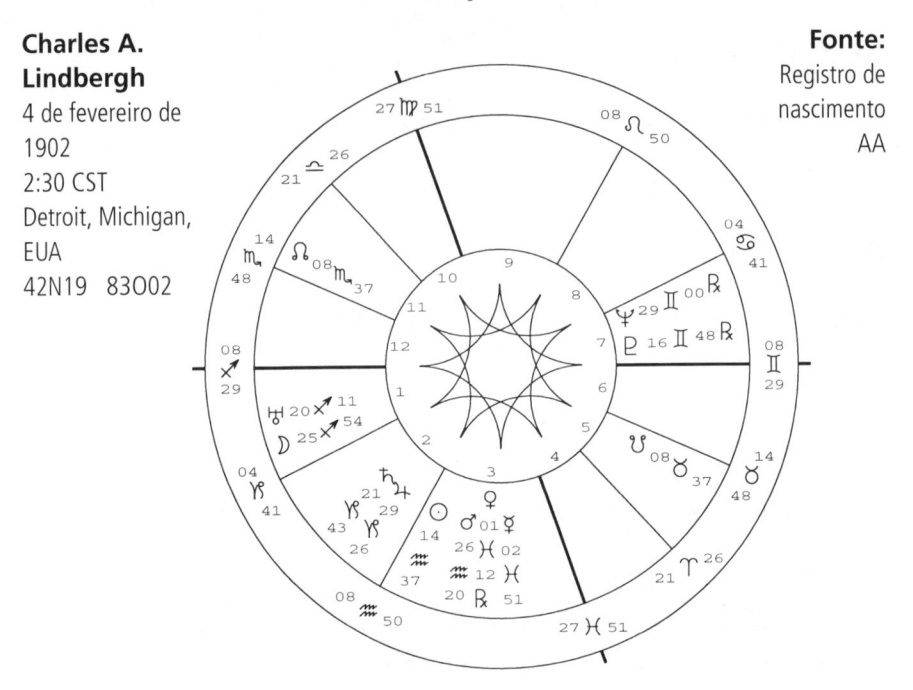

Charles A. Lindbergh
4 de fevereiro de 1902
2:30 CST
Detroit, Michigan, EUA
42N19 83002

Fonte:
Registro de nascimento
AA

e cabeçudo? O que faz a terra com o fogo? Do mesmo jeito que a água, apaga-o, tentando abafá-lo. E Áries, mais uma vez, julgando-se o melhor e mais importante dos signos (afinal, é o número 1 do zodíaco), percebe que precisa lutar para não ser extinto. É por isso que a quadratura demonstra tanta tensão e desafio, e é por essa razão que precisamos de quadraturas para nos tornar algo, lutar pela sobrevivência ou mesmo superar a forte influência de nossos pais, representados astrologicamente pelas casas 4 e 10, as de Câncer/Capricórnio.

As pessoas que não têm quadraturas no mapa podem não perceber essa ausência; na verdade, sua vida pode ser tão difícil quanto a dos outros, mas elas dizem que tudo está perfeito, a vida é boa e é bom estar vivo. As tensões ou apreensões inatamente percebidas pelos outros parecem estar ausentes. Como não há quadraturas para pressioná-las a superar obstáculos, preferem ignorar todas as dificuldades e viver em paz com o *status quo*. A única dificuldade é que, quando surge um problema de verdade, elas não sabem como lidar com ele – ou fogem ou interiorizam os sentimentos. Não estão acostumadas a lutar ou a encarar um problema de frente; a menos que o mapa apresente outros pontos fortes (conjunções e/ou oposições), é possível que não realizem muita coisa na vida.

Alguns exemplos de pessoas famosas com falta de quadraturas são o aviador Charles Lindbergh; o autor de *A Ilha do Tesouro*, Robert Louis Stevenson; o diretor Bernardo Bertolucci e o fotógrafo Ansel Adams.

Ausência de Oposições

Voltando à Roda plana, vemos agora Áries, pioneiro e voltado para o eu, tentando dizer ao mundo que não precisa de ninguém; até que um dia percebe que seu Fogo não arde sem ser alimentado pelo Ar de Libra. Pode ser que ele venha com a força toda, enfurecendo Libra a ponto de provocar uma chuva de raios, mas acabe percebendo que homem nenhum é uma ilha; no fim das contas, Áries é representado por Marte, e Libra, por Vênus, e não há nada mais divertido que juntar Marte e Vênus. Assim, as oposições nos ensinam a adquirir consciência dos outros e, dessa forma, também de nossas próprias necessidades. Áries precisa do Ar de Libra, porém Libra precisa do calor de Áries. Áries precisa de Libra para acrescentar elegância e estilo à sua natureza um pouco agressiva. Libra precisa de Áries para deixar de adiar as coisas; juntos, um tira proveito da polaridade do outro.

Quando não há oposições, a necessidade de adquirir essa consciência e de se relacionar com os outros não é inata; precisa ser aprendida pelo difícil caminho da experiência. Mas, como essas pessoas não percebem que têm dificuldade de se relacionar, acham, sinceramente,

Ausência de Oposições

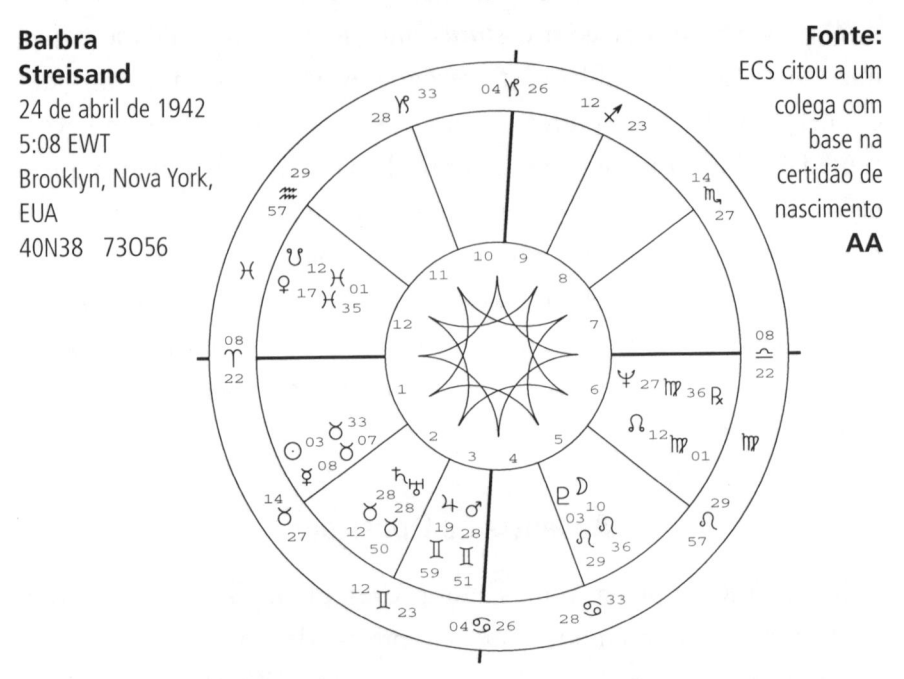

Barbra Streisand
24 de abril de 1942
5:08 EWT
Brooklyn, Nova York,
EUA
40N38 73O56

Fonte:
ECS citou a um colega com base na certidão de nascimento
AA

que têm excelente compreensão dos outros e dos parceiros conjugais ou de negócios. De repente, quando se defrontam com o fato de que alguma coisa vai mal, realmente não sabem do que o parceiro está falando. Como muitas vezes saem magoadas, é possível que fujam de relacionamentos íntimos, porque "não dão certo mesmo". Como sempre, é preciso procurar fatores compensatórios, como fortes quadraturas, que forcem essas pessoas a olhar de frente para si mesmas e suas deficiências.

A comediante Fanny Brice, tão bem retratada por Barbra Streisand (ver mapa) em *Funny Girl* e *Funny Lady*, é um bom exemplo. Outros exemplos são os atores Dustin Hoffman (ver mapa na p. 108), a ateia Madelyn Murray O'Hair e o entrevistador Geraldo Riviera.

Ausência de Conjunções

Há muitos mapas sem conjunções. Qualquer mapa no padrão Espalhado pode não ter conjunções. Esse tipo de mapa pode indicar alguém muito versátil; uma porta se fecha, mas outra se abre. A conjunção representa o impulso e a ação inerentes a dois planetas colocados em Áries na casa 1. Quando essa configuração está ausente, é possível que a pessoa disperse as energias ou se torne muito diversificada. Entretanto, uma boa quadratura pode compensar essa ausência.

As atrizes Jane Fonda e Mia Farrow, a poetisa e dramaturga Gabrielle D'Annunzio e Clare Boothe Luce, a *designer* de moda Oleg Cassini e o ator Clint Eastwood (ver mapa na página a seguir) servem como exemplos.

Ausência de Quincunces (Inconjunções)

No mapa plano, o quincunce relaciona-se com Áries *versus* Virgem ou Áries *versus* Escorpião. Áries é ativo, cardeal e de Fogo; Virgem é passivo, mutável e de Terra; Escorpião é passivo, fixo e de Água. Tudo é diferente. Esses signos não têm nada em comum e, portanto, é particularmente difícil para eles se relacionar e entender as necessidades e e os desejos do outro. Áries, mais uma vez, fica na defensiva, pois a Terra e a Água ameaçam seu Fogo. Porém, o aspecto não é angular, e, assim, a ameaça é mais psicológica (a casa de Escorpião é a 8) ou mental (a casa de Virgem é a 6). Nossas palavras-chave favoritas para os quincunces são "ajustes", quando o uso é positivo, e "acordos", quando o uso é negativo. As pessoas sem quincunces no mapa nem sabem o que significa se ajustar às necessidades ou aos desejos dos outros. De vez em quando, podem sentir remorso ou desconforto, como se soubessem que se espera algo delas, mas não sabem exatamente o que, porque basicamente só pensam nos próprios sentimentos.

Ausência de Conjunções

Clint Eastwood
31 de maio de 1930
17:35 PST
São Francisco,
Califórnia, EUA
37N46   122O25

Fonte:
Certidão de
nascimento
AA

Ausência de Quincunces

Orson Welles
6 de maio de 1915
7:00 CST
Kenosha, Wisconsin,
EUA
42N35   87W49

Fonte:
Certidão de
nascimento
AA

Alguns bons exemplos são o dramaturgo Bertold Brecht; o compositor Richard Wagner; o baterista dos *Beatles*, Ringo Starr; o violinista Yehudi Menuhin; e o diretor Orson Welles (veja o mapa na página anterior).

Ausência de Trígonos ou Sextis

É raro encontrar um mapa que não tenha nem trígonos nem sextis. Muitos mapas não têm um dos dois; nesse caso, um compensa o outro. Os chamados "aspectos desfavoráveis" nos dão o estímulo necessário às realizações: os trígonos proporcionam facilidade e fluidez, e os sextis propiciam as oportunidades para uma boa utilização dos aspectos desfavoráveis. Sextis e trígonos servem como bons canais de vazão para as tensões manifestadas pelos aspectos mais desfavoráveis. Assim, quando um dos dois está faltando, pode ser que o indivíduo tenha que se esforçar um pouco mais para se realizar; porém, a menos que os dois estejam ausentes, é fácil encontrar fatores compensatórios. Quando faltam tanto trígonos como sextis, pode ser que a tensão e o desafio se tornem excessivos; a pessoa pode desistir ou fazer pouco ou nada, ou ainda tentar encontrar outras saídas fáceis, o que, às vezes, pode significar a capitulação ao crime.

Algumas personalidades famosas sem trígonos são a poetisa Emily Dickinson; a escritora Simone de Beauvoir; a atriz Jodie Foster; o compositor, escritor, produtor e ator Noel Coward; e o ator Patrick Swayze. Exemplos de pessoas sem sextis são os escritores Truman Capote e Gertrude Stein; o cantor de ópera Plácido Domingo (ver o mapa na página a seguir); o pugilista Muhammad Ali; as rainhas Elizabeth II, da Inglaterra, e Beatriz, da Holanda.

Ausência de Trígonos

Emily Dickinson
10 de dezembro de 1830
5:00 LMT
Amherst, Massachusetts, EUA
42N22   72O31

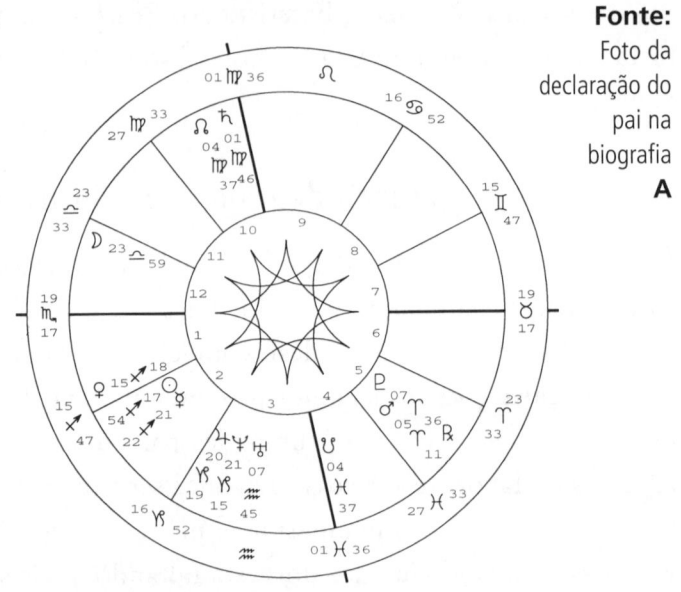

Fonte:
Foto da declaração do pai na biografia
A

Ausência de Sextis

Plácido Domingo
31 de janeiro de 1941
21:00 BST
Madri, Espanha
40N24   3O41

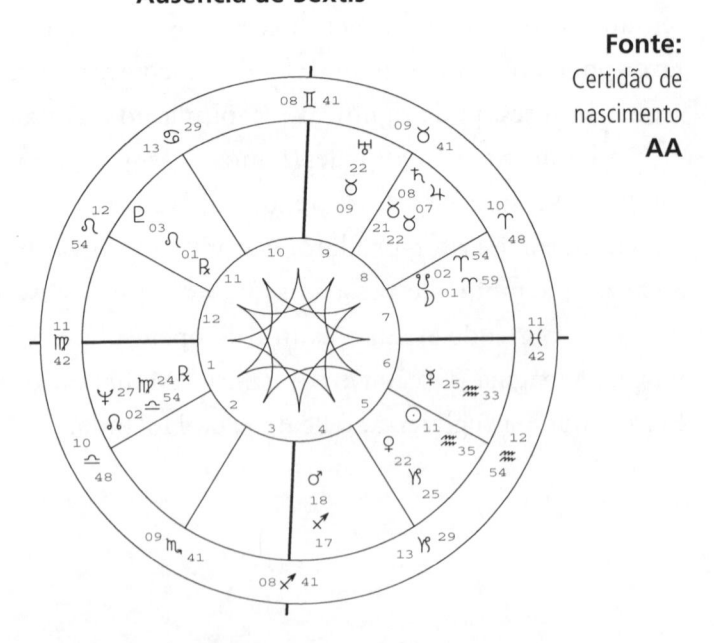

Fonte:
Certidão de nascimento
AA

Configurações

As configurações não se destacam tão obviamente quanto alguns dos fatores que discutimos anteriormente. Entretanto, são um dos mais importantes fatores a considerar no delineamento do horóscopo. No Volume I desta trilogia, descrevemos sucintamente algumas das principais configurações. Por configuração, entendemos três ou mais planetas unidos por aspecto, que, assim, formam uma figura geométrica. Por exemplo: dois planetas em oposição, cada um deles em quadratura com um terceiro planeta, formam uma *quadratura T* ou *cruz T*.

No horóscopo de Joan Sutherland (p. 386), encontramos Vênus a 10° 36' de Escorpião em oposição a Marte a 10° 12' de Touro, com os dois planetas em aspecto de quadratura com o Meio do Céu, a 7° de Aquário. Se desenharmos linhas para mostrar esses aspectos, teremos um perfeito "T". Suponhamos que Sutherland também tenha um planeta na casa 4, nos primeiros graus de Leão (Netuno, nesse caso, está fora de órbita); teríamos, então, outro tipo de configuração, chamado *grande quadratura* ou *grande cruz*. Novamente, se ligarmos esses pontos, vamos observar que o padrão se assemelha a uma cruz – Marte em oposição a Vênus e o Meio do Céu em oposição a algum planeta em Leão; Marte e Vênus, em quadratura com o MC, e o planeta X também em quadratura com Marte e Vênus. Nesse caso, trata-se de uma *quadratura T fixa* ou uma *grande quadratura fixa*, pois todos os pontos estão em signos fixos.

As quadraturas T e as grandes quadraturas podem ocorrer em qualquer uma das três qualidades. Na quadratura T, três planetas e três casas estão unidos; quando um entra em ação, os outros dois são afetados. Na verdade, temos uma integração automática e inata em todas as configurações; os planetas e as casas envolvidos estão unidos, funcionando em conjunto, sejam compatíveis ou não.

A Grande Cruz

Com a grande cruz, ou grande quadratura, estamos lidando com quatro planetas e quatro casas. São quatro planetas em inter-relação, envolvendo quatro áreas da vida e possivelmente regendo outras casas ou áreas da vida. Por acionar tantas facetas do mapa, torna-se um fator importantíssimo, às vezes preponderante, do horóscopo.

Já que a grande cruz envolve quatro quadraturas e duas oposições, o indivíduo é capaz de enormes esforços e atividades. A forma de manifestação do esforço ou da atividade depende das qualidades e casas envolvidas. A *cruz cardeal* produz ação rápida; a *cruz fixa* tem ação mais deliberada; e a *cruz mutável* depende muito da ação e reação dos outros.

Ninguém pode ficar em constante atividade; assim, a *grande cruz cardinal,* muitas vezes, é comparada a um moinho, capaz de imensa ação e produção quando o vento sopra, mas um pouco inativa nos intervalos. Das três qualidades, a grande cruz cardeal provavelmente é a mais fácil de ser controlada. A qualidade cardeal significa movimento, descoberta e solução de problemas; temos aqui o empreendedor, eficaz e resoluto. Todavia, para atingir o máximo potencial, a grande cruz cardeal (e, aliás, qualquer quadratura ou oposição) precisa de um canal de vazão, um fluxo vindo de algum dos planetas envolvidos, ou dirigido a ele, ou seja, um trígono ou sextil. Sem um canal de vazão, a cruz cardeal, com sua constante necessidade de movimento, pode se exaurir.

A atriz Mia Farrow e o general Norman Schwarzkopf têm, ambos, grandes cruzes cardeais.

A *grande cruz fixa* é, entre as três, a mais difícil de ser controlada. Os signos fixos são resolutos, gostam de planejar tudo e de construir sobre sólido alicerce. Precisam se sentir automotivados, a partir de dentro; assim, se não houver um canal de vazão para a cruz fixa, o nativo

Grande Cruz Fixa

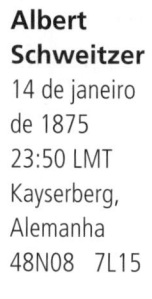

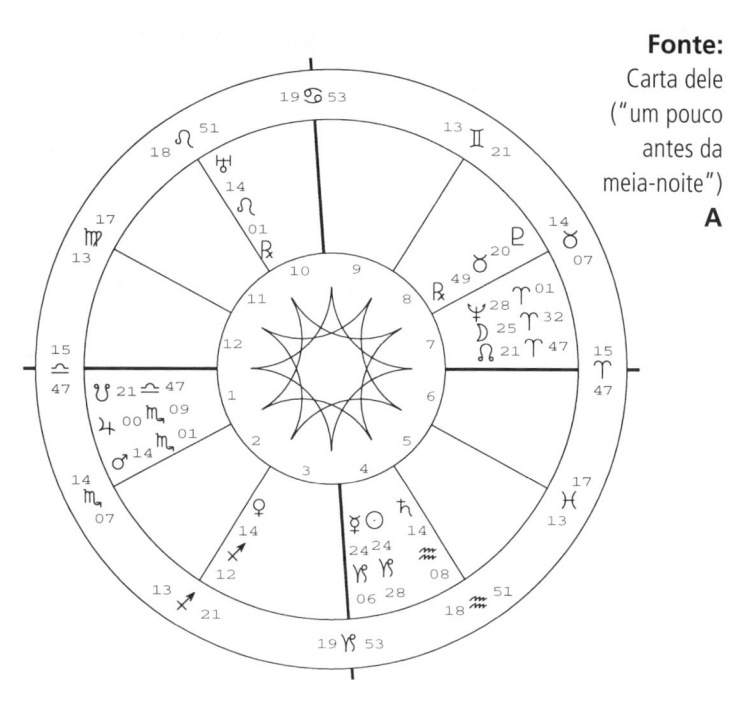

Albert Schweitzer
14 de janeiro de 1875
23:50 LMT
Kayserberg, Alemanha
48N08 7L15

Fonte: Carta dele ("um pouco antes da meia-noite")
A

pode se sentir reprimido ou emocionalmente frustrado. Os *hobbies* podem ajudar a vencer algumas dessas frustrações.

O missionário médico Albert Schweitzer (ver mapa acima), a dançarina Martha Graham e o escritor e jornalista Charles Kuralt tinham grandes cruzes fixas.

A *grande cruz mutável* aumenta os problemas inerentes aos signos mutáveis: indecisão, dispersão de energias ou desenvolvimento de objetivos conflitantes. Enquanto os nativos de signos fixos dependem de si mesmos, os de signos mutáveis dependem dos outros, e sua vida, muitas vezes, não está em suas próprias mãos. São flexíveis e se curvam aos desejos de terceiros, como parceiros, familiares e amigos. São indecisos, pedem conselhos a todos e terminam ainda mais confusos. Os aspectos fluentes podem conduzir a uma vida muito agradável, já que a convivência se baseia na arte do compromisso. Sem um fluxo, podem terminar desperdiçando grande parte de seu potencial.

Dois exemplos de personalidades famosas com a grande cruz mutável são o general George Patton e o patinador John McEnroe.

A Quadratura T

A quadratura T envolve duas quadraturas e uma oposição. Enquanto a grande cruz é integrada dos quatro lados, a quadratura T tem a capacidade de equilibrar os dois planetas em oposição, mas o terceiro fica suspenso sozinho. Ela faz quadratura com dois planetas, mas não oposição, tornando-se o ponto focal dinâmico da configuração, refletindo, em geral, o impulso do eu. Enquanto a oposição se refere a relacionamentos, a quadratura busca a ação. A casa e o signo do planeta focal, ou "braço", como é às vezes chamado, assumem grande importância.

A *quadratura T cardeal* é dinâmica, rápida e imediata. O nativo não se preocupa muito com abstrações e, muitas vezes, se aventura em terrenos onde nem os anjos têm coragem de pisar. Tende a se intrometer em assuntos alheios. Com o uso positivo, o nativo é confiável e forte em todas as emergências.

O patriota Oliver North, o comediante Groucho Marx e o general George Patton (mapa na p. 146) tinham quadraturas T cardeais.

A *quadratura T fixa* funciona de forma lenta e deliberada; os problemas mais importantes são analisados antes de se tomar qualquer providência. A menos que haja algum trígono ou sextil dando fluxo à configuração, é possível que a pessoa tenha abordagem rígida, dogmática e inflexível.

O primeiro-ministro Winston Churchill e a rainha Elizabeth II, assim como Mohandas Gandhi (ver mapa na p. 125), são bons exemplos.

A *quadratura T mutável* geralmente torna o indivíduo voltado a ideias e pessoas. Como se dá bem com os outros, tem mais facilidade de solucionar os próprios problemas, embora sua principal desvantagem possa estar na indecisão ou hesitação.

Dois exemplos são a primeira-ministra Indira Gandhi e a comediante Joan Rivers, além do ex-presidente norte-americano George Bush.

Apresentamos a seguir algumas palavras-chave para descrever os diferentes planetas como ponto focal em todas as quadraturas T. Se for a *Lua*, o nativo é bastante suscetível ao humor do momento, como o vocalista do *The Doors*, Jim Morrison. Com *Mercúrio*, é capaz de racionalizar e lidar com os fatos de maneira fria e reservada, como o cientista Linus Pauling. Quando o braço é *Vênus*, a pessoa pode procurar algum meio de se aproveitar da situação ou, se o esforço for demasiado, simplesmente desistir. Um bom exemplo é o ator Jack Nicholson. Com o *Sol*, o indivíduo se joga de corpo e alma nas situações, como a poetisa e dramaturga Gabrielle D'Annunzio. *Marte* dá abundante energia para encarar qualquer situação de frente, mas pode explodir e acabar não realizando nada. O pugilista Muhammad Ali é um exemplo pertinente do uso positivo desse planeta. Com *Júpiter*, o indivíduo amplia ou enfeita a situação, mas a trata basicamente como se fosse uma aventura. A atriz e cantora Cher é um bom exemplo. Quando *Saturno* é o ponto focal, o nativo aborda tudo com muita cautela, mas a paciência e a perspicácia inatas permitem que se torne vencedor. A rainha Elizabeth da Inglaterra, que carrega sobre os ombros grandes responsabilidades, é um bom exemplo. Com *Urano*, o indivíduo faz tudo do seu jeito único, e é melhor que os outros não interfiram, como o "pregador" Jim Jones, que induziu 900 pessoas a se matar com ele. Com *Netuno*, a pessoa pode ter dificuldade de enxergar a situação com clareza, chegando a um impasse; ou sua grande imaginação pode ajudá-la a chegar ao sucesso, como o diretor de cinema Vittorio de Sica. Com *Plutão*, o indivíduo pode usar a situação para se tornar um cruzado, não apenas para si mesmo, mas para salvar a humanidade, ou viver com profundas frustrações dentro de si. O comediante Richard Pryor ilustra bem esse caso.

Quadratura T cardinal

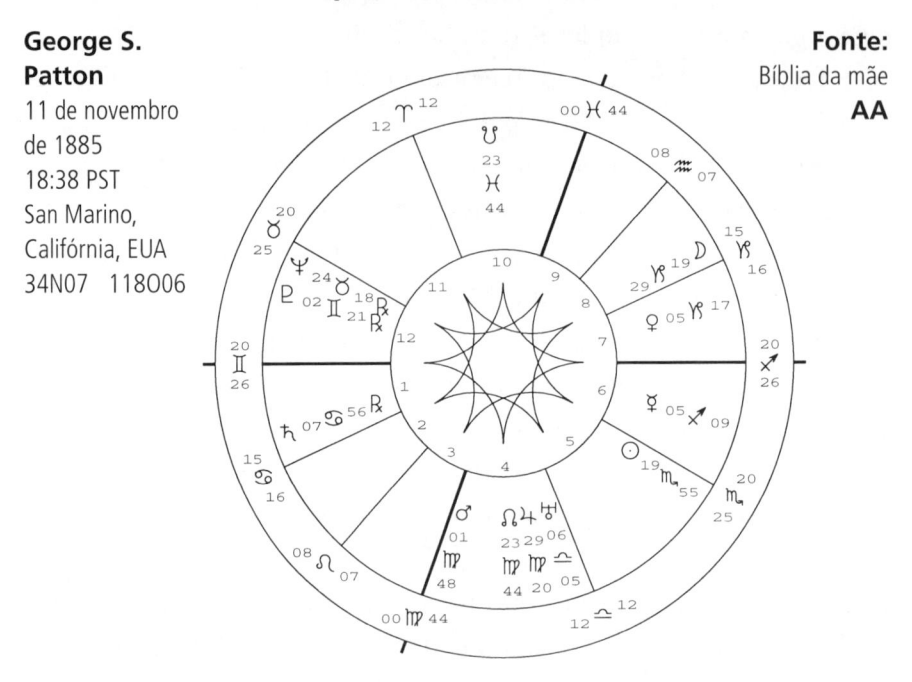

George S. Patton
11 de novembro de 1885
18:38 PST
San Marino, Califórnia, EUA
34N07   118O06

Fonte:
Bíblia da mãe
AA

O braço vazio da quadratura T (o lugar oposto ao planeta focal) também é um ponto muito sensível e pode, com frequência, ser usado como canal de vazão. Isso pode ser visto no mapa de Hermann Hesse, que tem quadratura T mutável, com Júpiter na casa 1 em oposição a Mercúrio na casa 7, ambos em quadratura com Saturno e a Lua na casa 3. Hesse aprendeu a usar proveitosamente a casa 9 da filosofia e da religião. Reserve algum tempo para estudar a quadratura T fixa de Joan Sutherland.

O *Stellium*

Outra configuração muito importante é o *stellium*. Aqui encontramos três ou mais planetas, todos em conjunção. Esses planetas criam a própria ênfase e ação, aumentando muito a importância do signo e da casa em que caem.

Stellium

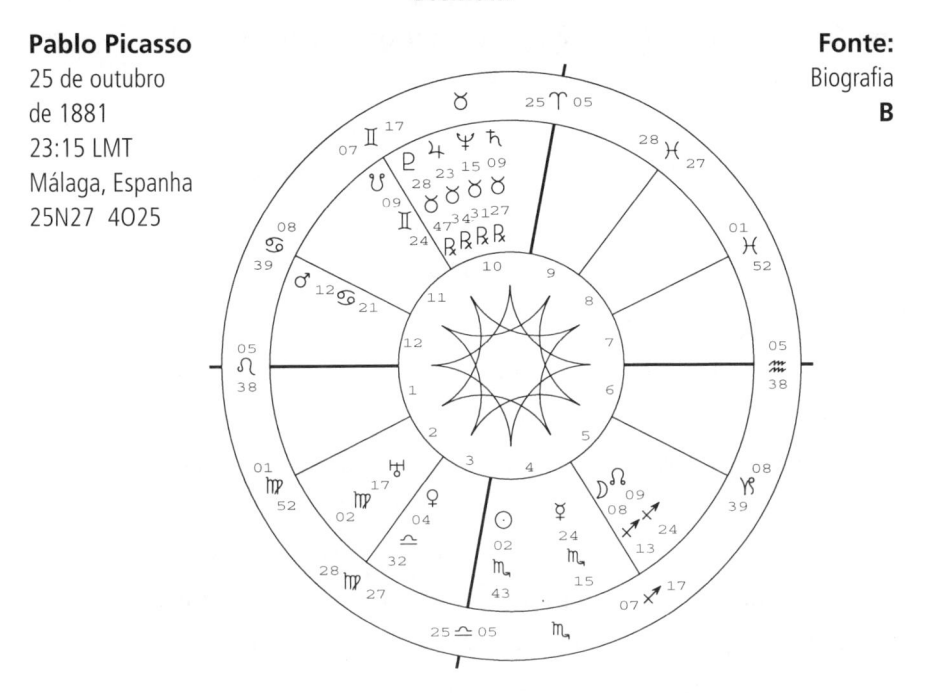

Pablo Picasso
25 de outubro
de 1881
23:15 LMT
Málaga, Espanha
25N27 4O25

Fonte:
Biografia
B

Um *stellium* é muito poderoso, pois basicamente consiste em três ou mais planetas na casa 1, em Áries; não importa a casa ou o signo em que o *stellium* esteja efetivamente colocado; essa conotação básica, derivada do mapa plano, sempre permanece. Como a casa 1 é considerada pessoal, uma reunião de planetas aumenta o foco sobre a personalidade e o eu, proporcionando-nos palavras-chave como egocêntrico ou pensativo. Com tantos planetas impulsionando o nativo em uma direção, ele é, com frequência, bastante parcial e raramente tem dificuldade em decidir o caminho que deseja seguir na vida. Também acha difícil fazer qualquer tipo de acordo. Como o *stellium* reflete o sentimento da casa 1, também influencia a aparência, a despeito da casa em que o *stellium* esteja colocado no mapa. Algumas pessoas famosas com *stelliuns* são: a cantora Della Reese e o cientista Louis Pasteur, que têm *stelliuns* cardeais; a atriz Arlene Dahl e o artista Pablo Picasso, com *stelliuns* fixos; e o filósofo e escritor

Jean-Paul Sartre e o ator e dramaturgo Noel Coward, com *stelliuns* mutáveis. Mostramos, na página anterior, o mapa de Pablo Picasso. O *stellium* de Touro (Touro indica talento para as artes e fixidez de propósito) na casa 10 (ênfase na carreira) demonstram bem o *modus operandi* de Picasso e sua vida egocêntrica e autocentrada.

O Yod

O *yod* consiste em dois planetas em sextil entre si e em quincunce com um terceiro planeta. Como discutimos na seção "Ausência de um Aspecto Específico" deste capítulo, os quincunces sempre exigem alguns ajustes ou acordos; não são os aspectos mais fáceis de controlar, mas no caso do *yod* o sextil entre Vênus e Mercúrio oferece a oportunidade de aprendermos como e quando fazer ajustes.

Em qualquer *yod*, o planeta que recebe os dois quincunces torna-se o ponto focal e é onde a ação acontece. A necessidade de agir surge através desse planeta focal (ou "dedo"), enquanto a oportunidade para tanto fica com os dois planetas em sextil. O problema do *yod* é que ele gera, com frequência, pensamento indisciplinado. No final, entretanto, o "dedo" acaba forçando o nativo a tomar uma atitude. Note que Hermann Hesse (ver mapa na p. 101) também tem forte *yod* com Plutão e Vênus em sextil, e os dois em quincunce com Júpiter. Como agora estamos lidando com um envolvimento da casa 1 com a casa 6 ou da casa 1 com a casa 8, é preciso empreender uma ação pessoal (casa 1) por meio do exame dos padrões de hábitos mentais e físicos (casa 6) e do padrão de desejo emocional (casa 8). Se não se efetuarem mudanças, ajustes e reorganizações, a pessoa pode ter problemas mentais, emocionais ou de saúde. O conhecimento (Virgem/casa 6) e a compreensão psicológica (Escorpião/casa 8) representam a melhor solução.

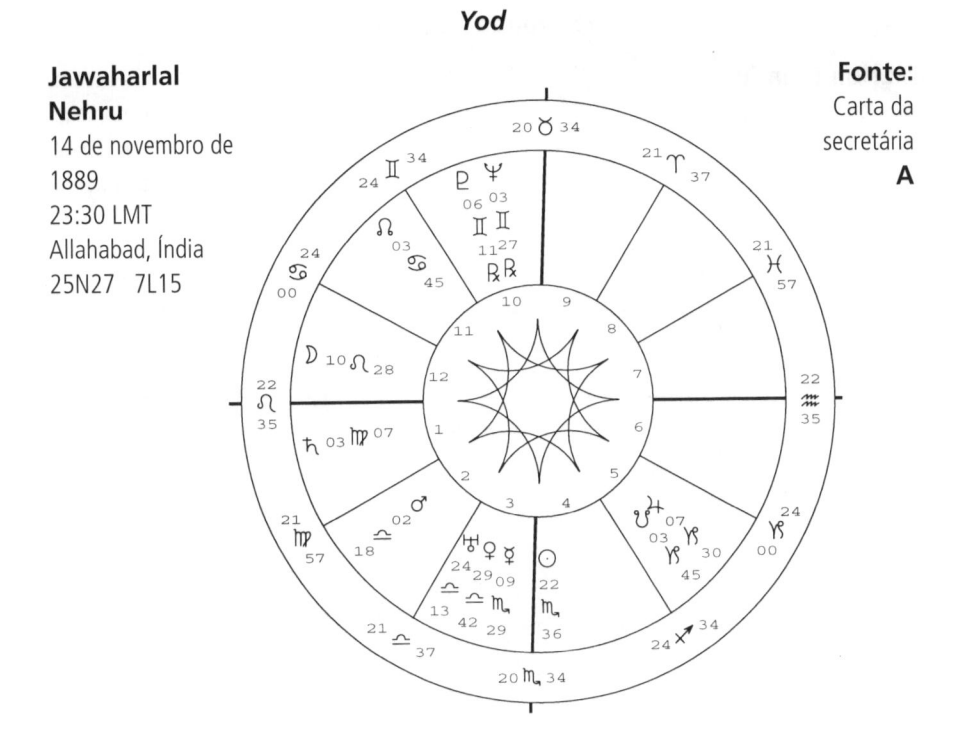

Jawaharlal Nehru
14 de novembro de 1889
23:30 LMT
Allahabad, Índia
25N27 7L15

Yod

Fonte:
Carta da secretária
A

Os *yods* são razoavelmente comuns e aparecem nos mapas das seguintes personalidades famosas: o cantor Frank Sinatra, a senadora Dianne Feinstein, o pintor Vincent van Gogh (ver mapa na p. 118), o coronel Oliver North, o cantor Bruce Springsteen (ver mapa na p. 200), o ator Charles Chaplin e o líder indiano Jawaharlal Nehru (ver mapa acima).

O Grande Trígono

O grande trígono é a última das configurações principais. Como diz o nome, há um mínimo de três planetas envolvidos, cada um deles em trígono com os outros. Em geral, todos os planetas estão no mesmo elemento, e assim classificamos o trígono, como no caso de Farrah Fawcett, grande trígono em Ar (ver mapa na p. 85). O Sol está a 13° 11'

O Grande Trígono

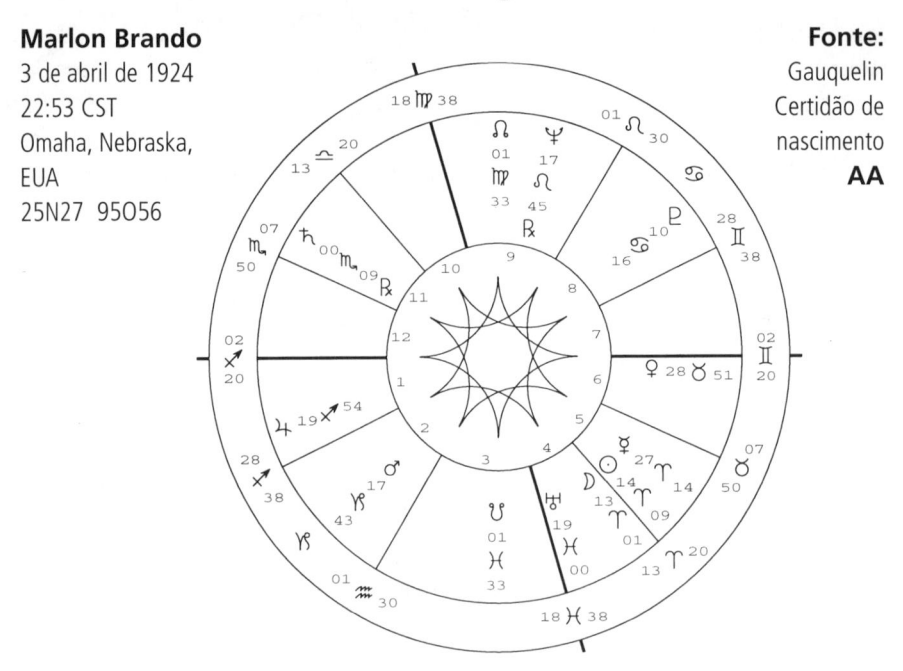

Marlon Brando
3 de abril de 1924
22:53 CST
Omaha, Nebraska,
EUA
25N27 95O56

Fonte:
Gauquelin
Certidão de
nascimento
AA

de Aquário, em trígono com Urano a 17° 58' de Gêmeos, e os dois estão em trígono com Netuno a 10° 41' de Libra. Os três planetas estão em signos de Ar, sugerindo inspiração e capacidade criativa. Em certo sentido, temos a situação oposta à da grande cruz ou da quadratura T. Os três planetas, harmoniosamente interligados, precisam do desafio e da tensão de uma quadratura ou oposição para que sejam ativados. Do contrário, é possível que a pessoa passe pela vida em brancas nuvens, não fazendo nada, desperdiçando todo potencial natal. No caso de Farrah, há uma oposição exata entre o Sol e Plutão, e uma quadratura entre Netuno e a Lua, exatamente o necessário para impulsioná-la à ação e permitir que utilize todo talento indicado no horóscopo.

O *grande trígono em Fogo* proporciona muita autoconfiança, atividade física, entusiasmo, certo pendor dramático e natureza bastante expansiva. As pessoas de Fogo são muito perceptivas e capazes de inspirar os outros; em geral, sonham alto. Tanto o estadista Winston Churchill quanto o ator Marlon Brando têm grandes trígonos em Fogo.

O *grande trígono em Terra* indica pessoas que gostam de conforto material, são confiáveis, trabalhadoras e podem ser muito intuitivas. O que ocorre possivelmente, porque o elemento Terra está relacionado com as questões práticas, e elas são capazes de ver a realidade em dimensões maiores que os outros. A cantora *country* Judy Collins e o ator Dustin Hoffman (mapa na p. 108) são dois exemplos.

O *grande trígono em Ar* produz pessoas altamente idealistas e individualistas, que, entretanto, são capazes de andar à deriva e se sujeitar a frustrações. Com mapa forte, elas têm faculdades mentais excelentes, muita facilidade e capacidade de comunicação e gostam de influenciar os outros através de ideias e ideais. Essas pessoas não gostam de rotina nem de trabalho servil. Exemplos são o ex-presidente John F. Kennedy (ver mapa na p. 132) e o compositor George Gershwin.

O *grande trígono em Água* contém o maior potencial criativo. Essas pessoas têm compreensão sutil e intuitiva da consciência de massa. São instintivas e simpáticas e precisam de um canal de vazão produtivo; de outra forma, podem sofrer das incertezas e ansiedades ocultas inerentes ao elemento Água. São cautelosas e só agem quando têm certeza dos resultados. Os nativos de Água são muito sensuais. Como a água envolve tudo e não conhece barreiras, essas pessoas raramente sabem quando parar, não importa o que estejam fazendo. O secretário de Estado Henry Kissinger e o ator Paul Newman (ver mapa na p. 123) têm grandes trígonos em Água.

O Grande Sextil

O grande sextil é uma das configurações mais raras. Mantendo a órbita de 5° recomendada para os sextis, não encontramos ninguém realmente famoso que tenha essa configuração, apenas alguns alunos e clientes, ou seja, ninguém que tenha deixado impressão no público. Ele implica seis sextis, unindo todo o horóscopo; se forem traçadas linhas entre os planetas, o resultado parece a estrela de davi. A configuração dá ao nativo enormes oportunidades, excelente capacidade de comunicação e atitude jovial e voltada às pessoas. O problema com essa configuração é a dispersão de energias, pois há imenso potencial de versatilidade e oportunidade. Algumas quadraturas e/ou oposições e/ou conjunções podem ajudar.

A seguir, estão algumas outras configurações interessantes a serem consideradas.

A Pipa

A pipa consiste num grande trígono em que um dos planetas recebe uma oposição. Se você desenhar uma linha ligando os três planetas em trígono, o resultado será um triângulo. Agora desenhe uma linha entre os dois planetas em oposição e ligue aqueles que estão em sextil com o planeta em oposição – o resultado parece uma pipa. Farrah Fawcett tem uma pipa. Seu Urano está em trígono com Netuno, e ambos estão em trígono com o Sol, mas o Sol está em oposição a Plutão, e Plutão está em sextil com Urano e Netuno. A oposição entre o Sol e Plutão lhe dá a consciência necessária para utilizar os trígonos e sextis. O maior problema da pipa é englobar três aspectos diferentes; assim, ela pode se tornar muito autossuficiente, não propiciando a utilização, ao máximo, do restante do mapa. A atriz Mia Farrow também tem uma pipa no mapa, bem como o grande produtor de TV Aaron Spelling.

A Pipa

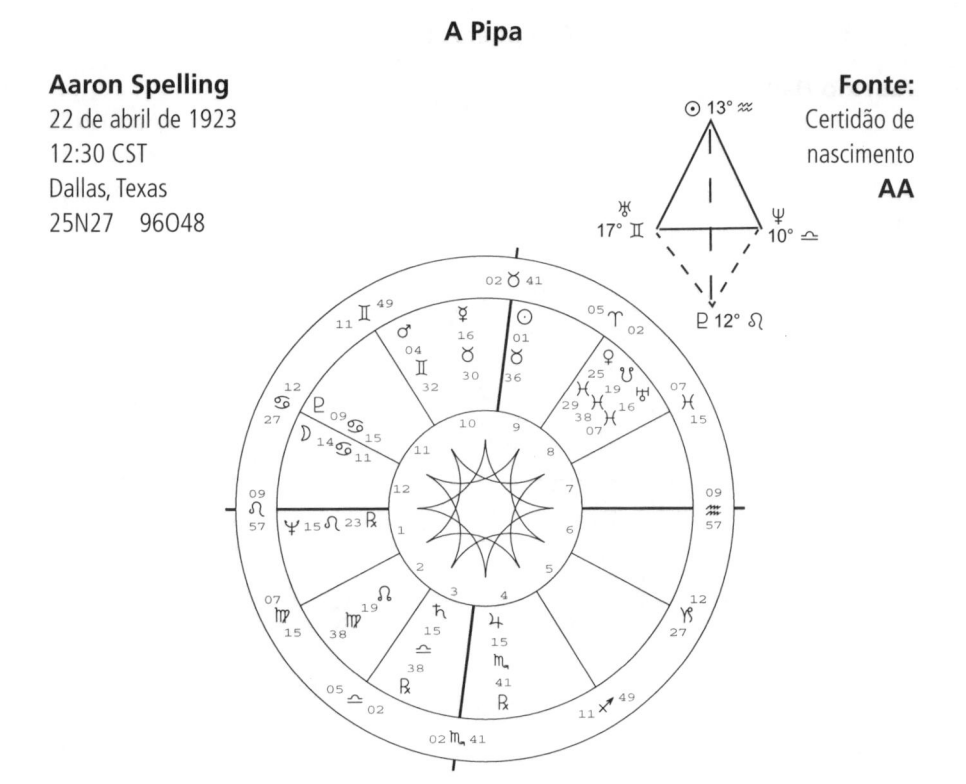

Aaron Spelling
22 de abril de 1923
12:30 CST
Dallas, Texas
25N27   96048

Fonte:
Certidão de
nascimento
AA

O Bumerangue

O bumerangue é uma configuração assinalada por Joan McEvers, que observou sua atuação durante anos, até concluir que definitivamente funciona como configuração. É um *yod* cujo planeta "dedo" recebe uma oposição. O mapa de Hermann Hesse serve, mais uma vez, como ilustração. Discutimos seu *yod* com Plutão em sextil com Vênus, e os dois em quincunce com Júpiter. Observe que Júpiter está em oposição a Mercúrio. Essa configuração faz exatamente o que o nome implica. A ação do planeta focal, Júpiter, volta para Mercúrio, e a tendência é solucionar todos os problemas entre as duas oposições, tirando proveito dos sextis, porém ignorando os quincunces. Com o correr dos

O Bumerangue

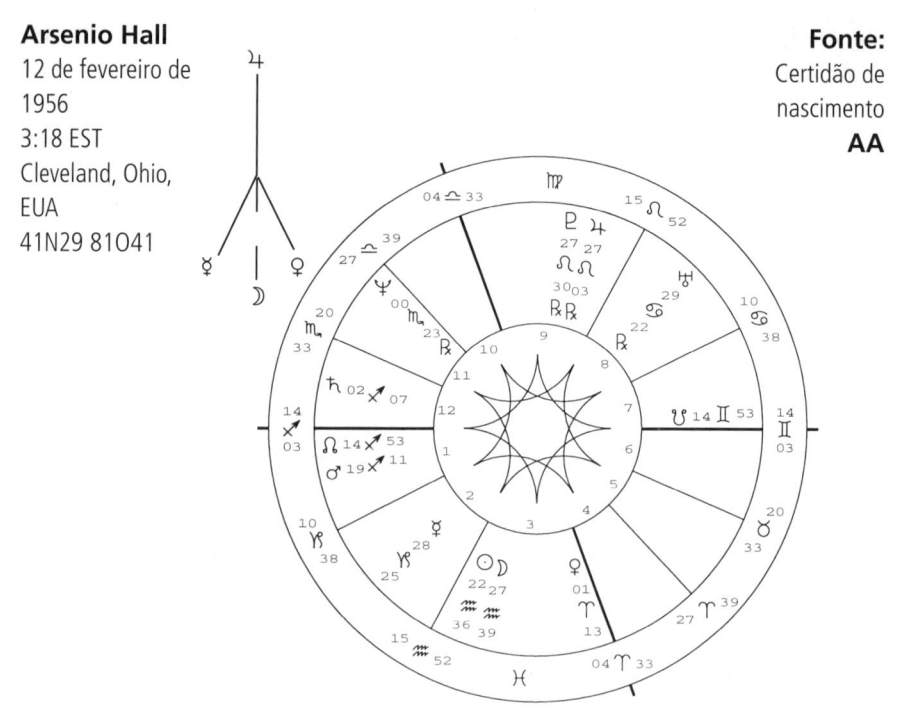

Arsenio Hall
12 de fevereiro de
1956
3:18 EST
Cleveland, Ohio,
EUA
41N29 81O41

Fonte:
Certidão de
nascimento
AA

anos, isso pode ser perigoso, pois os ajustes que não forem efetivados podem se transformar em profundas frustrações. O comediante Arsenio Hall tem um bumerangue no mapa.

O Retângulo Místico

Outra configuração interessante, porém rara, é o retângulo místico. Por que é "místico" é um mistério, já que funciona num nível muito prático. Consiste em quatro planetas interligados por dois trígonos, dois sextis e uma oposição. Unindo-os, a figura resultante realmente parece um retângulo. Por exemplo, se você tem Marte a 14° de Áries em oposição a Saturno a 20° de Libra, em trígono com Netuno a 16° de Leão e em sextil com o Sol a 19° de Aquário, também tem a oposição entre Netuno e o Sol e o sextil entre Netuno e Saturno. Ao mesmo tempo, Saturno faz trígono com o Sol. Assim, o resultado são dois trígonos, dois sextis e duas oposições; sua tendência é funcionar de modo semelhante à pipa. De novo temos as oposições (dessa vez são duas; na pipa é uma só) para nos dar consciência e nos ajudar a utilizar o fluxo dos trígonos e a oportunidade dos sextis de forma útil. E novamente, como na pipa, o perigo dessa configuração é que ela é muito independente e pode subjugar o restante do mapa.

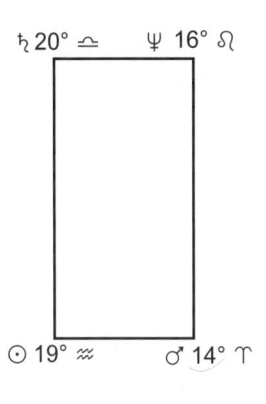

A Marca Final (ou Tipo)

Esta última categoria absolutamente não se destaca; na verdade, é preciso fazer alguns cálculos para chegar a ela. O que, então, é essa marca final ou tipo? Você pode pensar nisso como outro Ascendente. Usando como exemplo o horóscopo de Hermann Hesse (mapa na p. 101), vemos que ele tinha cinco planetas mutáveis e cinco planetas em Água. Em outras palavras, mais mutabilidade e mais Água que qualquer outra qualidade ou elemento. Só existe um signo mutável de Água no zodíaco: Peixes. Portanto, a marca de Hesse era Peixes. Nem sempre isso é evidente no exame do mapa. Contudo, chegando a essa marca, percebemos que Hesse era muito sensível, intuitivo, emocional, introspectivo, e quaisquer outras palavras que você queira usar para descrever a sensação de Peixes.

Joan Sutherland (mapa na p. 386) tem seis planetas fixos e cinco planetas em Água, dando-lhe uma marca de Escorpião, o que não é muito surpreendente, pois ela tem o Sol e dois outros planetas em Escorpião, mas isso só enfatiza ainda mais a força, a fixidez de propósito e a discreta natureza controladora desse signo.

Às vezes, você acaba com uma marca muito diferente do que esperava, como no caso do bilionário Bill Gates (mapa na p. 113). Com um Escorpião forte enfatizado (Sol, Vênus e Saturno), a Lua em Áries e Ascendente em Câncer, é interessante constatar que ele tem seis planetas fixos e quatro planetas no elemento Fogo. Isso se iguala à marca de Leão e revela o pendor de Gate para a publicidade, além da capacidade de comandar o centro do palco. Essa marca final vai ajudar na síntese e na compreensão da personalidade com a qual você está lidando. Às vezes, é difícil determinar a marca final, porque a divisão é mais ou menos equilibrada. Nesses casos, sugerimos que você use o Ascendente para desempatar.

A seguir, damos algumas indicações do que você pode esperar de cada marca. Lembre-se de que o mapa todo deve ser levado em consideração; em geral, a marca é uma visão adicional da personalidade e dos padrões de comportamento da pessoa. Se não houver marca, não se preocupe; essa ausência significa tão somente que o mapa é muito bem equilibrado e não se encaixa em nenhuma categoria definida. No entanto, quando houver uma marca, não deixe de considerá-la.

Fogo cardeal (Áries) Esta é a combinação mais ardente e mais ativa. Em geral, seu temperamento é ígneo e independente.

Terra cardeal (Capricórnio) Ambicioso e social, é importante que você adquira o senso da realização material.

Ar cardeal (Libra) Social, expressa-se normalmente de maneira cortês e dá tudo de si quando interage com outras pessoas.

Água cardeal (Câncer) Solícito, afetuoso e sentimental, normalmente é caseiro e ama a família.

Fogo fixo (Leão) Você gosta de ostentar, é voluntarioso, individualista e orgulhoso de suas realizações.

Terra fixa (Touro) Apegado aos hábitos e às opiniões, aprecia doces e só se revela em contatos íntimos.

Ar fixo (Aquário) Numa busca constante por conhecimento, o incomum o atrai, e você adora a interação com outras pessoas.

Água fixa (Escorpião) Intenso, motivado e raramente disposto a sair do caminho que escolheu, você adora estar no controle.

Fogo mutável (Sagitário) Você é expressivo, idealista e sempre demonstra grande entusiasmo, por isso pode ser um realizador capaz de realizar prodígios.

Terra mutável (Virgem) Ordeiro e organizado, você gosta de cuidar da saúde e do corpo, assim como de ajudar os outros.

Ar mutável (Gêmeos) Curioso e sempre disposto a aprender algo novo, você geralmente mostra boa disposição de espírito e costuma ser versátil.

Água mutável (Peixes) Muito sentimental e adaptável como um camaleão, você pode se sentir atraído pela música e pelas artes.

A Submarca

Pode-se adquirir maior compreensão ainda usando as posições por casa para determinar a "submarca". Enquanto a marca final parece mostrar um padrão de comportamento prontamente evidente aos olhos das outras pessoas, a submarca parece expressar sentimentos ou necessidades interiores. Para encontrá-la, verifique se existe predomínio de planetas angulares, sucedentes ou cadentes. Veja, então, se estão mais ocupadas as casas de vida, bens materiais, relacionamentos ou conclusões. A submarca revelará a área de vida (casa) realmente importante para o nativo. Hermann Hesse tem predominância de planetas angulares, a maioria nas casas de relacionamentos. Portanto, todos os assuntos da casa 7 seriam muito importantes para ele. Joan Sutherland tem submarca de seis angulares/cinco casas de bens materiais, resultando numa ênfase na casa 10.

Teste de Revisão

Identifique a marca final e a submarca de Farrah Fawcett e descreva-as. Para conhecer nossas respostas, veja o Apêndice na p. 392. Pedimos que observe todos os outros horóscopos deste livro e tente determinar alguns de seus destaques.

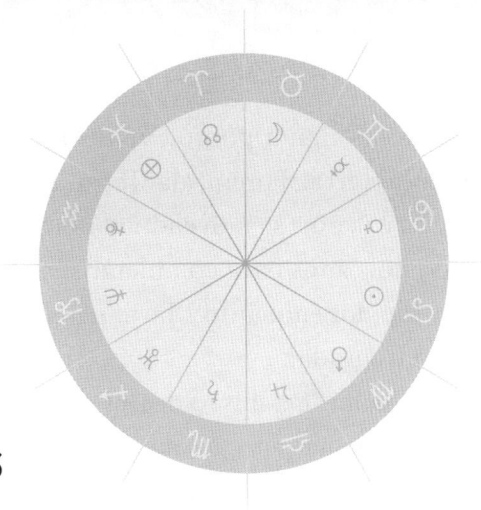

Módulo 7
Planetas Retrógrados

Mencionamos várias vezes o termo "retrógrado", e, no cálculo do horóscopo, você viu os símbolos "Rx" (retrógrado) e "D" (direto) nas efemérides, mas o que realmente significa isso? Existe alguma maneira especial de delinear um planeta retrógrado?

A palavra "retrógrado" significa "que anda para trás". Mas como é possível um planeta andar para trás? Afinal de contas, sabemos que tudo, no nosso sistema solar, tem movimento eclíptico para a frente; o planeta retrógrado não inverte subitamente seu movimento e anda para trás, apenas aparenta fazer isso. Essa aparência se deve ao fato de os planetas, quando diminuem seu movimento longitudinal (conforme visto da Terra), parecer primeiro ficar mais lentos e depois se mover para trás. Esse fenômeno pode ser mais bem explicado se pensarmos em dois trens correndo paralelamente, um ao lado do outro. Se alguém estiver sentado no trem mais rápido, primeiro vai ter a impressão de que ele está parado, depois, de repente, que o trem mais lento está andando para trás.

No Módulo 3 do Volume I, fornecemos a velocidade de todos os planetas. Vênus, por exemplo, leva 224 ½ dias para completar sua órbita em torno do Sol. A Terra, como todos sabem, leva 365 ¼ dias.

Assim, em algum ponto, Vênus será o trem mais rápido, ultrapassando a Terra. Porém, da Terra, parecerá que Vênus está primeiro parado e depois se movendo para trás. Como Marte leva 22 meses ou quase dois anos para completar sua órbita, agora a Terra será o trem mais rápido, enquanto Marte parecerá diminuir de velocidade e, por fim, retrogradar.

Essa mesma ilusão de óptica acontece, às vezes, quando um planeta muda sua posição angular em relação à Terra. Como julgamos nossos horóscopos do ponto de vista da Terra (geocêntrico), temos que levar em consideração essa ilusão e registrar esse fato.

Esse movimento retrógrado tem três estágios. Quando o planeta aparentemente diminui a marcha, acaba se tornando estacionário (ou seja, parece estar parado). Você vai notar que nas efemérides alguns planetas permanecem no mesmo grau um, dois ou três dias, às vezes até uma semana ou mais. O segundo estágio é o retrógrado. Quando ele se prepara para fazer a volta, observamos um segundo período estacionário, e, em seguida, o planeta parece se mover novamente para a frente.

Certifique-se de anotar no seu horóscopo Rx (retrógrado), D (direto) ou SRx (retrógrado estacionário), quando o planeta parece estar parado ou pronto a retrogradar, e SD (direto estacionário), quando está parado e pronto para se mover para a frente. Esses diferentes movimentos podem ser encontrados nas efemérides, conferindo-se alguns dias antes e alguns dias depois. Se você está usando computador, o movimento retrógrado (Rx) está sempre assinalado, mas recomenda-se que descubra se e quando o planeta ficará Rx ou D, ou SRx ou SD.

Nos antigos ensinamentos astrológicos, atribuíam-se aos planetas retrógrados características como debilidade, fraqueza, infortúnio e outros significados terríveis. Observando o movimento retrógrado nos horóscopos, os astrólogos modernos constataram que esses termos dificilmente se aplicam. Use a própria lógica (o que é constante

Ausência de Planetas Retrógrados

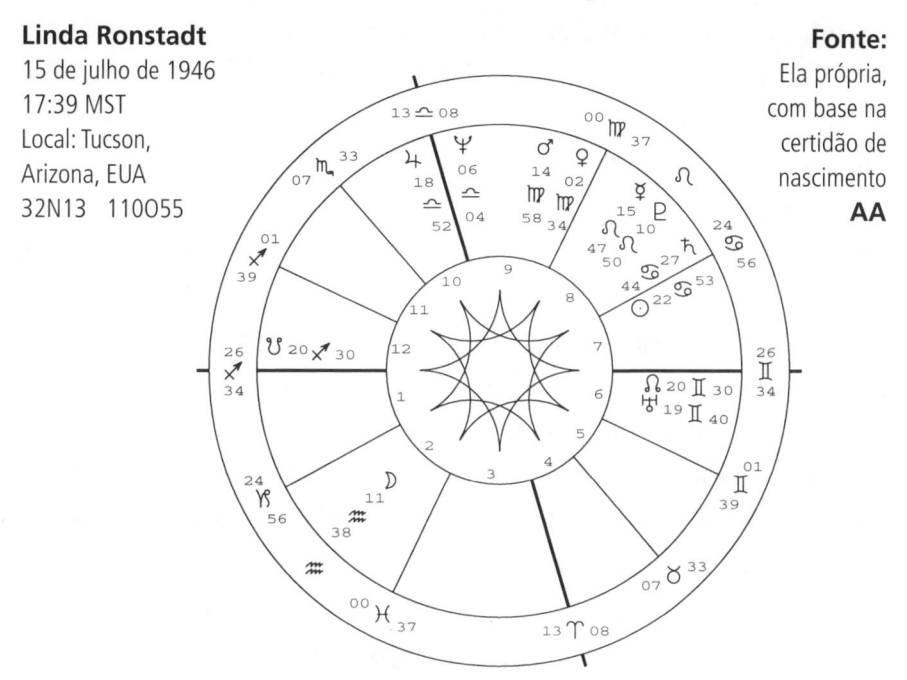

Linda Ronstadt
15 de julho de 1946
17:39 MST
Local: Tucson,
Arizona, EUA
32N13 110055

Fonte:
Ela própria,
com base na
certidão de
nascimento
AA

insistência nossa) e analise os fatos por si mesmo. Se o planeta está retrógrado, não está se movendo da forma costumeira. Portanto, sua ação é menos evidente, menos aberta, muito mais voltada para dentro. Em alguns casos, isso pode ser uma bênção; em outros, pode retardar o processo externo de amadurecimento. Quando há muitos planetas pessoais (Mercúrio, Vênus, Marte) retrógrados no mapa natal, a verdadeira natureza da pessoa é menos óbvia no exterior, porque grande parte da atividade ocorre no interior. Se um planeta Rx rege o Sol (por exemplo, Mercúrio Rx regendo o Sol em Gêmeos), a Lua ou o Ascendente, a pessoa pode parecer tímida ou demonstrar um pouco de hesitação quando confrontada com situações novas. Os horóscopos têm, em média, dois planetas retrógrados.

Os alunos nos perguntam o que acontece quando não há planetas retrógrados num mapa. Se não houver interferência de outros fatores, a pessoa pode parecer ser bastante direta, expansiva e descomplicada. Por assim dizer, você vê o que é. Veja o mapa de Linda Ronstadt na página anterior; ela não tem nenhum planeta retrógrado, assim como Bernadette, a Santa de Lourdes. Um mapa muito incomum é o de Graham Nash, com seis planetas retrógrados, como mostrado na página a seguir. Tantos planetas retrógrados acrescentariam sutil nuança de mistério, tornando a pessoa menos aberta. Vamos fornecer algumas palavras-chave para explicar em que o planeta em movimento retrógrado difere dos planetas diretos; porém, como sempre, insistimos para que você use o bom senso no delineamento e na análise da natureza do planeta em questão.

A propósito, o termo "planetas" foi usado aqui na verdadeira acepção. O Sol e a Lua são luminares, não planetas, e nunca aparentam estar em movimento retrógrado.

Mercúrio Retrógrado

Mercúrio é o planeta da capacidade de raciocínio, da mente e da comunicação. Quando está retrógrado, o processo de pensamento parece ser mais profundo e mais sensível. Há certa capacidade inata de estabelecer relação com os sentimentos e pensamentos dos outros, diminuindo a probabilidade de que se tirem conclusões apressadas. Muitos escritores têm Mercúrio retrógrado, porque, para muitos deles, é mais fácil se expressar por escrito que verbalmente. Algumas pessoas parecem ter dificuldade de explicar suas motivações ou seus sentimentos e se refugiam no silêncio, enquanto outras se tornam particularmente hábeis na expressão de suas necessidades, depois que amadurecem e têm oportunidade de tentar eliminar a falha na comunicação. O autor Norman Mailer, o editor da *Playboy* Hugh Hefner e a escritora e *chef* de cozinha Julia Child têm, todos eles, Mercúrio retrógrado.

Seis Planetas Retrógrados

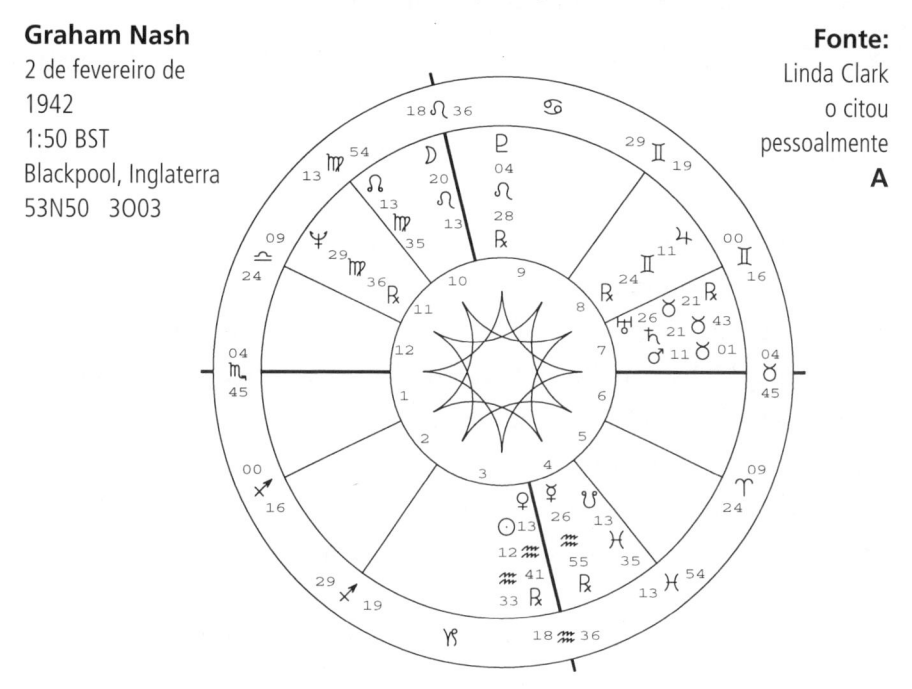

Graham Nash
2 de fevereiro de
1942
1:50 BST
Blackpool, Inglaterra
53N50 3O03

Fonte:
Linda Clark
o citou
pessoalmente
A

Vênus Retrógrado

Este é o planeta do afeto, do impulso social e dos valores. Quando está retrógrado, nem sempre o indivíduo é capaz de demonstrar amor e afeto, por mais profundos que sejam seus sentimentos. A simples demonstração é difícil. O nativo pode ser tímido. O processo de amadurecimento pode ser lento; consequentemente, a abordagem do amor pode ser imatura. Ou, então, a pessoa pode ter atitude imediatista em relação ao amor e ao romance, caracterizando a ninfa ou o sátiro.

A atriz Jodie Foster, a escritora Elizabeth Barrett Browning e o magnata Ted Turner são exemplos de Vênus retrógrado.

Marte Retrógrado

Este é o planeta da ação, da energia e da iniciativa. Quando Marte está retrógrado, a pessoa tende a ser menos competitiva, exceto se a competição for consigo mesma. Poderá dizer: "Nadei dez voltas hoje, amanhã vou nadar quinze". Como grande parte da ação é voltada para si mesma ou para o interior, seu impulso pode parecer mais lento. Esse indivíduo é mais premeditado e, em geral, elabora tudo de maneira íntima, antes de agir abertamente. Desse modo, é capaz de evitar armadilhas e, assim, supera rapidamente o executante resoluto. O uso negativo pode levar à ação apressada, tornando necessário refazer o que já foi feito.

O líder dos direitos civis Martin Luther King, a tenista premiada Steffi Graf e o poeta Toni Morrison têm Marte retrógrado.

Como os planetas sociais ficam retrógrados por quatro meses e os planetas transcendentais quase metade do ano, muitas pessoas terão Júpiter, Saturno, Urano e Netuno retrógrados – aqui estão alguns exemplos para ilustrar esses planetas.

Júpiter Retrógrado

Este é o planeta da expansão, do otimismo e do idealismo. Quando Júpiter está retrógrado, o indivíduo forma as próprias crenças religiosas e filosóficas, seus ideais e até sua moral, em vez de simplesmente aceitar o que lhe é ensinado. Procura respostas intuitivas e as encontra no fundo de si mesmo. Também é capaz de ver o panorama geral em vez de se perder nos detalhes. Frequentemente encontra formas de expressão negligenciadas pelos outros.

A atriz Carol Burnett, por exemplo, tem Júpiter retrógrado em Virgem na casa 6 do trabalho, regendo as casas 9 e 10, da filosofia e da profissão, respectivamente. Carol tirou proveito dessa configuração encontrando seu nicho como comediante, mas é claro que a conjunção entre Júpiter e Netuno a ajudou nesse esforço criativo. A soprano Kathleen Battle e o inventor Guglielmo Marconi são outros exemplos.

Saturno Retrógrado

Saturno é o planeta da disciplina, o mestre, e rege o impulso de segurança e proteção. Quando está retrógrado, mais que os outros planetas discutidos até aqui, é o principal exemplo de espontaneidade e firmeza de propósito. Como está implícito em sua natureza, um mestre pode abrir novos horizontes, fazer com que você se prepare para as coisas e goste da disciplina resultante; ou você pode se sentir frustrado, preso, cerceado, se ficar ressentido com o professor e lutar contra o processo de aprendizado. No caso de Saturno, a diferença não está apenas no signo, na casa e nos aspectos, mas nas próprias atitudes e ações. Portanto, quando está retrógrado, o efeito pode ser contrário. O uso negativo pode levá-lo a se sentir inseguro ou até inferior, porque, quando se olha interiormente, você não gosta do que vê. Teme a rejeição e, assim, se expõe o menos possível a situações que possam resultar em recusa ou fazê-lo se sentir recusado. Parece que você precisa de constante estímulo e carece da ambição geralmente inata em Saturno. Entretanto, com o uso positivo, você olha para dentro de si mesmo e estabelece desde cedo, com razoável clareza, quem é, para onde vai e como vai chegar lá. Você está mais disposto a atingir seus objetivos de forma tranquila e discreta, mas os atinge! Algumas pessoas podem considerá-lo sério demais; a verdade é que você tem senso de humor, porém voltado para si mesmo.

Os escritores Thomas Mann e Maya Angelou, assim como o político Ross Perot, têm Saturno retrógrado.

Urano Retrógrado

Aqui estamos lidando com o planeta da liberdade, o despertador. Quando Urano está retrógrado, seu direcionamento para dentro reforça o impulso de ser diferente, de romper as cadeias da tradição, e isso precocemente. A necessidade de ser especial ou único é reforçada. A necessidade de conseguir liberdade pessoal, estranhamente, gera o impulso de dominar os outros. Muitos políticos, chefes de Estado, ditadores e líderes sociais têm Urano retrógrado. Até que ponto conseguem dominar depende, naturalmente, do posicionamento de Urano no mapa; sem dúvida, ter Urano retrógrado numa casa angular ajuda nesse sentido.

Exemplos de líderes políticos com Urano retrógrado: Adolf Hitler, Winston Churchill, Franklin D. Roosevelt, Lyndon B. Johnson, Nelson Rockefeller, Robert Kennedy, Joseph Stálin, Aldo Moro e muitos outros.

Netuno Retrógrado

Netuno é o planeta da intuição, da ilusão ou desilusão e do despertar espiritual. Os aspectos de Netuno assumem a máxima importância quando ele está retrógrado. Se Netuno estiver enevoado ou nebuloso por aspecto, o movimento para dentro não vai ajudar a esclarecer nada. Ao contrário, a pessoa poderá viver num profundo mundo irreal de sonhos e se iludir por completo. A natureza de mártir de Netuno pode se tornar mais forte, ou a pessoa pode achar que só tem valor quando se sacrifica pelo bem dos outros. Quando há aspectos positivos apoiando Netuno retrógrado, a ação para o interior pode gerar enorme percepção pessoal; o talento nato pode ser utilizado com facilidade e numa idade relativamente precoce.

Muitos artistas, compositores, poetas e personalidades religiosas têm esse posicionamento: os pintores Pablo Picasso e Toulouse Lautrec;

os escritores Eugene O'Neill, Simone de Beauvoir e Robert Browning; a psicanalista Anna Freud; a cantora Marilyn Horne; a cientista Marie Curie; e o compositor Johannes Brahms.

Plutão Retrógrado

Plutão é o planeta da transformação e da obsessão. Como fica retrógrado até seis meses por ano, quase a metade das pessoas o têm retrógrado. Portanto, é impossível atribuir tendências definidas a esse movimento. Você deve tentar determinar por si mesmo se observa características definidas comuns a essas pessoas. Pelo que observamos, só podemos afirmar que, como Plutão está muito distante e tem órbita muito errática, em geral seus efeitos são sentidos numa altura mais adiantada da vida.

Para ilustrar rapidamente os retrógrados nos mapas das pessoas que estamos usando como exemplos neste livro, vamos examinar o horóscopo de Hermann Hesse (mapa na p. 101). O Júpiter de Hesse está retrógrado na casa 1. Júpiter também rege seu Ascendente e, como regente do mapa, assume grande importância. Lendo nossa descrição de Júpiter retrógrado, você verá que se ajusta perfeitamente a Hesse. Por ser o regente do mapa, estabelece a base de sua personalidade; sempre pesquisando, duvidando das respostas prontas, em busca de alguma coisa ilusória que ficou na juventude. Seu Saturno está estacionário, pronto para retrogradar no dia seguinte. A paralisação de Saturno é relativamente curta: apenas três dias. Esse planeta tem uma colocação difícil no mapa de Hesse: está flanqueado de um lado por Marte, incitando-o à ação, e do outro pela Lua, incitando-o à emotividade. Saturno é mais forte que os dois; tende a ser um empecilho para Marte (um pé no acelerador, o outro no freio) e debilita a emocional Lua, levando à autopiedade ou a um sentimento de não ter recebido amor e carinho dos pais, até Hesse descobrir sua casa 3, da criatividade (Saturno na casa 3 em sextil com Plutão, na casa 5). Saturno também faz parte de sua cruz T mutável com o Ascendente (personalidade exterior) e Mercúrio (capacidade de raciocínio). Com todas essas dificuldades, é compreensível que, quando jovem, Hesse tenha usado os atributos mais negativos de Saturno. Entretanto, à medida que Júpiter o ajudou a se encontrar e a descobrir algumas das respostas que estava procurando, ele se tornou mais seguro de quem era e para onde tinha de ir. Hesse foi ao encalço de seus objetivos com determinação e, sem dúvida, atingiu muitos deles.

Tempo que os Planetas Ficam em Cada Signo do Zodíaco

Lua   Avança de 12 a 15° por dia e, assim, permanece em um signo de 2 ¼ a 2 ½ dias.

Mercúrio   É capaz de atravessar um signo em apenas 14 dias, mas, como nunca se distancia mais de 28° do Sol, retrograda aproximadamente três vezes por ano, como se para se alinhar outra vez.

Vênus   Leva aproximadamente 40 dias. Vênus nunca se distancia mais de 46° do Sol e retrograda a cada 20 meses, aproximadamente. Às vezes, pode levar dois meses para atravessar um signo.

Sol   Avança na velocidade de 28 a 31 dias por signo (nosso mês terrestre).

Marte   No mínimo 40 dias, no máximo 7 ½ meses por signo. O movimento médio é de aproximadamente dois meses, dependendo do fato de ficar ou não retrógado. Marte não retrograda todos os anos.

Júpiter   De 6 meses a 18 meses, dependendo do fato de ficar retrógrado, o que não acontece todos os anos. O passo médio é de cerca de um signo por ano.

Saturno	Passa aproximadamente 2½ anos em cada signo, retrogradando duas ou três vezes nesse período.
Urano	Leva aproximadamente sete anos para atravessar cada signo e durante esse período pode retrogradar até sete vezes ou cerca de uma vez por ano.
Netuno	Leva 14 ou 15 anos para atravessar cada signo e retrograda mais ou menos uma vez por ano, às vezes durante até cinco meses.
Plutão	A órbita de Plutão é tão excêntrica que pode passar de 12 a 25 anos em cada signo. Levou 25 anos para atravessar Câncer, mas só vai ficar 12 anos em Escorpião. Plutão retrograda cerca de uma vez por ano, durante aproximadamente seis meses.

Períodos de Movimento Retrógrado

Os planetas a seguir só ficam retrógrados quando atingem determinada distância crítica do Sol. Essas distâncias são:

Marte 133°	Urano 104°
Júpiter 116°	Netuno 101°
Saturno 104°	Plutão 101°

Não existe distância crítica entre o Sol e Mercúrio ou entre o Sol e Vênus. Basicamente, esses planetas se movem mais rápido que o Sol, de modo que, às vezes, parecem diminuir o ritmo ou se mover para trás, à medida que aumentam a distância da Terra. Em consequência, nunca ultrapassam a distância de 28° e 46° do Sol, respectivamente, a despeito do ritmo inerentemente mais rápido.

Com base nesses dados, é preciso observar os seguintes fatos:

- Qualquer planeta em oposição ao Sol está, *necessariamente*, em movimento retrógrado.
- Júpiter, Saturno, Urano, Netuno e Plutão em trígono ou quincunce com o Sol estão, *necessariamente*, em movimento retrógrado. Marte em quincunce com o Sol também está, necessariamente, em movimento retrógrado. Vez ou outra, Júpiter em trígono com o Sol pode estar em movimento direto, mas isso não é frequente.
- Por causa da variação dos períodos em que os planetas ficam retrógrados, há determinados anos em que é impossível uma pessoa nascer sem planetas retrógrados no mapa (por exemplo: 1975).
- Quando um planeta está em movimento direto, sua distância da Terra vai aumentando; quando está retrógrado, sua distância da Terra vai diminuindo.

Teste de Revisão

Delineie sucintamente Marte e Urano retrógrados no mapa de Joan Sutherland. Consulte o Apêndice para conhecer nosso delineamento.

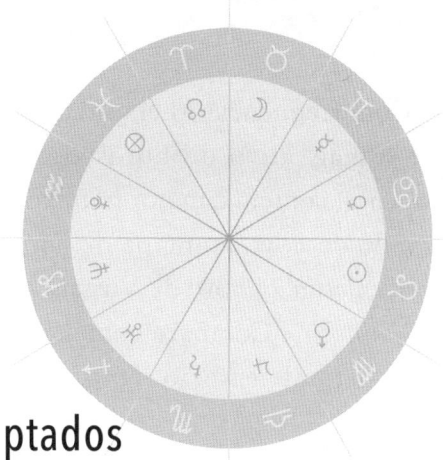

Módulo 8
Casas e Signos Interceptados

Devido à inclinação do eixo da Terra e ao fato de o nosso planeta não ser uma esfera perfeita, muitas vezes há certa distorção no tamanho das casas, à medida que avançamos para o norte ou para o sul do Equador. Quando isso acontece, alguns signos ficam totalmente contidos em uma casa, isto é, o signo não aparece em nenhuma cúspide. Chamamos esse fenômeno de *interceptação*. Em latitudes superiores a 50° norte ou sul, é possível a interceptação de dois ou mais signos em uma casa, ou de dois pares de casas com signos interceptados.

Quando uma casa contém um signo interceptado, o mesmo ocorre com a casa oposta. A interceptação amplia o tamanho da casa e, assim, complica as questões relativas a ela, por causa do maior número de signos envolvidos. Por exemplo, no horóscopo de Farrah Fawcett (ver p. 85), o eixo das casas 4 e 10 contém signos interceptados: Libra e Áries, respectivamente. Mercúrio (regente de Virgem) rege a cúspide da casa 4; Libra está interceptado, e, portanto, Vênus é o corregente dessa casa; Netuno está posicionado nessa casa. Para delinear a casa 4, todos esses fatores precisam ser considerados. Assim, pode-se ver que o delineamento de uma casa contendo um signo interceptado pode se tornar bastante complexo.

Com frequência, o eixo das casas contendo signos interceptados é o mais ativo do horóscopo. E, quase sempre, representa a maior casa; contém o maior número de graus de uma cúspide à outra. Voltando de novo ao mapa de Farrah Fawcett, observe que a casa 4 começa com 21° 30' de Virgem + 30° de Libra + 2° 15' de Escorpião = 40° 37'. Compare com a casa 2, que contém pouco mais de 25° e está totalmente no signo de Leão.

Planetas Interceptados

Uma pessoa com um planeta num signo interceptado pode se sentir cerceada ou presa, até aprender a usar a força ou o poder simbolizado por esse planeta. Desse momento em diante, ela pode avançar a pleno vapor. Quando o Sol, a Lua, o regente do Ascendente ou o regente do signo interceptado também estão interceptados, o direcionamento correto daquela área da vida pode ser retardado. Por exemplo, no horóscopo de Farrah Fawcett, se descobríssemos Marte em Áries (que está interceptado) na casa 10, seria muito mais difícil liberar as energias de Marte. Seria preciso resolver tensões e frustrações. O melhor caminho, em geral, é através da casa regida pelo planeta.

Quando no horóscopo não há planetas nos signos interceptados, a própria casa requer atenção. No mapa de Farrah Fawcett, Netuno é o único planeta interceptado. Ele rege a casa 10, do status e da profissão. Assim, uma maneira de sair da interceptação é através da casa 10. É claro que os aspectos de Netuno também precisam ser levados em conta, e, no mapa de Farrah, seu Netuno está em trígono com o Sol e Marte, o que permite que ela use seu glamour (Netuno) precocemente. Mas é provável que leve muito mais tempo para ela resolver certos problemas emocionais. (Netuno em quadratura com a Lua, que está na casa 12 e rege seu Ascendente.)

O Sol Interceptado

O Sol interceptado indica uma pessoa que sofre restrições, principalmente nos primeiros anos da vida. Essa pessoa precisa encontrar um lugar ou um campo especial em que se sinta confortável e fique sozinha. Com frequência, existe a sensação de carência dentro de si; o indivíduo tem mais dificuldade de se relacionar com os outros. Em geral, há um envolvimento pessoal com as questões relativas ao signo e à casa do Sol, e, com dedicação e determinação, o indivíduo pode caminhar em linha reta para seus objetivos.

O assassino Lee Harvey Oswald é um exemplo de Sol interceptado, como também o pintor Vincent van Gogh (mapa na p. 118) e o ditador Benito Mussolini (mapa na p. 120).

A Lua Interceptada

A Lua interceptada indica intensificação emocional. A emotividade é acentuada, mas pode haver problemas de comunicação e, às vezes, até dificuldade no falar (para isso, é preciso haver confirmação de outros fatores do mapa). Há certo retraimento emocional, com intensificação dos sentimentos de rejeição. Quando essa pessoa, de fato, se comunica emocionalmente, é capaz de ser muito eficiente e de se fazer ouvir.

O televangelista Jimmy Swaggart (mapa na página 132) e o Rei Charles III (mapa na página 121) têm a Lua interceptada, assim como a cantora Linda Ronstadt (mapa na página 161).

Mercúrio Interceptado

Mercúrio interceptado indica, muitas vezes, que o processo de pensamento não é igual ao dos outros. A pessoa se sente incompreendida e em desacordo com os pares. Quando aprende a aceitar os próprios conceitos, é admirada pelo dom de especialização intelectual.

Alguns exemplos são os cientistas Louis Pasteur e Albert Einstein (mapa na p. 186) e a atriz Elizabeth Taylor.

Vênus Interceptado

Vênus interceptado indica que o indivíduo busca o amor de forma inteiramente pessoal; muitas vezes, sua vida amorosa é mantida em segredo, inviolável e oculta, ou separada de todas as outras facetas da vida. Por outro lado, a pessoa pode sentir que nunca experimentou o amor verdadeiro, pois seu conceito de amor é muito intenso e limitado. Um canal de vazão criativo é altamente benéfico.

A ex-primeira-dama Eleanor Roosevelt e o escritor George Sand têm essa interceptação, assim como o ex-senador Ted Kennedy (mapa na p. 129) e a atriz Barbra Streisand (mapa na p. 136).

Marte Interceptado

Marte interceptado indica poder e energia intensos. O indivíduo precisa canalizar suas energias agressivas na direção de um objetivo claramente específico. Tem capacidade de transformar tudo que faz num triunfo pessoal.

Alguns exemplos são a cantora francesa Edith Piaf, a atriz Goldie Hawn, o ator Paul Newman (mapa na p. 123) e a autora de romances policiais Agatha Christie.

Júpiter Interceptado

Júpiter interceptado pode indicar dificuldades no começo da vida e refreamento do entusiasmo natural. O indivíduo tem senso de valores totalmente pessoal. É capaz de tirar proveito das oportunidades que surgem de forma totalmente diferente da dos contemporâneos.

O general Erwin Rommel, o mago Harry Houdini, o artista Pablo Picasso (mapa na p. 147), a atriz Judy Garland (mapa na p. 117) são, todos eles, bons exemplos.

Saturno Interceptado

Saturno interceptado proporciona grande sensibilidade aos problemas dos outros e misteriosa aptidão para resolvê-los. Entretanto, as coisas que perturbam os outros raramente incomodam esse indivíduo, que tende a encarar as próprias dificuldades com fatalismo. Em qualquer lugar que Saturno esteja existe a tendência à contenção ou inclinação para a congestão. Por isso, é preciso que o indivíduo desenvolva sua expressão externa, permitindo-lhe assumir riscos para atingir seus objetivos.

Exemplos são os escritores Joyce Carol Oates e Hermann Hesse (mapa na p. 101), a atriz Susan Sarandon e o ator Dustin Hoffman (mapa na p. 108).

Urano Interceptado

Urano interceptado indica certa timidez de expressão, principalmente no que diz respeito à originalidade. Existe o medo do ridículo. Embora o indivíduo seja criativo e idealista, precisa vencer a sensibilidade, que não o deixa expressar seu zelo humanitário.

O assassino Charles Manson, a tenista premiada Martina Navratilova, a cantora Lena Horne e a poetisa Emily Dickinson (mapa na p. 140) têm esse posicionamento.

Netuno Interceptado

Netuno interceptado indica o desejo de evitar a liderança. Este é o indivíduo que prefere se sentar no banco de trás e precisa ser estimulado a se manifestar e a se afirmar. Caso contrário, pode se tornar um ermitão ou um sonhador, totalmente introspectivo. Quando Netuno é angular, existe forte necessidade de buscar os outros, o que deve ser encorajado. Esse é um posicionamento muito bom para escritores, músicos ou qualquer pessoa que trabalha sozinha.

Os escritores Arthur Conan Doyle e Joseph Wambaugh, o cantor Bonnie Raitt e a atriz Barbra Streisand (mapa na p. 136) têm Netuno interceptado.

Plutão Interceptado

Plutão interceptado mostra que a motivação para a vida é diferente da dos outros. Com frequência, a necessidade de ação do indivíduo deriva de um sentimento grupal e da gigantesca necessidade de aprovação. A regeneração é muito importante; o indivíduo se sente obrigado a investigar a vida de maneira meticulosa e completa, no que deveria ser estimulado.

Alguns exemplos são o socialista Karl Marx, a atriz Goldie Hawn e o assassino Dr. Jeffrey MacDonald (ver mapa na p. 109).

Observação: Dependendo da Tábua de Casas usada, a interceptação pode variar ou, em alguns casos, ser eliminada. Todos os mapas deste livro são baseados na Tábua de Casas Koch.

Casas Conectadas

Sempre que há signos interceptados num horóscopo, você vai ver que *dois conjuntos de casas estão unidos*, porque têm o mesmo signo em cúspides de casas contíguas. As atividades de duas casas que têm o mesmo signo nas cúspides se unem de várias formas. Os acontecimentos regidos pelas duas casas tendem a se fundir e a se entrelaçar.

No mapa de Farrah Fawcett (ver p. 85), as casas 2 e 3 estão unidas, assim como as casas 8 e 9. Os signos envolvidos são Leão e Aquário. No mapa de Hermann Hesse, as casas 6 e 7, e as casas 12 e 1 estão unidas, com Gêmeos e Sagitário, respectivamente, nas cúspides. O mapa de Erich Maria Remarque (mapa na p. 179) ilustra a junção das casas 6 e 7.

Casa 1 com Casa 2

Essa pessoa conquista seu modo de vida, determina os próprios valores ou dá muita importância ao conforto material.

A escritora de livros policiais Agatha Christie e o compositor Peter Ilyich Tchaikowsky têm essa junção, assim como o ator Marlon Brando (mapa na p. 150).

Casa 2 com Casa 3

Essa pessoa lucra na área de transportes ou comunicações. Seus valores podem ser influenciados por um(a) irmão(ã) ou influenciá-lo(a); também é possível que faça negócios com um deles.

A cantora Cher, o maestro Claudio Abbado, o artista Peter Paul Rubens e a cantora e atriz Judy Garland (mapa na p. 117) são exemplos.

Casa 3 com Casa 4

Um dos irmãos pode assumir o lugar de um dos pais; a infância pode ter sido tumultuada, com muitas mudanças de escola, ou um dos irmãos pode vir a morar com o indivíduo. Aparentemente a expressão e a comunicação são mais fáceis em casa.

Alguns exemplos são o diretor de cinema Louis Malle, o pintor Vincent van Gogh (mapa na p. 118) e o ator Orson Welles (mapa na p. 138).

Casa 4 com Casa 5

Os filhos deste indivíduo sempre voltam para se aninhar em casa. Ele é muito criativo no ambiente do lar e pode até ser artesão trabalhando em casa.

O compositor Jules Massenet serve como exemplo, assim como o jogador de beisebol Roger Maris, a parceira de Hitler, Eva Braun, e a cantora Janis Joplin (mapa na p. 128).

Casa 5 com Casa 6

Esta pessoa trabalha numa área criativa e, através do trabalho, presta serviços a jovens (como professor, por exemplo); também pode trabalhar com esportes ou ser treinador de algum time. Seu trabalho se transforma no seu primeiro amor.

O escultor Auguste Rodin e o jogador de futebol Don Meredith têm esse posicionamento, assim como a patinadora no gelo Dorothy Hamill e o escritor Hermann Hesse (mapa na p. 101).

Casa 6 com Casa 7

Esta pessoa prefere trabalhar com o cônjuge ou sócio, ou com o público em geral (muitas vezes, no setor de serviços). Seu trabalho pode estar relacionado com a lei.

O autor Erich Maria Remarque, que adorava sair ou se casar com belas mulheres, e o estadista Benjamin Disraeli têm esse posicionamento.

Casa 7 com Casa 8

Esta pessoa pode ir longe na política, com o apoio (casa 8) do público (casa 7). Pode formar uma sociedade comercial ou receber herança de um parceiro.

Casa 6 com Casa 7

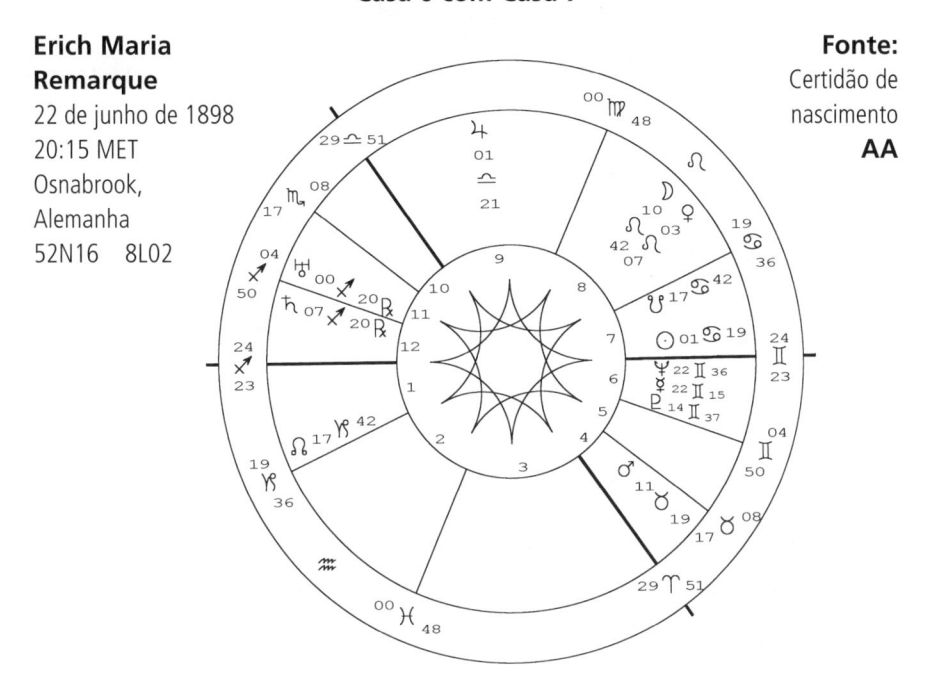

Erich Maria Remarque
22 de junho de 1898
20:15 MET
Osnabrook, Alemanha
52N16   8L02

Fonte: Certidão de nascimento
AA

O ator tantas vezes casado Mickey Rooney (mapa na p. 126) serve de exemplo, assim como o Rei Charles III, da Inglaterra (mapa na p. 121).

Casa 8 com Casa 9

A publicação e a escrita podem estar ligadas a romances de mistério e sexo. O indivíduo pode ser especialista no mercado financeiro ou político; pode ter grande afinidade com questões psíquicas, místicas ou ocultas, ou ensinar nessas áreas.

O evangelista Marjoe Gortner, o cientista Enrico Fermi, o artista Joan Miró e o cantor Graham Nash (mapa na p. 163), da banda Cosby, Stills and Nash, são alguns exemplos.

Casa 9 com Casa 10

É possível que este indivíduo faça muitas viagens ligadas à carreira ou receba ajuda, em termos de carreira, de alguém (ou de um dos pais) nascido no exterior. A educação ou as leis podem desempenhar papel significativo em seu trabalho.

O escritor Christopher Isherwood, o baterista Ringo Starr e a atriz Ginger Rogers têm esse posicionamento, assim como o ator e diretor Orson Welles (mapa na p. 138) e o pintor Vincent van Gogh (mapa na p. 118).

Casa 10 com Casa 11

Amigos e relacionamentos sociais podem ser úteis a este indivíduo, em termos de emprego ou profissão. É possível que execute algum tipo de trabalho para o governo (muitas vezes, nas áreas militar ou política). Em geral, participa ativamente de grupos, como líder.

O ex-vice-presidente dos EUA Spiro Agnew, a cantora de ópera Mirella Freni e o presidente Abraham Lincoln são exemplos, assim como o líder trabalhista James Hoffa e o senador Ted Kennedy (mapa na p. 129).

Casa 11 com Casa 12

Este indivíduo, com frequência, é atraído para obras beneficentes ou trabalhos na área de assistência e promoção social. Precisa dispor de algum tempo para si mesmo, caso contrário pode ficar confinado por causa de forças além do seu controle. Sente-se bem trabalhando nos bastidores.

O diretor de cinema François Truffaut, o compositor Dimitri Shostakovich e o televangelista Jimmy Swaggart (mapa na p. 132) têm esse posicionamento.

Casa 12 com Casa 1

Este indivíduo tem muita força interior à disposição. É possível que precise burilar ou definir sua personalidade; também é possível que precise resolver problemas de timidez e introversão. Pelo mau uso, pode se tornar seu pior inimigo.

Alguns exemplos são o marechal de campo Hermann Goering, assim como a cantora Linda Ronstadt (mapa na p. 161) e o bilionário Bill Gates (mapa na p. 113).

Teste de Revisão

A seguir, está o horóscopo do cantor Bob Dylan. Interprete-o do ponto de vista das interceptações, dos dois pares de casas que têm o mesmo signo nas cúspides, sem se esquecer de incluir a interpretação de Marte e Netuno interceptados. Depois de terminar essa tarefa, compare-a com nossas respostas no Apêndice.

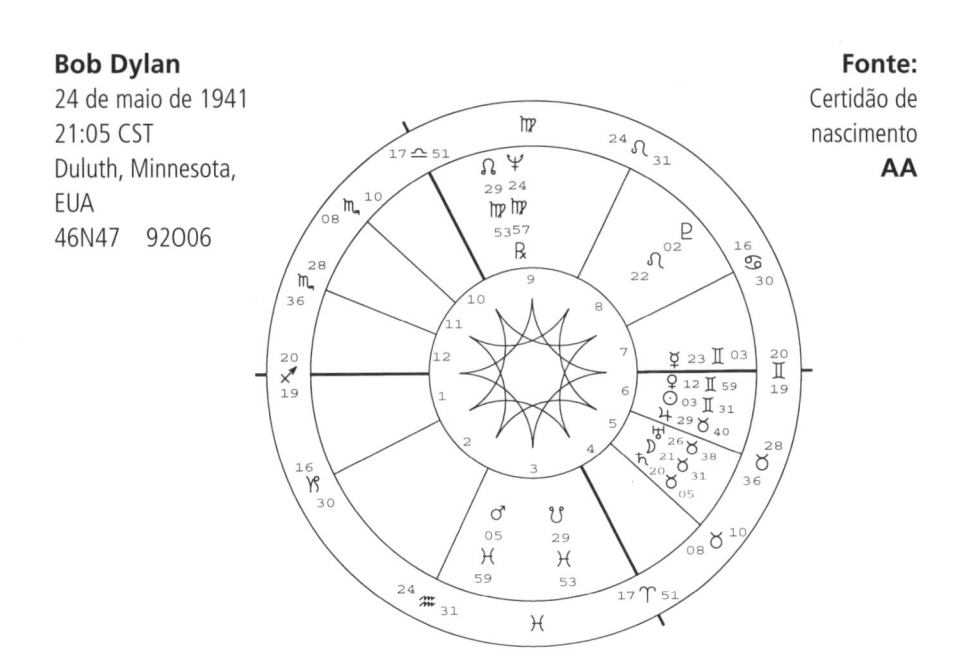

Bob Dylan
24 de maio de 1941
21:05 CST
Duluth, Minnesota, EUA
46N47   92O06

Fonte:
Certidão de nascimento
AA

Módulo 9
Recepção Mútua, Dispositor Final, Regente do Mapa, Planeta em Alto Foco

Recepção Mútua

"Recepção mútua" é um termo aplicado quando dois planetas estão colocados um no signo de dignidade ou de regência do outro. Por exemplo, se Vênus está em Áries e Marte está em Touro – Vênus rege Touro e Marte rege Áries –, os dois planetas estão em recepção mútua ou mutuamente envolvidos com a regência um do outro. Esse relacionamento entre dois planetas é considerado muito benéfico e harmonioso. É como se as forças advindas dos dois planetas se dirigissem para uma só linha de ação. Ao interpretar esse posicionamento, alguns astrólogos leem Marte em Áries e Vênus em Touro, argumentando que os dois planetas estão de tal forma interligados ou integrados pela recepção mútua que funcionam como se estivessem colocados no próprio signo de sua dignidade. Não concordamos totalmente com isso.

Vamos dar alguns exemplos: Albert Einstein tem Marte em Capricórnio e Saturno em Áries; portanto, os planetas estão um no signo de dignidade do outro, em recepção mútua. Marte está na casa 7, onde está acidentalmente em detrimento, e, portanto, não muito bem posicionado. Saturno está na casa 10, onde está acidentalmente dignificado, e, portanto, bem colocado. Áries, no entanto, não está no mais feliz dos posicionamentos por signo, mas em queda. Marte também não aprecia a racionalidade e a atitude cautelosa de Capricórnio. Saturno tem profunda aversão pela pressa e precipitação de Áries. Contudo, trocando os dois planetas de lugar e delineando Marte como se estivesse em Áries e Saturno em Capricórnio, é possível desconsiderar a natureza complexa de Albert Einstein – as exigências que fazia às esposas e companheiras, assim como com as brilhantes, mas mirabolantes, ideias que emanavam do seu fantástico cérebro.

Nossa interpretação da recepção mútua é que a harmonia entre os dois planetas atua como reforço ou ajuda adicional para trazer à tona o melhor que cada planeta tem a oferecer, qualquer que seja sua colocação por signo ou casa e quaisquer que sejam seus aspectos. Em outras palavras, ela facilita o uso, pelo indivíduo, das qualidades mais positivas possíveis, de acordo com as limitações do horóscopo. O Saturno de Einstein em conjunção com Mercúrio podia, às vezes, detonar uma tendência de se sentir deprimido ou melancólico, mas, na maioria das vezes, seu pensamento intenso e os *flashes* de novas ideias (Urano em quincunce) estavam alinhados ou ressoavam por causa da recepção mútua com Marte.

No horóscopo de Farrah Fawcett (mapa na p. 85), há recepção mútua entre Mercúrio em Aquário e Urano em Gêmeos. Isso só enfatiza a maneira peculiar com que ela encarava a vida doméstica (Mercúrio rege a casa 4) enquanto morava com Ryan O'Neal, e juntos criavam o filho sem se casarem. Também enfatiza sua habilidade especial para a atuação (Mercúrio rege a casa 12; Urano está posicionado nessa casa). Como Mercúrio está em trígono com Urano, a recepção mútua pode funcionar de forma bastante produtiva.

Alguns astrólogos usam as *exaltações planetárias* na recepção mútua. Por exemplo, a Lua em Libra e Saturno em Touro – Lua exaltada em Touro e Saturno exaltado em Libra. Temos constatado que isso não funciona com tanta força quanto o intercâmbio ou a recepção mútua de dignidades. Porém, como em tudo mais na Astrologia, não se baseie só no que dizemos. Constate você mesmo se isso funciona.

Teste de Revisão

Descreva sucintamente como a recepção mútua funciona no horóscopo de Farrah Fawcett. Compare sua análise com a nossa, no Apêndice.

Dispositor Final e Planeta em Alto Foco

Quando se observa um mapa, às vezes um planeta se destaca por estar elevado (na casa 9 ou 10), ou por receber e formar mais aspectos que qualquer outro planeta, ou por ser o *dispositor final* do horóscopo.

Bem poucos mapas têm um dispositor final. Para encontrá-lo, veja se existe algum planeta dignificado. É preciso haver *apenas um planeta dignificado, sem recepção mútua*, para existir um dispositor final. Para ilustrar a disposição final, vamos usar o horóscopo de Bob Dylan (ver mapa na p. 181).

Bob Dylan tem o planeta dignificado necessário, Mercúrio em Gêmeos. Sol e Vênus também estão em Gêmeos, portanto Mercúrio é o dispositor desses dois planetas. Júpiter, Urano, Saturno e Lua estão em Touro, regido por Vênus em Gêmeos, o que leva de volta a Mercúrio. Marte está em Peixes, regido por Netuno em Virgem, regido por Mercúrio em Gêmeos. Plutão está em Leão, regido pelo Sol em Gêmeos, levando novamente a Mercúrio. Como você pode ver, cada planeta, no final, tem Mercúrio em Gêmeos como planeta dispositor, e, assim, Mercúrio se torna o dispositor final do horóscopo de Bob Dylan.

No mapa de Albert Einstein, é possível observar que Urano é a alça do padrão balde (ver Módulo 10). Esse planeta está envolvido em seis aspectos e também faz parte de uma quadratura, ou cruz T,

Planeta em Alto Foco

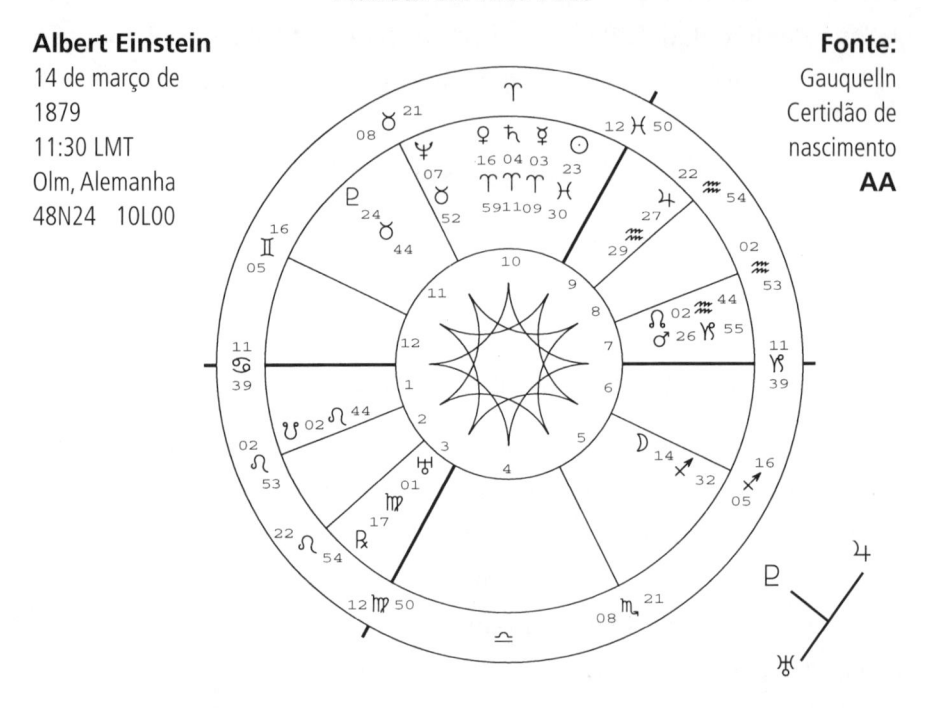

Albert Einstein
14 de março de
1879
11:30 LMT
Olm, Alemanha
48N24 10L00

Fonte:
Gauquelln
Certidão de
nascimento
AA

por isso é um planeta muito importante no mapa de Einstein. Ele é considerado o *planeta em alto foco*.

Sempre que se tem essa situação, um dispositor final ou um planeta em alto foco, esse planeta se torna muito significativo no horóscopo e requer atenção especial no delineamento. Mercúrio, dispositor final de Dylan, está na casa 7 e só forma dois aspectos: oposição com o Ascendente e quadratura com Netuno. Mas mostra, sem dúvida, sua capacidade musical, a necessidade e as oportunidades de usar essa capacidade nas aparições públicas.

No horóscopo de Albert Einstein, Urano em alto foco, com seus muitos aspectos, é responsável, em parte, pelos conhecimentos acumulados do cientista, pois rege a casa 9 e Júpiter. Com Urano na casa 3, da comunicação, Mercúrio e Saturno em quincunce, Einstein não era grande comunicador, mas profundo pensador.

Teste de Revisão

Aplique o método da disposição final nos horóscopos de Hermann Hesse, Joan Sutherland e Farrah Fawcett e veja por que eles não têm dispositor final. Nossas respostas podem ser encontradas no Apêndice.

O Regente do Mapa

O regente do mapa, algumas vezes denominado "regente pessoal", é o planeta que rege o Ascendente. Se esse planeta estiver realmente localizado no signo em elevação, a pessoa será um representante típico daquele signo. Entretanto, se esse planeta estiver em outro signo (o que ocorre na maioria das vezes), será preciso combinar os dois para entender a personalidade. É por isso que não há duas pessoas iguais, mesmo que tenham o mesmo signo Ascendente.

Por exemplo, Hermann Hesse (veja o mapa na p. 101), Lenny Bruce e Timothy Leary (mapa na p. 195) têm Sagitário em elevação. Hesse tem Júpiter em Sagitário na casa 1; o Júpiter de Leary está em Virgem, na casa 9; e o Júpiter de Bruce está na casa 1, porém em Capricórnio. Existe uma diferença bem grande quando se trata de delinear o caráter, a aparência e a personalidade dessas três pessoas. A casa ocupada pelo regente do Ascendente revela a área onde a pessoa é particularmente ativa e onde realmente deseja estar.

O regente do mapa do compositor Frederic Chopin é Mercúrio em Aquário, na casa 6. (Ver o mapa dele na p. 188.) Chopin começou a carreira musical aos 6 anos e, de acordo com um regente de mapa na casa 6, trabalhou com afinco. Compôs mais de 27 estudos, 24 prelúdios, 20 noturnos, 59 mazurcas, 16 polonesas, 14 valsas, para citar apenas parte de sua obra. Tudo isso foi feito num período total de vida de menos de 40 anos. Esse gênio extremamente ativo e altamente nervoso (Mercúrio em quadratura com Urano) teve um ardente caso de amor com Madame Dudevant, mais conhecida como George Sand, e morreu de tuberculose em outubro de 1849.

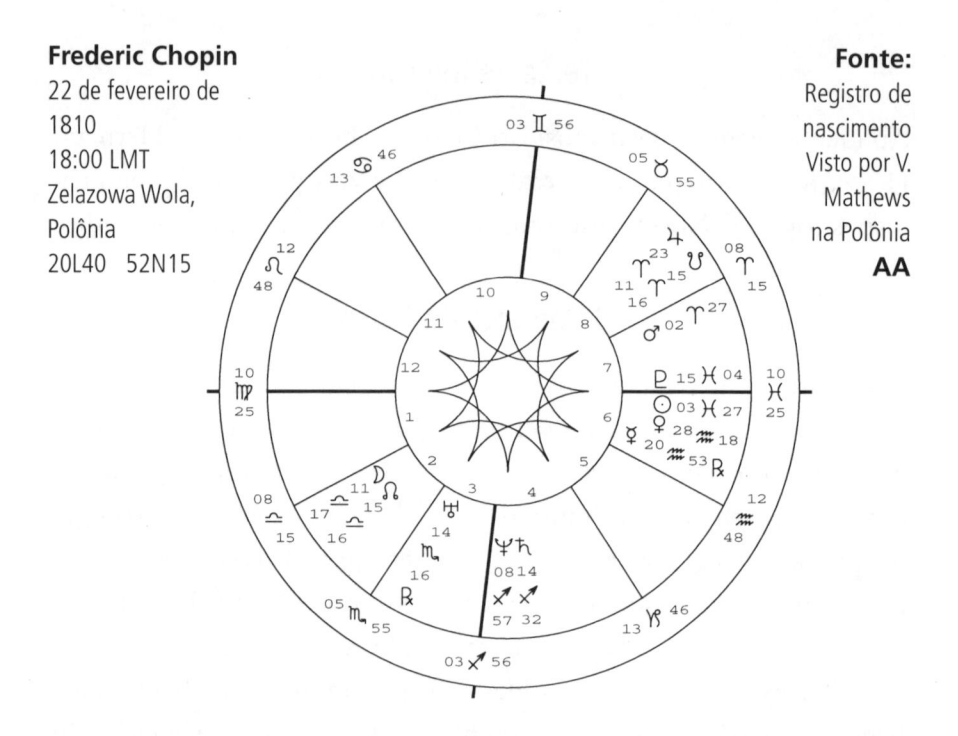

Frederic Chopin
22 de fevereiro de
1810
18:00 LMT
Zelazowa Wola,
Polônia
20L40   52N15

Fonte:
Registro de
nascimento
Visto por V.
Mathews
na Polônia
AA

Damos, a seguir, algumas palavras-chave para mostrar como se expressa o regente do mapa das diversas casas, mas certifique-se de também examinar os aspectos no delineamento. Por exemplo, o Júpiter de Hesse faz parte de uma quadratura T mutável, o que precisa ser levado em consideração.

Regente do Mapa na Casa 1

Este é o indivíduo que se faz por si mesmo, que expressa ativamente seu ponto de vista.

Regente do Mapa na Casa 2

Os haveres, as finanças e as posses são importantes, assim como o estabelecimento do próprio sistema de valores. A segurança e o autovalor são motivações básicas.

Regente do Mapa na Casa 3

Necessidade de se comunicar de todas as formas possíveis, de ser ativo mental ou intelectualmente; as transações com os parentes podem tornar-se importantes.

Regente do Mapa na Casa 4

Esta pessoa realmente precisa de um lar que lhe sirva de base e frequentemente se envolve muito com a família, as instituições ou os bens imóveis.

Regente do Mapa na Casa 5

A autoexpressão através do amor, da criatividade ou dos filhos é uma das necessidades deste indivíduo, bem como vários tipos de diversão, jogos e romance.

Regente do Mapa na Casa 6

Este pode ser o trabalhador fanático do zodíaco ou, se não estiver trabalhando, hipocondríaco. Rotina e método também são importantes.

Regente do Mapa na Casa 7

Os outros, o público ou os parceiros, são importantes. Existe a necessidade de ter atividades em conjunto com outros ou de competir, de forma amistosa ou não. O indivíduo se expressa melhor com outra pessoa ou por intermédio dela.

Regente do Mapa na Casa 8

Esta pessoa trabalha bem com os recursos de terceiros (assuntos financeiros, bancos etc.) ou atrai o apoio dos outros (políticos). O sexo ou a pesquisa podem tornar-se fatores predominantes em sua vida.

Regente do Mapa na Casa 9

Educação superior, viagens, leis, religião, filosofia, ideias e ideais são importantes para este indivíduo. Os ideais são mais importantes que todo restante.

Regente do Mapa na Casa 10

A expressão do ego e a realização através da profissão são necessidades primordiais. Governo, prestígio, política ou um dos pais podem desempenhar papel vital na capacidade de realização deste indivíduo.

Regente do Mapa na Casa 11

Trabalho com grupos, causas humanitárias, objetivos, amigos, circunstâncias externas e atividades sociais podem afetar a vida. Atividades sociais representam papel importante.

Regente do Mapa na Casa 12

Esta pessoa pode se desenvolver através de atividades de bastidores ou ser um pouco retraída, preferindo proteger a privacidade dos assuntos pessoais. O indivíduo talvez precise desenvolver a força interior para que possa lançar mão dela quando necessário, tirando vantagem do seu potencial espiritual, da sua natureza compassiva e do seu dom artístico.

Teste de Revisão

Faça uma interpretação completa de Júpiter, regente do mapa de Hermann Hesse. Consulte nossa interpretação no Apêndice.

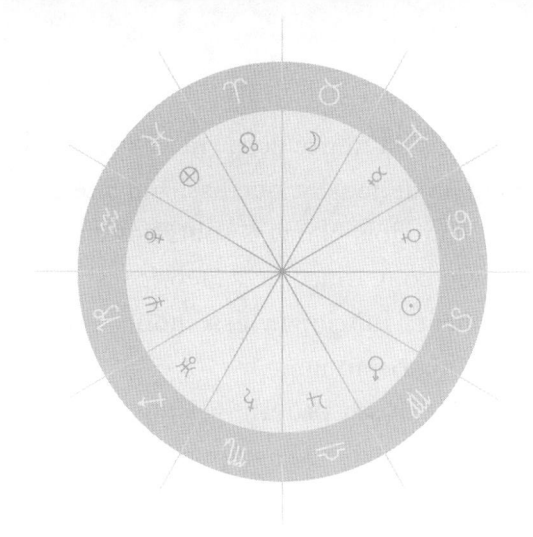

Módulo 10
Padrões de Mapas

Um horóscopo é como o indivíduo que representa: em primeiro lugar, deve ser visto como um todo e, depois, dividido. O fato de o Sol estar em Virgem e a Lua e os outros planetas estarem igualmente colocados em vários pontos do zodíaco não tem nenhum valor real, a não ser que seja relacionado com o padrão do mapa todo e, assim, inserido no contexto global da vida da pessoa. O delineamento de qualquer mapa, em última análise, acaba se subdividindo nos detalhes dos signos, das casas, dos aspectos e de outros fatores. Pode-se fazer isso de maneira muito mais inteligente quando o intérprete tem noção total do horóscopo ou, como preferimos dizer, *visão geral*.

O astrólogo Marc Edmund Jones foi o primeiro a usar os padrões, a que deu o nome de *determinantes focais*. Os livros de Jones, *The Guide to Horoscope Interpretation* e *Essentials of Astrological Analysis*, são muito esclarecedores a respeito do assunto que abordamos neste módulo. Jones classificou esses determinantes focais, que são basicamente formas geométricas, em *sete tipos básicos*, identificáveis numa rápida olhada. O astrólogo Robert Carl Jansky pesquisou bastante e em profundidade o material original de Jones e acrescentou um oitavo tipo, que chamou de *padrão ventilador*. Ele e Marion March tiveram várias discussões sobre um possível nono tipo, e, depois da morte dele, em 1980, Marion e seus alunos trabalharam na ideia de Jansky, que basicamente consiste num padrão ventilador, mas com dois planetas solitários em vez de um. Após um ano trabalhando com afinco nessa teoria, estamos satisfeitos com o fato de ela realmente funcionar. Esse nono tipo parece um *carrinho de mão* e funciona como um.

Na nossa própria pesquisa, constatamos que os oito tipos básicos de padrões são importantes, porque parecem levar todo mapa, ou todo indivíduo, numa direção definida. As palavras-chave que damos a cada padrão mostram a direção. Verificamos que determinados horóscopos não se enquadram em nenhum dos oito padrões, e é exatamente isso que torna valiosa a leitura de padrões. Nem todos os mapas têm motivação global; apenas os que realmente apresentam essa motivação devem ser interpretados em termos de padrão definido.

Dividimos os nove padrões possíveis de um horóscopo em três categorias:

1) Uniforme ou interconectado: Espalhado, Locomotiva, Tigela, Feixe
2) Biforme ou dividido em duas áreas: Gangorra, Balde, Ventilador
3) Triforme ou dividido em três áreas: Tripé, Carrinho de Mão

Para determinar o padrão, *usamos apenas os dez planetas*. Ao traçar os mapas, é recomendável desenhar os planetas com uma cor, e todos os outros fatores (nodos, partes etc.) com outra. Jones usava uma abordagem totalmente visual; Jansky utilizava uma abordagem visual e matemática. Por exemplo, o padrão *tripé* (que Jones chamava de *chanfrado*) divide o mapa em três áreas distintas, onde os planetas se aglomeram, e o restante do mapa fica vazio. Jones achava que, se parece haver três áreas, isso é suficiente. Jansky achava que, para ser um tripé perfeito, as três áreas deviam estar ligadas por trígonos entre pelo menos um dos planetas de cada grupo. Evidentemente, o método de Jansky é até mais completo, pois temos não só uma direção visual, mas também astrológica. Entretanto, achamos que as duas abordagens funcionam. A seção a seguir descreve e ilustra cada um dos padrões, divididos em categorias.

Padrões Uniformes ou Interconectados
Padrão Espalhado

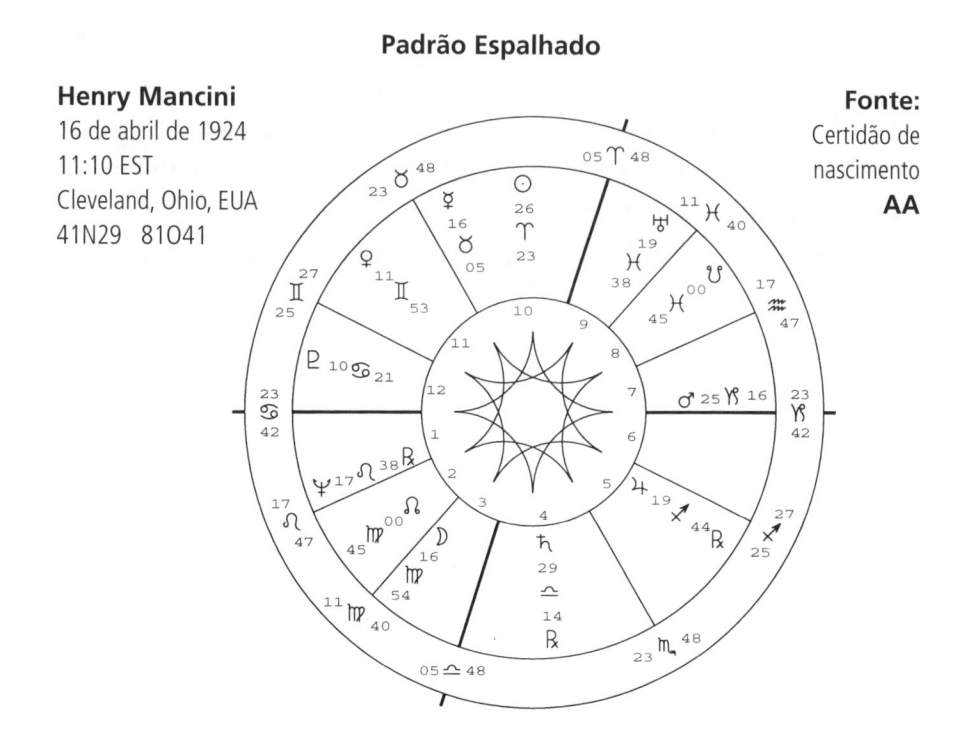

Neste padrão, todos os dez planetas estão bem divididos pela Roda. De modo ideal, não há conjunções. A colocação dos planetas não faz diferença; o que conta é o padrão. Ele mostra o tipo de pessoa universal, capaz de fazer bem um grande número de coisas; quando uma porta se fecha, ela é capaz de abrir a seguinte. Pode criar ordem onde existe confusão. Pelo lado mais negativo, o mapa no padrão espalhado indica uma pessoa que desperdiça energia ou a espalha em todas as direções. Veja o horóscopo de Henry Mancini para ter um exemplo.

Padrão Locomotiva

Neste padrão, todos os dez planetas estão posicionados em 2/3 do mapa, deixando um trígono vazio (um segmento de 120º). De acordo com Jansky, essa configuração não é válida se houver no padrão espaço vazio superior a 65º. A locomotiva dá certo equilíbrio, pois o trígono vazio, simbolicamente, fornece livre gama de experiências em contraposição à gama limitada contida nos 2/3. Entretanto, pode causar forte sensação de carência, forçando o indivíduo a resolver problemas ou executar tarefas. Mostra a pessoa autodirigida, que emprega muito poder para conseguir suas realizações. Em geral, ela é movida por fatores externos, não pelas próprias tendências. Contudo, tem muita capacidade prática e pode ir longe quando usa essa habilidade de forma positiva. Esse padrão é o terceiro mais comum. É importante determinar o "motor" desse padrão, o planeta que põe a locomotiva em movimento.

O mapa de Timothy Leary serve como exemplo do padrão locomotiva. O motor nesse mapa é Plutão. Ao longo dos anos, os planetas avançam: Urano progride de Peixes para Áries, e a Lua, de Aquário, para Peixes. Entretanto, quando todo o mapa avança em sentido horário, Capricórnio passa para o Ascendente, seguido de Aquário; e, assim, Plutão puxa todos os planetas, como o motor puxa o trem. Você também pode observar o planeta "vagão", que nesse mapa é Urano. Portanto, Timothy Leary era o condutor, motivado por seu motor (Urano), e teve sucesso em sua abordagem única da vida (Urano).

Padrão Locomotiva

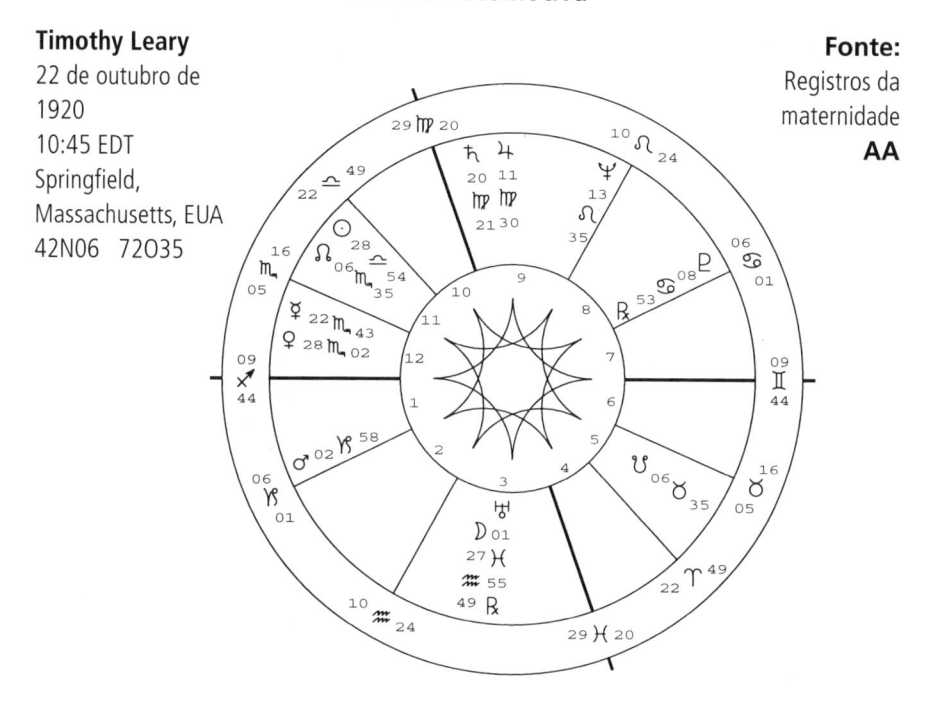

Timothy Leary
22 de outubro de
1920
10:45 EDT
Springfield,
Massachusetts, EUA
42N06 72O35

Fonte:
Registros da
maternidade
AA

Padrão Tigela

Neste padrão, todos os planetas ficam de um lado do zodíaco e ocupam apenas metade do mapa (ou 180°). Esse padrão é ainda mais pronunciado quando estão envolvidos os ângulos (divisão pelo Equador ou meridiano). De modo ideal, os dois planetas que formam a borda da tigela deveriam estar em oposição entre si. A pessoa com o padrão tigela é muito independente, bastante subjetiva e, muitas vezes, convencida. Pode precisar ajudar alguma causa ou cumprir alguma missão. A parte não ocupada do mapa torna-se seu desafio – a qualidade desconhecida que o indivíduo deseja e precisa compreender para funcionar adequadamente.

Veja o mapa da atriz Candice Berger a seguir para ter um exemplo do padrão tigela. No caso dela, a maioria dos planetas está no

Padrão Tigela

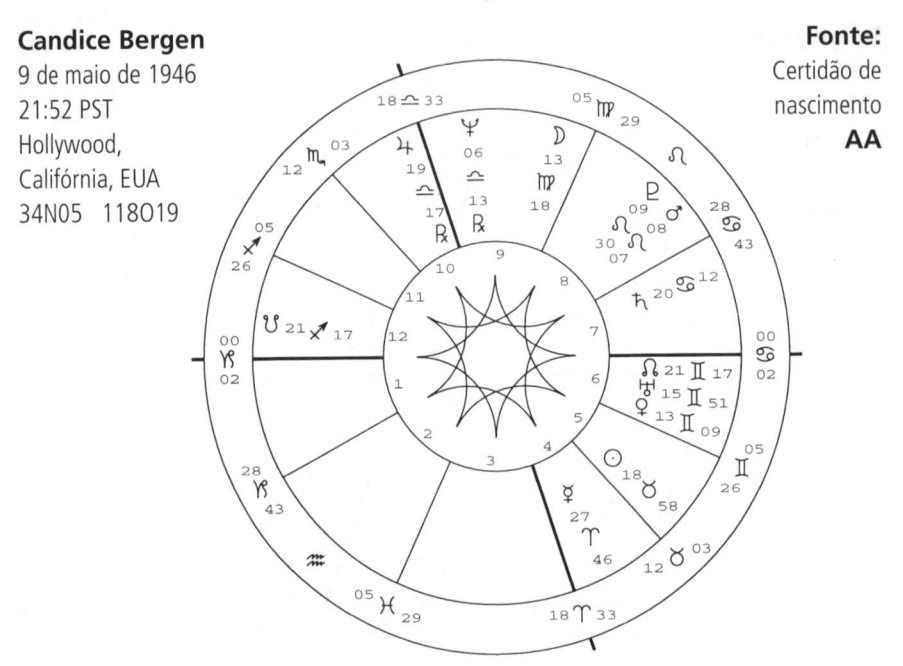

Candice Bergen
9 de maio de 1946
21:52 PST
Hollywood,
Califórnia, EUA
34N05   118O19

Fonte:
Certidão de
nascimento
AA

lado ocidental do mapa. O desafio de Candice foi se tornar independente, fazer as coisas por si mesma, utilizar o lado praticamente vazio ou oriental do mapa.

Padrão Feixe

Este padrão (também chamado de "cunha") é quase o oposto do padrão espalhado. Os dez planetas se concentram nos estreitos limites de um trígono; assim, o foco é muito unilateral; as energias são tremendamente concentradas e limitadas. Contudo, o indivíduo é capaz de fazer muito com pouco e, muitas vezes, obtém resultados inesperados. Usado positivamente, a pessoa pode começar de modo modesto e, depois de vencer as fronteiras do padrão, construir sobre bases sólidas. Usado negativamente, pode ser um pouco inibida ou tentar impor aos outros seus pontos de vista limitados.

Padrão Feixe

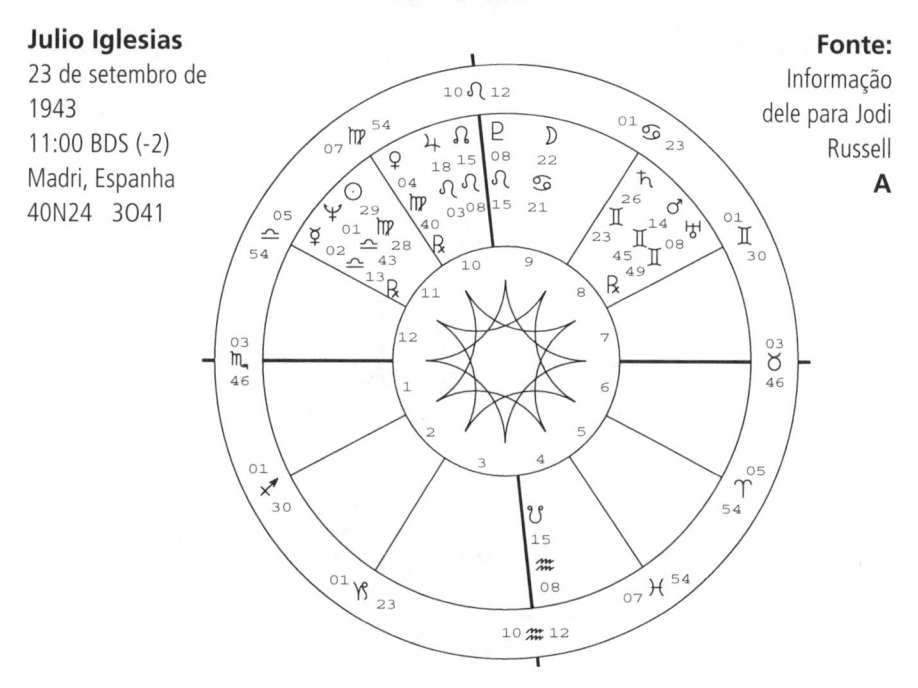

Julio Iglesias
23 de setembro de
1943
11:00 BDS (-2)
Madri, Espanha
40N24 3O41

Fonte:
Informação
dele para Jodi
Russell
A

O cantor espanhol Julio Iglesias tem um mapa que ilustra o padrão feixe. Iglesias serve como exemplo típico de alguém que veio de baixo e descobriu um jeito todo próprio de cantar que conquistou o coração de mulheres do mundo todo. Evidentemente, o trígono entre Urano e Mercúrio, os dois planetas do feixe, ajudou a fazer sua carreira (Mercúrio na casa 10) agradar tanto ao público (Urano na casa 7).

Padrão Biforme ou Dividido em Duas Áreas
Padrão Gangorra

Neste padrão (também chamado de "ampulheta"), encontramos dois grupos de planetas em oposição entre si; por exemplo, duas casas com planetas em oposição a três casas com planetas. De acordo com

Padrão Gangorra

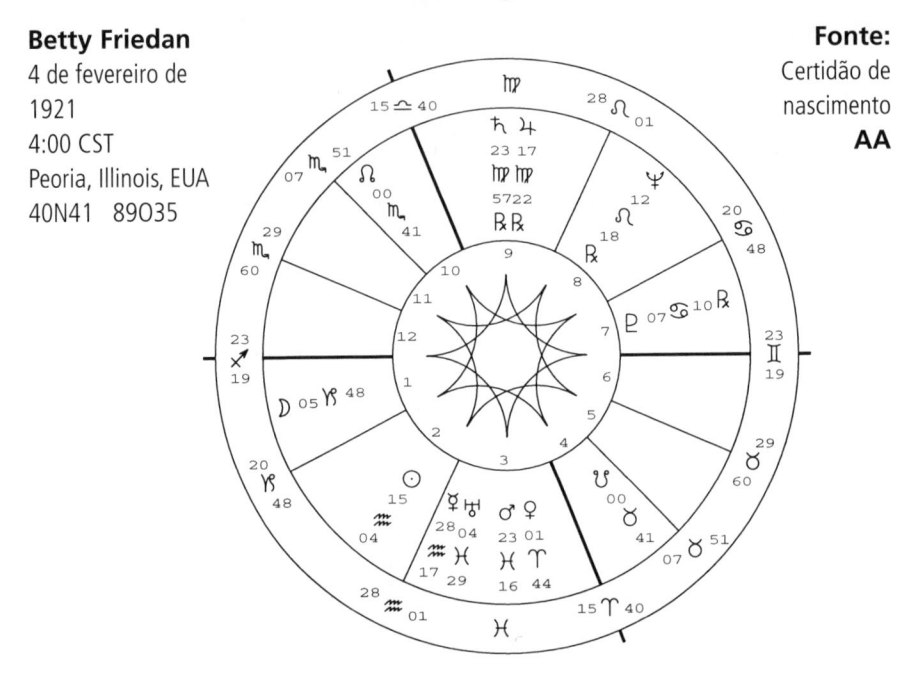

Betty Friedan
4 de fevereiro de 1921
4:00 CST
Peoria, Illinois, EUA
40N41 89O35

Fonte:
Certidão de nascimento
AA

Jansky, esse padrão requer quadratura de espaço vazio de um lado e mais que um sextil de espaço vazio do outro. É o mais comum de todos os padrões.

O mapa da ativista do feminismo Betty Friedan (acima) serve como exemplo do padrão gangorra. Aqui você precisa aprender a pesar e equilibrar sua vida, pois seu padrão natural é o de uma gangorra, sempre impulsionado primeiro em uma direção, depois em outra, assim como Betty Friedan – a dona de casa e mãe *versus* a feminista e escritora. Você pode ter uma inclinação para agir levando em conta o ponto de vista contrário e, por isso, tende a viver num mundo de conflitos. Entretanto, quando essa energia é usada positivamente, o indivíduo é capaz de realizações singulares, pois adquire a verdadeira consciência por meio da compreensão e do uso da polaridade oposta. O uso negativo leva ao desperdício de tempo e energia.

Padrão Balde

Este padrão parece um balde com uma alça. A "alça", ou "planeta solitário", se torna demasiadamente importante; representa o canal de saída das energias armazenadas no balde. É esse planeta solitário que pode indicar capacidade ou talento especial por meio do qual o indivíduo vai se expressar. A posição do planeta solitário também é importante. Se a alça fica reta em relação ao balde, a pessoa sabe o que fazer e que providências tomar. Se ela se inclina para a esquerda, sabe e sente o que quer, mas perde metade do vapor no processo de busca do objetivo e, assim, precisa se esforçar mais. Se ela se inclina para a direita, o indivíduo exagera na atividade e se empenha mais que o necessário. Quando funciona positivamente, a nativo com o padrão do tipo balde pode inspirar ou ensinar os outros; no pior dos casos, torna-se um agitador. O padrão balde é o segundo mais comum.

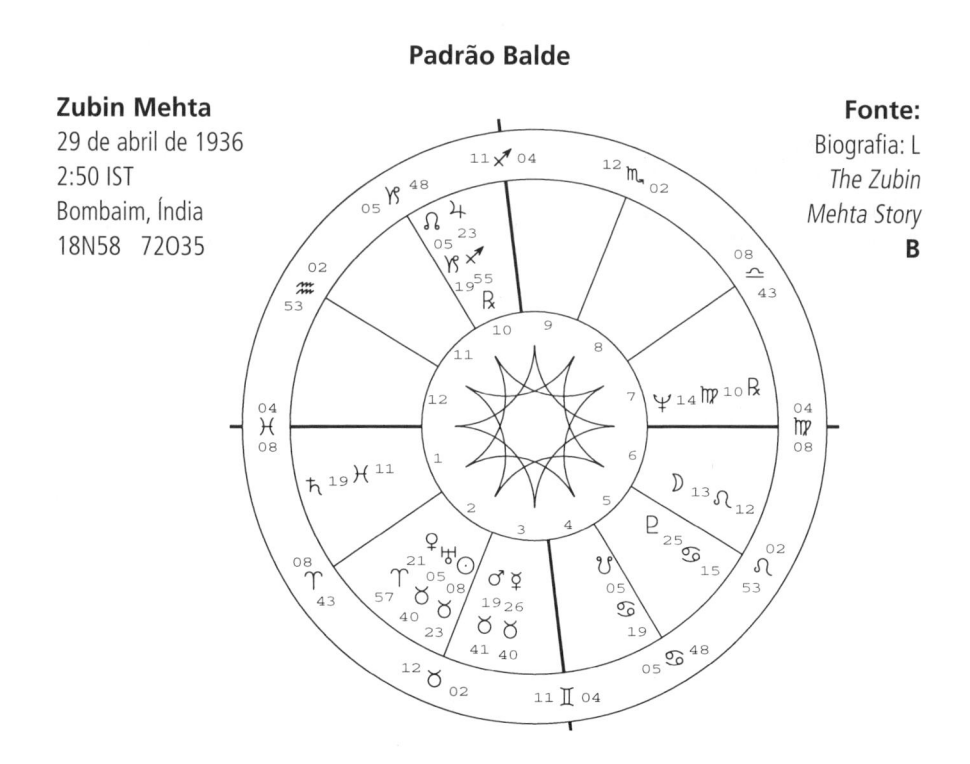

Padrão Balde

Zubin Mehta
29 de abril de 1936
2:50 IST
Bombaim, Índia
18N58   72O35

Fonte:
Biografia: L
The Zubin Mehta Story
B

O horóscopo do maestro Zubin Mehta serve como exemplo do padrão balde. A alça do mapa de Mehta é bem reta (Júpiter, o planeta solitário, está a 94° do planeta lateral Netuno e a 99° do outro planeta lateral, Saturno).

Padrão Ventilador

Este padrão, cujo nome foi cunhado por Jansky, é semelhante ao padrão balde; porém, em lugar de uma tigela, temos um feixe bem amarrado e um planeta solitário como válvula de escape para todas as energias. Mas há mais uma diferença entre os dois padrões. No balde, o solitário parece efetivamente funcionar como válvula de escape para os nove planetas contidos na tigela. No padrão ventilador, ele parece funcionar mais como o "abastecedor" da tigela, como se

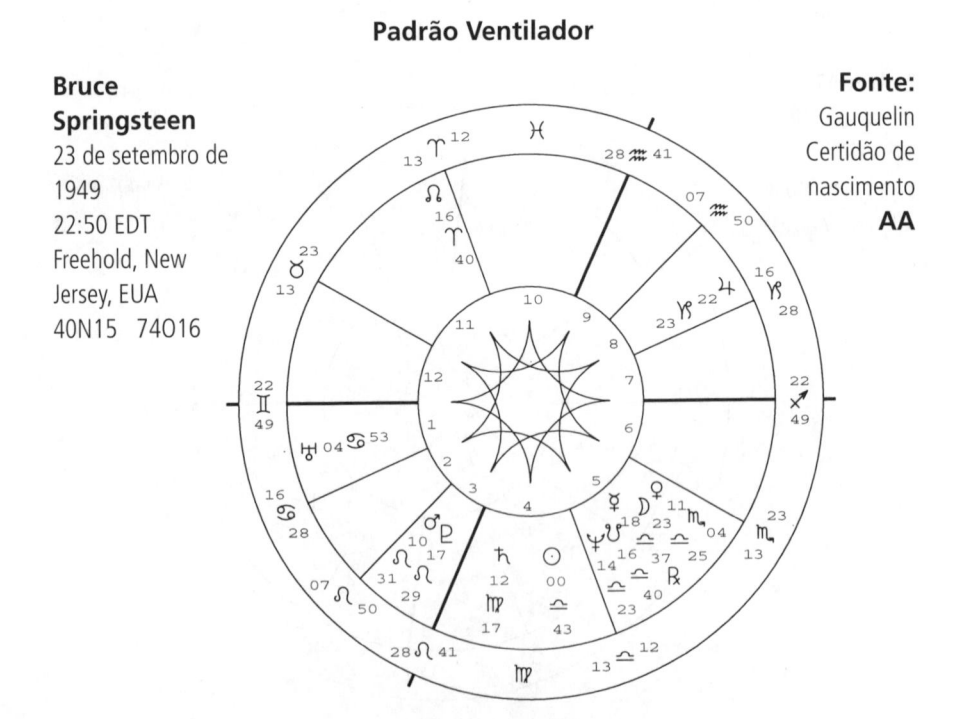

Padrão Ventilador

Bruce Springsteen
23 de setembro de 1949
22:50 EDT
Freehold, New Jersey, EUA
40N15 74016

Fonte:
Gauquelin
Certidão de nascimento
AA

ocupasse o assento do motorista, direcionando a ação da tigela. Jansky acredita que a alça do feixe é o efeito, enquanto a da tigela é a causa. Assim, a interpretação resultante é quase oposta, e o ímpeto gerado é ainda maior.

O mapa do músico Bruce Springsteen serve de exemplo do padrão ventilador. No caso de Springsteen, a generosidade, a liberalidade e a imaginação de Júpiter, assim como a profundidade da casa 8, imbuem todo seu mapa e dão ao cantor todo brilho que encanta o público.

Padrões Triformes ou Divididos em Três Áreas
Padrão Tripé

Este padrão (denominado "padrão salpicado" por Jones) tem três pontos diferentes no mapa, e, quando é perfeito, alguns dos planetas

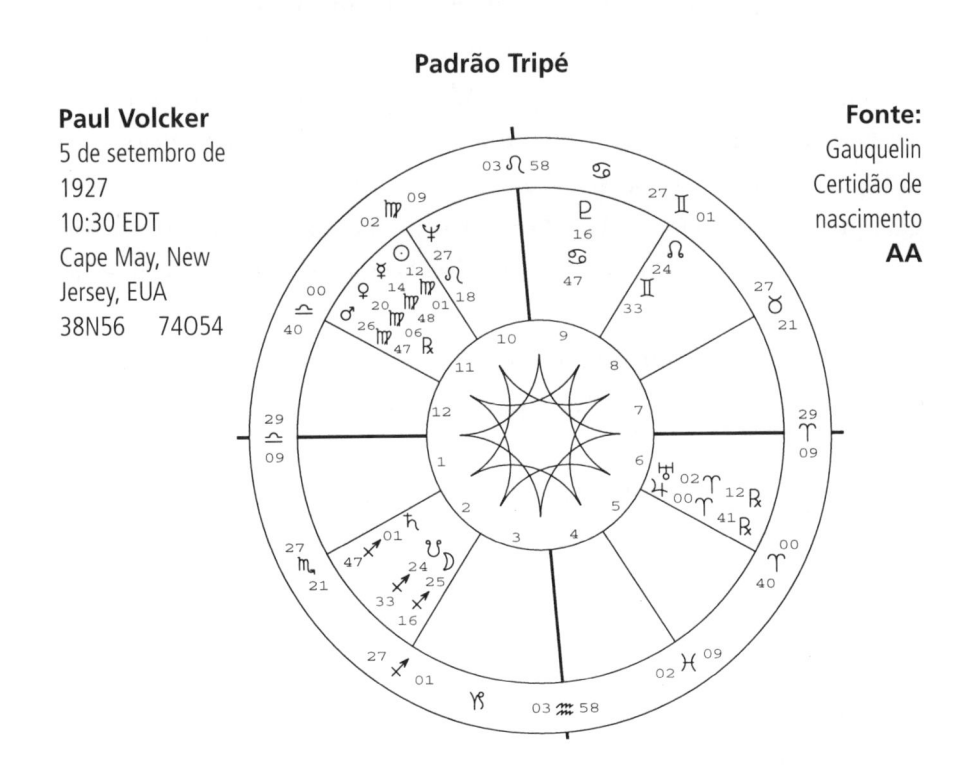

Padrão Tripé

Paul Volcker
5 de setembro de 1927
10:30 EDT
Cape May, New Jersey, EUA
38N56   74O54

Fonte:
Gauquelin
Certidão de nascimento
AA

nesses três pontos formam um grande trígono. Entretanto, até mais benéfico que esse grande trígono é a firme plataforma que esse padrão proporciona, muito semelhante às três bases de um tripé. Esse padrão tem grande ímpeto e raramente se limita a um ponto de aplicação. O fluxo harmonioso criado pelos três pontos, um atingindo o outro, sempre constitui uma boa ajuda.

O horóscopo do banqueiro Paul Volcker ilustra o padrão tripé. Volcker, o brilhante presidente do Banco Central norte-americano, tem três áreas distintas em seu mapa. Júpiter e Urano estão num dos três aglomerados; Saturno e Lua, em outro; e Plutão, Netuno, Sol, Mercúrio, Vênus e Marte no terceiro grupo. Isso dá a Volcker sustentação melhor que qualquer grande trígono.

Padrão Carrinho de Mão

Este padrão contém no trígono a forma de um carrinho de mão, enquanto dois planetas solitários formam as alças. Se perfeitas, as alças são equidistantes do balde, mas podem estar tão perto quanto um sextil ou tão distante quanto um quincunce. A colocação uniforme ou desigual dessas alças parece fazer diferença no modo como as energias podem ser usadas. Ao observar centenas de padrões, descobrimos que o mapa ainda pode ser considerado um carrinho de mão mesmo quando a parte principal é um pouco menor (um quadrado) ou maior que um feixe ou trígono. A questão importante parece ser: "Onde estão as alças e até que ponto permitem que você equilibre o carrinho de mão e a carga nele contida?".

O ator Robin Williams tem padrão carrinho de mão no mapa. Pelo fato de esse ser um padrão novo, vamos descrever brevemente os conceitos mais importantes da relação das alças com o restante do mapa de Robin Williams. A parte do "carrinho" do padrão carrinho de mão é muito estreita, contida em uma quadratura (Urano a 10° de Câncer a Netuno a 16° de Libra, um desafio para enfrentar sua

Padrão Carrinho de Mão

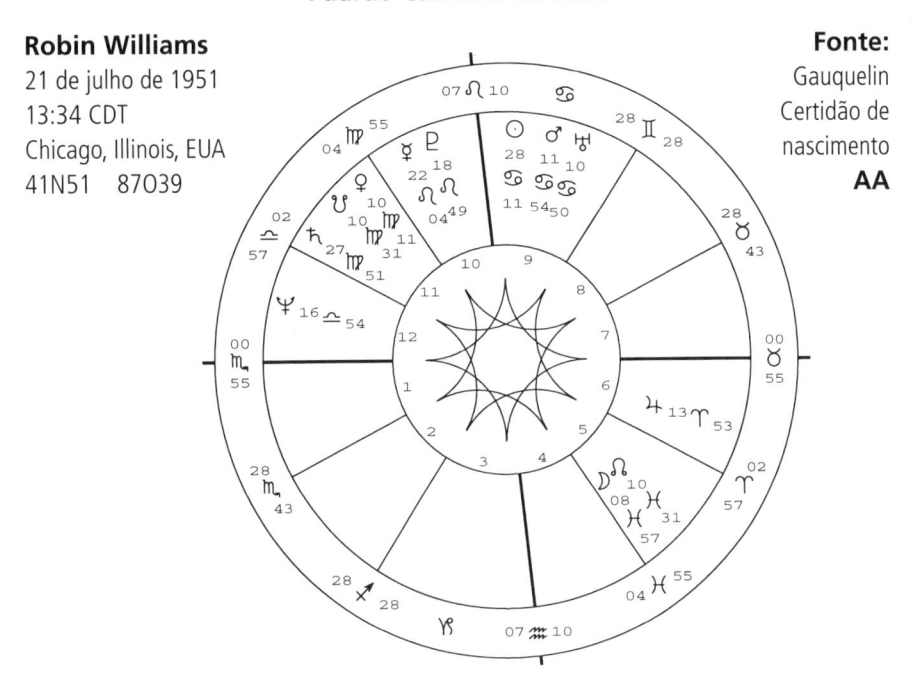

Robin Williams
21 de julho de 1951
13:34 CDT
Chicago, Illinois, EUA
41N51 87O39

Fonte:
Gauquelin
Certidão de nascimento
AA

realidade). As alças são muito desiguais, com Júpiter na casa 6 (do trabalho) a apenas 87° do planeta Urano. A Lua, a segunda alça, na criativa casa 5, está a 142° do outro planeta lateral, Netuno, na casa 12. Será difícil para ele equilibrar a parte do corpo ou do "carrinho" do carrinho de mão que se inclina para a direita e, portanto, enfatiza a parte Urano/Júpiter de sua natureza, enquanto reprime o lado Lua/Netuno. O público vê sua singularidade, enquanto ele esconde seu lado terno e emotivo.

Teste de Revisão

Interprete o padrão feixe do mapa de Julio Iglesias. Nossa interpretação está no Apêndice. Para melhor aprendizado, tente também delinear sozinho os outros mapas deste capítulo.

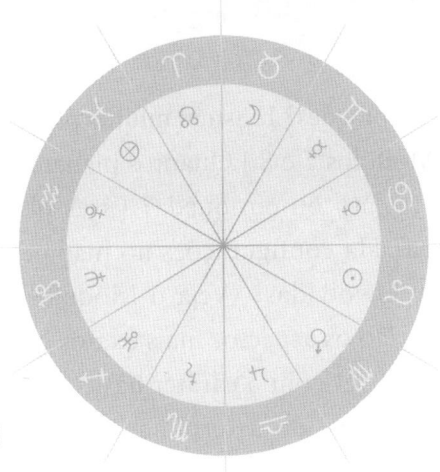

Módulo 11
A Visão Geral do Mapa

Já falamos repetidas vezes em observar o mapa como um todo e examinar a visão geral básica do horóscopo. No Volume I da trilogia *Curso Básico de Astrologia*, antes de pedir que você delineasse o horóscopo de Mozart conosco, apresentamos uma visão geral sucinta, com base no conhecimento que você tinha àquela altura. Naquela ocasião, enfatizamos – e tornamos a fazê-lo – que cada pessoa é única; portanto, primeiro precisamos olhar o quadro como um todo e depois dissecá-lo. Esse quadro, que chamamos de visão geral, precisa estar *sempre* em mente quando se delineia planeta por planeta e aspecto por aspecto. É esse apanhado, ou visão geral, que lhe dá discriminação e discernimento na escolha das palavras e frases-chave.

Para efetivamente ver a pessoa como um todo, começamos com o mais óbvio: a aparência visual do horóscopo. Quantos planetas há acima e abaixo do horizonte? Quantos planetas há a leste e a oeste do meridiano? O horóscopo tem padrão planetário? (Veja o Módulo 10.) Como estão distribuídos os elementos e as qualidades? Há compensação por posicionamentos por casa? Existe uma marca? (Veja Módulo 6.) Há dispositor final e recepção mútua? Qual é o planeta regente do mapa? Ou existe um planeta em alto foco? (Veja o Módulo 9.) Há interceptações? Existem muitos planetas retrógrados ou nenhum? (Veja os Módulos 7 e 8.) Quantos planetas estão dignificados, exaltados, em detrimento ou em queda? Esses planetas são muito importantes no mapa? Há configurações no mapa e, em caso positivo, quantas casas estão envolvidas? (Veja o Módulo 6.) Se não houver configurações, quais são os aspectos mais exatos que vão gerar a maior energia e têm muito a ver com o caráter básico do indivíduo?

Depois de determinar todos esses fatos, você deverá ter uma ideia razoavelmente boa do tipo de pessoa com a qual está lidando. Nunca se esqueça disso! Se a visão geral mostra uma pessoa um tanto mutável, versátil, com mapa no padrão espalhado, mesmo o Sol mais fixo vai ter de ser delineado de acordo com esse fato. O Sol fixo pode ajudar a controlar a tendência à dispersão, mas não vai ser tão obstinado quanto um Sol fixo num mapa muito fixo.

É mais fácil aprender por meio de exemplos. Vamos considerar a visão geral do mapa de Hermann Hesse (veja página 101). Há quatro planetas acima e seis planetas abaixo do horizonte, uma divisão mais ou menos igual, mostrando integração entre objetividade e subjetividade, capacidade de autoexame e de ação exterior. Há quatro planetas a leste e seis a oeste do meridiano. Novamente, uma divisão não muito importante, indicando que, embora às vezes seja dependente dos outros ou precise deles, Hesse também é capaz de ser ele mesmo, com liberdade para escolher seu destino.

O horóscopo de Hesse tem padrão planetário definido: um balde, cuja alça é Júpiter. Júpiter já é importante nesse mapa porque é angular (está na primeira casa) e o regente do mapa, dignificado em Sagitário. Agora vemos que Júpiter recebe ainda maior ênfase por servir de canal de vazão para as energias armazenadas do restante do mapa. Essa alça, ou planeta solitário, inclina-se para a esquerda; embora aparentemente Hesse soubesse o que queria, é possível que, às vezes, tivesse dificuldade de ir até o fim, o que é confirmado pela grande mutabilidade do mapa.

Como o planeta solitário pode indicar talento ou capacidade especial através dos quais Hesse poderia se expressar, notamos também que Júpiter está retrógrado (veja nosso delineamento no Módulo 7) e envolvido em duas configurações – uma cruz T e um *yod*. As enormes energias geradas pela quadratura T podem ser usadas positivamente através do trígono com Urano (o despertador) no dramático signo de Leão, na sempre profunda e, muitas vezes, oculta casa 8. Urano forma sextil com Mercúrio, que faz parte da quadratura T, confirmando a capacidade de utilizar Urano.

O *yod*, composto de um quincunce de Júpiter com Plutão e Vênus (Plutão e Vênus estão em sextil), faz de Júpiter o dedo, ou planeta focal, ao qual Plutão e Vênus precisam se ajustar. Isso indica expansão pessoal (Júpiter na casa 1) por meio de assuntos da casa 8, de maneira sensível (Câncer) por intermédio da criatividade (casa 5) e da regeneração (Plutão), porém de forma tangível (Touro). Assim, esse talento especial precisava ser desenvolvido a partir do interior (Júpiter retrógrado), com todo idealismo e inclinação filosófica inerentes a Sagitário, na expansão da personalidade, à medida que Hesse crescia e amadurecia, com o desafio de Saturno na casa 3, da comunicação, no sensível signo de Peixes, dando-lhe também a disciplina necessária para se manter no rumo.

A quadratura de Júpiter com a Lua era menos produtiva, às vezes até autoindulgente, mas dava a Hesse certa generosidade de espírito e muita energia nervosa. Como esses dois planetas estão num signo interceptado, as emoções e a sensibilidade são intensificadas e dirigidas para dentro. As incertezas e o desequilíbrio entre o pensamento de Júpiter, colorido pelo otimismo e pelas fantasias, e o pensamento racional de Mercúrio (em Gêmeos), além da vontade de aprender e comunicar o que aprendeu, entram em ação quando essa oposição é usada para adquirir consciência das necessidades próprias e dos outros.

Hesse não tem dispositor final nem recepção mútua, e já vimos que Júpiter é o planeta em alto foco, o regente do mapa e integrante de duas configurações. Seus cinco planetas mutáveis e seus cinco planetas em signos de Água equivalem a uma marca de Peixes, enfatizando novamente a sensibilidade de sua natureza, já evidente com sua submarca, que era Libra na casa 7, sugerindo que Hesse precisava ver a reação (e às vezes os aplausos) de terceiros. Ele não tinha planetas nas casas de bens materiais, mas tinha dois planetas no elemento Terra; portanto, não havia falta de Terra. Mesmo assim, faltava-lhe um pouco de praticidade. Como dissemos no Módulo 5, Hesse sentiu dificuldade de encontrar a verdadeira vocação na vida.

Já discutimos a dignidade de Júpiter, mas Mercúrio também está dignificado em Gêmeos. É igualmente angular e rege a casa 7 dos parceiros e do público, onde está posicionado. Mercúrio faz parte de uma quadratura T; forma sextil exato com Urano. Assim, Mercúrio se torna outro planeta muito importante no horóscopo de Hesse. Mercúrio em Gêmeos exige lógica fria e distanciada. A marca de Peixes com que Hesse se equipara e os planetas em Peixes em quadratura com Mercúrio necessitam de sentimentos, emoções e expressão poética. Portanto, a despeito dos aspectos, é preciso ter em mente essa dicotomia interna quando do delineamento do horóscopo de Hesse.

Também observamos que Urano e Plutão estão nos signos de seu detrimento. Urano está na casa 8 (Escorpião), onde funciona muito bem, e forma dois trígonos e dois sextis, que ajudam muito. Plutão não está muito bem em Touro nem à vontade na casa 5 (Leão). Entretanto, todas as tensões e lutas internas da vida de Hesse acabaram se expressando por meio de uma criatividade (casa 5) intensa (Plutão). Em outras palavras, o fato de uma coisa ser difícil não significa que não vá ou não possa funcionar; muito pelo contrário, num mapa ativo e integrado como o de Hermann Hesse, pode ser o desafio necessário para forçá-lo a produzir.

Hesse também tinha dois trígonos quase exatos, Sol em trígono com Marte e Urano em trígono com o Ascendente, que serviram como boas válvulas de escape para as tensões geradas pela quadratura T e pelo *yod*. O trígono entre o Sol na casa 7, do público, e Marte na casa 3 evidentemente ajudou Hesse a se comunicar e se expressar. O lugar onde encontramos Marte no mapa é onde desejamos agir, e agimos. Hesse, sem dúvida, se expressou, e de modo muito pisciano, como atestam todos os seus livros.

Depois de se familiarizar com o mapa por meio da visão geral, você já deverá ter uma boa ideia de quem era esse homem, o que o caracterizava e por quê. Agora é hora de desmembrar o mapa, delineá-lo passo a passo, tendo sempre em mente a visão geral durante o processo. Depois de terminar o delineamento básico (conforme ensinamos no Volume I), prossiga com o aprendizado que lhe possibilitamos com este livro.

Teste de Revisão

Interprete a visão geral do horóscopo de Joan Sutherland (mapa na p. 386). Nossa interpretação pode ser encontrada no Apêndice.

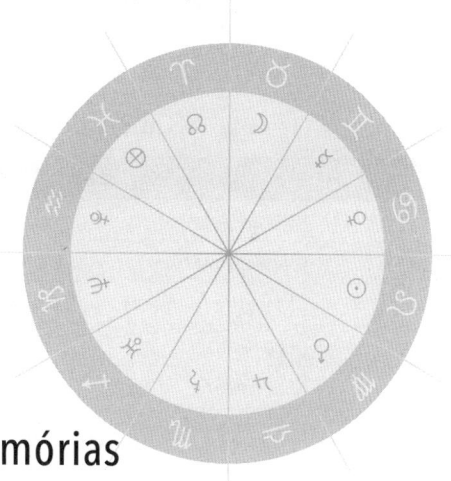

Módulo 12
Decanatos e Dodecatemórias

Decanatos

Para aperfeiçoar ainda mais a leitura do horóscopo, existe um método chamado *decanatos*. Os decanatos (derivado da palavra "deca", que significa dez) dividem cada signo (que contém exatamente 30°) em três partes de 10° cada. O regente dos primeiros 10° de um signo é o regente daquele signo. Por exemplo, Áries de 0° a 9°59' é puro Áries regido por Marte. O segundo decanato, ou decanato de Leão, de 10° a 19°59' de Áries, é regido pelo Sol; o terceiro decanato, ou decanato de Sagitário, de 20° a 29°59', é regido por Júpiter. Como se pode ver, cada decanato é regido por um dos planetas associados aos outros dois signos da triplicidade – nesse caso, a triplicidade dos signos de Fogo: Áries/Leão/Sagitário.

Assim, uma pessoa que tem o Sol a 15° de Áries age de maneira diferente de outra cujo Sol está a 22° de Áries. No primeiro caso, é preciso acrescentar alguns dos atributos de Leão/Sol; no segundo, olhamos para Júpiter (regente de Sagitário) para ver que qualidades devem ser acrescentadas.

A seguir há uma tabela para facilitar a determinação dos decanatos:

Tabela dos Decanatos

	0° – 9° 59'	10° – 19° 59'	20° – 29° 59'
Áries	Marte (Áries)	Sol (Leão)	Júpiter (Sagitário)
Touro	Vênus (Touro)	Mercúrio (Virgem)	Saturno (Capricórnio)
Gêmeos	Mercúrio (Gêmeos)	Vênus (Libra)	Urano (Aquário)
Câncer	Lua (Câncer)	Plutão (Escorpião)	Netuno (Peixes)
Leão	Sol (Leão)	Júpiter (Sagitário)	Marte (Áries)
Virgem	Mercúrio (Virgem)	Saturno (Capricórnio)	Vênus (Touro)
Libra	Vênus (Libra)	Urano (Aquário)	Mercúrio (Gêmeos)
Escorpião	Plutão (Escorpião)	Netuno (Peixes)	Lua (Câncer)
Sagitário	Júpiter (Sagitário)	Marte (Áries)	Sol (Leão)
Capricórnio	Saturno (Capricórnio)	Vênus (Touro)	Mercúrio (Virgem)
Aquário	Urano (Aquário)	Mercúrio (Gêmeos)	Vênus (Libra)
Peixes	Netuno (Peixes)	Lua (Câncer)	Plutão (Escorpião)

Como se pode ver na tabela, os primeiros 10° de cada signo têm conotação total daquele signo e de seu regente, enquanto os 10° seguintes adquirem coloração do próximo signo da triplicidade do elemento em questão. A triplicidade do Ar vai de Gêmeos/Mercúrio para Libra/Vênus e para Aquário/Urano. Ou, se começarmos com Libra, o próximo decanato é Aquário/Urano, seguido de Gêmeos/Mercúrio. Se você conhece os elementos, não terá dificuldade de entender o princípio envolvido.

No horóscopo de Emily Dickinson (ver p. 140), o Sol está a 17° 53' de Sagitário; portanto, está no segundo decanato de Sagitário, regido por Marte. Ela tinha mais ambição do que se poderia supor a princípio, considerando-se o signo do Sol. Com Marte em Áries, Emily podia ser bem ousada e tinha muita energia e iniciativa. A Lua está a 23° 59' de Libra. O regente Vênus está na casa 1, da autoexpressão, no terceiro decanato, regido por Aquário/Urano. Urano está na casa 3, da comunicação, por isso é fácil ver por que Emily sentia necessidade de comunicar (casa 3) seus sentimentos (Lua).

O Sol de Joan Sutherland está a 14° 08' de Escorpião, no segundo decanato de Escorpião, ou decanato de Peixes, regido por Netuno em Leão. A esse Sol mais ou menos intenso e de sentimentos profundos precisamos acrescentar a sensibilidade de Peixes. Como Peixes é um signo mutável, também precisamos somar um pouco de flexibilidade à tendência de Escorpião à rigidez e à fixidez. Netuno está em Leão, regido pelo Sol, reforçando as tendências solares já existentes.

Naturalmente, o método dos decanatos pode ser usado com os dez planetas. Em nosso curso, sugerimos que seja utilizado, pelo menos, com o Sol, a Lua e o Ascendente, que representam as três facetas mais importantes do indivíduo.

Teste de Revisão

Delineie o Sol de Hermann Hesse por decanato. Nossa interpretação encontra-se no Apêndice.

Dodecatemórias

Este é outro método de divisão dos signos. Dodecatemória, termo derivado da palavra sânscrita *Dwadasamas*, que se traduz aproximadamente por "duodecimal", ou "dividido em doze partes", é um sistema muito antigo, da época dos caldeus, que enfoca uma área ainda mais específica de cada signo.

Não somos favoráveis ao uso desse método para propósitos gerais de delineação, mas há casos em que as dodecatemórias podem ser de muita valia; por exemplo, no caso de irmãos gêmeos, quando há pouca diferença nas posições planetárias. O decanato ajuda, porém a dodecatemória pode definir as diferenças mais sutis.

Para sua conveniência, apresentamos na página a seguir uma tabela completa de dodecatemórias. O princípio é fácil de entender: cada 2 ½° do signo assume um matiz de outro signo, desta vez não

Tabela das Dodecatemórias

Posição de Cada Signo	Áries	Touro	Gêmeos	Câncer	Leão	Virgem	Libra	Escorp.	Sagit.	Cap.	Aquário	Peixes
0° – 2 ½°	♈	♉	♊	♋	♌	♍	♎	♏	♐	♑	♒	♓
2 ½° – 5°	♉	♊	♋	♌	♍	♎	♏	♐	♑	♒	♓	♈
5° – 7 ½°	♊	♋	♌	♍	♎	♏	♐	♑	♒	♓	♈	♉
7 ½° – 10°	♋	♌	♍	♎	♏	♐	♑	♒	♓	♈	♉	♊
10° – 12 ½°	♌	♍	♎	♏	♐	♑	♒	♓	♈	♉	♊	♋
12 ½° – 15°	♍	♎	♏	♐	♑	♒	♓	♈	♉	♊	♋	♌
15° – 17 ½°	♎	♏	♐	♑	♒	♓	♈	♉	♊	♋	♌	♍
17 ½° – 20°	♏	♐	♑	♒	♓	♈	♉	♊	♋	♌	♍	♎
20° – 22 ½°	♐	♑	♒	♓	♈	♉	♊	♋	♌	♍	♎	♏
22 ½° – 25°	♑	♒	♓	♈	♉	♊	♋	♌	♍	♎	♏	♐
25° – 27 ½°	♒	♓	♈	♉	♊	♋	♌	♍	♎	♏	♐	♑
27 ½° – 30°	♓	♈	♉	♊	♋	♌	♍	♎	♏	♐	♑	♒

por elemento, mas pela ordem dos signos do zodíaco. A primeira dodecatemória de 2 ½° de Áries é puro Áries; a segunda dodecatemória de 2 ½° assume uma nuança de Touro; a dodecatemória seguinte, uma nuança de Gêmeos, e assim por diante, através dos doze signos. A primeira dodecatemória é sempre o mesmo signo que você está considerando. A primeira dodecatemória de Touro é Touro; a primeira dodecatemória de Gêmeos é Gêmeos, e assim por diante.

Usando novamente o horóscopo de Emily Dickinson, seu Ascendente em Escorpião estava na dodecatemória de Gêmeos, proporcionando destreza e capacidade de comunicação, reforçando seu Urano de casa 3. Suponhamos que Emily tivesse uma irmã gêmea, nascida cinco minutos depois dela. O Ascendente, nesse caso, estaria aproximadamente 2 ½° depois, ou a 21° 27' de Escorpião, funcionando num nível diferente da dodecatemória de Gêmeos de Emily.

Teste de Revisão

Delineie as dodecatemórias da Lua e do Ascendente de Farrah Fawcett. Compare a resposta com a nossa no Apêndice.

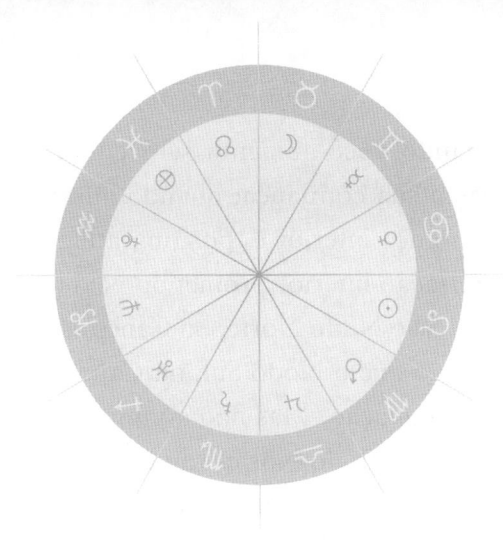

Módulo 13
Os Nodos Lunares

No Volume I de *Curso Básico de Astrologia* (Módulo 3 – "Os Planetas"), apresentamos uma breve descrição dos nodos da Lua. Explicamos que não se trata de planetas, mas de planos da longitude celestial, onde a Lua cruza a órbita do Sol (a eclíptica). Dissemos que o Nodo Norte (também chamado de Cabeça do Dragão) é considerado um ponto de ganho, aumento e acréscimo de confiança – o ponto em que você absorve ou recebe; o ponto no horóscopo cuja direção você deve se esforçar para seguir, no sentido de se realizar. O Nodo Sul (ou Cauda do Dragão) é um ponto de liberação ou abandono; é onde você precisa dar ou onde lhe tomam, e sua colocação no horóscopo é onde você pode optar pela saída mais fácil.

Como usamos os nodos lunares no curso para principiantes e no delineamento básico, gostaríamos de oferecer mais algumas frases-chave para ajudá-lo a compreender a natureza desses pontos sensíveis do mapa.

Se você visualizar um dragão, vai entender que a cabeça é onde ele começa a absorver ou ingerir. Quando come, o alimento é ingerido pela boca, localizada na cabeça. É assim que funciona o Nodo Norte; é o ponto onde se absorvem novos conhecimentos, novas ideias e ideais, tudo que é novo – portanto, é um ponto de ganho ou aumento.

Quando você aumenta seus conhecimentos, automaticamente aumenta sua confiança; quando aumenta sua confiança, você adquire segurança interior e, por fim, atinge o nível mais elevado de paz ou realização interior prometido pelo horóscopo.

Se o Nodo Norte, ou Cabeça do Dragão, é o ponto de absorção, é óbvio que o Nodo Sul, ou Cauda do Dragão, é o ponto de doação ou eliminação. Mas não estamos eliminando o conhecimento adquirido pelo Nodo Norte – ao contrário, estamos liberando o que já temos, o conhecimento, as ideias, as atitudes, a moral que já são parte de nós, baseados em nosso passado, em nossas memórias, em nossa infância ou, se desejarmos usar uma abordagem esotérica, em nosso passado em outras eras.

Parece que o lugar onde "nos tomam" ou "doamos" não é um lugar bom para onde fugir ou procurar a saída mais fácil, mas pense nisso: não é verdade que a maioria de nós prefere ficar com o que já sabe, ou o que é familiar, em vez de buscar o novo e, assim, o desconhecido? Não nos apegamos tanto quanto possível aos confortáveis sapatos velhos antes de comprar sapatos novos, que podem nos apertar ou espremer os pés? Esse é um lado do problema. O outro se baseia no fato de que a maioria das pessoas acha mais fácil dar de bom grado que receber de bom grado. Aceitar sem sentir sensação de obrigação parece mais difícil que dar, que faz com que nos sintamos bons e importantes. Se você mantiver isso em mente, vai compreender por que tendemos a fugir para o Nodo Sul em vez de usar o Nodo Norte para crescer e evoluir.

Nas efemérides, podem ser encontrados dois tipos de nodos. Todas as efemérides norte-americanas trazem o que comumente se denomina "nodos verdadeiros", os quais avançam alternadamente para a frente e para trás. Em um mês, podem retrogradar de 2 minutos a 2 ½ graus. Porém, em conjunto, seu movimento é sempre *retrógrado*. A maioria das outras efemérides apresenta os "nodos médios", os quais sempre se movem *para trás* e num passo médio de aproximadamente 3 1/3 minutos por dia ou 10 minutos a cada três dias.

Nenhum nodo é mais "verdadeiro" que o outro. A órbita da Lua em torno da Terra não tem movimento regular, por causa das oscilações chamadas "perturbações". Os nodos médios são calculados como se não houvesse perturbações, igualando a órbita por uma proporção "média". Os nodos verdadeiros são recalculados a cada vez que há uma oscilação na órbita, projetando uma nova órbita para cada perturbação. Neil Michelsen, que produziu as *American Ephemerides*, prefere o "Nodo Verdadeiro", porque nem pensaria em usar a posição "média" da Lua, embora esta seja muito mais fácil de calcular. A diferença de uma para outra efeméride pode ser de alguns graus. O Nodo Norte Médio de Hermann Hesse está a 4° 18' de Peixes, e o Nodo Norte Verdadeiro, a 2° 50' de Peixes. O Nodo Norte Médio de Farrah Fawcett está a 8° 27' de Gêmeos, e seu Nodo Verdadeiro, a 9° 46' de Gêmeos. Como em nosso delineamento dos nodos damos mais importância à posição por casa que aos aspectos, achamos que os dois sistemas são bons.

À medida que você se aprofunda na Astrologia, pode ser bom ler alguns livros muito interessantes sobre os nodos da Lua, baseados numa interpretação mais esotérica ou kármica. Achamos que nada disso é necessário no delineamento básico inicial. Na realidade, isso poderia colocar ênfase demasiada em algo que deveria ser interpretado apenas como um ponto ou área sensível do mapa, até você estar pronto para fazer um delineamento muito mais profundo. Entretanto, achamos realmente necessário examinar as posições ocupadas pelos nodos, dando maior ênfase às casas, e depois examinar o signo, para interpretar sua forma de expressão.

Para ilustrar, o Nodo Sul de Hermann Hesse está a 2° 50' de Virgem na casa 9, e o Nodo Norte, a 2° 50' de Peixes na casa 3. Sua resposta inicial e mais automática, portanto, seria a expressão pela casa 9 (mente superior, filosofias e crenças), à moda de Virgem, um pouco crítico em relação a si mesmo e aos outros, sempre analisando e dissecando tudo. No fim das contas, entretanto, para atingir seu potencial máximo, é preciso que ele use o Nodo Norte e comunique (verbalmente, por escrito ou pintando) seus sentimentos, suas emoções e sua espiritualidade. No caso de Hesse, isso se tornou mais fácil porque Saturno e a Lua em Peixes são o braço, ou ponto focal, de sua quadratura T (Módulo 6).

Farrah Fawcett tem o Nodo Norte na casa 12, a 9° 44' de Gêmeos. Está se expressando por intermédio do seu trabalho da casa 6, onde tem o Nodo Sul em Sagitário. Sua realização definitiva, entretanto, virá quando alcançar, ou se sintonizar, com o Nodo Norte na casa 12. Quando se interpreta qualquer ponto sensível, a casa 12 deve ser vista como o subconsciente e, muitas vezes, o ser interior ou oculto. Quando Farrah realmente olhar para dentro de si mesma à moda de Gêmeos (intelectual, distanciada, mental), vai encontrar paz de espírito e verdadeira segurança interior.

O Eixo Nodal

O eixo nodal, unindo um par de casas, parece fornecer algumas indicações a respeito da interação familiar. Aqui estão alguns exemplos:

Eixo Nodal nas Casas 1 e 7

A pessoa tem traços de caráter, personalidade e aparência visivelmente semelhantes aos de um dos pais ou avós.

Eixo Nodal nas Casas 2 e 8

O sistema de valores da pessoa é semelhante ao de um dos pais, ou de ambos. Muitas vezes, sua renda tem a mesma origem que a de um dos pais.

Eixo Nodal nas Casas 3 e 9

Aqui, a pessoa compartilha um ponto de vista religioso ou filosófico com um dos pais, com quem tem comunicação aberta e atuante.

Eixo Nodal nas Casas 4 e 10

Esse indivíduo, muitas vezes, segue os passos de um dos pais em termos de profissão. Os laços parentais são muito fortes.

Eixo Nodal nas Casas 5 e 11

Aqui, encontramos a pessoa que tem vida social com a família, em especial com os filhos, muitas vezes com a exclusão dos demais.

Eixo Nodal nas Casas 6 e 12

Este posicionamento pode indicar tendências hereditárias a doenças; o indivíduo e um dos pais apresentam os mesmos sintomas. Pode indicar forte laço intuitivo com um dos pais.

Em alguns livros de Astrologia, podem-se encontrar interpretações dos nodos em termos de relacionamentos ou envolvimentos sociais; como o indivíduo se relaciona com a sociedade como um todo ou com os costumes, a moral e as atitudes da sociedade. Pelo que observamos, essa interpretação não é tão relevante quanto a nossa, exceto em relação aos aspectos progredidos, que serão objeto de outro livro nosso.

Teste de Revisão

Delineie os nodos da Lua no horóscopo de Joan Sutherland (mapa na p. 386). Nosso delineamento está no Apêndice.

Módulo 14
Delineamento da Cúspide das Casas

No Volume I do *Curso Básico de Astrologia*, falamos de casas, signos nas cúspides dessas casas, significados das casas e dos planetas nas casas, mas ainda não explicamos realmente a importância do *signo* em cada cúspide. Esse é o assunto deste módulo. O procedimento, como tudo mais em Astrologia, é simples e lógico. Tome o significado da casa, combine com o signo da cúspide e acrescente uma coloração do regente desse signo.

Por exemplo: Hermann Hesse tem Capricórnio na cúspide da casa 2. As palavras-chave para essa casa são: *valores, posses, questões financeiras, capacidade de ganho, talentos* e *recursos interiores*. Com Capricórnio na cúspide, regido por Saturno em Peixes na casa 3, como Hesse se posicionaria a respeito dos assuntos da casa 2? Capricórnio é muito ambicioso e se esforça para conquistar as coisas, e essas são as qualidades perfeitas para ganhar dinheiro e acumular bens. Por ser um signo da casa 2, pode ser muito sério e disciplinado nas questões financeiras.

Mas perceba que o regente de Capricórnio, Saturno, está em Peixes na casa 3. Toda ambição e todo desejo de ganhar dinheiro e progredir na vida estão amenizados e são mais sutis, matizados por uma pincelada de criatividade. A posição da casa 3 indica grande necessidade de expressar recursos interiores e provável oportunidade de ganhar dinheiro com a comunicação de talentos (escrevendo, falando, cantando, pintando etc). Dê uma olhada nos aspectos de Saturno. Tem fluxo? Energia? Agora, aplique algumas palavras-chave para esses aspectos em relação ao modo como afetam as áreas da casa 2. Mercúrio forma quadratura com o muitas vezes pedante Saturno, o que pode indicar que Hesse tinha que desacelerar os pensamentos para encarar a necessidade de ganhar dinheiro, em vez de deixar que a imaginação prodigiosa desse a volta ao mundo. Mas o trígono formado por Vênus e Saturno deu a ele a oportunidade de disciplinar seu fluxo criativo (Vênus rege a casa 5) e produzir o suficiente para ganhar a vida (Vênus também rege o Meio do Céu).

A grande exuberância do Ascendente Sagitário e de Júpiter em Sagitário em conjunção com o Ascendente pode ser atenuada pela quadratura de Saturno, mas a movimentação desses dois planetas em conjunto pode mover montanhas. O quincunce de Urano pode trazer um pouco de pensamento independente, e Hesse gostava de ser único, mas nunca a ponto de perder de vista suas metas. A necessidade de disciplina de Saturno o ajudou a manter a linha. O sextil de Saturno com Plutão na casa 5 fala novamente da produção criativa de Hesse e de sua capacidade de comandar o modo como se expressava. (Hesse não só foi escritor prolífico, mas pintor muito talentoso, que também fez algumas ilustrações requintadas para seus livros.) Como dizemos um pouco mais adiante neste livro sobre a quadratura Saturno/Ascendente: "A vida é séria, a vida é severa", esse poderia ser o lema de Hesse. Ele teve que aprender a relaxar e realmente se divertir, todas as coisas importantes para assuntos da casa 2, como recursos, talentos, poder aquisitivo etc. A quincunce Saturno/Meio do Céu indica que ele teve que fazer alguns ajustes antes de alcançar, de fato, tudo que estava procurando.

Parece complicado? Na realidade não é, desde que você se lembre sempre do significado básico dos signos, das casas e dos aspectos, combinando-os como fizemos. Neste módulo, vamos fornecer frases-chave para cada signo na cúspide das casas. Entretanto, insistimos para que você não as use literalmente, porque não é assim que funcionam. Como acabamos de demonstrar com a casa 2 de Hermann Hesse, ela não funciona apenas no nível de Capricórnio. Funciona no nível Capricórnio/Peixes, mais a posição da casa 3 de Saturno e de seus aspectos. Os planetas posicionados numa casa lhe dão mais ênfase. A única ocasião em que se tem uma leitura exclusivamente de Capricórnio é quando Saturno está no signo de Capricórnio e na casa 10. Como isso só acontece raramente, é preciso fazer a combinação para compreender as linhas sutis que fazem de cada pessoa um indivíduo único.

Áries (♈) na Cúspide das Casas

Como a casa 1 é a identidade, a personalidade exterior, o corpo físico, a face que você mostra ao mundo, é a casa mais importante e deve ser cuidadosamente analisada. Neste livro, não vamos fornecer palavras-chave em relação à aparência, pois há muitos fatores a serem levados em conta; a questão é muito complexa para o momento.

Combine sempre a interpretação com o regente – Marte (♂)

Áries (♈) na Cúspide da Casa 1
Palavras-chave: *Personalidade exterior, identidade, corpo físico*

Basicamente agitado, sua abordagem do mundo é mais direta que diplomática. Bastante extrovertido e teimoso, você tem pouco ou nenhum medo físico; na verdade, tende a irritar os outros com sua agressividade. É corajoso e dinâmico, luta pelo que crê quando necessário, mas prefere usar sua sagacidade. Em geral, tem iniciativa para começar as coisas sozinho, mas dificuldade em terminar o que começou, porque se aborrece facilmente e parte para outra coisa. Precisa aprender a cultivar a arte da perseverança. Se Marte estiver num signo passivo, como Peixes, seu jeito será mais suave, e você poderá ser moderadamente agressivo, menos impulsivo, mais compreensivo e mais sensível. Não deixe de combinar a posição de Marte.

A atriz Barbra Streisand, o senador Howard Baker e a tenista profissional Martina Navratilova.

Áries (♈) na Cúspide da Casa 2
Palavras-chave: *Valores, posses, questões financeiras, poder de ganho, talentos e recursos*

Se você tem Peixes ascendendo, os talentos e recursos interiores são importantes para você, mas com Áries na cúspide da casa 2 pode ser que você não tenha a paciência suficiente para cuidar bem de suas posses e pode acabar tendo problemas financeiros. É possível que tenha muitas ideias boas e novas para ganhar dinheiro. Se Marte estiver num signo estável, vai aprender a fazer um bom planejamento e bom uso de sua renda. Você é impulsivo e precisa aprender a se tornar um pouco conservador em matéria de dinheiro, pois as posses materiais são importantes para você e lhe proporcionam segurança, até que seja capaz de usar os outros recursos indicados pelo horóscopo.

O político Joseph Alioto, a atriz Carol Burnett e o líder do FBI Louis Freeh.

Áries (♈) na Cúspide da Casa 3
Palavras-chave: *Comunicações, irmãos, ambientes local e da infância, educação, pequenas viagens.*

Sua mente é enérgica, ativa e construtiva. Se o Ascendente é Aquário, a combinação da originalidade desse signo com a característica aberta e direta de Áries na cúspide da casa das comunicações tem como resultado uma pessoa muito franca e interessante. Você é um bom conversador, capaz de defender seus pontos de vista em qualquer discussão, mas é melhor no ataque que na defesa. A menos que Marte esteja bem aspectado, você não aceita a crítica com facilidade. Um Saturno estável vai ajudar a dar maior concentração à sua mente rápida. Sua infância pode ter sido muito movimentada; se houver irmãos, é possível que o ambiente da juventude tenha sido bastante animado.

A atriz de TV Cindy Williams, o comentarista Edward R. Murrow e o autor e dramaturgo Truman Capote.

Áries (♈) na Cúspide da Casa 4
Palavras-chave: *O lar, um dos pais, suas raízes, origens e imóveis*

Se Capricórnio está no Ascendente, os anos de adolescência podem ter parecido difíceis; você pode ter sido tão inquieto que chegou a pensar em fugir de casa, apesar da forte ligação com um dos pais. É possível que mude de residência muitas vezes durante a vida, e que nem sempre essas mudanças sejam benéficas. Você provavelmente cresceu com pais ativos e ocupados, que esperavam que você fosse independente. Não é difícil para você ser um agitador ou agente de mudanças. Mais tarde, sua tendência será dar as ordens em casa; o posicionamento de Marte vai indicar se isso vai ser feito de forma construtiva ou não. A não ser que cultive interesses externos, pode usar toda sua energia em casa e tornar-se muito exigente em relação às pessoas amadas. Sua velhice dificilmente será aborrecida ou solitária.

As atrizes Goldie Hawn e Anjelica Huston, e a romancista Shirley Jackson.

Áries (♈) na Cúspide da Casa 5
Palavras-chave: *Filhos, romance e casos de amor, criatividade, diversão, especulação*

Impetuoso, com grande amor pela vida, você dá tudo de si na diversão, no prazer, nos esportes, nas atividades físicas e criativas. Daria um ótimo treinador ou gerente, pois consegue motivar os outros com seu entusiasmo. Embora goste de crianças, se dá melhor com elas quando atingem a idade da razão; antes disso, elas lhe tiram a paciência. Como ama a vida e o amor, é possível que use sua energia num excesso de atividade sexual e pule de um romance para outro. Quando Sagitário está no Ascendente e Marte está bem colocado, você deseja canalizar um pouco de seu idealismo numa área criativa; ou pode ser bastante ousado e tentar alcançar as estrelas, seja através de um *hobby*, do jogo ou de um projeto de vida.

O senador ultraconservador Jesse A. Helms, o tenor italiano Tito Schipa e o escritor James Clavel.

Áries (♈) na Cúspide da Casa 6
Palavras-chave: *Trabalho, saúde e nutrição, hábitos, prestação de serviços, empregados*

Você é um trabalhador ótimo e incansável; na verdade, o trabalho é uma coisa natural para você, que gosta de canalizar as energias para atingir o sucesso. Entretanto, com esse ímpeto quase sobre-humano, é possível que pressione os outros tão impiedosamente como faz consigo mesmo, o que nem sempre é bem-aceito. Você se sai melhor como autônomo ou ocupando cargo executivo, pois não gosta de chefes nem de interferências, principalmente quando Escorpião está no Ascendente ou Marte está muito ativo no mapa. Apesar de parecer forte, você precisa de reafirmação e age melhor quando se sente apreciado. Se não usar as energias de Marte no trabalho ou de alguma outra forma construtiva, poderá abrir as portas para doenças passageiras ou dores de cabeça; porém, como sua natureza básica é robusta, vai se recuperar rapidamente, embora seja propenso a temperaturas muito altas quando doente.

A atriz e produtora Penny Marshall, a coreógrafa Twyla Tharp e o ator Charlie Chaplin.

Áries (♈) na Cúspide da Casa 7
Palavras-chave: *Parceiros (conjugais ou de negócios), trato com o público, questões legais*

Para ter Áries aqui, é preciso que você tenha Libra no Ascendente. Assim, os parceiros e o trato com os outros são de suma importância. Essa necessidade pode levar a um casamento apressado ou prematuro, antes que você amadureça o suficiente para saber de fato o que quer e de que precisa. Você procura um parceiro forte, mas quando o encontra se ressente da força da pessoa, porque seu Ascendente Libra gosta de paz e harmonia (desde que seja a seu modo). Porém, quando encontra o parceiro que lhe serve, ou amadurece o bastante para aceitar o que o parceiro pode lhe dar, a vida parece mais rica e mais significativa, pois cooperação e partilha são muito importantes para seu bem-estar. Certifique-se de combinar não só

Marte como também Vênus para ter uma boa visão da atitude em relação ao casamento e às associações.

O ex-presidente Jimmy Carter, o ditador Adolf Hitler e o humanitarista Albert Schweitzer.

Áries (♈) na Cúspide da Casa 8
Palavras-chave: *Apoio dos outros, sexo, legados e heranças, impostos, temas místicos, conclusões, regeneração*

Se você tem Leão ou Libra no Ascendente, pode ser necessário canalizar o excesso de energia sexual para alguma outra direção construtiva. Com Virgem em elevação, você pode ser vítima de sentimentos de insegurança ou mesmo de inferioridade, alternados com períodos de impetuosidade. A obtenção de paz interior e segurança torna-se uma profunda necessidade, possível de ser satisfeita por meio da segurança financeira. Com Marte bem posicionado, Áries gosta de usar ou investir os recursos de outras pessoas. Pode ser que você se preocupe com a morte, mas raramente tem medo dela; apenas está pronto para investigá-la.

O escritor Ernest Hemingway, o compositor Antonio Vivaldi e o ator Jeff Bridges.

Áries (♈) na Cúspide da Casa 9
Palavras-chave: *Espírito elevado, filosofia, ideais, educação superior, viagens longas, religião*

Quando o Ascendente é Leão, Áries aqui vai se expressar de maneira muito individualista e entusiasmada, e até pioneira. É possível que abra novos caminhos na abordagem da vida. Leão e Áries formam trígono; assim, você pode expressar sua personalidade facilmente em todos os assuntos da casa 9, a menos que Marte esteja muito fraco ou tenha muitos aspectos difíceis. As viagens, ou qualquer outra forma de expandir horizontes, serão benéficas. Se você tem inclinação para profissões jurídicas, pode se sair melhor como advogado criminalista que cuidando de impostos ou assuntos comerciais. Sua filosofia não é dogmática ou tradicional, pois você dá preferência a tudo que possibilite abordagens novas. Você pode ser agnóstico ou ateu em vez de aceitar o tradicional.

A atriz Vanessa Redgrave, o pugilista Muhammad Ali e o economista Martin Feldstein.

Áries (♈) na Cúspide da Casa 10
Palavras-chave: *Profissão, status, reputação, ego, autoridade, um dos pais*

Áries na cúspide da casa da profissão faz de você um dínamo, correndo com força total atrás dos seus objetivos; alternativamente, é possível que você comece dez carreiras, dez novas invenções, dez coisas que nunca foram tentadas – e não termine nenhuma. Isso vai depender muito não só da posição de Marte como também da Lua, se o Ascendente for Câncer. Câncer como Ascendente dá tenacidade, mas também pode significar que você se deixa vencer pelos altos e baixos das emoções. Às vezes esse posicionamento representa um pai dominador que deseja que você siga os passos dele. Como Áries e Câncer estão em quadratura por qualidade, você deve se sentir bastante desafiado e impulsionado para o sucesso; antes de chegar a essa conclusão, entretanto, certifique-se de combinar cuidadosamente outros fatores do mapa. Quando Leão ou Gêmeos ocupam o Ascendente, a perspectiva de carreira assume coloração diferente. Leão e Áries estão em trígono, de modo que o sucesso não deve ser difícil. Com Gêmeos, o único obstáculo real é a versatilidade de Gêmeos somada à falta de perseverança de Áries. Entretanto, quando é usada positivamente, essa é uma excelente combinação, sobretudo para vendas. Como a casa 10 é muito pública, a tendência ariana a dar ordens e a discutir precisa ser dominada; caso contrário, você vai ter que enfrentar hostilidade e rivalidade no caminho para o sucesso, quando encontrar outras pessoas que, como você, não gostam de receber ordens.

O músico Isaac Hayes, o general H. Norman Schwarzkopf e o ator Robert Stack.

Áries (♈) na Cúspide da Casa 11
Palavras-chave: *Amigos, desejos e esperanças, interesses humanitários, objetivos, circunstâncias, organizações*

Muitas pessoas com Áries nesta casa se envolvem com grandes grupos ou organizações, principalmente quando estão com Gêmeos ascendendo. Se Marte for proeminente no mapa, você aparentemente exercerá autoridade sobre os outros e poderá se tornar líder, mesmo sem se esforçar de fato. Você provavelmente maneja bem essa liderança, pois a atração que exerce se baseia numa abordagem mental, e os amigos ou os grupos o seguem de bom grado. Com Touro como Ascendente, você pode enfrentar problemas por causa da determinação pertinaz. Se Gêmeos ou Câncer estiver ascendendo, você tenderá a carecer de diplomacia e a se envolver em brigas e mexericos, que podem ocasionar problemas emocionais. Esse posicionamento, com frequência, é favorável aos políticos, pois lhes dá a capacidade de arrastar as massas.

O senador George McGovern, o secretário de Estado Henry Kissinger e o general George Patton.

Áries (♈) na Cúspide da Casa 12
Palavras-chave: *O subconsciente, forças ocultas, fracassos, atividades de bastidores*

Você raramente quer fazer um exame interior, por isso só descobre quem é de fato quando está em idade avançada. Quando fica introspectivo, aí, sim, consegue ter noção de onde pode chegar e dá grandes passos nessa direção. A energia de Touro e de Marte não é a mais feliz na casa 12, o modo subconsciente, mas seus sonhos podem motivá-lo a seguir adiante. Com Touro no Ascendente, esse perigo é parcialmente compensado pela perspectiva estável e pela natureza exterior afetuosa, em especial com Vênus bem posicionado. Com Gêmeos ou Áries ascendendo, é muito importante encontrar um tipo de trabalho adequado para liberar a tensão nervosa.

O presidente Gerald Ford, a atriz Mia Farrow e a jornalista Maria Shriver.

Touro (♉) na Cúspide das Casas
Combine sempre a interpretação com o regente – Vênus (♀)

Touro (♉) na Cúspide da Casa 1
Palavras-chave: *Personalidade exterior, identidade, corpo físico*

Sua natureza é calma e pacífica, a menos que Marte ou Urano ocupem a casa 1. A despeito do signo do seu Sol ou do posicionamento de Vênus, você sempre precisa de tempo para aprender e absorver as impressões; entretanto, depois que aprende, raramente esquece. É cuidadoso nas avaliações que faz e não gosta de gastar dinheiro nem de tirar conclusões precipitadas. Se Vênus estiver num signo autoindulgente (Leão, Libra, Touro ou Sagitário), é possível que você se exceda nos prazeres físicos ou materiais, ou abra caminho para a preguiça e a inércia. Touro busca valores; algum dia você descobre um verdadeiro propósito na vida e vai ao seu encalço com tenacidade e firmeza. Tanto os homens quanto as mulheres gostam de se enfeitar e se sentem atraídos por joias finas.

O milionário Diamond Jim Brady, a cantora Liza Minnelli e o maestro Claudio Abbado.

Touro (♉) na Cúspide da Casa 2
Palavras-chave: *Valores, posses, assuntos financeiros, capacidade de ganho, talentos e recursos*

Esta é a posição natural de Touro, e, a menos que Vênus esteja muito pressionado, todos os assuntos da casa 2 fluem muito bem: finanças, talentos natos e recursos. Com Áries como Ascendente, Touro na cúspide da casa 2 é exatamente de que você precisa para se preparar para as situações e se manter nos trilhos. Touro adora o luxo; as posses são importantes para seu bem-estar geral. Você reconhece um bom negócio de longe, porque tem tino comercial e encara seus recursos de maneira muito prática. Quando Peixes está em elevação, suas metas podem ser mais idealistas, mas com Vênus bem posicionado como regente do mapa a música e as artes tornam-se fatores importantes na sua vida. Esse posicionamento também pode indicar que você tem bela voz.

A atriz e cantora Deanna Durbin, a reformista carmelita Teresa de Ávila e o pianista John Browning.

Touro (♉) na Cúspide da Casa 3
Palavras-chave: *Comunicações, irmãos, ambiente local e da infância, educação primária, viagens curtas*

Este posicionamento confere magnetismo pessoal. Mesmo que você pareça calmo e flexível, pode ser teimoso como uma mula, a menos que o

Ascendente seja Peixes e/ou Vênus esteja num signo mutável. Você é muito artístico, musical e criativo, sobretudo se Aquário ou Peixes estiverem em elevação. Deveria usar esses talentos na literatura ou na música. Parece que entende os outros de maneira intuitiva, principalmente se Vênus estiver bem colocado. É possível que tenha tido uma primeira infância agradável, uma juventude bastante estável, sem muitas mudanças ou deslocamentos, a menos que Vênus esteja muito aflito. Se tem irmãos, gosta da companhia deles e conserva uma boa amizade com eles. Você se dá bem em ambientes descontraídos e agradáveis e sempre tenta demonstrar seu apreço pelos valores dos outros.

A atriz Mary Martin, o líder trabalhista James Hoffa e a escritora Gertrude Stein.

Touro (♉) na Cúspide da Casa 4
Palavras-chave: *Seu lar, um dos pais, suas raízes, origens e imóveis*

Seu lar é estável e conservador. A hereditariedade e a influência dos pais são fortes e duradouras. Gosta de desfrutar da tranquilidade do lar, mas também de exibir as coisas belas que tem em casa, a boa comida e coisas do gênero, sobretudo com Capricórnio como Ascendente. Você acumula posses das quais raramente se desfaz; na verdade, é um colecionador extraordinário. Com Aquário ascendendo, sua Casa serve de abrigo contra os altos e baixos que você provoca em si mesmo. Quando Vênus está bem aspectado, a velhice é razoavelmente segura e feliz.

A atriz Simone Signoret, o artista Grandma Moses e o líder religioso Swami Vivekananda.

Touro (♉) na Cúspide da Casa 5
Palavras-chave: *Filhos, romance e casos de amor, criatividade, passatempos, autoexpressão, especulação*

Amoroso, prático e produtivo, você gosta de crianças e dos prazeres sensuais. O sentido do tato é desenvolvido; para realmente aproveitar as coisas, você precisa tocá-las. Com Capricórnio em ascensão, o posicionamento de Vênus é de muita importância em sua abordagem dos romances e casos de amor; se estiver em Virgem ou Capricórnio, é possível que você relute em demonstrar seus verdadeiros sentimentos, um pouco luxuriosos, por medo de rejeição. Entretanto, se não houver um canal de vazão emocional, o resultado pode ser muita frustração. Vênus bem colocado promete muita felicidade através do amor e dos filhos. Quando Vênus está em aspecto com Netuno, ou quando Netuno é proeminente no mapa, pode ser que você seja muito criativo, principalmente na música. Embora aprecie as coisas boas da vida, você é capaz de ser feliz com prazeres relativamente simples, como cuidar do jardim. No fundo, não é um jogador.

A *ex-primeira dama Eleanor Roosevelt, o humorista/jornalista Artemis Ward e o violinista Yehudi Menuhin.*

Touro (♉) na Cúspide da Casa 6
Palavras-chave: *Trabalho, saúde e nutrição, hábitos, vestimenta, animais de estimação, empregados*

Touro na cúspide da Casa 6 proporciona muita energia física, mas você pode tender à acomodação, a menos que Vênus tenha alguns aspectos desafiadores. É importante ter autodisciplina, do contrário você poderá ter problemas de peso. Essa disciplina também vai ajudá-lo a alcançar seus objetivos; sem ela, pode ser que você ande à deriva. Nos primeiros anos da vida, são comuns os problemas de garganta, raramente muito sérios. No trabalho, você é confiável e detalhista, embora também seja um pouco dogmático e pouco inclinado a mudar o jeito de agir. Você é uma pessoa de fácil convívio, desde que os outros respeitem seus hábitos. Se tem o jovial Sagitário no Ascendente, as pessoas que esperam outra coisa de você vão se surpreender com sua aplicação ao trabalho. Com Vênus dignificado ou em um dos signos de Água, pode ser que você queira trabalhar em alguma atividade artística.

O escritor Philip Roth e os cantores Vicki Carr e Bob Dylan.

Touro (♉) na Cúspide da Casa 7
Palavras-chave: *Parceiros (conjugais ou de negócios), trato com o público, assuntos legais*

Com Touro na cúspide desta casa, você deve ter Escorpião no Ascendente, o que torna sua personalidade bem intensa, exigente e profunda. Deseja um parceiro que lhe dê afeto, sensualidade, charme e goste de ambientes bonitos, mas que também seja prático e "pé no chão". Por causa de sua teimosia básica e da rigidez de propósitos, a parceria pode levar a dificuldades, a menos que você consiga impor seu padrão ou aprenda a ser um pouco flexível. Entretanto, essa mesma rigidez faz de você uma pessoa muito leal; quando dá seu afeto, só muda se for forçado a isso. Com Touro nessa posição, suas necessidades sensuais precisam ser atendidas, do contrário isso pode resultar em infidelidade.

A dramaturga/diplomata Clare Boothe Luce, o comediante e apresentador de programa de entrevistas Johnny Carson e a ex-primeira dama Jacqueline Kennedy Onassis.

Touro (♉) na Cúspide da Casa 8
Palavras-chave: *Apoio dos outros, sexo, legados e heranças, impostos, temas místicos, conclusões, regenerações*

Com Libra ascendendo, Touro na cúspide da casa 8 também é regido por Vênus, que, bem posicionado, pode ser útil a você por meio dos recursos do seu parceiro. As circunstâncias difíceis acabam tendo final feliz; em geral, você confia na sua capacidade de lidar com elas. As questões sexuais costumam ser importantes e podem apresentar problemas se você não lidar muito bem com a energia de Vênus. Cuidado para não se tornar muito voltado ao dinheiro. Com Escorpião no Ascendente, você tem interesse profundo e investigativo por ocultismo. Com Virgem ou Libra no Ascendente, você vai se inclinar, de preferência, para assuntos mais definidos e concretos.

O inventor da taquigrafia sir Isaac Pitman, o ator Richard Chamberlain e a política Patricia Schroeder.

Touro (♉) na Cúspide da Casa 9
Palavras-chave: *A mente superior, filosofia, lei, ideais, viagens longas, educação superior, religião*

Com Virgem ascendendo, o pensamento prático é importante para você. Sua filosofia e a dos outros precisam fazer sentido. Você tende a criticar o que não pode ser provado. Mesmo assim, com Vênus sensível, é possível que seja bastante poético. Com Libra ascendendo, seus padrões e princípios costumam ser elevados, e você os respeita fielmente, a ponto de ignorar quaisquer conflitos de consciência que possam provocar. Quando Leão está ascendendo, há uma quadratura por signo entre Touro e o Ascendente; a energia resultante deve ser canalizada ao trabalho, a algum *hobby* ou a uma atividade física. Você tem ideias religiosas e sentimentos estáveis, mas, em geral, lhe falta senso místico e capacidade de apreciar o intangível.

O *fabricante de pianos Henry Steinway, o padre missionário católico Junipero Serra e a atriz de cinema e TV Cybill Shepherd.*

Touro (♉) na Cúspide da Casa 10
Palavras-chave: *Profissão, status, reputação, ego, autoridade, um dos pais*

Com Leão ascendendo, todos os assuntos da casa 10 são importantes para você – você gosta e precisa de status, e seu ego necessita se manifestar. Se o restante do mapa indica orientação comercial, é possível que você tire proveito de golpes de sorte no campo financeiro. Pode tornar-se um bom executivo, pois é melhor dando que recebendo ordens, porém precisa aprender a delegar em vez de tentar fazer tudo sozinho. O prestígio é muito importante para você. Nunca deixa ninguém saber de seus fracassos, pois conserva boa fachada e atitude generosa e até pródiga. Com Câncer ou Virgem ascendendo, as necessidades do ego são menos óbvias, mas a ambição é igualmente forte, porém menos patente.

O *estilista Georgio Armani, o físico e neurologista alemão Hermann Oppenheim e o astro do beisebol Jackie Robinson.*

Touro (♉) na Cúspide da Casa 11
Palavras-chave: *Amigos, desejos e esperanças, circunstâncias além do controle, grandes grupos e organizações*

Você sabe combinar muito bem negócios e relacionamentos sociais; entretanto, quando Câncer está em ascensão, pode ter a tendência a tomar conta dos amigos e ser muito possessivo em relação a eles. Com Leão em ascensão, você tem profunda necessidade de ser o primeiro e adora brilhar nos grupos e entre os amigos. Com Gêmeos ascendendo, tem expectativas e sonhos mais razoáveis. Se Vênus for mutável, é um bom organizador, capaz de se empenhar muito em trabalhos que envolvam atividade grupal, como associações de pais e mestres, filantrópicas etc.

O senador de Utah Orrin Hatch, o cantor e compositor Jimmy Rodgers e o produtor de TV Jim Henson.

Touro (♉) na Cúspide da Casa 12
Palavras-chave: *o subconsciente, atividades de bastidores, pontos fortes ocultos*

Quando Câncer está no Ascendente, você precisa ter dinheiro para se sentir protegido, porque tem medo oculto nessa área e se sente mais seguro de carteira cheia. Gosta de ser abordado com gentileza e amor. Com Gêmeos no Ascendente, você é capaz de análise e raciocínio, mas nem sempre com objetividade ou total honestidade. Ama a natureza e pode ganhar dinheiro em alguma área relacionada à beleza (artes ou cosmetologia). O caminho para seu subconsciente, nesse caso, passa pelo bom senso e pela lógica – não pelas emoções. Entretanto, você tem um lado teimoso que resiste à mudança: sofre com *status quo* em vez de experimentar algo novo.

O compositor Bedrich Smetana, a escritora Virginia Wolff e a atriz e cantora Dinah Shore.

Gêmeos (♊) na Cúspide das Casas

Combine sempre a interpretação com o regente – Mercúrio (☿)

Gêmeos (♊) na Cúspide da Casa 1
Palavras-chave: *Personalidade exterior, identidade, corpo físico*

Você é flexível como uma corda de violino, mutável como o tempo; hoje está aqui, amanhã já se foi! Entretanto, se Mercúrio estiver num signo fixo, essa tendência será consideravelmente moderada. Seu senso prático é muito bem desenvolvido; sua mutabilidade se deve ao fato de você repensar os assuntos, às vezes com mais sensatez. Você pode obter o melhor dos outros através da dedução rápida. Dificilmente é rude ou grosseiro; é versátil, mas precisa aprender a se concentrar e a não agir em rompantes. Com Mercúrio bem aspectado, você tem destreza e o dom da imitação. Com Mercúrio atarefado, pode falar sem parar; quando dá aplicação prática às suas mais que consideráveis capacidades, pode ser um talentoso escritor ou contador de histórias.

A *advogada antifeminista Phyllis Schlafly, o fundador da EST Werner Erhardt e o ator e cantor Harry Belafonte.*

Gêmeos (♊) na Cúspide da Casa 2
Palavras-chave: *Renda, posses, talentos e recursos, capacidade financeira, valores, autovalorização*

As flutuações financeiras o assustam; entretanto, como você tem muitos expedientes em matéria de ganhar dinheiro, é possível que tenha dois empregos ao mesmo tempo e dificilmente fica sem um centavo. Com Áries ou Gêmeos ascendendo, você é bom vendedor, sobretudo da própria imagem, e pode se sair bem no campo político. Se Mercúrio estiver mal colocado, é possível que se disperse demasiadamente, na tentativa de operar em várias áreas ao mesmo tempo – em especial a artística, a literária, a de transportes ou a de comunicações. Quando Touro se eleva, sua situação financeira é mais segura, mas você tem dificuldade de encontrar valores verdadeiros, pois sabe que o dinheiro não vai resolver todos os seus problemas. Quando aprende a limitar e a focalizar seus muitos talentos em uma ou duas direções, descobre que o sucesso financeiro chega com muito mais facilidade.

O astro do beisebol Wilt Chamberlain, o escritor Herman Melville e o presidente Ulysses S. Grant.

Gêmeos (♊) na Cúspide da Casa 3
Palavras-chave: *Irmãos, pequenas viagens, mente consciente, ambiente e educação na infância, comunicação*

Gêmeos sente-se em casa neste posicionamento. Todas as áreas da vida ligadas à casa 3 assumem maior importância em sua vida. Você se interessa por quase tudo. É capaz de entender as tarefas e os problemas mais complicados com pouca dificuldade. Tem mente rápida, é hábil com as palavras, ágil com a caneta e esperto o bastante para torcer a maioria das situações para que fiquem a seu favor; aparentemente, você sempre sabe o que fazer em qualquer situação, sobretudo se Mercúrio estiver bem aspectado. Com Touro em ascensão, você pode ter voz invulgarmente bonita, mas o aprendizado escolar é lento. Com Áries no Ascendente, em geral é preciso cultivar a resistência; você não consegue fixar a atenção por muito tempo. Muito envolvido com os irmãos, é possível que seja responsável por eles ou que eles venham morar com você.

Os cantores Johnny Cash e Pearl Bailey e a romancista pop Judith Krantz.

Gêmeos (♊) na Cúspide da Casa 4
Palavras-chave: *Um dos pais, seu lar, imóveis, origens, raízes, segurança máxima*

As tradições de família, a relação com os pais e os antecedentes culturais são fatores influentes em sua vida. Com Peixes em elevação, frequentemente existe muito interesse pela herança ancestral. Pode ser que você tenha duas casas ou, na juventude, um parente more com você. Se Mercúrio tiver aspectos desafiadores, ou se Aquário estiver em elevação, haverá muitas mudanças de residência e muita atividade na velhice. Com Gêmeos nessa posição, muitas vezes você usa um pseudônimo, como um escritor que trabalha em casa. Seus pais acharam necessário arranjar-lhe livros e lhe proporcionar estímulo intelectual. Com Áries em ascensão, você gosta da variedade que uma ativa vida doméstica pode lhe proporcionar.

O filósofo Karl Marx, a poetisa Sylvia Plath e o ator Robert Redford.

Gêmeos (♊) na Cúspide da Casa 5
Palavras-chave: *Amor, romance, filhos, criatividade, passatempos, diversão e jogos, especulação*

Como pai, seu envolvimento com os filhos é mais intelectual que emocional, principalmente com Aquário em elevação. Não é incomum o nascimento de gêmeos. Você é resoluto, ambicioso e tem personalidade cativante. Com Capricórnio ascendendo, pode ter dons para a música. Como aprende rapidamente com a experiência e demonstra boa postura em relação aos empreendimentos, em geral se sai bem em qualquer *métier*, mas é particularmente versado em artes e artesanato. Quando Peixes se eleva, você pode ser atraído por atividades nos mais altos reinos do pensamento, como ministério, magistério ou filosofia.

O ator Anthony Hopkins, o cientista behaviorista William K. Estes e a estrela do rock Janis Joplin.

Gêmeos (♊) na Cúspide da Casa 6
Palavras-chave: *Trabalho, saúde e nutrição, hábitos, prestação de serviços, vestimentas, animais de estimação, empregados*

Você tem bastante aptidão para a pesquisa científica, devido à rápida e fácil compreensão das questões intelectuais e dos problemas complexos, principalmente com Capricórnio em elevação. Com Sagitário ou Aquário ascendente, as ocupações não rotineiras lhe agradam; pode haver muitas mudanças de trabalho. Se Mercúrio tiver aspectos estimulantes, ou se estiver num signo mutável, é bem possível que você se veja às voltas com irritabilidade e nervosismo e tenha preocupações com o emprego. A saúde depende muito de sua postura mental. Você não tolera o trabalho pesado e, portanto, tem melhor desempenho numa área que lhe permita movimentação e flexibilidade.

O cantor Steve Allen, o dramaturgo Berthold Brecht e o humorista Art Buchwald.

Gêmeos (♊) na Cúspide da Casa 7
Palavras-chave: *Parceiro (conjugal ou de negócios), trato com o público, inimigos declarados, questões legais*

Com Gêmeos nesta posição, você deve ter Sagitário ascendente. Assim, é amante da liberdade e precisa de companhia intelectual e simpática. Raras vezes se deixa levar pela paixão. A idade e a situação social e financeira não têm a menor importância nos seus relacionamentos diretos; você precisa mais de apoio moral e reconhecimento. A irritabilidade com os outros, por mais forte que seja, raramente é duradoura; sua filosofia é "viva e deixe viver". Se Mercúrio tiver bons aspectos, você poderá se dar bem na área jurídica, no aconselhamento, na atuação ou em qualquer coisa relacionada a relações públicas. Para determinar o parceiro ideal, a posição de Júpiter no mapa é tão importante quanto a de Mercúrio.

Charles, o príncipe de Gales, o cantor Pat Boone e a atriz Isabella Rossellini.

Gêmeos (♊) na Cúspide da Casa 8
Palavras-chave: *Apoio dos outros, sexo, legados e heranças, impostos, temas ocultos, finalizações, regeneração*

Quando Escorpião se eleva, você tem curiosidade em relação aos mistérios da vida e da morte e fica inquieto até adquirir compreensão mais elevada de si mesmo. Usa de sensatez para lidar com quaisquer tendências mórbidas. Pode ser que tenha interesse profundo e duradouro por temas ocultos. Quando Sagitário se eleva, você se interessa mais pelo lado mental que sexual, mas mesmo assim gosta de falar sobre sexo e, muitas vezes, é um contador de histórias de duplo sentido. Não tem muita compaixão para julgar os outros e tem dificuldade de admitir os próprios erros, principalmente com Libra em ascensão. Se Mercúrio estiver bem aspectado, talvez sua vocação seja escrever, sobretudo a respeito de sexo, ciência ou pesquisa.

O cantor e ator Kris Kristofferson, a romancista escocesa Helen MacInnes e o cientista Jonas Salk.

Gêmeos (♊) na Cúspide da Casa 9
Palavras-chave: *Lei, religião, mente superior, educação, viagens longas, parentes do cônjuge*

Ao lidar com o conflito interno entre fé e razão, raramente você opta por uma abordagem mística ou religiosa da vida, a menos que Escorpião esteja ascendendo. Tem curiosidade acerca dos mistérios da vida e deseja experimentar todas as facetas dela. É perito em influenciar pessoas por intermédio das palavras, o que pode atraí-lo para a área da política. Com Virgem ascendendo, Mercúrio se torna duplamente importante; se tiver aspectos desafiadores, pode ser que você seja vítima de mexericos e discórdia com parentes do cônjuge. Você adora viajar. Se não puder ver e explorar o mundo, vai devorar livros que lhe permitam viajar sentado numa poltrona.

A *atleta Florence Grifftih Joyner, o ex-presidente Harry Truman e o astro do rock Alice Cooper.*

Gêmeos (♊) na Cúspide da Casa 10
Palavras-chave: *Profissão, status, prestígio, ego, um dos pais, reputação*

Você gosta de trabalhar com os outros e tem dotes diplomáticos. Precisa de interesses variados para realmente se sentir satisfeito, sobretudo com Virgem em elevação. Realizador em constante atividade, em geral você passa por muitas mudanças na carreira. Provavelmente é excelente orador, e deveria desenvolver essa capacidade; as pessoas gostam de ouvi-lo. Também pode ser bem-sucedido como professor. Entretanto, com Mercúrio estressado, tem tendência a se sobrecarregar de trabalho, o que pode levar a um colapso nervoso. Com Leão ou Libra no Ascendente, seu campo pode estar nas artes, no teatro ou no desenho. Gêmeos na cúspide desta casa frequentemente leva a duas carreiras interligadas, como o escritor que também é comentarista ou a cantora que também compõe suas canções.

A *diva da TV Oprah Winfrey, o violoncelista Pablo Casals e o tenor Plácido Domingo.*

Gêmeos (♊) na Cúspide da Casa 11
Palavras-chave: *Amigos, grandes grupos e organizações, desejos e esperanças, objetivos, circunstâncias imprevistas*

Boas relações pessoais e sociais ajudam-no na escalada para o sucesso. Charmoso e amistoso, você tem bom senso de humor e é capaz de rir de si próprio. Com Câncer ou Leão no Ascendente, você se sintoniza com os mais jovens como se nunca tivesse deixado de ser criança. Se Mercúrio tiver aspectos difíceis, pode ser vítima de pretensos amigos e frequentemente se sente sozinho na multidão. Como dificilmente guarda rancor, em geral está rodeado de amigos e parceiros agradáveis.

O *compositor George Antheil, a evangelista Marjoe Gortner e o músico Herb Alpert.*

Gêmeos (♊) na Cúspide da Casa 12
Palavras-chave: *Atividades de bastidores, recursos internos, mente subconsciente, inimigos ocultos*

Embora esse posicionamento favoreça a autoexpressão, você, muitas vezes, atua melhor nos bastidores (escrevendo, desenhando ou representando o papel da eminência parda. Ocasionalmente tende à morbidez e ao mau humor, em especial com Câncer em elevação. Tende a agir mais em função do inconsciente instintivo que da razão. Tem dificuldade de aprender maquinalmente e absorve conhecimentos apenas prestando atenção. Com Gêmeos no Ascendente, pode ser bastante intuitivo e deveria desenvolver essa capacidade nas áreas da psicologia e da psiquiatria.

O jornalista David Brinkley, a atriz Lily Tomlin e a ginasta Cathy Rigby.

Câncer (♋) na Cúspide das Casas

Combine sempre a interpretação com o regente – a Lua (☾)

Câncer (♋) na Cúspide da Casa 1
Palavras-chave: *Personalidade exterior, identidade, corpo físico*

Você tem forte ligação com o lar e com a mãe, principalmente se a Lua estiver numa casa angular. Dá importância ao patriotismo e à tradição; adora lembrar e remoer o passado. Tem boa imaginação, cuja forma de desenvolvimento depende da posição e dos aspectos da Lua. É basicamente tímido e precisa de amor e estímulo para florescer. Esquiva-se de tudo que é desagradável por causa de sua insegurança inata. Na verdade, recolhe-se à sua concha quando se sente atingido pela grosseria. Graças à sua natureza carinhosa e muitas vezes maternal, normalmente você é considerado amável e charmoso.

O escritor Jeffrey Archer, o físico Albert Einstein e o pintor Salvador Dalí.

Câncer (♋) na Cúspide da Casa 2
Palavras-chave: *Renda, finanças, posses, talentos e recursos, valores, autovalorização*

Você se apega ao que possui, costumando poupar para os dias difíceis, em especial quando Touro ou Câncer está ascendendo. Tem pendor natural para lidar com imóveis e mercadorias, com vendas e com o público. Entretanto, com aspectos desafiadores à Lua, pode experimentar flutuações financeiras. É econômico, mas não mesquinho; é liberal com todos seus recursos, mentais e materiais, quando está emocionalmente envolvido. Apesar da habilidade natural para ganhar dinheiro, você sempre teme os reveses financeiros.

O comentarista de TV Tom Snyder, a cantora e atriz Irene Cara e o estilista André Courrèges.

Câncer (♋) na Cúspide da Casa 3
Palavras-chave: *Comunicações, pequenas viagens, irmãos, mente consciente, ambiente atual e da infância*

Quando Touro se eleva, você não é dos melhores alunos quando jovem, devido à preguiça e à falta de atenção; mas realmente tem boa memória e consegue aprender por meio da absorção e da leitura. É bem difícil lidar com você por causa das acentuadas preferências e antipatias. Você é tão sensível que sua palavra-chave é sentimento, não pensamento. Com Áries ou Gêmeos em elevação, você gosta de viagens curtas. Muitas vezes, é difícil encontrá-lo em casa, pois você se envolve muito em atividades comunitárias. Às vezes, esse posicionamento indica bom cozinheiro e interesse por jardinagem.

A chef de cozinha Julia Child, o artista de circo Sigrid Gebel e a atriz Ann-Margret.

Câncer (♋) na Cúspide da Casa 4
Palavras-chave: *O lar, um dos pais, imóveis, raízes, conclusões*

Esta é a casa natural de Câncer e, portanto, harmônica, a menos que a Lua receba aspectos desafiadores. Sentimental, emocional e tradicional são palavras que o descrevem bem. Você precisa de raízes, no entanto é possível que tenha deixado a família bem jovem, principalmente se Áries estiver no Ascendente. Os pais exercem poderosa influência moral sobre você. É possível que sofra de doenças hereditárias. Os homens, frequentemente, são presas de uma espécie de servidão ao ramo feminino da família, tomando conta da mãe, da irmã ou de uma tia solteirona. Com Peixes ou Touro no Ascendente, o patrimônio familiar é venerado, e, muitas vezes, você é o guardião do velho lar da família. É possível que, na velhice, more perto do mar, de um lago ou rio.

O general norte-americano Elmo Zumwalt e os cientistas Nikola Tesla e Enrico Fermi.

Câncer (♋) na Cúspide da Casa 5
Palavras-chave: *Amor e romance, filhos, especulação, diversões, passatempos*

A menos que a Lua esteja num signo fixo, você tende a ser sentimentalmente volúvel e inconstante. Entretanto, quando concentra seu afeto, é capaz de ser altamente maternal e amoroso. É musical, imaginativo e dramático, e seus trabalhos criativos frequentemente agradam ao público, em especial com Aquário ou Peixes em elevação. Muitas vezes trabalha melhor tarde da noite. Se a Lua estiver aflita, é preciso dominar o intenso amor pelo jogo antes que ele cause problemas financeiros.

O sindicalista James Hoffa, a apresentadora de programa de entrevistas e comediante Joan Rivers e a atriz Isabelle Adjani.

Câncer (♋) na Cúspide da Casa 6
Palavras-chave: *Trabalho, saúde e nutrição, hábitos, vestimenta, prestação de serviços, empregados, animais de estimação*

Em geral, você se envolve muito com o trabalho e a carreira, mas pode se sentir infeliz, a menos que realmente goste do que faz, sobretudo se Aquário estiver ascendendo. Com Capricórnio no Ascendente, você tende a trabalhar bem em posições subordinadas, mas tem grande ambição material que nem sempre é visível aos outros. Quando Peixes se eleva e a Lua está num signo mutável, é possível que você se dê bem no campo médico ou em alguma área relacionada com dietética e nutrição. A boa digestão é importante – uma Lua aflita pode indicar úlceras, alergias ou bulimia. Com Câncer nessa posição, é frequente o interesse por causas trabalhistas. Esse é o posicionamento daqueles que podem se interessar pelos desfavorecidos.

A atriz Dyan Cannon, o compositor Steven Sondheim e a cantora Roberta Flack.

Câncer (♋) na Cúspide da Casa 7
Palavras-chave: *Parceiros (conjugais ou de negócios), trato com o público, questões legais*

Profundas necessidades emocionais incitam-no a procurar um companheiro amante do lar que também seja bom provedor. Com Câncer aqui, você deve ter Capricórnio no Ascendente. Os homens querem uma parceira que os trate como mãe; as mulheres precisam de um companheiro forte (a menos que a Lua seja muito proeminente) e, no entanto, frequentemente, escolhem alguém passivo ou muito suave. Embora você pareça ser um tanto acanhado e retraído, deseja popularidade ou algum contato com o público; assim, pode sair-se bem numa carreira pública, porque tem pendor natural para saber o que agrada às massas. Se não tiver a própria profissão, pode se tornar o ajudante perfeito do seu par, em casa e no trabalho.

A atriz Candice Bergen, a antropóloga Margaret Mead e a comediante Lucille Ball.

Câncer (♋) na Cúspide da Casa 8
Palavras-chave: *Apoio dos outros, sexo, legados e heranças, conclusões, impostos, assuntos místicos, regeneração*

Este posicionamento propicia notável capacidade de premonição, porém os presságios dos acontecimentos futuros podem causar-lhe acessos de depressão e morbidez. Essa tendência é um pouco moderada quando a Lua está num signo estável. Nas relações sexuais, às vezes você quer ser dominado e, às vezes, dominante. Precisa manter as emoções e os sentimentos constantemente sob controle, pois a passividade é um perigo sempre presente com Câncer nessa posição. Quando Sagitário se eleva, sempre é possível a melhora do seu bem-estar através de heranças ou presentes recebidos. Com Capricórnio em elevação, você pode ter tino para as finanças, especialmente na área em que está a Lua (por exemplo, na casa 4, imóveis; na casa 5, investimentos; na casa 9, investimentos internacionais; na casa 10, negócio próprio).

O líder religioso Timothy Leary, o vice-presidente Spiro Agnew e a romancista Katherine Mansfield.

Câncer (♋) na Cúspide da Casa 9
Palavras-chave: *Mente superior, educação superior, viagens longas, exterior, família do cônjuge, filosofia e religião*

A menos que Escorpião se eleve, você é facilmente levado pelos mais velhos quando jovem, mas quando amadurece é capaz de exercer muita influência sobre os outros, por causa da intuição e da capacidade de persuasão. É um ótimo professor, que entende as necessidades do público e se sai bem em qualquer campo no qual a autoestima e a aceitação social sejam importantes. Gosta de viajar e é bem provável que viaje bastante. Pode até morar algum tempo no exterior, principalmente se a Lua estiver num signo mutável. Com Libra ou Sagitário em elevação, você pode ingressar na área jurídica, passando daí para a política.

O primeiro-ministro canadense Jean Chretien, a atriz Mary Astor e a dramaturga, poetisa e romancista Else Lasker-Schüler.

Câncer (♋) na Cúspide da Casa 10
Palavras-chave: *Profissão, um dos pais, autoridade, ego, prestígio e reputação.*

Com Câncer na cúspide da casa 10, Capricórnio deve estar na 4 – o lar dos pais. Sua criação foi tradicional, e seus pais esperam bastante de você. Por causa disso, você pode ser um pouco inseguro e demorar a fixar-se numa carreira. Assim, é possível que ocorram muitas mudanças nessa área, principalmente se Plutão estiver na casa 10. Se a Lua for angular ou forte no mapa, a influência das mulheres é importante e útil para seu sucesso definitivo. Você tem forte senso de dever e responsabilidade e, assim, se dá bem em cargos de chefia. Com Câncer no Meio do Céu, você pode ter jeito para lidar com o público.

O presidente italiano Oscar Scalfaro, o astronauta Frank Borman e o oceanógrafo Jacques Cousteau.

Câncer (♋) na Cúspide da Casa 11
Palavras-chave: Amigos, desejos e esperanças, metas e objetivos, grandes grupos e organizações, acontecimentos imprevistos

Com Leão ou Libra em elevação, você é socialmente ativo, amigo dos membros da família e muito ligado aos filhos. Com Virgem em elevação, você é bem consciente do dinheiro e das coisas materiais. Tem bons pressentimentos, amigos influentes e prefere reuniões íntimas e amistosas a grandes funções sociais. É bastante maternal e disposto a ajudar o próximos. Muitas vezes, os amigos vêm morar com você. Você é sempre um anfitrião amável e acolhedor.

O diretor e roteirista italiano Federico Fellini, o astro do beisebol Hank Aaron e a escritora Louise May Alcott.

Câncer (♋) na Cúspide da Casa 12
Palavras-chave: Subconsciente, forças ocultas, atividades de bastidores, inimigos ocultos

Você é altamente sensível, mas o orgulho e o medo de ser magoado podem impedi-lo de demonstrar essa sensibilidade, principalmente com Câncer ou Virgem no Ascendente. Com a Lua mal aspectada ou num signo mutável, é possível que sua mãe lhe tenha negado amor na infância, deixando-o agora com grande insegurança. Você é muito gentil com as pessoas em dificuldade e, assim, se sai bem na área de medicina e enfermagem. Com Leão em elevação, você se empenha muito em não deixar transparecer seus pontos vulneráveis. A posição da Lua no mapa é muito importante aqui, pois as emoções e os sentimentos subconscientes moldam sua vida futura.

O sexólogo dr. William Masters, o filósofo espanhol Maimonides e o comediante Stan Freberg.

Leão (♌) na Cúspide das Casas

Combine sempre a interpretação com o regente – o Sol (☉)

Leão (♌) na Cúspide da Casa 1
Palavras-chave: *Personalidade, aparência, identidade, corpo físico*

Você tem personalidade forte e consegue dominar os outros com facilidade, sobretudo se o Sol for angular ou estiver firmemente colocado no signo. É honesto e franco, romântico e idealista; porém, se ainda não aprendeu a lição da generosidade, pode ser egoísta, voluntarioso e indisciplinado. É naturalmente vaidoso, egocêntrico e orgulhoso; sabe se apresentar bem e, como gosta de aplausos, muitas vezes é atraído para o teatro. Se o Sol estiver num signo passivo, é possível que você oscile entre o exibicionismo e a modéstia; os outros nunca sabem, com certeza, com quem estão lidando.

A dançarina Heather Watts, o músico Herb Alpert e a escritora belga Marguerite Yourcenar.

Leão (♌) na Cúspide da Casa 2
Palavras-chave: *Finanças, autovalorização, talentos e recursos, valores, posses*

É provável que você tenha dinheiro, mas pode ser extravagante e sujeito a sofrer reveses financeiros. Num certo período da vida, gostaria de trabalhar sozinho, em vez de entrar numa sociedade ou trabalhar para alguém, principalmente se tem Leão ascendendo. A posição de Leão no mapa mostra onde a vontade de brilhar é acentuada; entretanto, a busca do dinheiro só raramente traz alguma felicidade para Leão. É muito frequente você ter sucesso mais pelo charme que pela integridade, embora possa aprender avaliando honestamente seu talento e suas capacidade naturais. Com Câncer em elevação, você se sai bem em qualquer área que envolva gerência financeira. Com Gêmeos ascendendo, não leva o dinheiro tão a sério; está mais interessado em assuntos intelectuais, valores e liberdade pessoal.

O músico Randy Newman, o dançarino e coreógrafo Maurice Béjart e o escritor Truman Capote.

Leão (♌) na Cúspide da Casa 3
Palavras-chave: *Irmãos, pequenas viagens, ambiente e educação na infância, comunicação*

Ambicioso e empreendedor, dotado de mente arguta e raciocínio claro, você é ávido por conhecimento; gosta de ler e de se manter bem informado. Com Gêmeos ascendendo, é um bom conversador, tem espírito afiado e o poder da autoexpressão. Em geral, a infância é feliz e ativa, sendo você o centro das atenções da família. Frequentemente esse é o posicionamento dos escritores de sucesso que deixam seu Sol brilhar por meio da comunicação. Com Touro em ascensão, você tende a tornar-se muito obstinado, e as pessoas podem achá-lo muito vaidoso ou teimoso. Com Câncer ascendendo, pode usar a casa 3 como modo de esconder seu verdadeiro jeito e assumir inteiramente um papel.

A atriz Loretta Young, o escritor A. J. Cronin e o ator Neville Brand.

Leão (♌) na Cúspide da Casa 4
Palavras-chave: *Lar, um dos pais, imóveis, os últimos anos de vida, as origens*

Você gosta de receber regiamente, mesmo que isso esteja acima de suas posses. Quer e precisa do melhor de tudo – comida, vinho, roupas, principalmente com Touro em elevação ou o Sol num signo fixo. Em geral, tem poderosa fé interior, adquirida com as lições da experiência. O lar de seus pais era repleto de vida, e provavelmente você achava seu pai bastante forte e dramático. Os filhos desempenham papel importante na velhice, quase sempre lhe proporcionando uma boa vida. A mãe pode ser a luz do sol da sua vida e viver com você no fim da vida dela.

O escritor Jack London, a atriz Michelle Pfeiffer e a mulher do editor Larry, Althea Flynt, que morreu tragicamente.

Leão (♌) na Cúspide da Casa 5
Palavras-chave: *Amor e romance, filhos, esportes e jogo, passatempos, autoexpressão*

Esta é a casa natural de Leão e funciona bem nessa situação, a menos que o Sol esteja desafiado no mapa. A expansão natural do Sol se expressa melhor nos assuntos da casa 5. Mesmo que você pareça comodista e brincalhão, é muito corajoso na adversidade. Como é ávido por atenção, aceita ingenuamente as lisonjas, o que pode lhe causar alguns problemas nos romances. A natureza alegre e personalidade agradável fazem de você um ator natural e um bom professor. Gosta de crianças, mas, embora o Sol seja o regente natural dessa casa, raramente tem muitos filhos, sobretudo com Áries ascendendo, pois você pode viver ocupado demais consigo mesmo!

O músico Chuck Mangione, o escritor de ficção científica James Blish e a estilista Gloria Vanderbilt.

Leão (♌) na Cúspide da Casa 6
Palavras-chave: *Trabalho, saúde e nutrição, prestação de serviços, empregados, hábitos, vestimentas, animais de estimação*

Você vai trabalhar com um sorriso e, sem dúvida, pode se tornar líder na sua área; com Aquário ou Áries ascendendo, não se sente feliz em posição inferior. Raramente fica satisfeito com o trabalho, e essa insatisfação pode torná-lo irritável e difícil de lidar. Com Peixes ascendendo, você acha que o trabalho é uma área em que se pode afirmar e está disposto a trabalhar com afinco. O Sol, como regente da casa 6, a menos que esteja muito bem aspectado, não está proeminente nessa situação e, muitas vezes, indica vitalidade diminuída. É importante aprender a equilibrar as atividades. Como o Sol precisa brilhar onde quer que esteja, nesta casa ele aprecia "batidinhas nas costas" quando faz um trabalho bem-feito.

O ator Robert Redford, o dançarino e coreógrafo Gwen Verdon e o advogado das celebridades Marvin Mitchelson.

Leão (♌) na Cúspide da Casa 7
Palavras-chave: *Parcerias (conjugais e de negócios), trato com o público, inimigos declarados, questões legais*

Para ter Leão aqui, você deve ter Aquário em elevação. Com o Sol regendo a casa das parcerias, você espera devoção completa do parceiro e tem dificuldade de fazer concessões nessa área. Em geral, atrai um parceiro forte, e, com Aquário no Ascendente, sua natureza é muito mais fixa do que se percebe a princípio; se nenhum dos dois quiser ceder, isso poderá criar problemas. Procure um parceiro que aja mais com o coração que com a razão, pois você precisa de amor e aplauso em grande quantidade. Romance e luz de velas fazem bem seu gênero. Em geral, as mulheres com esse posicionamento se saem melhor que os homens.

A estrela do rock Janis Joplin, a cantora lírica Leontyne Price e o jurista e ex-jogador de futebol Alan Page.

Leão (♌) na Cúspide da Casa 8
Palavras-chave: *Apoio dos outros, posses do parceiro, impostos, sexo, morte, regeneração*

Se Aquário está ascendendo, você é aventureiro, adora assumir riscos e sente desprezo pela morte. Pode abusar do que considera "as boas coisas da vida". Como para você o sexo é uma expressão de toda sua personalidade, é possível que queira variar muito nessa área. Com Sagitário em elevação, você aborda as questões sexuais com muito entusiasmo e *joie de vivre*. Pode se casar bem, mas ser um pouco descuidado com o dinheiro do parceiro. Com Capricórnio no Ascendente, você deseja controlar totalmente os bens do parceiro, mas é generoso e liberal com as próprias posses. Com Leão nesse posicionamento, muitas vezes você é levado a servir o público no campo financeiro; com um Sol bem aspectado, é provável que receba muito apoio do público.

A atriz Joanne Woodward, o chefe do FBI J. Edgar Hoover e o senador Ted Kennedy.

Leão (♌) na Cúspide da Casa 9
Palavras-chave: *Religião, filosofia, lei, viagens ao exterior, comércio*

Seu grande amor pela verdade o dota de filosofia idealista, porém baseada no conceito do déspota benevolente. Otimisticamente sincero, sobretudo com Sagitário ascendendo, você dá um bom professor e adora viajar. Um Sol aflito nessa posição pode torná-lo arrogante e convencido. Todas as áreas da mente superior são muito importantes para você, que vai se empenhar em crescer mentalmente. Na verdade, se não completou os estudos, fará quase qualquer coisa para completá-los e chegar aonde quer. Com Escorpião ou Capricórnio no Ascendente, você tem muita fé em si mesmo. Raramente aceita a derrota, por piores que sejam os fatos do momento.

O juiz da Suprema Corte William Rehnquist, o ator Hal Holbrook e a educadora Ingrid Isotta Rossellini.

Leão (♌) na Cúspide da Casa 10
Palavras-chave: *Profissão, ego, um dos pais, autoridade, posição, status e reputação*

Você costuma ser apreciado na profissão, e os outros aceitam de pronto a sua liderança. Você tanto deseja quanto precisa do poder, mas precisa trabalhar para obtê-lo, pois nem sempre ele vem com facilidade. Com Escorpião em elevação, é preciso que aprenda a entender os outros; você obtém o melhor desempenho quando dirige pelo amor, não pela disciplina. A popularidade pode lhe ser imposta, e você precisa aprender a lição da humildade. É possível que um dos pais seja muito bem-sucedido ou forte e tente dominar sua vida, principalmente com Sagitário em ascensão. Você adquire status e prestígio com relativa facilidade. Com Libra ascendendo, pode chegar ao topo pelo charme e depois ter dificuldade de exercer autoridade, pois tem muita necessidade de ser apreciado e amado.

A promotora do caso O. J. Simpson, Marcia Clark, o ator Michael Douglas e o ator e músico Kris Kristofferson.

Leão (♌) na Cúspide da Casa 11
Palavras-chave: *Metas e objetivos, desejos e esperanças, amigos, grandes organizações, acontecimentos imprevistos*

Você pode ter sucesso e popularidade pessoal, mas não é um bom líder de massas – qualquer que seja o signo em ascensão. É amistoso e extrovertido, deseja agradar os outros e ser amado, porém aspectos difíceis ao Sol podem gerar muito orgulho e egoísmo, impedindo as realizações e frustrando a necessidade leonina de brilhar através das amizades. Este posicionamento pode proporcionar capacidade de trabalho em prol de objetivos humanitários e impulso para ter sucesso em atividades grupais. As amizades masculinas predominam.

O patinador por excelência Scott Hamilton, o presidente e herói revolucionário chinês Sun Yat-Sem e a princesa Ira von Fürstenberg.

Leão (♌) na Cúspide da Casa 12
Palavras-chave: *Atividades de bastidores, forças ocultas, medos, mente subconsciente*

Os atores, muitas vezes, têm este posicionamento, pois brilham através dos papéis que representam, sem nunca revelar o verdadeiro eu. Seu maior sucesso vem de atividades reservadas – pesquisa, história, cinema, arqueologia ou assuntos semelhantes. Com Virgem em elevação, frequentemente você é o poder por trás do trono. Pode ter desgostos com o amor, os filhos, o jogo ou a especulação. Desde que esteja disposto a brilhar através dos outros, a felicidade estará ao seu alcance. Com Leão ou Libra ascendendo, você pode ser tentado a desperdiçar seus talentos, a menos que o Sol esteja bem colocado.

O ator William Holden, o diretor de cinema Federico Fellini e o compositor Wolfgang Amadeus Mozart.

Virgem (♍) na Cúspide das Casas

Combine sempre a interpretação com o regente – Mercúrio (☿)

Virgem (♍) na Cúspide da Casa 1
Palavras-chave: *Personalidade, identidade, corpo físico*

Você tem senso comum e iniciativa; é ordeiro e organizado, mas tende a perder tempo com supérfluos. Tem o dom da juventude eterna, assim como a capacidade de conhecer as fraquezas dos outros e capitalizar esse conhecimento. Em geral, usa de diplomacia e tato para fazer isso; muitas vezes, os outros não percebem que você tem esse talento. Com aspectos desafiadores a Mercúrio, você pode se tornar demasiado crítico e ficar procurando defeitos nas pessoas. Pode se sair bem como analista, comediante ou escritor; sua mente incisiva é capaz de detectar o que molda a personalidade dos outros e o que os distingue, principalmente se Mercúrio estiver bem aspectado.

O astrônomo Bart Bok, o escritor Ernest Hemingway, o ator Warren Beatty.

Virgem (♍) na Cúspide da Casa 2
Palavras-chave: *Suas posses, talentos e recursos, valores, autovalorização, capacidade financeira*

Você lida naturalmente com as finanças, por isso pode atuar bem nessa área, tendo aptidão inata para ser banqueiro, contador ou arrecadador de impostos. É possível que use as finanças como forma de manipulação, principalmente quando Mercúrio recebe aspectos desafiadores de Netuno ou Júpiter. Cauteloso, você quase nunca arrisca o próprio capital. Com Câncer em elevação, o dinheiro e a segurança que ele proporciona são muito importantes para você; é comum ser bem-sucedido em áreas que requerem perspicácia financeira. Com Leão em elevação, você surpreende os outros: é vaidoso e generoso, mas cuidadoso e exigente quando se trata do seu bolso. Com Mercúrio bem aspectado, você se sente muito confiante em usar suas capacidades.

O apresentador de TV Hugh Downs, o cirurgião cardíaco Denton Cooley e o compositor Paul Dukas.

Virgem (♍) na Cúspide da Casa 3
Palavras-chave: *Comunicações, ambientes atual e da infância, escola, pequenas viagens, irmãos, mente consciente*

Analítico, crítico e científico, você é um questionador com dificuldade em se decidir até ter reunido todos os fatos. Age bem em situações críticas. É capaz de aprender rapidamente e comunica-se bem, sobretudo depois de superar um sentimento de inferioridade. Com Gêmeos ou Câncer em ascensão, há grande preocupação com os irmãos; com frequência, mantém extensa correspondência com eles depois de deixar o lar paterno. Gêmeos ascendendo com um Mercúrio proeminente muitas vezes significa sucesso na literatura. Com Leão em elevação, pode dar uma aplicação prática a sua inata capacidade dramática.

O escritor Michael Crichton, a ciclista Rebecca Twigg e a atriz e comediante Lily Tomlin.

Virgem (♍) na Cúspide da Casa 4
Palavras-chave: *Lar e família, um dos pais, imóveis, as origens, fim da vida*

Com Virgem neste posicionamento, você pode ter vivido uma infância restrita (aos seus olhos, sem amor), mas isso depende muito da posição de Mercúrio e de seus aspectos. Com Gêmeos ascendendo, pode ficar indeciso em muitas questões. Com Touro ou Câncer ascendendo, há a tendência a se deixar dominar por preocupações familiares. Você está sempre disposto a servir a família. Um lar bem cuidado e agradável é importantíssimo para seu bem-estar, e você, muitas vezes, tem um escritório ali. Geralmente disposto a servir a família, você continua a trabalhar por muitos anos depois da aposentadoria, pois precisa se manter ativo para se sentir jovem.

A rainha do mal Leona Helmsley, o assassino Lee Harvey Oswald e a atriz, bailarina e cantora Renee "Zizi" Jeanmaire.

Virgem (♍) na Cúspide da Casa 5
Palavras-chave: *Amor e romance, criatividade, filhos, especulação, passatempo*

Você usa de discriminação no amor e tende a racionalizar demais as emoções, principalmente quando Gêmeos se eleva. Com Áries em ascensão, seu entusiasmo natural é contido quando se trata de demonstrar amor e afeto. Você detesta as mudanças e tudo que perturbe sua rotina, a menos que Mercúrio esteja num signo mutável. Este posicionamento é bom para poetas, mas não para professores, pois você pode ter dificuldade de impor disciplina à classe. Nas mulheres com Virgem nessa posição, pode provocar medo da solidão. Esse posicionamento também pode indicar prostituição, pois Virgem consegue se distanciar e tratar o amor em termos de profissão. Com Virgem na criativa casa 5, você pode ser bom com as palavras, um músico talentoso ou um estilista (todas as áreas que se beneficiam da exatidão de Virgem).

O escritor William Saroyan, o comediante Phyllis Diller e o advogado, escritor e promotor da família Manson, Vincent Bugliosi.

Virgem (♍) na Cúspide da Casa 6
Palavras-chave: *Saúde e nutrição, trabalho, hábitos, prestação de serviços, animais de estimação, empregados*

Esta é a casa natural de Virgem no mapa plano; por isso você também se sente naturalmente à vontade em relação a todos os assuntos de casa 6. No trabalho, é escrupuloso, preciso e meticuloso; tem capacidade incrível de lidar com detalhes e se interessa por nutrição, mecânica ou pesquisa. É um historiador nato. Faz questão de ordem, mas às vezes pode ser impaciente ou irritável, quando Mercúrio recebe aspectos desafiadores. Mesmo assim, trabalha de boa vontade. Com Áries ou Peixes no Ascendente, é importante que tenha algum emprego, caso contrário suas energias se transformarão em frustrações e afetarão sua saúde. Dê a devida atenção à dieta e a hábitos de alimentação, para evitar os problemas de digestão que Virgem às vezes enfrenta nesse posicionamento.

Os escritores Marcel Proust e Henry Miller e o pintor impressionista Maurice Utrillo.

Virgem (♍) na Cúspide da Casa 7
Palavras-chave: *Parcerias (conjugais e de negócios), relações públicas, questões legais*

Com Virgem na cúspide da casa 7, Peixes deve estar ascendendo. Sua personalidade é compassiva e um pouco retraída, e você tende a escolher um parceiro crítico ou então critica o parceiro que escolheu. Procura segurança no parceiro e pode se casar muito cedo; é comum haver mais de um casamento, sendo o segundo muito mais feliz que o primeiro, pois você se torna mais realista à medida que amadurece. Na parceria, é preciso que aprenda a servir e não esperar muito em troca. Quando aprende a se dar, você conquista mais felicidade interior. Não se esqueça de combinar Mercúrio e Netuno para determinar o tipo de parceiro certo para você.

A atriz Shirley Jones, o compositor Georges Auric e o fotógrafo Anthony Armstrong-Jones.

Virgem (♍) na Cúspide da Casa 8
Palavras-chave: Recursos do parceiro, apoio dos outros, sexo, impostos, morte, regeneração, heranças

Você é muito prático quando se trata de lidar com o dinheiro alheio e, portanto, se sai bem nas áreas bancária ou contábil, principalmente com Capricórnio ou Peixes no Ascendente. Pode se interessar pelo psíquico ou pelo oculto, mas só depois de muita persuasão, pois exige provas antes de aceitar as coisas. Quaisquer dificuldades surgidas na vida sexual se devem ao fato de você ser demasiado crítico, analítico e exigente em relação ao parceiro, ou vice-versa. Com Aquário em elevação, pode ser que você tenha Gêmeos na cúspide da casa 5. A combinação Aquário-Gêmeos-Virgem leva ao desejo de ter uma vida amorosa variada; entretanto, você receia revelar suas profundas necessidades sexuais. O resultado são muitas experiências sexuais, mas não muito gratificantes (às vezes até o celibato), a menos que Mercúrio esteja num signo fixo. Com Mercúrio bem posicionado, porém, Virgem na casa 8 pode ser sensual, dado a aventuras sexuais e imaginativo, caso Aquário seja o Ascendente.

O psicanalista Carl Jung, a estrela do hóquei no gelo Wayne Gretzky e a cantora lírica Beverly Sills.

Virgem (♍) na Cúspide da Casa 9
Palavras-chave: Lei, religião e filosofia, viagens ao exterior, importação e exportação

Você particularmente precisa entender a vida tanto com o coração como com a mente. É muito diplomata e aborda a religião e a filosofia com praticidade. Muitas vezes, sente-se atraído por profissões jurídicas por causa da mente incisiva e da capacidade de analisar com critério. Pode ser que viaje a trabalho; com Sagitário em elevação, viajar e ampliar os horizontes são fundamentais para seu bem-estar. Com Capricórnio no Ascendente, você deseja ter educação superior e não deve ter dificuldade de consegui-la. Tem tato e astúcia e provavelmente se sai bem a serviço de terceiros, muitas vezes na qualidade de gerente, ajudante ou agente.

O jogador de beisebol Maury Wills, o político e filósofo italiano Nicolo Machiavelli e o secretário da Justiça Earl Warren.

Virgem (♍) na Cúspide da Casa 10
Palavras-chave: *Profissão, ego, prestígio, status, um dos pais, reputação*

É possível que você tenha mais de uma profissão, e uma delas bem pode ser o magistério. Para você, é importante trabalhar arduamente numa das profissões, e isso lhe dá certa satisfação, sobretudo com Capricórnio em elevação. Se Escorpião é o Ascendente, você é um crítico contundente de si mesmo e dos outros. Não gosta que provem que está errado, por isso pensa muito antes de assumir compromissos. Com Sagitário em ascensão, você deve ter excelente coordenação (a menos que Mercúrio esteja desafiado). Mercúrio bem posicionado é promessa de sucesso em quase qualquer área de atividade, mas principalmente onde seja necessário organização e mobilidade.

A romancista e crítica Mary McCarthy, o compositor George Gershwin e o filósofo alemão Friedrich Nietzsche.

Virgem (♍) na Cúspide da Casa 11
Palavras-chave: *Amigos, desejos e esperanças, grandes organizações, circunstâncias imprevistas*

Basicamente, você é tímido e foge de grandes grupos, mas é simpático, compreensivo e está sempre disposto a ajudar os menos favorecidos. Assim, pode sair-se bem em qualquer empreendimento humanitário. É vulnerável e deve tomar cuidado para não ser vítima de amigos que desaparecem nas horas difíceis. Com Sagitário em elevação e Mercúrio e Júpiter em aspecto mútuo, você adora animais e daria um bom veterinário, tratador ou treinador. Com Escorpião ascendendo, você gosta de chefiar do seu jeito próprio e muito especial, o que pode incluir o trabalho grupal. Com Libra ascendendo, em geral você trabalha melhor na base de cada um por si, seja com amigos ou em organizações.

O senador Henry Jackson, a ativista e feminista Gloria Steinem e o químico e professor Eugene Patrick Kennedy.

Virgem (♍) na Cúspide da Casa 12
Palavras-chave: *Talentos e recursos ocultos, pesquisa, atividades de bastidores*

Qualquer tipo de trabalho que exija atenção aos detalhes e possibilidade de atuar nos bastidores lhe agrada. Se houver planetas na casa 12, pode ser que você se interesse por alguma das áreas de psicologia ou aconselhamento. Com Virgem ou Escorpião em elevação, pode ser que seja atraído por problemas e trabalho em asilos. Você se interessa por saúde e doenças e tenta entender sua natureza, mas precisa tomar cuidado para não se tornar hipocondríaco. Como a casa 12 atua num nível muito subconsciente, a tendência de Virgem a criticar muitas vezes se volta contra ele mesmo e, dependendo dos aspectos de Mercúrio, pode fazer com que tenha dificuldade de aceitar seu jeito de ser.

O escritor Harper Lee, a crítica Pauline Kael e o arquiteto do museu Getty, Richard A. Meier.

Libra (♎) na Cúspide das Casas

Combine sempre a interpretação com o regente – Vênus (♀)

Libra (♎) na Cúspide da Casa 1
Palavras-chave: *Personalidade, identidade, corpo físico, primeira infância*

Diplomático e amante da paz, você tem talento para a conciliação e para desenvolver relacionamentos. Definitivamente, não é um lobo solitário; para se realizar de fato, precisa de companhia. É capaz de ver os dois lados de uma questão e tem dificuldade de tomar partido; assim, parece ser indeciso. É charmoso e geralmente tem boa aparência; gosta de ser apreciado e sempre tenta equilibrar tudo mental e emocionalmente, mas é raro conseguir, a menos que Vênus esteja bem colocado. Pode ter problemas de peso depois da meia-idade.

O cantor Neil Diamond, a atriz Debbie Reynolds e o golfista Dave Stockton.

Libra (♎) na Cúspide da Casa 2
Palavras-chave: Finanças, posses, recursos, autovalorização, capacidade de ganho

Seu dinheiro está, muitas vezes, vinculado a parcerias, e você é demasiado cauteloso por causa do desejo de manter o equilíbrio financeiro. Prefere um emprego em que não tenha de se sujar, pois é asseado e gosta de fazer tudo de forma sistemática. Tem refinamento inato, principalmente quando também tem Libra ascendendo, e se sai bem em qualquer área que requeira bom gosto e valorização da arte e da beleza. Sente-se atraído por objetos finos (joias, peles, quadros valiosos) e, em geral, cuida bem deles, a menos que Vênus esteja muito aflito. Com Leão ascendendo, pode ser que gaste mais que deveria, sobretudo se Vênus fizer aspectos desafiadores com Júpiter.

O cantor Don Henley do Eagles, a pintora e escritora francesa Françoise Gilot e o cantor Paul Simon.

Libra (♎) na Cúspide da Casa 3
Palavras-chave: Irmãos, comunicação, pequenas viagens, ambiente atual, mente consciente.

Você respeita a justiça e gosta de cooperar com aqueles que o cercam, de modo que, em geral, tem bom relacionamento com os irmãos. A grande versatilidade de sua mente (a não ser que seja canalizada para uma área que não requeira especialização) pode levar ao diletantismo. Amante da música, das artes e da literatura, dependendo dos aspectos de Vênus, pode se interessar por uma carreira num desses campos. Sua capacidade de ver os dois lados de uma questão faz com que os outros o procurem para pedir conselhos. Sua maneira de se comunicar é agradável, e dificilmente você entra em brigas ou discussões, a menos que Vênus esteja mal colocado. Com Leão ascendendo, você poderá facilmente combinar sua personalidade dramática com algum *hobby* ou talento artístico. Com Virgem ou Câncer no Ascendente, é possível que se comunique de forma mais tranquila e menos ostentosa.

O escultor francês Frederic Bartholdi, a cantora Judy Collins e o escritor Thomas Mann.

Libra (♎) na Cúspide da Casa 4
Palavras-chave: *Lar e pais, origens, imóveis, fim da vida*

Com Câncer em elevação, você se apega às raízes, adora o lar e precisa dele para sua estabilidade emocional. Para se sentir realmente à vontade, necessita de um ambiente bonito e artístico. A menos que Vênus esteja num signo fixo, você tem dificuldade de permanecer num só lugar. Com Leão ou Gêmeos em elevação, até definir seus valores superiores, é possível que você não tenha muita paz, prazer ou prosperidade quando estiver mais velho, pois pode ter embarcado num carrossel social que não leva a lugar nenhum. Os pais, muitas vezes, oferecem um lar confortável e prestam muita atenção nos padrões de comportamento dos filhos.

O maestro e compositor Henry Mancini, o ator Robert Stack e o presidente argentino Raul Alfonsin.

Libra (♎) na Cúspide da Casa 5
Palavras-chave: *Amor e romance, filhos, criatividade, passatempos, jogos e diversões, especulação*

Os entretenimentos musicais e artísticos são fundamentais para seu bem-estar. Amigos, romance e envolvimento são muito importantes para você, principalmente com Gêmeos ou Câncer em elevação. Em geral, você goza a vida cedo e se casa tarde, porque já nasceu sabendo que precisa de variedade nos relacionamentos. Os outros podem considerá-lo voltado aos prazeres e "cuca fresca" por causa da abordagem leve e aérea da vida. Mercúrio em Libra nesta casa sugere, muitas vezes, um interesse por reformas ou atividades sociais. Com Touro em elevação, você é menos brincalhão e bastante orientado para os sentidos, e, nesse caso, a posição de Vênus no mapa se torna de suma importância.

O músico Bobby Short, a ativista Dorothy Day e a cantora lírica Teresa Stratas.

Libra (♎) na Cúspide da Casa 6

Palavras-chave: *Saúde e nutrição, trabalho, empregados, prestação de serviços, animais de estimação*

Se não houver harmonia no ambiente de trabalho, é possível que você se torne muito hostil, apesar de gostar de prestar e receber serviços. Quando gosta do trabalho, você faz tudo com perfeccionismo, mas precisa de constante variedade, principalmente com Gêmeos ou Áries no Ascendente. Com Vênus bem aspectado, você se dá bem na área de pessoal ou em qualquer lugar onde possa usar seus talentos artísticos. Com Touro ascendendo, você é perseverante e, se Vênus estiver bem colocado, pode expressar essa qualidade de alguma forma artística, como pintar ou escrever.

A cantora Cass Elliot, o artista Gustav Courbet e o golfista Lee Trevino.

Libra (♎) na Cúspide da Casa 7

Palavras-chave: *Parcerias (conjugais e de negócios), relações públicas, questões legais*

Esta é a casa natural de Libra no mapa plano, e para ter Libra aqui você deve ter Áries ascendendo. Ter parceiros, aprender a fazer contatos e estar com os outros são uma necessidade natural. Você passa uma imagem de bastante exigência e arbitrariedade; assim, precisa de um cônjuge agradável e sereno. É comum não se empenhar muito nos relacionamentos, a menos que Vênus e Marte estejam em bom aspecto mútuo. Você é sentimental e tem gosto artístico, apesar da personalidade um pouco exigente, e precisa achar alguém que o aceite como é. O que você quer é um parceiro de boa aparência e tato, de quem possa se orgulhar. Quando tem uma parceria feliz, você pode ser muito amigável e comunicativo.

O líder religioso Marshall Herff Applewhite, o jogador de beisebol Sandy Koufax e a comediante Joan Rivers.

Libra (♎) na Cúspide da Casa 8

Palavras-chave: *Recursos do parceiro, heranças, impostos, sexo, regeneração*

Com Peixes no Ascendente, sua abordagem às questões da casa 8 pode ser muito romântica, sensual e repleta de velas e música de fundo. Às vezes, uma primeira decepção no amor propicia melhor discernimento no futuro. Astuto em questões financeiras, especialmente se Vênus estiver bem aspectado, você pode ter sucesso nas áreas financeira, contábil ou investigativa. Com Libra nessa posição, você costuma ser juiz, banqueiro ou o gerente dos negócios de terceiros. Com Áries em elevação, sua natureza ardente pode ser bastante voltada ao sexo; um caso só pode não bastar. Aquário no Ascendente pode levá-lo a ter envolvimentos mais significativos.

O evangélico fraudulento James Bakker, o maestro Zubin Mehta e a princesa Caroline de Mônaco.

Libra (♎) na Cúspide da Casa 9
Palavras-chave: *Filosofia e religião, educação superior, viagens longas, família do cônjuge, negócios com o exterior*

Você é ardorosamente idealista, tem visão bastante liberal e é dedicado à paz e à justiça, muitas vezes tomando o partido dos desfavorecidos, em especial com Peixes em elevação. Com Aquário ascendendo, suas ambições podem carecer de realismo, mas muito provavelmente você é dotado de visão lógica. A menos que Vênus esteja mal aspectado, o bom gosto é de suma importância na sua abordagem da vida. A conduta grosseira ou estúpida o irrita. Não gosta muito de viajar, a não ser que seja de primeira classe – no seu ponto de vista, a única forma possível. Com Capricórnio ascendendo, você procura uma filosofia prática, concreta e útil. Com Aquário ascendendo, ao contrário, você pode dar preferência a concepções mais ousadas; a Astrologia pode estar no seu caminho, assim como a área jurídica.

Juiz associado da Suprema Corte dos Estados Unidos Clarence Thomas, o cantor de rock Jerry Lee Lewis e o cantor Tom Jones.

Libra (♎) na Cúspide da Casa 10
Palavras-chave: *Profissão, reputação, ego, um dos pais, honra, carreira*

Você tem muito tato para lidar com o público, muito mais que com os amigos e a família. Com Capricórnio no Ascendente, seu senso de forma e estrutura (Saturno) é desenvolvido, assim como o estético (Vênus); desse modo sente-se atraído pela arquitetura e por profissões semelhantes. Os interesses femininos são importantes se Vênus estiver bem aspectado; os homens que têm Libra nessa posição se saem bem nas profissões que cuidam das mulheres. Muitas vezes, você é um romântico incurável que abre mão de tudo por amor. O sucesso é mais provável depois dos 30 anos, quando você já aprendeu e amadureceu com o primeiro retorno de Saturno (principalmente se tiver Capricórnio ascendendo). Com Sagitário ou Aquário em ascensão, o sucesso é um pouco mais fácil. O direito é uma boa profissão para você, que é capaz de ver os dois lados de uma questão e justo nos julgamentos.

O compositor Darius Milhaud, a desenhista de moda Mary McFadden e o golfista Johnny Miller.

Libra (♎) na Cúspide da Casa 11
Palavras-chave: *Metas e objetivos, amigos, circunstâncias imprevistas, dinheiro ganho com a profissão*

Os amigos são muito importantes para você, que frequentemente os escolhe no meio artístico e musical. Se Vênus tiver aspectos desafiadores, tome cuidado ao escolher seus associados, pois poderá ser atraído por pessoas nada confiáveis. Com Escorpião ou Capricórnio em elevação, é preciso que defina com clareza, desde cedo, quais são seus objetivos; caso contrário, a ação equilibradora de Libra pode resultar numa vida desperdiçada em festas, brincadeiras e diversões, em vez de fazer alguma coisa produtiva. Assim como toda pessoa com Vênus forte no mapa, sua sociabilidade é sempre elogiada.

O artista Leonardo da Vinci, o maestro e compositor Leonard Bernstein e o juiz da Suprema Corte Hugo Black.

Libra (♎) na Cúspide da Casa 12
Palavras-chave: *Forças ocultas, atividades de bastidores, negócios, segredos*

Você é capaz de encarar seus problemas com uma abordagem muito filosófica, mas precisa encarar a si mesmo sem autopiedade e ver os outros como são, não como você quer que sejam. De outra forma, sua tendência será culpar os outros pelos seus problemas e nunca aprender a lidar, de fato, com a vida como ela é. Pode querer sua vida pessoal em segredo, principalmente com Escorpião ascendendo. Mas quando Libra também está em elevação você tem dificuldade de esconder a vida particular e seus segredos; de algum modo, eles acabam vindo a público. Você tende a ter atitudes escapistas ao lidar com a vida e o amor e pode evitar o enfrentamento dos problemas, em especial se Sagitário estiver ascendendo. Em geral, seu senso artístico e literário é bem desenvolvido, sobretudo se Vênus estiver bem colocado.

A princesa Grace de Mônaco, o comediante Red Skelton e o artista Pierre Bonnard.

Escorpião (♏) na Cúspide das Casas

Combine sempre a interpretação com o regente –
Plutão (♀) e com o corregente – Marte (♂)

Escorpião (♏) na Cúspide da Casa 1
Palavras-chave: *Personalidade, identidade, autoexpressão, corpo físico*

Não é fácil conhecer você, pois muita coisa fica oculta debaixo da superfície. Muitas vezes, você exibe semblante muito plácido, enquanto por dentro é, na realidade, um ser humano complicado, muito mais intenso e com muito mais sensibilidade do que exibe. Escorpião ascendendo pode lhe conferir ar de sensualidade e certa atitude de "flerte sexual". Você tem muita força e reserva, impõe respeito e tende a ver até o fundo das coisas, sobretudo se Marte e Plutão estiverem bem aspectados. Entretanto, precisa vigiar constantemente seu sarcasmo, que pode afastar as pessoas de você. Usado de modo positivo, porém, as farpas de Escorpião podem lhe dar um ar espirituoso e inteligente.

O comediante Groucho Marx, a empresária Sidney Biddle Barrow e o pintor francês Paul Cézanne.

Escorpião (♏) na Cúspide da Casa 2
Palavras-chave: *Finanças, posses, autovalorização, talentos e recursos, haveres*

Muitas vezes você passa por tensão financeira, porém sua desenvoltura lhe possibilita aprender com a adversidade e tirar proveito dela, principalmente se Escorpião também estiver em ascensão. Você é um bom organizador, mas tem propensão a assumir mais do que pode manejar com eficiência, pois acha que precisa constantemente provar-se a si mesmo e aos outros (em especial se Virgem for o Ascendente). Se Plutão tiver aspectos desafiadores, é possível que você tenha ideia exagerada do próprio valor. A política e a ciência podem lhe ser gratificantes. Você também tem aptidão e boa cabeça para os negócios, principalmente as altas transações. Não gosta de divulgar seus assuntos financeiros.

Compositor de ópera italiano Giacomo Puccini, o pintor e escultor francês Andre Dérain e o escritor de romances de mistério Ross MacDonald.

Escorpião (♏) na Cúspide da Casa 3
Palavras-chave: *Comunicações, mente consciente, pequenas viagens, irmãos, ambiente na infância*

Você é um observador perspicaz e tanto pode ser reservado e desconfiado quanto misterioso e dissimulado. Escolhe cuidadosamente as palavras e pode usá-las como armas. Com Libra ascendendo, pondera e considera tudo com muito cuidado antes de se comprometer. Não se comunica muito por palavras, e a rigidez de suas ideias pode, às vezes, provocar julgamentos severos por parte de terceiros, principalmente se Marte ou Plutão tiverem aspectos desafiadores. Porém, se Virgem estiver em elevação e Mercúrio for proeminente, Escorpião nesse posicionamento poderá fazê-lo comunicar-se da maneira mais atilada e precisa. Você é analítico, de compreensão rápida e boa memória. A mente incisiva faz de você um bom crítico literário ou artístico.

O astro do golfe Tiger Woods, o romancista francês Guy de Maupassant e a cantora pop Madonna.

Escorpião (♏) na Cúspide da Casa 4
Palavras-chave: *O lar, um dos pais, imóveis, origens, fim da vida*

Seus sentimentos são profundos e fortes, e você sente grande necessidade de autoprovação. A menos que tenha tido pais muito intuitivos, sua atitude rebelde na juventude pode ter provocado uma vida doméstica infeliz, e, assim, você pode ter saído cedo de casa. Com Leão no Ascendente, você sente necessidade de ter sucesso por esforço próprio e pode, assim, recusar a ajuda dos outros. Tem muita força interior, é leal e persistente. Com Câncer em elevação, é intuitivo e muito sensível, mas isso só é visível aos outros quando a Lua tem bastante fluxo. Com uma insegurança inata que muitas vezes sente quando Virgem está em elevação, você pode se beneficiar da força do Escorpião da casa 4 usando a intensidade, o magnetismo ou o poder de Plutão.

O nadador olímpico Mark Spitz, a escritora de romances policiais Agatha Christie e o ator, diretor e produtor Woody Allen.

Escorpião (♏) na Cúspide da Casa 5
Palavras-chave: *Amor e romance, criatividade, filhos, diversões, passatempos*

Dependendo dos aspectos de Marte e Plutão, ou você tem enorme autocontrole ou nenhum. Esse tudo ou nada pode ficar bem evidente com uma regência plutoniana. Você se interessa muito por sexo e romance, porém, com frequência, mais por curiosidade que por paixão, principalmente quando Gêmeos está em ascensão. Pode se sobressair nos esportes, mas também gosta de projetos mentais e, muitas vezes, se envolve com a área de ciência ou pesquisa. Quando pode, ama profunda e apaixonadamente. É possível que tenha casos de amor secretos e seja ciumento, sobretudo se Marte ou Plutão estiverem num signo fixo. Se decidir canalizar suas energias para algum projeto criativo, você pode ser um dínamo, daqueles que nunca desistem.

O pintor Max Ernst, a patinadora no gelo Tonya Harding e o diplomata Henry Cabot Lodge.

Escorpião (♏) na Cúspide da Casa 6
Palavras-chave: *Saúde e nutrição, hábitos, vestimentas, prestação de serviços, animais de estimação, empregados*

Você não gosta de rotina e restrição no trabalho. Tem muita integridade profissional e se orgulha de sua escrupulosidade e da resistência à fadiga. Assim, é um trabalhador incansável, quando gosta do trabalho. Com Gêmeos ou Câncer no Ascendente, a saúde pode ser afetada por seu sistema nervoso febril, até que você aprenda a desacelerar e a fazer tudo com moderação – e isso não é uma lição fácil de ser aprendida.

Nem sempre você é uma pessoa com quem seja muito fácil conviver, principalmente quando Touro ascende, porque seus hábitos e suas atitudes carecem de flexibilidade. Como dizia Jung, "Não cure os sintomas, siga-os". Essa é a maior regra para a maioria dos que têm Escorpião na casa 6.

A grande tenista Steffi Graf, o astrônomo Johannes Kepler e o secretário do Tesouro dos Estados Unidos, James Baker.

Escorpião (♏) na Cúspide da Casa 7
Palavras-chave: *Parcerias (conjugais ou de negócios), questões legais, trato com o público*

Com Escorpião nesta posição, Touro deve estar no Ascendente, portanto você é muito estável, seguro e bastante obstinado. Com um parceiro de temperamento compatível, sua lealdade básica faz com que você se mantenha no casamento por muito tempo, às vezes tempo demais! Se Plutão ou Marte tiverem aspectos desafiadores, poderá haver ciúme e problemas sexuais. Você gosta de ser objeto de devoção intensa por parte do parceiro; na verdade, isso é fundamental para você ser fiel – você exige fidelidade e devoção. Com Escorpião na casa 7, muitas vezes você busca um parceiro forte, mas depois se ressente quando ele tenta assumir o controle da relação.

A aviadora pioneira Amelia Earhart, a psiquiatra e psicanalista Anna Freud e o escritor Jean Cocteau.

Escorpião (♏) na Cúspide da Casa 8
Palavras-chave: *Recursos conjuntos, impostos, sexo, heranças, questões ocultas, regeneração*

Esta é a casa natural de Escorpião no mapa plano; assim, todos os assuntos da casa 8 são aceitos com naturalidade. Você ama a vida, mas também é capaz de aceitar a morte com objetividade. Com Áries em ascensão, para se autoprovar, você assume riscos e fica sujeito a acidentes. Com Peixes ou Touro em ascensão, você tem tendência a se autoprovar através do sexo, de maneira um pouco luxuriosa ou possessiva. Sabe lidar com o dinheiro, conhece seu valor, e, assim, pode se sair bem nas áreas bancária e contábil ou em carreiras afins. Às vezes há preocupação exagerada com a morte ou interesse quase obsessivo pelo sexo, quando Marte ou Plutão têm aspectos difíceis, e você não encontra um canal adequado criativo de vazão. Você se agarra às realidades objetivas e, em geral, evita os intangíveis, a menos que Peixes esteja ascendendo e Netuno seja proeminente no horóscopo.

O produtor de cinema italiano Carlo Ponti, o poeta beatnik *Allen Ginsberg e o ator e comediante autodestrutivo Richard Pryor.*

Escorpião (♏) na Cúspide da Casa 9
Palavras-chave: *Religião e filosofia, ética, transações com o exterior, educação superior, família do cônjuge*

Você tende a ver a vida com intensidade emocional, não através da ortodoxia, mas da via oculta ou até mística. A menos que Áries esteja em elevação, você é lento na ação ao abordar questões pendentes. Este é um bom posicionamento para médicos, professores e editores, devido à sua compreensão inata e tácita da vida. Com Aquário em ascensão, você pode questionar os conceitos religiosos e é provável que não siga a religião dos pais, mas procure uma filosofia de vida e uma religião que se harmonizem com suas crenças e seu estilo de vida.

A freira missionária Camilla Veroni, o diretor e produtor alemão Rainier Fassbinder e o médico indiano Deepak Chopra.

Escorpião (♏) na Cúspide da Casa 10
Palavras-chave: *Reputação e posição social, profissão, um dos pais, carreira*

Você tem enorme ímpeto e trabalha com afinco para chegar ao sucesso, principalmente com Capricórnio ou Peixes em elevação. Quando Aquário se eleva, este é um bom posicionamento para trabalho com o governo, pesquisa, medicina ou atividades secretas, como a CIA. Você é versátil e confiante e se sai bem quando tem responsabilidades desde cedo. Talvez seja controlador na profissão ou nos negócios. Com Plutão ou Marte angulares, ou em aspecto desafiador com o Sol ou a Lua, pode ser que tenha um pai dominador que tenha sufocado sua iniciativa.

O físico e alquimista Paracelso, o psicólogo B.F. Skinner e o músico, compositor e letrista Stephen Sondheim.

Escorpião (♏) na Cúspide da Casa 11
Palavras-chave: *Amizades, metas e objetivos, grandes organizações, acontecimentos inesperados*

Em geral muito inflexível, você precisa aprender a ser mais tolerante e a evitar julgar os amigos. Os outros ficam impressionados com sua iniciativa e autoconfiança, mas sua liderança pode ser curta devido à falta de tato, principalmente com Sagitário ou Aquário em elevação. Quando Capricórnio se eleva e Mercúrio tem aspectos desafiadores, é preciso vencer o pessimismo para ter associações bem-sucedidas. É bom estudar a filosofia de Dale Carnegie, pois fazer amigos e influenciar pessoas não é algo fácil para você. Entretanto, depois de fazer amizade com uns poucos escolhidos, você é um amigo verdadeiro que não mede esforços para conservar a amizade.

O produtor musical Roy Thomas Baker, o estilista italiano Emilio Pucci e o empresário David Packard.

Escorpião (♏) na Cúspide da Casa 12
Palavras-chave: *Forças ocultas, casos secretos, costumes, mente inconsciente*

Com muita frequência um solitário, você prefere viver a vida em seus próprios termos... afundar ou nadar. Pode ser seu pior inimigo devido à incapacidade de se olhar de frente, principalmente com Escorpião em ascensão. Depois que reconhece e aceita sua força interior oculta (casa 12), você toma consciência de como se projetar além do seu mapa. Com Capricórnio em elevação, você pode sentir necessidade de desenvolver seu lado espiritual para vencer uma tendência à preocupação. Com Sagitário em elevação, a filosofia pode desempenhar papel importante em sua vida. Quanto mais rápido você entender a mente subconsciente, mais fácil será alcançar as estrelas.

A ex-primeira-dama Pat Nixon, a atriz e diretora Jodie Foster e o evangelizador Billy Graham.

Sagitário (♐) na Cúspide das Casas

Combine sempre a interpretação com o regente – Júpiter (♃)

Sagitário (♐) na Cúspide da Casa 1
Palavras-chave: *Personalidade, identidade, corpo físico*

Sua palavra-chave é liberdade – de pensamento, de palavra e de ação. Nem sempre demonstrando tato, você tende a não usar meias-palavras. Jovial, amistoso e otimista, provavelmente você foi muito inquieto no início da vida, principalmente se tem Júpiter num signo mutável ou com aspectos desafiadores. Porém, como é intuitivo e idealista, muitas vezes você passa a se interessar por horizontes intelectuais ou a cultivar sonhos idealistas. Generoso e corajoso, bastante falante e excitável, com uma risada que chama a atenção, você é o tipo de pessoa que raramente passa despercebida numa multidão, por causa do otimismo e do entusiasmo contagiantes.

O compositor Maurice Jarre, o astro do beisebol Ernie Banks e a atriz e diplomata Shirley Temple Black.

Sagitário (♐) na Cúspide da Casa 2
Palavras-chave: *Capacidade de ganho, autovalorização, posses, talentos, valores*

Em geral você tem sorte com dinheiro, desde que Júpiter não esteja muito aflito. É liberal, gosta de jogar e geralmente ganha. Se Escorpião está em elevação, você pode ser espiritual e psicologicamente dotado. Generoso e disposto a dividir o que tem, o dinheiro pode vir de viagens ou da área da educação. Se Júpiter estiver bem aspectado, pode haver autêntica falta de preocupação com bens materiais e tendência à negligência ou ao excesso de confiança nas transações financeiras. Com Libra como Ascendente, você pode se sentir atraído por belas posses, que talvez incluam antiguidades.

O advogado Samuel Dash, a cantora de soul *Aretha Franklin e o apresentador de programa de entrevistas Johnny Carson.*

Sagitário (♐) na Cúspide da Casa 3
Palavras-chave: *Comunicação, irmãos, pequenas viagens, ambiente local, mente consciente*

Você se adapta às circunstâncias, exceto quando Escorpião se eleva e Júpiter ocupa um signo fixo. Com Libra no Ascendente, você tem charme natural e bons modos. É imaginativo, tem boa cabeça para questões legais e executivas e pode ser profético e exalar autoconfiança e fervor. Se na família existem tendências literárias, é possível que sejam acentuadas em você, em especial com Escorpião em ascensão dotando-o de espírito ágil e irônico. Você gosta de viajar, especialmente se as viagens forem curtas. Sagitário neste posicionamento é uma promessa de bom relacionamento com os irmãos, quando Júpiter está bem aspectado. Quando tem aspectos desfavoráveis, é frequente haver interrupção nos estudos; também pode haver separação precoce dos membros da família.

A ventríloqua Shari Lewis, o cantor lírico italiano Giuseppe Di Stefano e o presidente Dwight D. Eisenhower.

Sagitário (♐) na Cúspide da Casa 4
Palavras-chave: *O lar e um dos pais, vida privada, imóveis, últimos anos da vida*

Você definitivamente precisa ser tratado como indivíduo; deveria ter tido contato com a literatura desde a infância e oportunidade de se engajar em atividades mentais, principalmente com Leão em elevação. Seus pais provavelmente tentaram lhe dar boa formação, baseada em sólidos padrões religiosos e filosóficos, que você encara como algo natural e um direito seu, quando Virgem se eleva e Júpiter está instável. Você se orgulha muito da terra natal, da família, dos entes queridos. Pode ser que, em alguma época da vida, viva com a família do cônjuge. Prefere morar numa casa grande e espaçosa, à medida que suas posses o permitam. Na maturidade, pode ser que se interesse por lei ou religião. Com Libra em elevação, você gosta de receber convidados e tem orgulho do mobiliário e da aparência de sua casa.

O senador do Nebraska Robert Kerrey, a atriz e cantora Julie Andrews e a primeira-dama Betty Ford.

Sagitário (♐) na Cúspide da Casa 5

Palavras-chave: *Amor e romance, filhos, criatividade, especulação, passatempos*

Com Leão em elevação, seu espírito otimista e ambicioso pode levar a imprudências e temeridades. Esta é, frequentemente, a marca do jogador nato, cuja sorte depende dos aspectos de Júpiter no mapa. Entretanto, sua forte personalidade e seu temperamento alegre lhe granjeiam muitos admiradores, o que lhe agrada. Tem acentuada autoestima e geralmente é idealista e generoso no amor; muitas vezes, apaixona-se pelo amor. É provável que obtenha benefícios através dos filhos, dos esportes ou da especulação. Se Júpiter não estiver bem colocado no mapa, essas mesmas áreas podem lhe causar problemas. Com Virgem no Ascendente, você é mais prudente e menos propenso a se atirar nos assuntos do coração, dando preferência às vias mais seguras do amor pelas crianças, aos esportes, aos bordados e ao artesanato.

O ator Jack Nicholson, a cantora Naomi Judd e o general Douglas MacArthur.

Sagitário (♐) na Cúspide da Casa 6

Palavras-chave: *Saúde e nutrição, prestação de serviços, hábitos, animais de estimação, trabalho, empregados*

Em geral, você se orgulha do trabalho, mas para se empenhar nele de fato precisa ter Júpiter fortemente aspectado e proeminente. De outra forma, você tende a ser um pouco preguiçoso e necessita de muitas horas de sono. Se Júpiter tiver aspectos desfavoráveis, você tem propensão ao sobrepeso, a menos que domine a tendência à autoindulgência. Gosta de empregos nos quais possa se movimentar ou, melhor ainda, viajar, sobretudo com Gêmeos ou Câncer no Ascendente. Você é ordeiro e organizado, mas não gosta de rotina. Com Leão ascendendo, procura trabalhos que lhe permitam expandir e crescer.

O inventor Guglielmo Marconi, o promotor no caso de O. J. Simpson, Christopher Darden, e o jogador de futebol Merlin Olsen.

Sagitário (♐) na Cúspide da Casa 7
Palavras-chave: *Parcerias (conjugais e de negócios), questões legais, trato com o público*

Com Sagitário nesta posição, Gêmeos deve estar ascendendo. Você, muitas vezes, é tão curioso, sociável e autoexpressivo que gosta de muita gente e, assim, acha difícil amar a uma só pessoa. Seu lema é: "Não me prendam!". Quanto mais liberdade tiver no casamento, mais feliz será e mais tempo ele vai durar. Existe uma clara possibilidade de mais de um casamento, sobretudo quando Júpiter e o regente Mercúrio recebem aspectos desafiadores ou estão em signos mutáveis ou cardeais. Você deseja companheirismo, mais que amor ou sexo, e o parceiro que entende isso conquista seu respeito. Quando acha a pessoa certa, mas não se precipita no casamento, faz do parceiro seu ideal e se empenha em agradar a ele. Você idealiza a pessoa amada e tenta fazer o máximo para agradar a ela.

O psicólogo Jean Piaget, o primeiro-ministro britânico Tony Blair e o músico Miles Davis.

Sagitário (♐) na Cúspide da Casa 8
Palavras-chave: *Recursos do parceiro, sexo, morte, regeneração, questões ocultas, heranças*

Você é inventivo e curioso e tem grande interesse pelas filosofias religiosas e pela vida após a morte. Sagitário normalmente não é considerado um signo com grande carência de sexo, mas, com Touro em elevação, Sagitário na casa 8 pode ser sensual e aventureiro. Com Gêmeos em elevação, o sexo lhe interessa muito, e esse interesse, frequentemente, é mais mental que físico. Pode lucrar através de associações e tem muita sorte para receber apoio dos outros, mesmo financeiro, e pode ser muito bem-sucedido na área política.

O financista J. P. Morgan, o coreógrafo Michael Bennett e o escritor, dramaturgo e poeta Jean Cocteau.

Sagitário (♐) na Cúspide da Casa 9
Palavras-chave: Mente superior, educação superior, viagens longas, ética, religião e filosofia

Esta é a casa natural de Sagitário no mapa plano; portanto, a menos que Júpiter esteja muito desafiado, todas as questões filosóficas e da mente superior são primordiais para você. Você é uma pessoa idealista, que gosta de se envolver com causas sociais e humanitárias em geral. Com Áries em elevação e Marte aflito, é possível que atos imprudentes e irrefletidos tragam sérias dificuldades legais. Entretanto, em geral, sobretudo com Peixes em ascensão, você é um cidadão devoto, religioso e cumpridor da lei. Gosta de viajar, interessa-se pelas questões externas e procura constantemente expandir os horizontes. Muitas vezes conhecido pelo zelo missionário, você iria até o fim do mundo para provar seu ponto de vista.

A tenista lendária Martina Navratilova, o juiz da Suprema Corte norte-americana John Paul Stevens III e o líder dos direitos civis Martin Luther King Jr.

Sagitário (♐) na Cúspide da Casa 10
Palavras-chave: Profissão, um dos pais, reputação, ego, carreira, empregadores

Você é animado, amistoso e expansivo, principalmente com Aquário em elevação; a adversidade e a luta pelo sucesso o estimulam. Com Peixes em elevação e Júpiter com aspectos muito difíceis com ele ou com o regente Netuno, pode ser que você ache que os outros barram seu caminho para a realização. Entretanto, com Júpiter fluente, você pode querer alcançar as estrelas e se realizar em profissões como pregação, aviação ou dança. Você também pode ser um bom líder, gerente ou executivo e tem boa capacitação para vender suas ideias ao público, por meio da palavra escrita ou falada. Com Áries no Ascendente e Marte bem colocado, é possível que seja pioneiro de novas ideias e novos campos. Se Júpiter estiver em bom aspecto com Saturno, você vai receber a ajuda dos superiores na escada do sucesso.

A bailarina Patricia McBride, o senador Eugene McCarthy e a escritora Jacqueline Susann.

Sagitário (♐) na Cúspide da Casa 11
Palavras-chave: *Desejos e esperanças, amigos, atividades sociais, circunstâncias imprevistas*

Líder em movimentos humanitários, você tende a se ressentir de qualquer invasão na vida pessoal, principalmente com Aquário em elevação. Não exigindo muito dos amigos, conserva os vários que tem por longos períodos e mesmo a longas distâncias. Se Júpiter receber aspectos desafiadores, é possível que tentem se aproveitar de sua natureza bondosa; se Netuno estiver envolvido nesses aspectos, você poderá ser induzido a erro por falsos amigos. Você é conhecido por se doar generosamente, em especial com Peixes em elevação. Entretanto, com Capricórnio em elevação, pode ter outros objetivos a alcançar e vai precisar que os amigos do peito lhe deem uma mãozinha.

A atriz Kim Novak; John Hinckley Jr., que tentou matar o presidente Ronald Reagan; e o ator Paul Newman.

Sagitário (♐) na Cúspide da Casa 12
Palavras-chave: *Forças ocultas, o inconsciente, confinamento, casos secretos, instituições*

Em geral, você conserva uma fé otimista na vida, e sua tolerância e bondade podem trazer crescimento e profunda compreensão, principalmente se Júpiter estiver bem colocado no mapa. Com Sagitário ou Aquário no Ascendente, você tem maior capacidade de olhar para dentro de si e usar intuitivamente seus recursos interiores. Com Capricórnio em elevação, precisa aprender a ser compassivo e a usar a visão de um jeito positivo e altruísta, pois acha, muitas vezes, que nem você nem seu trabalho são reconhecidos. A influência de Júpiter, aqui, pode ser gratificante de maneira sutil e oculta; você pode receber proteção quando menos esperar.

O escritor e jornalista William L. Shirer, o astro do rock Jimi Hendrix e o astro do basquete Dennis Rodman.

Capricórnio (♑) na Cúspide das Casas

Combine sempre a interpretação com o regente – Saturno (♄)

Capricórnio (♑) na Cúspide da Casa 1
Palavras-chave: Personalidade, identidade, corpo físico

Embora esteja sujeito a ter saúde delicada na infância, ela melhora com a ajuda de Saturno, à medida que os anos passam. É um trabalhador esforçado e muito ambicioso; para você, é importante conseguir realizações no nível material e se provar, não só para os outros, mas para si mesmo. Seus esforços precisam ter resultados tangíveis. Normalmente honrado, paciente e persistente, pode ser que seja muito parcial, disciplinado quase em demasia, levando tudo muito a sério; assim, aparenta ser reservado e frio. A infância pode ser uma época difícil; parece que você nunca é realmente jovem; nunca é o adolescente risonho. Entretanto, em contrapartida, a idade lhe cai bem, e na maturidade você parecerá mais jovem do que é.

O ator Sean Connery, o secretário da Justiça Earl Warren, o dramaturgo Tennessee Williams e a patinadora no gelo Rosalyn Sumners.

Capricórnio (♑) na Cúspide da Casa 2
Palavras-chave: Posses, poder de ganho, valores, autovalorização, talentos

Você ambiciona o dinheiro e quer economizar; pode ser generoso em relação a si mesmo, mas raramente em relação às suas posses. O que é seu lhe pertence; você defende e preserva o que tem. Capricórnio aqui não nega o dinheiro, mas indica, isto sim, a necessidade de ganhá-lo. Pode ser que receba uma herança do pai, porém como forma de prendê-lo, se Saturno tiver aspectos desafiadores. Com Sagitário ascendendo, seu comportamento jovial esconde o fato de que, na verdade, você é bastante prático e prudente e pode ter jeito para lidar com imóveis e tudo que se relaciona com terra e investimentos. Com Escorpião ou Capricórnio em elevação, é muito importante que seus valores e sua autovalorização não se baseiem apenas em coisas materiais; do contrário, sua segurança só será aparente.

O ator Jackie Cooper, a escritora Geraldine Saunders e o tenista Bobby Riggs.

Capricórnio (♑) na Cúspide da Casa 3
Palavras-chave: *Comunicações, mente consciente, pequenas viagens, irmãos, ambiente e educação na infância*

Com Escorpião em elevação, você é meditativo, cauteloso, desconfiado e sério, porque o ambiente em que viveu na infância provavelmente não era muito feliz ou descontraído. Pode se sentir incompreendido e ter dificuldade de expressar seus verdadeiros sentimentos, escondendo-os sob uma fachada, principalmente com Libra ou Sagitário em elevação. Você tende a levar a vida muito a sério, a menos que Saturno tenha aspectos fluentes. Com aspectos desafiadores, esse posicionamento pode indicar dificuldade com os irmãos e, com frequência, o fato de que você precisa assumir responsabilidades por irmãos menores. Um Saturno bem aspectado promove aqui a capacidade de se concentrar e aprender.

A autora francesa Simone de Beauvoir, a consultora de estilo de vida Martha Stewart, a herdeira/inovadora de alimentos congelados Marjorie Merriweather Post.

Capricórnio (♑) na Cúspide da Casa 4
Palavras-chave: *O lar e os pais, imóveis, últimos anos da vida, suas raízes*

Apesar das restrições impostas pelos pais e pela formação um tanto rígida e tradicional, você se interessa muito pelo lar e, em geral, tem forte ligação com a mãe. Pode levar tempo demais para deixar a família. Se Saturno estiver num signo fixo, você gostará de deixar raízes e não se mudará com muita frequência. Tem grande orgulho dos ancestrais e pode se tornar um pilar na comunidade. Às vezes tem tendência a se sentir sozinho, mesmo estando no seio da família. Com Virgem ou Escorpião no Ascendente, é possível que tenha que assumir responsabilidades por membros da família, porque eles sentem que podem depender de você, em termos pessoais e financeiros. Com Libra em elevação, é possível que você complemente o salário do parceiro trabalhando em casa ou vendendo e comprando imóveis.

O humanitário Albert Schweitzer, o pianista Van Cliburn e a atriz Tatum O'Neal.

Capricórnio (♑) na Cúspide da Casa 5
Palavras-chave: *Amor e romance, filhos, criatividade, especulação, esportes, riscos e perigos*

Embora possa demonstrar frieza exterior no amor, em especial com Virgem em elevação, você é, com frequência, altamente sexual, de forma mais luxuriosa que sensual. Por causa do medo da rejeição, você se força a aparentar frieza. É muito leal, a menos que Saturno receba aspectos desfavoráveis; nesse caso, parece ser inconstante. É bom professor, embora severo; não é naturalmente doador e é capaz de construir um muro para afastar os outros. Acha que tudo que consegue é através do trabalho árduo, sendo, assim, por merecimento. Se tem filhos, sente-se muito responsável por eles. Quase sempre as pessoas com Capricórnio nessa posição têm dom para a música, principalmente com Leão ou Libra em elevação. Não tem propensão a especular ou a assumir muitos riscos; ao contrário, direciona-se para coisas seguras que tragam resultados concretos.

O compositor Ned Rorem, o tenor Plácido Domingo, o boxeador George Foreman (que deu aos cinco filhos o nome George).

Capricórnio (♑) na Cúspide da Casa 6
Palavras-chave: *Trabalho, prestação de serviços, saúde e nutrição, hábitos, animais de estimação, empregados*

Você é um ótimo organizador e, possivelmente, um eficiente especialista, em especial quando Câncer ou Virgem se elevam, e muitas vezes trabalha para o governo ou outras grandes organizações. Como é o maior trabalhador do zodíaco, precisa de uma ocupação permanente e estável onde possa conseguir status e respeito. Onde quer que encontremos Capricórnio ou Saturno, há a tendência à supercompensação; se você não usar essa energia no trabalho ou no serviço, ou se se recusar a aceitar responsabilidade nessa área da vida, a saúde poderá ser prejudicada. Com Leão em ascensão, pode ser importante para você conseguir um trabalho que lhe agrade. Com Câncer em elevação, uma tendência à fragilidade na infância pode desaparecer na adolescência. Quando Saturno tem aspectos desfavoráveis, é possível que você se veja num trabalho apagado, chato e rotineiro.

O chefe da CIA William Colby, o neurologista alemão Hermann Oppenheim e o cientista Thomas Huxley.

Capricórnio (♑) na Cúspide da Casa 7
Palavras-chave: *Parcerias (conjugais ou de negócios), trato com o público, questões legais*

Com Capricórnio na cúspide desta casa, você deve ter Câncer em ascensão. A natureza nutriz de Câncer procura um parceiro maduro, alguém que lhe dê segurança. Entretanto, você não demonstra o que sente; quer afeto, mas desconfia quando ele lhe é oferecido; assim, você controla os sentimentos e se recolhe em si mesmo, sob o impacto da emoção, a menos que a Lua (regente do seu Ascendente) tenha bastante fluxo. Capricórnio nesse posicionamento pode atrasar o casamento; ou você pode estar procurando um parceiro já determinado, um tipo "imagem do pai", mas, quando escolhe a pessoa certa, o potencial para um relacionamento feliz e duradouro é reforçado pela devoção mútua. Por outro lado, se sua natureza protetora é forte, você pode acabar se casando com uma pessoa mais jovem.

A modelo italiana Carla Bruni, a cantora Karen Carpenter, "O Filósofo do Pessimismo" Arthur Schopenhauer.

Capricórnio (♑) na Cúspide da Casa 8
Palavras-chave: *Legados e testamentos, morte, regeneração, recursos do parceiro, sexo, impostos*

Capricórnio aqui promete vida longa e dificilmente morte súbita; entretanto, você teme envelhecer e tem medo da morte. Com Touro em elevação, as questões sexuais tornam-se muito importantes, e, a menos que Saturno tenha aspectos muito desfavoráveis, você pode gostar de provar sua virilidade, caso seja homem, ou poder de sedução, se for mulher. Se Câncer é o Ascendente, você costuma ser muito cauteloso com as finanças do casal. Com Gêmeos em elevação, você tem compreensão inata da economia; assim, frequentemente assume cargos de responsabilidade em relação aos assuntos financeiros de terceiros. A não ser que o restante do mapa negue, esta é praticamente a marca do banqueiro. Quando Saturno tem aspectos desfavoráveis, é preciso que você ajuste seus valores. Você tem muita coragem e fica firme diante da adversidade.

A ativista Dorothy Day, a exploradora britânica Lady Isabel Burton e o secretário de Estado Henry Kissinger.

Capricórnio (♑) na Cúspide da Casa 9
Palavras-chave: *Educação superior, lei, religião e filosofia, transações com o exterior, ética*

Você tem boa cabeça para o direito; mesmo sendo cético por natureza, dispõe-se a ouvir argumentos. A menos que Saturno esteja bem aspectado, você não gosta muito de viajar, a menos que seja a negócios; na realidade, desconfia dos estrangeiros. Aqui há um conflito entre materialismo e espiritualidade, exceto com Touro em ascensão, o que o torna alguém que precisa testar suas crenças no mundo físico. Se Áries ou Touro ascendem, você organiza e gerencia bem, com muito senso comum, levando em conta tudo que é tangível. Se tiver formação universitária, ela será devida, provavelmente, em grande parte, aos seus próprios esforços.

O escritor Arthur Conan Doyle, criador de Sherlock Holmes; o engenheiro do canal de Suez Ferdinand de Lesseps; e o diretor do projeto espacial Robert J. Parks.

Capricórnio (♑) na Cúspide da Casa 10
Palavras-chave: *Profissão, carreira, um dos pais, reputação*

Esta é a casa natural de Capricórnio no mapa plano. Suas metas são elevadas, e você deseja ter uma carreira ou profissão que lhe traga prestígio e reconhecimento. Um dos genitores, geralmente o pai, desempenhou papel importante na sua vida; provar-se para ele é uma de suas forças motivadoras. Você pode demonstrar muita perseverança na busca de aspirações; nem a oposição nem os obstáculos conseguem detê-lo, sobretudo se tem Áries em elevação. Com Touro ou Peixes ascendendo, embora não seja covarde, você é conservador quanto a qualquer coisa que possa prejudicar sua reputação; prefere evitar os problemas a qualquer custo. O elevado senso de responsabilidade e organização o conduzem, muitas vezes, a carreiras executivas ou a alguma área do serviço governamental.

A superestrela, "a Divina", Bette Midler; o infeliz industrial John DeLorean; o empresário da Chrysler Corporation, Lee Iacocca.

Capricórnio (♑) na Cúspide da Casa 11
Palavras-chave: *Amigos, desejos e esperanças, organizações sociais, circunstâncias imprevistas*

Como você não procura as pessoas, não tem muitos amigos, mas tudo que quer são alguns amigos íntimos. Parece que as pessoas mais velhas desempenham importante papel em sua vida, e é possível que você tenha fortes laços com os avós. Com Aquário ou Áries ascendendo, em geral você alcança seus objetivos, porque está muito disposto a se empenhar nesse sentido. Se Saturno estiver mal colocado, Capricórnio nesse posicionamento poderá torná-lo bastante desconfiado em relação aos outros, sem vontade de se envolver em empreendimentos conjuntos. Com Peixes em ascensão, você pode sentir que sempre dá mais do que recebe; em consequência, pode preferir tornar-se solitário em vez de se sentir sozinho na multidão.

A herdeira Barbara Hutton; a princesa Margaret da Inglaterra; o fundador da Synanon, Charles Dederick.

Capricórnio (♑) na Cúspide da Casa 12
Palavras-chave: *Forças ocultas, atividades de bastidores, mente inconsciente*

Com Aquário em elevação, Capricórnio nesta posição pode dar-lhe a solidez e a força interior tão necessárias para utilizar o que Aquário tem a oferecer de melhor, sem se tornar excêntrico – hoje lá em cima, amanhã lá embaixo. Trabalhando sozinho, você, em geral, tem um *hobby* que lhe permite ficar várias horas na solidão. Capricórnio nessa posição precisa superar seu egoísmo inerente, em especial se esse signo também ocupar o Ascendente. A menos que você aprenda a servir aos outros, pode haver muito desgosto na área da vida mostrada pela colocação de Saturno no mapa.

A poeta e romancista que se suicidou, Sylvia Plath; o corredor Steve Prefontaine; e o diretor do FBI, Louis Joseph Freeh.

Aquário (♒) na Cúspide das Casas

Combine sempre a interpretação com o regente – Urano (♅)

Aquário (♒) na Cúspide da Casa 1
Palavras-chave: *Corpo físico, personalidade, identidade*

Você aparenta ser bastante autoconfiante e, principalmente quando amadurece, exibe ar de "se você gosta de mim, tudo bem; se não gosta, tudo bem também". Mas isso não é bem verdade. Você gosta de ser diferente e até se orgulha do individualismo, porém ser apreciado é tão importante para você como para os outros. Com Urano proeminentemente posicionado, pode ser que você seja rebelde, mas sempre *com* uma causa. A *sua* causa! É bastante obstinado, a não ser que Urano esteja num signo mutável. Tem magnetismo pessoal suficiente para atrair os outros, os quais, muitas vezes, desculpam comportamentos seus que não tolerariam em outras pessoas. Se Saturno for muito forte no seu mapa, pode ser que você siga algumas tradições; se Urano for mais forte que Saturno, você faz o possível para mudar o *status quo*. É importante que faça algum tipo de exercício físico diariamente, pois tem propensão a ter a circulação um tanto deficiente.

O psicólogo Rollo May, a atriz Whoopi Goldberg, a mãe de aluguel Mary Beth Whitehead.

Aquário (♒) na Cúspide da Casa 2
Palavras-chave: *Posses, poder de ganho, recursos e talentos interiores*

Com Capricórnio em elevação, pode ser que você surpreenda os outros, pois não leva o dinheiro e as posses tão a sério quanto sua personalidade mais ou menos ambiciosa poderia sugerir. Na verdade, é possível que haja bom número de oscilações financeiras em sua vida, que só vão afetá-lo de fato se Urano tiver muitos aspectos desfavoráveis;

caso contrário, você vai se colocar à altura da situação e começar tudo de novo no mesmo instante. Seu sistema pessoal de valores, principalmente a liberdade pessoal, é da máxima importância para você; com Aquário ou Sagitário ascendente, você determina esses valores numa idade relativamente precoce. Com Capricórnio em ascensão, pode pender primeiro para o lado material e só mais tarde perceber que a verdadeira liberdade não se encontra no dinheiro nem nos bens. Entretanto, qualquer que seja o Ascendente, você gosta de ter bens incomuns, como colecionar carros e móveis antigos ou livros raros.

O pianista, ator e cantor Liberace, a humorista Erma Bombeck e o apresentador ultraconservador Rush Limbaugh.

Aquário (♒) na Cúspide da Casa 3
Palavras-chave: *Comunicações, pequenas viagens, irmãos, educação primária, mente consciente*

Você é altamente motivado para se comunicar e se expressar. Fica mais feliz quando pode fazê-lo de maneira única e individualizada; até se orgulha quando as pessoas o consideram "diferente". Fala das causas que defende. As áreas relacionadas à mente são muito importantes para você, em especial se houver aspectos unindo Urano a Mercúrio, o que também deve lhe conferir talento para aprender línguas estrangeiras e matemática. Com Sagitário em elevação, pode ser que disperse sua energia intelectual em muitas direções ou fale sem parar. Com Escorpião ou Capricórnio em ascensão, você fala menos, mas sua mente permanece ativa. A menos que Urano receba aspectos muito desfavoráveis, você tem disposição e facilidade para aprender e gosta muito de ler. Seus irmãos e parentes podem não compreendê-lo, ou não entender o que o faz diferente, e até considerá-lo a ovelha negra da família, mas aceitam seu jeito, exceto quando Urano tem aspectos desfavoráveis. Em algum ponto da vida, talvez apenas por tédio, pode ser que você decida interromper sua educação.

O astronauta John Glenn, o autor James Clavell e o "Pai do Cubismo" Georges Braque.

Aquário (♒) na Cúspide da Casa 4
Palavras-chave: *Lar, família, um dos pais, imóveis, últimos anos da vida*

Pode ser que a vida familiar não seja rotineira ou você tenha achado o lar dos pais diferente do dos colegas. Se Urano tem aspectos desfavoráveis, principalmente com o regente do Ascendente, o Sol ou a Lua, é possível que seus pais sejam separados ou divorciados. Você pode achar que teve uma vida doméstica agitada, mas na verdade se sentia um estranho no ninho, como se não estivesse em sintonia com a família. Seja por causa de muitas mudanças ou de constantes altos e baixos, você busca um tipo de vida mais harmonioso e tranquilo, em especial nos seus últimos anos. Em casa, você quer ter liberdade para agir como lhe agradar, o que pode não ser muito fácil se você tem Libra em elevação e escolheu um parceiro tipo Áries. Se tem Saturno muito proeminente no mapa, sente-se melhor no meio de pessoas mais velhas, principalmente na juventude; mas, se Urano é mais forte que Saturno, você se sente atraído por pessoas mais boêmias, em especial quando Sagitário está em elevação. Com Escorpião em ascensão, você é bastante obstinado e tem tendência a ser muito exigente em relação às pessoas amadas no lar.

O violinista Zino Francescatti, a atriz Anne Baxter e o mestre de histórias de detetive Georges Simenon.

Aquário (♒) na Cúspide da Casa 5
Palavras-chave: *Amor e romance, filhos, criatividade, esportes, passatempos, especulação*

Com Libra ou Escorpião em ascensão, você tende a ser bastante explorador em matéria de amor e romance; nada lhe parece muito extravagante. Segundo você, se existe, por que não experimentar? Os filhos lhe são importantes, principalmente depois que conseguem se comunicar; você pode dar um excelente professor, porque adora moldar a mente das crianças e consegue aceitá-las como são e dialogar com elas em nível de igualdade. É possível que seja bastante intuitivo e, se o mapa indica talento para arte, pode ser criativo de forma extremamente incomum e inventiva. Com Virgem em ascensão, pode ser que tenha alguma dificuldade de se expressar com o individualismo que gostaria, pois Virgem prefere ser mais ou menos certinho e não fazer coisas diferentes. A menos que Urano esteja bem aspectado, este posicionamento não favorece o jogo e a especulação.

O astrólogo C.E.O. Carter, o tenente-general confederado Stonewall Jackson e a estrela do basquete Kareem Abdul Jabbar.

Aquário (♒) na Cúspide da Casa 6
Palavras-chave: *Saúde e nutrição, trabalho, empregados, prestação de serviços, animais de estimação, hábitos*

Quando Virgem se eleva, você se orgulha por trabalhar com mais afinco que qualquer outra pessoa, mas não é necessariamente bem organizado; na verdade, pode ser que sinta os nervos em frangalhos repetidamente, porque quer fazer muitas coisas, e parece que o dia não tem horas suficientes para que você termine tudo o que decidiu fazer. Ter boa atuação no trabalho é muito importante para você. Gosta de atividades em que possa servir, de alguma forma, aos menos favorecidos, à humanidade, e faz isso de bom grado, até de graça. Se não direcionar esforços para o trabalho e o serviço, pode ser que se torne hipocondríaco ou, de algum modo, dê ênfase muito maior à saúde e à nutrição. Como tem um sistema nervoso muito ativo, principalmente quando Virgem se eleva, é recomendável que direcione as energias para áreas mais positivas. Pode ser que se interesse por todos os tipos de dietas da moda, alimentação orgânica e por trabalho na área médica.

O presidente dos Estados Unidos Richard M. Nixon, o dançarino Gene Kelly e o escultor da Estátua da Liberdade, Frédéric Bartholdi.

Aquário (♒) na Cúspide da Casa 7
Palavras-chave: *Parcerias (conjugais ou de negócios), trato com o público, questões legais*

Com Aquário neste posicionamento, você deve ter Leão em ascensão. Procura parceiros que o estimulem intelectualmente, os quais, além de tudo, possam ser verdadeiros amigos e não tenham medo de agir de forma independente nem de aparentar ou se conduzir da maneira mais individualista. Entretanto, com Leão ascendendo, você mesmo terá personalidade forte e dominadora se o Sol (regente de Leão) não estiver mal posicionado no mapa. Depois de conseguir o que achava que queria, é possível que queira modificar o parceiro à sua conveniência e se torne mandão. O resultado, em geral, é um casamento com altos e baixos ou o divórcio. O ideal é buscar alguém que estimule você e o reconheça como indivíduo (e isso deve ser mútuo). Se você encontrar o parceiro certo, ele vai se tornar seu melhor amigo e a pessoa mais importante de sua vida.

O cantor Maurice Chevalier, a atriz Ingrid Bergman e o presidente Lyndon B. Johnson.

Aquário (≈) na Cúspide da Casa 8
Palavras-chave: *Recursos do parceiro, sexo, regeneração, morte, impostos*

Com Aquário nesta posição, você vê o sexo como um jogo, investigando todas as fases de maneira distanciada e, às vezes, pouco convencional, sobretudo com Leão ou Gêmeos no Ascendente. Com Câncer em elevação, sua insegurança básica pode ser mais forte que a curiosidade, por isso você pode ter uma conversa muito boa – mas isso é tudo! Também pode ser bastante crédulo, principalmente quando Urano recebe aspectos desafiadores. Você é muito intuitivo e se sente atraído pelo oculto, com qualquer signo Ascendente, e gosta de fazer coisas – não convencionais para os outros, não para você. Quando Urano ou Saturno estão muito desafiados, é possível que você tenha tendência a ficar deprimido com facilidade, em especial se Câncer se elevar. Com Gêmeos em elevação, é possível que tenha problemas ao lidar com os recursos e o dinheiro de terceiros; aprenda a controlar primeiro o próprio cartão de crédito. Com qualquer Ascendente, Aquário nessa casa tende a torná-lo livre-pensador em questões relacionadas à morte.

A atriz e símbolo sexual Jane Russell, o pioneiro do jazz moderno Dave Brubeck e o artista e cenógrafo francês Balthus.

Aquário (♒) na Cúspide da Casa 9
Palavras-chave: *Religião e filosofia, ideais, ética, educação superior, transações estrangeiras, família do cônjuge*

Sua imaginação é muito vívida. Com Gêmeos em elevação, pode ser que você seja escritor ou algum tipo de inventor. Sua mente é bastante ativa. A educação superior é importante para você; se, por algum motivo, não puder cursar uma universidade, você vai continuar estudando e aprendendo a vida toda, vindo a frequentar a faculdade até depois dos 30 anos. Tem curiosidade sobre a vida e procura as próprias respostas por meio de alguma filosofia ou religião totalmente suas, em vez de seguir cegamente o exemplo dos pais. Com Gêmeos ou Câncer em ascensão, as viagens e as culturas estrangeiras o fascinam. Suas ideias e ideais não são ortodoxos, a menos que Urano seja fraco no mapa.

O pianista e músico Thelonius Monk, a soprano Kathleen Battle e o físico Albert Einstein.

Aquário (♒) na Cúspide da Casa 10
Palavras-chave: *Profissão e carreira, um dos pais, reputação, ego, status*

Com Touro em elevação, sua necessidade de ter sucesso e manter os dois pés no chão pode ser mais forte que o grande idealismo e seus sonhos impossíveis. Somente o mapa como um todo e a posição de Urano podem indicar qual caminho você vai tomar. Com Áries ou Gêmeos em elevação, você quer uma profissão ou carreira diferente, não rotineira, e não liga se é considerado excêntrico. Se houver confirmação do restante do mapa, este é um bom posicionamento para trabalhar em grandes organizações, ou até no governo e na política, pois você atrai os outros, que admiram a coragem de ser você mesmo. Com Urano bem colocado, os amigos frequentemente ajudam em sua carreira. Este posicionamento também é excelente para a Astrologia e para o trabalho em eletrônica e computação.

O advogado Alan Dershowitz, o escritor Herman Melville e a coreógrafa de dança moderna Martha Graham.

Aquário (♒) na Cúspide da Casa 11
Palavras-chave: *Desejos e esperanças, amigos, grandes organizações, acontecimentos inesperados*

Esta é a casa natural de Aquário no mapa plano, e assim todos os assuntos da casa 12 deveriam fluir naturalmente para você, a menos que Urano esteja muito mal colocado no mapa. Com Áries em elevação, você normalmente tem muitos amigos. Entretanto, por causa do jeito um pouco brusco e da tendência a se entediar facilidade, isso não indica amizades duradouras, a não ser que os corregentes do Ascendente, Marte e Urano, estejam em signos passivos. O instinto humanitário é inerente à sua natureza básica; é provável que fique mais feliz quando se envolve com grupos que trabalham em prol de algum tipo de avanço para a humanidade. Com Touro em ascensão, é possível que tenha muito sucesso na política, principalmente se Urano for proeminente e Vênus estiver bem colocado no mapa. Você trabalha bem em organizações grandes e ambiciona ter sucesso. Com Peixes em elevação, a imaginação pode ser boa demais, e sua capacidade de dramatizar e contar histórias pode ser tal que você tenha dificuldade de não falsear a verdade. Em termos sociais, procura ser prestativo com todos, pois quer que as pessoas gostem de você e porque isso faz que se sinta bem.

O artista francês Jacques Villon, o escritor Percy Shelley, a atriz Mary Tyler Moore e o diretor de cinema Frank Capra.

Aquário (♒) na Cúspide da Casa 12
Palavras-chave: *Forças ocultas, subconsciente, atividades de bastidores, casos secretos*

Urano é conhecido como "o Despertador"; assim, com Aquário na cúspide da casa do subconsciente, seu despertar interior torna-se mais importante que tudo. Urano é um planeta transcendental, e a maioria das pessoas só reage à sua influência longínqua e um pouco abstrata depois da maturidade. Assim, é possível que você sinta tumulto e agitação interiores que só conseguirá explicar de verdade após o primeiro retorno de Saturno, mais ou menos aos 29 anos. Isso se aplica principalmente quando Áries se eleva. Com Aquário em elevação, você se ressente muito com qualquer tipo de restrição; porém, como está mais acostumado ao sentimento uraniano, aprende a lidar super bem com suas emoções, a menos que Urano esteja muito desafiado no horóscopo. Com Peixes em elevação, em geral a intuição é bastante desenvolvida; você sente empatia pelos menos favorecidos e por todos os necessitados. Essa combinação Aquário-Peixes faz que você fique mais feliz quando está prestando algum tipo de serviço para as pessoas mais vulneráveis; também faz de você uma pessoa bastante reservada, alguém que sempre mostra uma face diferente ao mundo, uma máscara que esconde o verdadeiro ser. É um bom posicionamento para atores.

A vítima de assassinato Nicole Brown Simpson, o produtor italiano de artigos esportivos de moda Carlo Benetton e a viúva do procurador-geral Robert, Ethel Kennedy.

Peixes (♒) na Cúspide das Casas

Combine sempre a interpretação com o regente – Netuno (Ψ)

Peixes (♒) na Cúspide da Casa 1
Palavras-chave: *Personalidade, identidade, corpo físico*

Pode ser que sua energia física não seja das maiores, a menos que Marte seja forte no seu mapa. Peixes é um signo duplo, e há dois tipos diferentes. O primeiro é o realizador e servidor, que extrai energia de fontes mais elevadas e tem boa intuição, além de fazer seu trabalho tranquilamente, de forma compassiva e distanciada. O outro é o que divaga e sonha; não consegue encarar o fracasso e, desse modo, não tenta ter sucesso. Desanima com facilidade e não costuma ser muito prático; às vezes, é distraído. A música desempenha importante papel na vida dos dois tipos; alivia sua melancolia e melhora seu estado de espírito. Os dois tipos reagem à vida com muita emoção.

O cantor e baterista dos Beatles Ringo Starr, a fotógrafa Oriana Fallaci e o maestro Leopold Stokowski.

Peixes (♓) na Cúspide da Casa 2
Palavras-chave: *Finanças pessoais, posses, valores, recursos e talentos*

Com Capricórnio em elevação, você tem problemas financeiros até se libertar do lado material e perceber que a segurança que procura não pode ser comprada, mas precisa vir de dentro. Com Peixes ou Aquário no Ascendente, você é emocional em relação à maioria dos assuntos da casa 2; entretanto, as coisas tangíveis nem sempre significam muito, e pode ser que você seja descuidado com suas posses. Com Netuno aflito, estude bem todos os documentos antes de assiná-los. Você pode lucrar investindo em áreas relacionadas a Netuno – cinema, teatro, fotografia, música, petróleo, navegação e dança.

O poeta e dramaturgo William Butler Yeats, o compositor Burt Bacharach e a bailarina italiana Carla Fracci.

Peixes (♓) na Cúspide da Casa 3
Palavras-chave: *Comunicações, irmãos, pequenas viagens, educação primária, mente consciente*

Você é musical, intuitivo, imaginativo e, em geral, criativo para escrever, mas com Aquário ou Sagitário em elevação precisa aprender a se concentrar – do contrário, o estudo poderá ser uma tarefa árdua. Quando Netuno tem aspectos desfavoráveis, pode haver problemas e desgostos com os irmãos; é possível até se separar deles. Com Sagitário ou Capricórnio em elevação, você é bastante voltado à sociedade e não gosta de destoar dos outros. A sensibilidade de Peixes na casa das comunicações pode aumentar seu gosto por escrever ou ler poesias, mas não significa que sua forma de se expressar seja sensível – na verdade, às vezes você pode ser bastante brusco.

O chefe de Justiça da Suprema Corte Earl Warren, o diretor de cinema Francis Ford Coppola e a bailarina Elizabeth Dejonge.

Peixes (♓) na Cúspide da Casa 4
Palavras-chave: *O lar, um dos pais, última parte da vida, imóveis*

A ligação forte e emocional com a família muitas vezes faz com que você preste serviços a membros dela, principalmente em seus últimos anos.

Com Escorpião ou Capricórnio em elevação, parece que você é atormentado por obrigações que precisam ser cumpridas, o que nem sempre é fácil. Peixes, aqui, às vezes pode indicar um "esqueleto no armário", por exemplo, um pai alcoólatra. Às vezes é preciso lidar com desgostos ocultos ou solidão espiritual. O próprio lar vai ser muito importante para você; vai servir como refúgio do mundo, onde você poderá recarregar periodicamente as baterias.

O editor de jornal e empresário Rupert Murdoch, o ativista de direitos LGBT Chastity Bono e o romancista James Clavell.

Peixes (♓) na Cúspide da Casa 5
Palavras-chave: *Amor e romance, filhos, criatividade, passatempos, diversões, esportes*

Impressionável no amor e na vida, você é um autêntico romântico. Quando Netuno tem aspectos desafiadores, o excesso de idealismo pode causar desgostos às pessoas amadas ou aos filhos. Onde Peixes está colocado, encontramos frequentemente senso de frustração ou o hábito de ver o mundo por lentes cor-de-rosa, dependendo dos aspectos de Netuno. Se Netuno está aflito, evite o jogo ou os investimentos especulativos que prometem lucros rápidos. Mas com Peixes na cúspide da casa 5 você normalmente aprecia música, seja tocando um instrumento ou compondo, sobretudo se seu Ascendente é Escorpião ou Sagitário. Como Peixes rege os pés, qualquer tipo de dança pode ser o jeito de expressar sua criatividade.

O cantor Julio Iglesias; o maior diretor de cinema, Akira Kurosawa; e a dançarina e coreógrafa Twyla Tharp.

Peixes (♓) na Cúspide da Casa 6
Palavras-chave: *Saúde e nutrição, hábitos, trabalho, prestação de serviços, animais de estimação*

Com Virgem ou Escorpião em elevação, sua capacidade de prestar atenção aos detalhes é notável. Quando Netuno está aflito, se der livre curso às suas emoções, o resultado pode ser problemas de saúde. Se está apresentando algum sintoma físico, pode ser necessário uma segunda opinião. Você se sai bem nas vocações piscianas, como artes, música, fotografia ou algum trabalho com água ou dentro dela. Com Libra em elevação, a necessidade de equilibrar e pesar tudo pode torná-lo muito exigente consigo mesmo e com os outros no trabalho e até socialmente. Você sempre pode contar com a intuição para ver mais longe, seja na rotina diária, no trabalho ou enquanto lida com funcionários ou colegas de trabalho.

O astro do rock Alice Cooper, a escritora Anaïs Nin e o tenor espanhol Jose Carreras.

Peixes (≈) na Cúspide da Casa 7
Palavras-chave: *Parcerias (conjugais ou de negócios), trato com o público, questões legais*

Com Peixes nesta posição, você deve ter Virgem no Ascendente. Sua tendência é procurar um parceiro idealista, a quem possa oferecer simpatia e apoio. Alternativamente, pode procurar o príncipe ou a princesa em toda sua glória, e ninguém mais servirá. Com Peixes nesta casa e Virgem no Ascendente, a tendência a ser crítico e a procurar defeitos nos outros pode acarretar dificuldades no trato com outras pessoas em relacionamentos diretos. Bom discernimento e equilíbrio são úteis para ajudá-lo a lidar com certa credulidade em relação a terceiros. Combine as posições de Netuno e Mercúrio para determinar o tipo de parceiro que vai atraí-lo.

A atriz, dançarina e escritora Shirley MacLaine, o mágico David Copperfield e o cantor Ricky Nelson, que morreu tragicamente.

Peixes (≈) na Cúspide da Casa 8
Palavras-chave: *Recursos do parceiro, sexo, impostos, morte, regeneração*

Com Câncer em elevação, você é muito sensível, e depois de adquirir compaixão é capaz de direcionar sua capacidade intuitiva de forma muito positiva. É preciso que aprenda a trabalhar com os outros ou ajudá-los, em especial com Leão em elevação; caso contrário, vai ver que a experiência é um professor eficiente. Se Netuno estiver aflito, pode haver decepção em relação aos recursos do parceiro. É bom tomar muito cuidado com o uso de drogas e anestésicos, e obtenha sempre uma segunda opinião quando lhe indicarem alguma cirurgia, principalmente se você ainda não aprendeu a lidar com os aspectos de Saturno em relação ao estresse. Com Câncer ou Virgem em elevação, o sexo pode não ser muito importante para você, que pode relegá-lo a segundo plano, em função do que considera mais significativo, como um relacionamento profundo. Mas, independentemente do Ascendente, com Peixes na casa 8, você adora um sexo romântico e gosta de deixar a imaginação voar, levando-o a uma jornada fascinante.

O astro do futebol O. J. Simpson, acusado de assassinato; o malfadado piloto de corridas Jim Clark e o cantor Willie Nelson.

Peixes (≈) na Cúspide da Casa 9
Palavras-chave: *Filosofia e religião, educação superior, transações estrangeiras, ética, viagens longas*

Você tem abordagem mística da religião e é mais espiritualista que intelectual, se tiver Câncer no Ascendente. Com Gêmeos em elevação, procura mais uma filosofia de vida que uma religião ortodoxa. Com Leão em elevação, a ternura e a compaixão fazem de você um bom enfermeiro, capaz de desenvolver valiosa habilidade de cura. Gosta de viagens marítimas ou fluviais e provavelmente acha relaxante passar as férias perto de lagos ou rios. Se Netuno tiver destaque no mapa, é possível que você passe grande parte da vida no exterior.

A atriz Ava Gardner, o príncipe Charles da Inglaterra e o campeão de xadrez Bobby Fischer.

Peixes (≈) na Cúspide da Casa 10
Palavras-chave: *Profissão e carreira, reconhecimento, um dos pais, ego, status, autoridade*

Você pode ser um executivo de muita visão, mas nem sempre é prático, a menos que Touro se eleve e Vênus e Netuno estejam em bom aspecto. Com Gêmeos em ascensão, é possível que tenha dois empregos ou duas profissões, uma vez que tem dificuldade de saber exatamente o que quer. Com Câncer no Ascendente, você sempre se pergunta se escolheu a carreira certa. Com Netuno bem aspectado, este é um posicionamento muito bom para ter sucesso na música, na literatura ou no teatro. No mapa de mulheres, essa é uma indicação frequente da mulher que se sente feliz em ser dona de casa e ter um *hobby* com que se ocupar.

O compositor austríaco Franz Schubert, o escritor William Faulkner e a cantora Patsy Cline.

> **Peixes (≈) na Cúspide da Casa 11**
> Palavras-chave: *Desejos e esperanças, amizades, grandes organizações, acontecimentos inesperados*

Alguns de seus amigos vêm dos círculos metafísicos, e outros, dos grupos teatrais e literários. Cuidado para não se decepcionar com amigos e conhecidos, principalmente se Netuno tiver aspectos desafiadores. Você dá muita importância ao que os outros dizem; quando se sente desconsiderado, fica profundamente ferido e ressentido. É bastante generoso com aqueles a quem quer bem, mas precisa superar a tendência a ser muito melindroso. Com Gêmeos em ascensão, gosta de uma boa conversa com os amigos.

A escritora e ativista Phillis Schlafly, o oceanógrafo Roger Revelle e a herdeira Christina Onassis.

> **Peixes (≈) na Cúspide da Casa 12**
> Palavras-chave: *Forças ocultas, limitações, mente subconsciente, frustração, autodestruição*

Esta é a casa natural de Peixes no mapa plano; em consequência, você lida bem com as questões da casa 12, a menos que Netuno esteja mal aspectado no horóscopo. Com Touro ou Peixes em elevação, você tem senso de serviço pessoal pronunciado e está sempre pronto a ajudar os desfavorecidos. Se Netuno não estiver bem colocado, poderá haver considerável solidão e decepções na vida, porque frequentemente você subestima ou superestima os outros. Às vezes você necessita de solidão para recarregar as baterias. Mas também precisa se precaver para não se esconder dos outros ou fazer papel de mártir. Com Áries no Ascendente, você avança com bastante vigor, como se quisesse esconder a sensibilidade e a vulnerabilidade que de fato sente, subconscientemente. Se o regente do Ascendente estiver colocado na casa 12, você terá capacidade de se enxergar de forma muito mais objetiva, e campos como a psicologia ou o aconselhamento podem atraí-lo.

O *compositor Johannes Brahms, o comediante e ativista político Dick Gregory e o médico psiquiatra Ernest Durpré.*

Como Delinear a Cúspide das Casas

Interpretamos várias vezes diferentes aspectos e áreas do mapa de Hermann Hesse (ver p. 101). Para exemplificar um pouco mais nosso método, vamos examinar agora a casa 2 do mapa desse escritor. Capricórnio está na cúspide, e o regente do Ascendente, Saturno, está em Peixes, na casa 3. De acordo com nossas observações, Hesse devia ter a ambição de ganhar muito dinheiro, para guardá-lo e mantê-lo (todas as qualidades de Capricórnio). E provavelmente teve de trabalhar com afinco para ganhar esse dinheiro. Com o regente, Saturno, em Peixes, ele tendia a se subestimar e sentia que ganhar bem o ajudaria a se sentir mais seguro e importante.

Como Saturno está na casa 3, Hesse sabia instintivamente que algum tipo de habilidade de comunicação poderia aumentar sua autoestima. Escrever não era difícil para ele; a quadratura de Mercúrio ajudava a estimulá-lo, assim como as quadraturas de Júpiter e do Ascendente lhe davam abundância de ideias e palavras. Saturno nessa quadratura T não era um mau presságio para ganhar dinheiro; pelo contrário, as quadraturas desafiavam Hesse a seguir em frente e a ter sucesso. Com Saturno em trígono com Vênus na casa 8, ele poderia esperar o apoio de terceiros. A quincunce exata de Saturno com o Meio do Céu indicava ajustes necessários na forma como Hesse se expressava, se quisesse ganhar dinheiro (Saturno rege a casa 2) com a carreira de escritor (o MC), que utilizava as ferramentas da casa 3 (Saturno colocado na 3). Há outro quincunce de Saturno, de Urano que faz sextil com o MC, formando um *yod*, de modo que a maneira de se comunicar de Hesse era muito pessoal e única. Ele era "prático e prudente" e poderia ter "talento para imóveis ou para qualquer coisa que tivesse a ver com terrenos e investimentos", como sugerimos? Na verdade, não. Com a forte ênfase e predominância da mutabilidade pisciana, sua força se desenvolveu em áreas diferentes.

Para mais um exemplo, vamos olhar a casa 5 de Hermann Hesse, que se refere aos filhos, aos romances e à criatividade. Hesse tem Touro na cúspide, e o regente, Vênus, está em Câncer na casa 8. Plutão está em Touro na casa 5. Segundo nossas observações: "amoroso, prático e produtivo, você gosta de crianças e dos prazeres sensuais. O sentido do tato é forte; para realmente aproveitar as coisas, você precisa tocá-las". A maior parte disso se aplica a Hesse. Com Vênus em Câncer, seus sentidos eram muito fortes; a casa 8 definitivamente confirma que ele era amoroso e sensual. De fato, com Plutão na casa 5, sabemos que todos os sentimentos e sensações são intensificados. Os prazeres táteis de Hesse também podem ser avaliados através de sua criatividade (casa 5) e foram expressas não apenas por intermédio da escrita, mas também da pintura.

Nossas observações afirmam ainda que "Vênus bem colocado promete muita felicidade através do amor e dos filhos". Vênus de Hesse faz trígono com Marte e sextil com Netuno. Os filhos dele lhe davam muita alegria, mas nos termos deles. (Como muitos grandes artistas, Hesse era uma pessoa egocêntrica, difícil de conviver, mal-humorada e quase sempre deprimida, o que indica que os filhos tinham dificuldade no relacionamento com o pai, mas que ele, à sua maneira, os adorava.) "Quando Vênus está em aspecto com Netuno, [...], pode ser que você seja muito criativo, sobretudo na música", afirmamos. Hesse certamente foi criativo, mas principalmente com palavras e cores. A música lhe agradava, mas ele não compunha nem tocava qualquer instrumento de modo profissional, embora tocasse piano por prazer.

Por que "você é capaz de ser feliz com prazeres relativamente simples" não se aplica a Hesse? Porque ele tem Júpiter na casa 1, por isso prefere coisas grandiosas, um pouco vistosas e muito generosas. A palavra "feliz" também tem que ser considerada com reserva, já que Saturno, planeta importante no mapa de Hesse (envolvido numa quadratura T e dois *yods*), em quadratura com Mercúrio pode ser muito exigente consigo mesmo, bem como autocrítico, muitas vezes levando à depressão em mapas tão sensíveis (Sol em Câncer, Lua em Peixes) quanto o de Hermann Hesse.

Depois de examinar as cúspides e o regente, não se esqueça de observar o que há na casa. Já nos referimos a Plutão na casa 5; só se lembre de que ele dará um colorido à sua criatividade, assim como no seu comportamento romântico e na atitude com os filhos. Plutão em sextil com Vênus (sua regente) e a Lua. Também em sextil com Saturno e quincunce com o MC, formando, assim, o segundo *yod* do mapa. Plutão faz quadratura com Urano. A intensidade de Plutão e sua necessidade de estar no controle fazem com que todas as questões da casa 5 sejam quase mais importantes que todo o restante – o impulso criativo de Hesse, sua necessidade de amor ou de provar a si mesmo o próprio valor.

Teste de Revisão

Delineie a casa 5 de Farrah Fawcett (ver o mapa na p. 85). Nossa interpretação está no Apêndice.

Módulo 15
Aspectos do Ascendente e do Meio do Céu

No Volume I do *Curso Básico de Astrologia*, dedicamos um bom número de páginas aos diversos aspectos formados entre os planetas. Demos, ainda, algumas palavras-chave para que você fixasse não só a forma de manifestação de cada aspecto, mas também o que sempre é preciso ter em mente ao aspectar. Por exemplo, os aspectos do Sol enfatizam o ser interior; os aspectos da Lua envolvem as emoções; os aspectos de Mercúrio são mentais, e assim por diante para cada planeta. Cada aspecto tem certo "tom", que pode ser expresso por meio de uma palavra-chave. A conjunção dá ênfase; a oposição dá autoconsciência; a quadratura nos desafia a agir; o trígono cria fluxo; o sextil proporciona facilidade; o quincunce exige que você faça determinados ajustes. Tudo isso foi discutido no Módulo 7 do Volume I.

O Ascendente e o Meio do Céu não são planetas – são pontos do horóscopo, os dois ângulos mais importantes do mapa. O Ascendente (cúspide da casa 1) mostra como você nasce no mundo e é definido com base na hora e no local exatos de nascimento. Ele mostra sua personalidade exterior, seu temperamento natural, a forma como os outros o veem e como você gostaria de ser visto; em outras palavras, é a sua embalagem. Também representa o corpo físico e mostra como você aborda a vida, sua aparência, postura e comportamento. Assim, todos os aspectos ao Ascendente são pessoais e afetam sua perspectiva e seu porte.

O Meio do Céu (a cúspide da casa 10) é o ponto mais elevado ou mais ao sul; segue-se, portanto, que é também o ponto mais alto que você pode atingir em termos mundanos. É sua reputação, seu status e sua posição na comunidade; descreve sua profissão ou carreira, a fama e a promoção, suas realizações mundanas. Revela toda e qualquer autoridade, como seu chefe ou o governo. Na infância, representa a autoridade dos pais; assim, descreve um dos pais, aquele que, para você, significava a autoridade (o outro é descrito pela casa 4). Como nossos sentimentos interiores sempre são mais importantes que as manifestações exteriores, a faceta mais importante da casa 10 é que ela representa o ego e é, assim, uma força impulsionadora que o impele ou incita a ser alguém e a realizar alguma coisa. Todos os aspectos com o Meio do Céu trazem em si algo da energia do ego. No início da vida, descrevem a carreira e a facilidade ou os desafios encontrados no caminho. O tipo de profissão adequada ao indivíduo é descrito pelo signo da cúspide, o planeta regente e quaisquer planetas localizados na casa 10.

Classificamos os aspectos em três categorias:

1) **Conjunções** (☌) mostram onde está a maior ênfase.
2) **Trígonos** (△) e **sextis** (✶) mostram um relacionamento fácil ou fluente com os ângulos.
3) **Quadraturas** (□), **oposições** (☍) e **quincunces** (⚻) descrevem os desafios e as tensões manifestados.

Nas páginas seguintes deste módulo vamos fornecer algumas frases-chave para os aspectos ao Ascendente e ao Meio do Céu. Como sempre, é preciso lembrar que essas palavras e frases não podem ser usadas sem a avaliação do restante do horóscopo. No fim do módulo, interpretamos resumidamente os aspectos com o Ascendente e o Meio do Céu do mapa de Herman Hesse, para lhe proporcionar um ponto de partida.

Aspectos do Sol

Sol em Conjunção com o Ascendente

Você tem necessidade de projetar sua personalidade, de mostrar aos outros seu brilho, e nem é preciso dizer que você chama a atenção – de forma positiva ou negativa, dependendo dos outros aspectos dessa conjunção. Em signos de Fogo, há a tendência a ter um conceito um pouco exagerado da própria capacidade; porém a aplicação correta dessa conjunção pode ser uma expressão positiva da sua individualidade. Você é líder (afinal, esta é a casa de Áries combinada com o poder do Sol) com um pouco de dificuldade de lidar com a autoridade dos outros ou acatá-la. É generoso e, em geral, expansivo, a menos que o Sol esteja na casa 10. Tende a se exibir e quer ser o centro das atenções; tem muita integridade e geralmente entusiasmo pela vida e pelo ato de viver. Com muitos aspectos desafiadores, pode ser muito egocêntrico.

O editor erudito William F. Buckley Jr. e a estrela do hóquei no gelo Wayne Gretzky.

Sol em Trígono/Sextil com o Ascendente

Estes aspectos, em geral, prometem boa saúde, capacidade e oportunidade de projetar sua personalidade de forma muito positiva e uma perspectiva criativa e filosófica da vida. Sociável e expansivo, gosta de se exibir para os outros e geralmente tem boa autoimagem. Tem abordagem honesta e direta; pode se entediar quando as coisas não correm como deseja. Tem boa coordenação e, se o restante do mapa confirmar, pode se interessar por esportes ou ter potencial esportivo. O trígono e o sextil funcionam particularmente bem quando há quadraturas ou oposições para impulsioná-lo a utilizar as oportunidades disponíveis.

A cantora e compositora Carole King (△) e o mímico francês Marcel Marceau (✶).

Sol em Quadratura/Oposição/Quincunce com o Ascendente

Estes aspectos proporcionam ímpeto pessoal invulgar, mas as realizações são conseguidas por tentativa e erro. Com frequência há problemas de saúde a serem superados (principalmente com o quincunce) e, às vezes, um conflito de egos em relação a algum homem, em geral o pai. No mapa de uma mulher, sobretudo com a oposição, pode ser necessário enfrentar dificuldades no casamento ou em sociedades de negócios. É comum você ter dificuldade em conviver com as pessoas, até entender a própria personalidade; porém, como precisa realmente de relacionamentos, é importante aprender a cooperar de fato. Talvez seja preciso moderar sua forte personalidade, para que os outros encontrem formas de interagir com você e compreendê-lo.

O jurista Anthony M. Kennedy (□), o ator Bruce Willis (8) e o compositor Franz Joseph Haydn (⊼).

Sol em Conjunção com o Meio do Céu

É importante, no desenvolvimento do ego, que você aprenda a liderar de forma positiva. Ter uma carreira ou posição de liderança é muito necessário para você. Mesmo que não trabalhe por dinheiro, você faz do voluntariado uma carreira ou descobre outra forma de brilhar na comunidade. Os outros geralmente o seguem, por causa de sua personalidade dominante; assim, cuide para que sua liderança imponha respeito. Para você, a admiração e o sucesso são muito importantes; com quadraturas e oposições suficientes a essa conjunção, é possível que você chegue a posições elevadas em qualquer área. Você é ótimo para se encarregar das coisas, mas tem dificuldade de assumir papéis subordinados; assim, sai-se melhor numa área em que possa dirigir ou brilhar como indivíduo. Frequentemente há uma importante influência masculina na sua vida, em especial na juventude.

O maestro Leonard Bernstein e o produtor de cinema e TV Aaron Spelling.

Sol em Trígono/Sextil com o Meio do Céu

Como tem facilidade para liderar, quando há quadraturas e oposições funcionando com esse aspecto, você pode se tornar um executivo, gerente ou administrador excepcional. Chega facilmente ao sucesso na área que escolhe e, ao lutar por seus objetivos, raramente entra em conflito com terceiros. Você recebeu influência benéfica dos pais e aprendeu a desenvolver um senso de valores pessoais. O problema pode ser a preguiça inerente a esses aspectos; como o sucesso é facilmente obtido, pode ser que você ache que não vale a pena se esforçar e escolha o caminho da menor resistência.

O editor Larry Flynt (△) e o papa João Paulo II (⚹).

Sol em Quadratura/Oposição/Quincunce com o Meio do Céu

Com qualquer um desses aspectos, frequentemente o sucesso é fugaz ou só chega à custa de muito esforço e força de vontade. Você tem necessidade de progredir na vida e de se afirmar a qualquer custo, mas precisa aprender a fazer concessões ou pode ter dificuldade de decidir exatamente o que quer fazer da vida. Existe, com muita frequência, um conflito com a autoridade dos pais – você sente necessidade de seguir o próprio caminho e não faz questão de ajuda e conselhos bons e bem-intencionados. Depois que aprende a lidar com o subjetivismo e o sentimento interior de limitação, pode conseguir o que deseja.

A atriz vencedora do Oscar, Katherine Hepburn (□); a senadora da Califórnia, Dianne Feinstein (☍); e o político e professor Newt Gingrich (⏣).

Aspectos da Lua

Lua em Conjunção com o Ascendente

"Emotivo" é a palavra que o define, por isso é melhor que o ambiente em que vive seja pacífico e estável. Em geral orientado para o lar e a família, principalmente se a Lua tiver muitos aspectos, você tem instinto protetor natural e adora tomar conta dos outros. Sabe o que agrada ao público e pode ser um bom vendedor. Na infância, sua mãe desempenhou papel muito importante, e você conserva uma compreensão inata das mulheres e de suas necessidades, por causa desse relacionamento. Pode ser muito emocional, e todo mundo sabe disso, pois você não se esforça para ocultar seus sentimentos, a não ser que a Lua esteja na casa 12. Embora os outros reajam à sua natureza compassiva e carinhosa, muitas vezes ficam confusos por causa de suas constantes mudanças de humor. Vulnerável do ponto de vista emocional, é difícil para você suportar críticas e, quando isso ocorre, você se retrai, muito à moda de Câncer. Se a Lua estiver na casa 12, o signo do Ascendente é fundamental para determinar até que ponto você demonstra suas emoções – que continuam presentes e mais vulneráveis ainda quando contidas e escondidas.

O *comediante Billy Crystal e a cantora Madonna.*

Lua em Trígono/Sextil com o Ascendente

Você tem personalidade charmosa e expansiva que atrai os outros e muita facilidade em demonstrar seus sentimentos. Sua mãe é um fator importante em sua vida; seu relacionamento com ela é amoroso e lhe dá amparo. Como tem muita facilidade em se comunicar e se mostrar amistoso, e também gosta de trabalhar em grupo, você pode se sair bem no teatro ou na área política. Muitas vezes, a música é um fator dominante em sua vida; na verdade, pode ser que você tenha uma voz melodiosa e agradável. Em geral, é de fácil convívio, bastante imaginativo e criativo. Gosta de brincar e de se divertir com os amigos e a família. Se a Lua estiver na casa 9, as viagens podem ser uma forma de expandir horizontes.

O *ator e diretor Robert DeNiro (△) e a cantora lírica Teresa Stratas (✶).*

Lua em Quadratura/Oposição/Quincunce com o Ascendente

Demasiado sensível, a ponto de ser melindroso, sua capacidade de conviver com os outros depende diretamente de sua capacidade de entender as necessidades e dificuldades emocionais deles. Como resultado, você aprende a manter as emoções sob controle. É possível que, na juventude, tenha tido temperamento esquentado e língua sarcástica, mas, na maturidade, em geral, percebe que precisa substituir essas características por compreensão e compaixão pelos outros. Frequentemente tem dificuldade de lidar com a raiva, sobretudo na infância. Normalmente precisa aprender a equilibrar como se relaciona com o parceiro (oposição), se reorganiza no trabalho (quincunce) ou lida com os possíveis rompantes emocionais no ambiente doméstico (quadratura). Por causa da vulnerabilidade, precisa de muito apoio de terceiros.

O golfista Tiger Woods (□), a atriz Jessica Lange (☍) e o artista abstrato Willem de Kooning (⊼).

Lua em Conjunção com o Meio do Céu

Os sentimentos e as emoções estão diretamente associados ao ego; assim, se você obtém status, honra e prestígio, sua personalidade funciona bem. Entretanto, se suas ambições forem frustradas, é possível que você se sinta não apreciado emocionalmente e, em consequência, inibido. Você tem talento natural para saber o que agrada ao público e, assim, se sai bem em relações públicas ou vendas. As mulheres, em geral, podem ajudar sua carreira; sem dúvida sua mãe exerceu forte influência na sua escolha de carreira. Se a Lua estiver na casa 10, pode ser que, na infância, você tenha visto sua mãe como a representação da autoridade. No mapa de um homem, a menos que o Sol, Marte ou Saturno sejam muito fortes, é possível que a imagem masculina seja fraca, e que você precise de muita confirmação dos outros para se sentir seguro.

O poeta britânico William Wordsworth e o artista francês Auguste Delacroix.

Lua em Trígono/Sextil com o Meio do Céu

Para você, a melhor área de atuação é algum tipo de carreira pública, por causa de sua compreensão inata dos desejos e necessidades das pessoas. Como é tolerante e compassivo, os outros confiam no seu discernimento, e sua sensibilidade às necessidades de terceiros facilita seu sucesso. Você aprende por meio das emoções; portanto, é importante que confie nos seus sentimentos e palpites. Pode ser que se sinta atraído pelo velho e tradicional, pelo comprovado e verdadeiro, mas isso não o impede de se sintonizar com novas tendências que serão aceitas pelo público. Pode ter sucesso em carreiras relacionadas com imóveis, agricultura, mineração ou venda de mercadorias. Se a Lua estiver na casa 6, é possível que você tente vários empregos antes de se fixar numa carreira permanente.

O dançarino, ator e cantor Fred Astaire (△) e o grande estadista britânico Winston Churchill (✶).

Lua em Quadratura/Oposição/Quincunce com o Meio do Céu

Como você não esconde seus sentimentos e emoções, é melhor que os outros se mantenham de sobreaviso ou o tratem na palma da mão. Seus sentimentos tendem a conflitar com as necessidades e os desejos de terceiros, e, para você, é difícil optar entre atender às próprias necessidades e exigências emocionais ou dar ouvidos aos conselhos e sugestões dos outros. Você precisa aprender a lidar com as emoções; em algum período da vida, pode ter de enfrentar problemas de parceria ou negócios. Embora seja muito ligado ao lar e à família, principalmente quando a Lua está na casa 4, você se dá melhor depois de garantir a própria segurança. Bem usada, a energia gerada por qualquer um desses aspectos pode ajudá-lo a alcançar notoriedade.

A química Karen Silkwood (□), a comediante e estrela de TV Roseanne (⚹) e o dançarino Gene Kelly (⚻).

Aspectos de Mercúrio

Mercúrio em Conjunção com o Ascendente

Mercúrio rege a comunicação, e o Ascendente representa sua personalidade; assim, você precisa se expressar vívida e abertamente. Nunca fica sem saber o que dizer. Entretanto, quando essa conjunção recebe aspectos desafiadores, é possível que, às vezes, você diga as coisas erradas nas horas erradas. É intelectualmente impulsivo, brilhante e espirituoso; não tem medo de falar e tende a dominar qualquer conversação. Mentalmente inquieto, é um questionador inveterado; essa agitação também pode se manifestar em constante atividade física – através de trabalho compulsivo, por exemplo, em especial se Mercúrio estiver num signo mutável. Quando também está envolvido algum aspecto de Urano, é possível que você roa as unhas, torça o cabelo ou tenha tiques nervosos. Mercúrio nesse posicionamento geralmente indica o leitor voraz, sobretudo se estiver atrás do Ascendente, na casa 12. Se Mercúrio estiver na casa 1, há forte necessidade de lidar com os outros em todas as áreas da vida, e é frequente a atração pela geração mais jovem, manifestada, por exemplo, no magistério.

A escritora de romances de mistério Dorothy Kate Haynes, o general Dwight D. Eisenhower, 34º presidente dos Estados Unidos.

Mercúrio em Trígono/Sextil com o Ascendente

Este pode ser um aspecto da natureza criativa. Há necessidade de expressão e comunicação através da literatura, da arte ou da música, principalmente se Mercúrio estiver na casa 3 ou 5. Você tem facilidade de expressão; interessa-se muito por tudo e por todos ao redor. Gosta de jogos e atividades mentais e precisa manter a mente e as mãos ocupadas; do contrário, fica entediado com facilidade. Afável, amistoso e expansivo, precisa de atividade social, é uma companhia agradável, sempre convidada para festas, diversões e jogos. É curioso por natureza e pode ser um estudante eterno, principalmente se Mercúrio estiver na casa 9.

O pintor espanhol Joan Miró (△) e o âncora de TV Lesley Stahl (✶).

Mercúrio em Quadratura/Oposição/Quincunce com o Ascendente

Mesmo tendo necessidade de se comunicar, é possível que você seja tão egocêntrico que os outros se ressintam de suas atitudes autoritárias. Numa conversa, precisa aprender a dialogar, para os outros não perderem o interesse. Quase sempre você é do tipo que fala sem parar e precisa estar no centro das atenções para se sentir seguro em situações sociais ou de negócios. Deseja o estímulo do intercâmbio, mas precisa se lembrar de que o intercâmbio inclui dar e receber! Gosta de trabalhar com as mãos e a mente; pode ser que seja um bom escritor. É possível que haja nervosismo, principalmente com o quincunce. Você se envolve facilmente com fofocas e mexericos, muitas vezes sem perceber, e pode descobrir que afasta os outros por causa de suas observações críticas, mesmo sem haver intenção de ferir. Acima de tudo, deseja ser notado pela acuidade mental e pela habilidade de dizer a coisa certa no momento certo.

O juiz da Suprema Corte dos Estados Unidos, John Paul Stevens III (□); a estrela do tênis, Martina Navratilova (⚹); e o político e jornalista Pierre Salinger (⊼).

Mercúrio em Conjunção com o Meio do Céu

Sua percepção do ego se desenvolve em proporção direta à capacidade de comunicar seus pensamentos e ideias ao mundo. Ator, professor ou político nato, a menos que Mercúrio tenha aspectos muito desafiadores, você tem facilidade de defender seus pontos de vista e se fazer ouvir. Sua mente se sintoniza com o público e suas necessidades, por isso você se sai bem em qualquer campo que envolva a comunicação de ideias e opiniões. Se Mercúrio não estiver num dos signos de Terra, aprenda a cultivar a persistência; caso contrário, a abordagem mercuriana a tantos assuntos pode passar uma imagem de superficialidade e hesitação. Em geral, há acentuado senso de humor que você gosta de compartilhar.

O comediante Lenny Bruce e o arquiteto Hugo Fonck.

Mercúrio em Trígono/Sextil com o Meio do Céu

Sua capacidade de dialogar e seus hábitos de trabalho têm desembaraço e fluidez que atraem os outros. Seus conselhos, muitas vezes, são solicitados e ouvidos, pois aparentemente você conhece e compreende as motivações dos outros. Em geral, não demora a definir a carreira que o atrai e tem facilidade em se instruir para ela. Tem relacionamento quase sempre harmonioso com os pais, que o ajudam na tentativa de se estabelecer profissionalmente, qualquer que seja sua área – direito, política, literatura, arte, artesanato. Estudar é fácil para você, que gosta de aprender, de ler e de qualquer desafio mental.

O apresentador de TV e escritor Charles Kuralt (△) e o diretor de cinema Sydney Pollack (✶).

Mercúrio em Quadratura/Oposição/Quincunce com o Meio do Céu

Embora estes aspectos não prejudiquem sua capacidade mental, muitas vezes você acha difícil expressar seus pensamentos por palavras, ou, pelo menos, por palavras que os outros entendam. Tem tendência a ficar tão mergulhado nos próprios pensamentos, palavras e ideias que se esquece de que os outros também precisam se expressar. Um bom debate só é possível quando o oponente tem a chance de dar sua opinião. Com a quadratura, é frequente haver timidez inata diante do público; você fala bastante em particular, mas tem problemas quando é o centro das atenções. Entretanto, essa característica vai sendo superada à medida que você amadurece, passando a agir com mais naturalidade quando está no palco. Geralmente, a tensão nervosa faz com que você diga coisas sem pensar – em especial com o quincunce. Você precisa se empenhar ativamente para adquirir tato e diplomacia, que não lhe são qualidades inatas.

O escritor Pearl S. Buck (□), o diretor de cinema Martin Scorsese (⚹) e Alexis Carrel, Prêmio Nobel de Medicina de 1912 (⚻).

Aspectos de Vênus

Vênus em Conjunção com o Ascendente

Vênus neste aspecto, em geral, proporciona charme, sociabilidade e boa aparência, mas também pode provocar autoindulgência, possível causa de problemas de saúde com aspectos desafiadores – principalmente aspectos que envolvem Júpiter, Urano e Plutão. Você é espirituoso, tem senso de humor em todas as situações e consegue atrair e influenciar pessoas por ser tão agradável, ter um papo tão bom e abordagem tão sincera. Muitas vezes tem covinhas nas faces ou no queixo e gosta muito de doces. Chama a atenção pelo bom gosto das roupas e pode ser conhecido pela elegância ou por estar sempre na moda. É sociável e expansivo, dá vida a qualquer festa e provavelmente é a pessoa mais popular na vizinhança. Se Vênus estiver na casa 12, é possível que você seja um pouco tímido, mas sua necessidade de intercâmbio social predomina, e você passa a imagem de alguém amistoso, conciliador e atraente.

O escritor francês Jean Cocteau e Bill Clinton, 42º presidente dos Estados Unidos.

Vênus em Trígono/Sextil com o Ascendente

Você é talentoso, criativo e talvez musical. Amigos, irmãos e filhos significam muito para você, que, em geral, se dá bem com a maioria das pessoas com as quais convive. É charmoso, amistoso e bom anfitrião – do tipo que se desdobra pelos convidados. É afável e amante dos prazeres; prefere brincar a trabalhar. Gosta de causar boa impressão nos outros, o que é fácil para você, como quase tudo na vida. Toda essa facilidade e amabilidade pode torná-lo um pouco preguiçoso, que é a maldição de todos os bons aspectos de Vênus. O talento artístico musical é muito frequente com esses aspectos, principalmente quando Vênus ocupa a casa 3 ou 5.

O músico dos Beatles, Paul McCartney (△), e o designer italiano Giorgio Armani (✶).

Vênus em Quadratura/Oposição/Quincunce com o Ascendente

Estes aspectos parecem proporcionar graça, agilidade e desembaraço de movimentos, muito úteis para qualquer atividade esportiva. É possível que você tenha um genitor muito tolerante, quando a quadratura de Vênus vem da casa 4 ou 10. Se houver oposição ou quincunce provinda da casa 6, pode haver problemas de saúde, principalmente em relação aos rins, ou ameaça de excesso de peso. Você causa boa impressão e tem melhor desempenho quando trabalha com pessoas. Tende a dobrar os outros apelando para o charme, mas isso não é necessário, pois, quando age naturalmente, você atrai os outros como ímã. A parceria é importante para você; a menos que Vênus receba aspectos muito desafiadores, você deve ter um casamento feliz e gratificante. Tende a atrair pessoas que querem tomar conta de você; se não forem bem usados, esses aspectos podem torná-lo demasiadamente dependente de terceiros. Como todos os aspectos de Vênus, esses também proporcionam talento criativo, artístico e musical.

O romancista Philip Roth (□), a atriz Glenn Close (⚹) e o fotógrafo francês Henri Cartier-Bresson (⊼).

Vênus em Conjunção com o Meio do Céu

O ego está diretamente associado à sua aparência; para você, é importante passar uma imagem pública de sucesso e atração. Com Vênus na casa 10, é provável que se envolva com uma carreira em que a arte, a representação ou a beleza sejam fundamentais. Esse aspecto de Vênus pode acarretar uma atitude tipo Poliana – a ideia de que a vida é bonita, a vida é maravilhosa, e não é preciso trabalhar para ter sucesso. Isso é particularmente verdadeiro no caso de Vênus ter muitos trígonos e sextis. Entretanto, você quer ser alguém, gosta das pessoas e, via de regra, se dá bem com elas. Assim, pode sair-se bem nas áreas de relações públicas ou entretenimento.

O pintor francês "fauvista" Othon Friesz e a atriz e modelo Brooke Shields.

Vênus em Trígono/Sextil com o Meio do Céu

Como é afável, sociável e simpático, você atrai os outros e tem muitos relacionamentos agradáveis e amistosos. Faz o possível para conciliar e evitar entrar em conflito com os outros; goza de bom conceito em todas as relações profissionais e comunitárias e, em geral, não tem muita dificuldade de progredir. Recebe apoio dos pais e irmãos e tem uma vida doméstica e profissional harmoniosa. Se houver indicação de outras áreas do mapa, esse aspecto pode denotar capacidade artística. A beleza, por si mesma, é muito importante para você.

A empresária e filantropa Majorie Merriweather Post (△) e o ator Michael Douglas (✲).

Vênus em Quadratura/Oposição/Quincunce com o Meio do Céu

Para você, dar e receber amor é tão vital que você é capaz de comprometer o senso de conveniência em benefício da popularidade. É caloroso e amoroso e tem forte impulso artístico e criativo, mas, muitas vezes, teme não ser aceito pelo que é. Assim, desdobra-se para ser útil e ajudar os outros, visando obter o reconhecimento tão importante para você. Tem relacionamento caloroso e amoroso com a família e o parceiro; sua casa é sempre decorada e mobiliada com bom gosto. A aceitação social, necessária para seu bem-estar, em geral é assegurada, a menos que Vênus esteja mal colocado. Se Vênus formar um quincunce da casa 5, pode haver mudança de carreira, de uma área criativa para outra.

O músico de jazz John Coltrane (□), a apresentadora de TV e comediante Joan Rivers (⚹) e o cientista Louis Pasteur (⊼).

Aspectos de Marte

Marte em Conjunção com o Ascendente

Autoconfiante, ousado e aventureiro, você não tem medo do perigo e aceita com prazer qualquer desafio. A menos que Marte esteja num signo passivo (como Câncer ou Peixes) e tenha poucos aspectos desafiadores, nada o amedronta, e você é capaz de grandes esforços físicos. A despeito dos aspectos e dos signos, você tem respostas rápidas e fala muito. Se usar essas qualidades de maneira positiva, pode se sair bem em qualquer área que requeira fluência e facilidade de expressão, como direito, teatro, política ou ministério. Sendo altamente voltado a si mesmo, você tem dificuldade de cooperar com os outros, se é que consegue. Assim, sente-se melhor trabalhando sozinho e precisa aprender a controlar a irritabilidade e a mania de brigar. É provável que goste de esportes; se não tiver uma carreira esportiva, é um torcedor entusiasmado e esportista de fim de semana. Com Marte na casa 12, algumas das qualidades mencionadas ficam ocultas ou interiorizadas na juventude, porém mais cedo ou mais tarde você vai manifestá-las exteriormente.

O dr. Jonas Salk, descobridor da vacina contra a poliomielite; o general revolucionário norte-americano "Mad Anthony" Wayne.

Marte em Trígono/Sextil com o Ascendente

Voluntarioso, independente e arrogante, você não tem medo de se fazer ouvir e expressa de maneira positiva suas ideias e pensamentos. Sua criatividade encontra canais de expressão nas viagens (principalmente com Marte na casa 3 ou 9) ou nos esportes (com Marte na casa 5), e é possível que você seja bastante inovador nessas áreas. Nunca foge de um desafio e entra de cabeça em tudo que faz. Tem mais amigos do sexo masculino; mesmo as mulheres com esse posicionamento gostam de aparentar uma imagem bem masculina. Não gosta que os outros lhe façam exigências, mas em geral é capaz de se doar de boa vontade.

A herdeira Christina Onassis (△) e o artista Salvador Dalí (✶).

Marte em Quadratura/Oposição/Quincunce com o Ascendente

Estes estão entre os aspectos mais estimulantes do zodíaco, mas é preciso que você aprenda a canalizar esse estímulo para áreas produtivas e não espalhar energia aos quatro ventos. Essa intensidade, às vezes, pode ser a causa de problemas físicos, como doenças de estômago ou úlceras, principalmente quando Marte está na casa 4 ou 6. Com Marte colocado na casa 3 ou na 10, o temperamento, muitas vezes, é explosivo. Marte nessa posição, corretamente empregado, torna-o capaz de grande produção física e mental; você é capaz de trabalhar por mais horas e com menos descanso que a maioria das pessoas. Entretanto, geralmente coloca disputas e desavenças no lugar de tato e diplomacia, pois é muito competitivo e deseja sempre estar à altura de qualquer desafio. É comum atrair pessoas que não são fáceis de lidar, mas isso não é ruim para você, pois essas são as únicas pessoas que respeita. A arte de fazer acordos é uma lição importante a aprender, para poder somar sua energia à dos outros e atingir grandes objetivos.

O produtor Roberto Rossellini (□), o advogado e ativista político William Kunstler (☍) e a atriz Mary Martin (⚹).

Marte em Conjunção com o Meio do Céu

Seu impulso e sua energia estão preferencialmente voltados para a carreira. Você luta para que suas realizações sejam reconhecidas, como se sua vida dependesse disso. É decidido, sabe exatamente o que deseja realizar e procura atingir os objetivos por meio da ação direta. À medida que avança, não permite interferências; quando encontra oposição, não é fácil para você recuar serenamente. Sua personalidade é dominadora e vigorosa, e seria bom (mas altamente improvável, a menos que Marte tenha alguns trígonos e sextis) que você aprendesse a lidar com os outros com serenidade e sem raiva. Você objetiva ter uma carreira em que possa chegar a um posto de liderança e autoridade, e muitas vezes é bem-sucedido com um negócio próprio.

O maestro Carlo Maria Giulini e o general Douglas MacArthur.

Marte em Trígono/Sextil com o Meio do Céu

Você tem o dom da palavra e geralmente consegue usar de lábia para resolver os problemas. Canaliza positivamente o impulso e a energia e é capaz de esforços prodigiosos. Voluntarioso e individualista, lança-se ao que faz com total entusiasmo. Expõe suas ideias de maneira muito positiva, e, em geral, os outros reagem bem à sua liderança. Independente e expansivo, você é de fácil convívio, desde que os outros entendam e respeitem seu jeito entusiasmado e exuberante de encarar a vida.

O piloto de carros de corrida Enzo Ferrari (△) e a artista Grandma Moses (✶).

Marte em Quadratura/Oposição/Quincunce com o Meio do Céu

Enérgico e dominador, você atinge seus objetivos a qualquer custo, superando obstáculos e até enfrentando grandes incertezas. Nada o detém na tentativa de avançar, pelo menos não por muito tempo. Uma boa palavra para descrevê-lo é destemido. Se Marte estiver na casa 7, pode ser que você cause polêmicas – o que raramente o incomoda, já que você cresce com a adversidade. É possível que os outros se afastem porque você se impõe demais; seria bom tentar colocar um pouco de tato e diplomacia no trato com terceiros. Uma área difícil é sua atitude em relação à autoridade; talvez a causa seja a tentativa de um dos pais de dominá-lo, na infância. Depois de firmar sua segurança, você lida melhor com a forte necessidade de superar os outros e suas ideias e se torna mais comedido.

A estrela, com 10 indicações ao Oscar, Bette Davis (□); o escritor Jack Kerouac (ℰ) e o ex-presidente francês François Mitterrand (⊼).

Aspectos de Júpiter

Júpiter em Conjunção com o Ascendente

Você é expansivo, amistoso e generoso, pelo menos na superfície. A religião ou a filosofia desempenham papel importante em sua vida; em geral, você tem a mente bastante aberta e está disposto a conceder aos outros o benefício da dúvida. Entretanto, quando Júpiter tem aspectos desafiadores, é possível que expresse opiniões bastante dogmáticas e até fanáticas. Muitas vezes, você se deixa atrair pelos esportes e se sobressai em tudo que exija coragem física. Você ajuda os outros e é muito tolerante, desde que as pessoas respeitem seus padrões morais e éticos. Gosta de viagens e da vida ao ar livre; tenta abrir-se a sugestões e ideias que possam ampliar seus horizontes. Quando Júpiter está na casa 12, você não é tão expansivo, mas é bastante afortunado, e parece que os outros sempre o consideram um sortudo. Às vezes, Júpiter na casa 1 pode ocasionar problemas de peso.

O locutor esportivo Howard Cosell e a dançarina e coreógrafa Martha Graham.

Júpiter em Trígono/Sextil com o Ascendente

As pessoas são importantes para você, que as atrai facilmente, com o charme e a personalidade expansiva que o caracterizam. Os amigos desempenham papel importante na sua vida e muitas vezes o ajudam a conseguir seus objetivos. Engraçado, brincalhão e sociável, você aproveita a vida ao máximo e frequentemente é a alma das festas. Cuidado para não ser muito conversador e superficial, aproveitando só os jogos e as brincadeiras, sem nunca perceber o potencial que tem para a religião, a lei, a filosofia e outras áreas do conhecimento. Seu lema poderia ser "não me prendam", pois sua palavra-chave é viajar; você gosta de estar sempre em movimento. Frequentemente, obtém muito sucesso no exterior.

O apresentador de TV David Frost (△) e a atriz Julie Andrews (*).

Júpiter em Quadratura/Oposição/Quincunce com o Ascendente

Você tem tendência a dramatizar e a ampliar os fatos do dia a dia; pode usar essa habilidade, adequadamente canalizada, para escrever ou representar. As pessoas são importantes no seu projeto de vida, mas você sente necessidade de dominar socialmente e nas associações que faz. Vai ver que, para ter relacionamentos mais maduros, precisa aprender a transigir e a enxergar o ponto de vista dos outros. Seus pais foram fundamentais na determinação de sua perspectiva moral e ética, e é provável que você se esforce muito para corresponder à imagem e às expectativas deles. É muito inquieto, mental e fisicamente, e é imprescindível que encontre uma forma adequada de canalizar essa energia de maneira produtiva.

O diretor e produtor de cinema George Lucas (□), o advogado Daniel Petracelli (ℰ) e a escritora de romances policiais Agatha Christie (⊼).

Júpiter em Conjunção com o Meio do Céu

Você aparenta ser um cidadão muito respeitável e íntegro. Dá muita importância à imagem pública; nunca põe em risco sua posição na comunidade, em função da ambição ou da vontade de progredir na vida.

A religião pode ser um fator crucial. Sua carreira, sem dúvida, vai envolver viagens e esportes. Com Júpiter na casa 9, o magistério ou o direito podem representar excelentes canais de expressão para seu interesse pela lei, pela ética, pela educação superior, pelo ministério e pelas questões internacionais. Com Júpiter na casa 10, a escolha da carreira pode ter a influência de um dos pais ou de uma pessoa com autoridade.

A atriz Candice Bergen, o piloto de corridas e empresário Roger Penske.

Júpiter em Trígono/Sextil com o Meio do Céu

Sua palavra-chave é sorte; amigos e parentes são de extrema valia em todas as fases da vida. Você convive facilmente com colegas, superiores e todas as pessoas que detêm autoridade, por causa de sua personalidade aparentemente afável e de sua disposição em aprender. Nunca passa a imagem de alguém agressivo ou ameaçador. Entretanto, sem os aspectos fortes de Saturno, pode ser que seja um pouco preguiçoso na persecução de suas ambições e tenha tendência a deixar o barco correr. Os esportes, o trabalho social, o direito, o ramo editorial e o ensino são áreas que você acha atraentes. Qualquer que seja o campo escolhido, você chega rapidamente ao sucesso.

O empresário da área de computação Steve Wozniak (△) e o poeta Allen Ginsberg (✶).

Júpiter em Quadratura/Oposição/Quincunce com o Meio do Céu

Você aspira muito à recompensa material e acha que um bom trabalho merece um bom pagamento. Tem bastante energia e deseja se expressar criativamente. Desse modo, se dá bem na área de entretenimentos ou esportes, assim como nas ocupações jupterianas. Pode gostar de política e chegar a ter muita popularidade; entretanto, tome cuidado para que sua abordagem e suas opiniões diretas e francas não afastem os outros. Preza o lar e a família; com Júpiter na casa 4, você vai morar numa casa grande, suntuosa, com muito terreno, talvez no topo de uma colina.

Não suporta se sentir tolhido física ou emocionalmente, por isso pode ter a tendência a evitar relacionamentos íntimos.

O *ator Marlon Brando (□), o inventor e ganhador do prêmio Nobel Guglielmo Marconi (☍) e cantora Cher (⚻)*.

Aspectos de Saturno

Saturno em Conjunção com o Ascendente

Saturno nesta conjunção dá um tom sério à personalidade. Um pouco sombrio, muitas vezes de sorriso ou riso difícil (principalmente na juventude), você é o tipo de pessoa responsável e confiável. Tem boa estrutura óssea e quase sempre é fotogênico; esse posicionamento pode torná-lo bem pequeno, esbelto ou esquelético. Você assume a própria culpa com facilidade. Em resposta a um simples "Está chovendo lá fora", você pode dizer: "Mas não é culpa minha!". Com aspectos desafiadores, a saúde pode ser problemática na primeira infância. Entretanto, depois dos primeiros sete anos, a saúde melhora, e a perspectiva é de vida longa. A menos que Vênus, Mercúrio ou o Sol estejam bem colocados, é possível que você seja bastante pessimista, vendo apenas o lado negro das coisas, achando que a vida é difícil, e o destino, um trabalho árduo. Você é sério e aparenta ser mais velho na juventude; porém, com aspectos fluentes, aprende a relaxar, aproveitar a vida e parece rejuvenescer à medida que envelhece.

A artista e música Yoko Ono e a atriz Mary Tyler Moore.

Saturno em Trígono/Sextil com o Ascendente

Firme e dedicado, você é trabalhador. Tem perspectiva séria, lida bem com a responsabilidade, e os outros procuram sua liderança. É leal e confiável; as pessoas sabem que podem se apoiar no seu senso de realismo para que as coisas sejam feitas. Volta-se principalmente para o que é útil e disciplinado; costuma ser bom em matemática e música. Tende a desprezar as coisas fúteis ou meramente decorativas. Dá importância aos amigos, sobretudo se Saturno estiver nas casas 3 ou 11, mas é seletivo e prefere ter um ou dois bons amigos em vez de lidar com grupos maiores. Tende a ser pedante e se apegar muito ao que já foi testado e aprovado, em vez de se arriscar com o que é novo e diferente. Essa característica diminui um pouco quando Urano está proeminente (angular ou regendo o Sol, o Ascendente ou o Meio do Céu).

O jogador de golfe profissional Dave Stockton (△) e o comentarista de TV David Brinkley (✶).

Saturno em Quadratura/Oposição/Quincunce com o Ascendente

Este bem poderia ser seu lema: "A vida é séria; a vida é severa". Para você, não é fácil relaxar e aproveitar, procurar as pessoas, amar e ser amado. Isso não quer dizer que não tenha emoções – você tem, mas se sente tão culpado por isso que disfarça e aparenta ser bastante retraído, frio e até altivo. Empreendedor, para você o trabalho é muito importante e prioritário no projeto de vida. Quando sente bastante apoio emocional, consegue superar a arraigada tendência a esconder os sentimentos. É importante que aprenda a gostar de si mesmo; então vai saber que merece ser amado. Muitas vezes, disfarça a insegurança fazendo o papel de palhaço ou comediante, rindo de si mesmo. É atraído por pessoas mais velhas, principalmente com a oposição, pois se sente mais à vontade com elas. Quando Saturno está na casa 7 (oposição), você prefere se casar com mais idade ou ter um parceiro bem mais velho. Depois que assume um compromisso, você é leal até o fim.

O fotógrafo e artista ultrajante Robert Mapplethorpe (□), a estrela de futebol e ator Joe Namath (☍), o secretário de Estado James Baker (⊼).

Saturno em Conjunção com o Meio do Céu

Sua palavra-chave é ambição; você assume responsabilidades desde cedo e tende a crescer com elas. A disciplina parece vir de dentro, e você logo aprende a estabelecer seu ritmo. O fato de ser bem ou malsucedido depende, em grande parte, da forma como você aprendeu a lidar com o sucesso ou o fracasso quando jovem. Os acontecimentos causados pelo primeiro retorno de Saturno (aproximadamente aos 29 anos) e a maneira como você lida com eles vão dar forte indicação de sua reação às experiências da vida daí por diante. É preciso que aprenda a lidar com a autoridade. Antes de poder liderar com êxito, precisa aprender a obedecer. Faça o que fizer, você será observado; goste ou não, vai ser um exemplo para as pessoas – para o bem ou para o mal.

A estrela do basquete Kareem Abdul-Jabbar e o diretor de cinema Oliver Stone.

Saturno em Trígono/Sextil com o Meio do Céu

Paciente e cuidadoso, você faz as coisas de forma sistemática, protegendo o que tem e seguindo pela vida com método e organização. Se Saturno estiver na casa 3 ou 11, é possível que você seja um pouco solitário, porque se dedica tanto à realização dos objetivos que não tem muito tempo para atividades sociais. Você já nasce sabendo que o sucesso vem por intermédio do trabalho árduo e está mais que disposto a fazer sua parte. É incansável; é um autêntico batalhador. Acha mais importante estar certo que ser popular. Sempre respeita a autoridade e, devido à postura amadurecida e digna de confiança, pode se tornar você mesmo uma autoridade.

O ator, diretor e produtor Mel Gibson (△) e o empresário sir Rudolf Bing (*).

Saturno em Quadratura/Oposição/Quincunce com o Meio do Céu

Você tende a se esquivar ao contato com os outros. A menos que possa ser líder, a cooperação, principalmente numa base direta, não é fácil para você. Sua natureza tem um lado melancólico; você acha que ninguém se importa com você e que a vida é difícil. Precisa aprender que esses sentimentos vêm de dentro de você mesmo e não são gerados por circunstâncias externas. Pode ser que tenha um pai (quadratura) ou parceiro (oposição) muito dominadores, mas é possível lidar com isso abordando o problema com maturidade e bom senso. Você tem dificuldade de dar e receber amor, a não ser quando Saturno tem alguns aspectos fluentes; frequentemente se depara com a solidão e a depressão. Entretanto, recebe apoio de pessoas mais velhas e, à medida que constrói o ego, passa a atuar com desenvoltura em qualquer posição em que a moralidade e a diligência sejam necessárias e admiradas.

O médico missionário Tom Dooley (□), a escritora e ativista feminista Gloria Steinem (☍) e a poeta, autora e ativista Maya Angelou (⚹).

Aspectos de Urano

Urano em Conjunção com o Ascendente

Você sempre se sente diferente de todo mundo ou, pelo menos, deseja ser único de alguma forma especial. Durante toda a vida, vai sentir que segue o ritmo de um tambor diferente. Está sempre um pouco à frente de sua época, interessado em qualquer coisa um tanto de vanguarda ou pouco convencional. Agitado e às vezes nervoso (dependendo dos aspectos de Urano), quando jovem, você era o palhaço e o bagunceiro da classe – tudo para evitar a monotonia do cotidiano. Precisa estar sempre em atividade. Tente canalizar essa energia para áreas produtivas; a desatenção aos detalhes e os descuidos vão levá-lo a padrões de conduta insatisfatórios. Embora esse aspecto faça de você um rebelde, também lhe dá forte pendor criativo e inventivo, cuja aplicação positiva raia a genialidade.

O compositor George Gershwin e a artista, escultora e escritora feminista Kate Millett.

Urano em Trígono/Sextil com o Ascendente

Com estes aspectos, é fácil você se destacar na sua área, ficando bem à frente dos concorrentes. Independente e excitável, desde pequeno exigiu o direito de ser você mesmo, de seguir os próprios preceitos; quando lhe dão essa oportunidade, você pode ser extraordinariamente bem-sucedido. É possível que seja tão direto que ofenda os outros, mas, devido à mente ágil, às ideias originais e à capacidade de liderança, eles não ficam zangados por muito tempo. Você busca amigos e conhecidos originais e incomuns e precisa de mudança constante. Na realidade, acharia a vida entediante se ela não estivesse em constante tumulto.

O escritor Truman Capote (△) e o secretário de imprensa de John Hinckley e Reagan, James S. Brady (✷).

Urano em Quadratura/Oposição/Quincunce com o Ascendente

Você é rebelde e acredita que pode seguir do seu jeito, "ficar na sua" e mesmo assim ser aceito pelo mundo. Isso frequentemente é verdade, quando Urano ou o Ascendente têm alguns aspectos positivos; você é considerado líder em seu círculo. Por ser tão amante da liberdade, quase um excêntrico, tem dificuldade de se relacionar; todos os seus relacionamentos são desafiadores, para dizer o mínimo. Quando os outros não querem aceitá-lo ou segui-lo, você (que é líder na acepção total do termo) segue alegremente seu caminho e, de qualquer maneira, continua "na sua". A quadratura se manifesta como rebelião contra os pais e o *status quo* da juventude; é comum você sair cedo de casa para ir em busca dos seus sonhos. A oposição traz dificuldades com os parceiros (conjugais ou de negócios) e o desafia a aprender a lição da cooperação, se Urano estiver na casa 7. Se estiver na casa 6, a energia se manifestará através da saúde e do trabalho. O quincunce traz muita tensão física e emocional e precisa ser canalizado para uma atividade realmente criativa ou inventiva; caso contrário, o corpo será prejudicado.

O pugilista Muhammad Ali (□), a atriz Maureen Stapleton (ꝏ) e o poeta e ocultista ganhador do prêmio Nobel, William Butler Yeats (⊼).

Urano em Conjunção com o Meio do Céu

Esse aspecto, em geral, o faz chamar a atenção do público de alguma forma incomum. Você é visto como o individualista completo e raramente cede a qualquer pressão no sentido de agir de acordo com as exigências da sociedade. Frequentemente escolhe uma carreira fora do comum, mas, se optar por uma carreira convencional, sua abordagem é inovadora e ímpar. Às vezes, acha que um dos pais é diferente e tem dificuldade de aceitar esse fato na infância. Entretanto, cresceu sabendo que poderia fugir às regras e sair impune por causa do exemplo que teve. É frequente a opção por carreiras na área dos meios de comunicação, da eletrônica ou da computação.

O comissário de futebol Pete Rozelle e a atriz Vanessa Redgrave.

Urano em Trígono/Sextil com o Meio do Céu

Ao escolher uma carreira, sua tendência será procurar um campo progressista – algo fora do comum, científico ou técnico, onde você possa demonstrar suas qualidades de liderança e inventividade. Como não respeita a tradição nem se limita por ela, é bem possível que se interesse pelo ocultismo, pela Astrologia ou por algum "ismo" ou filosofia estranhos. Acha-se uma pessoa interessante e, embora se relacione bem com os outros, muitas vezes gosta de sair sozinho e aproveitar a vida no próprio ritmo e do próprio jeito. Raramente se prende a posses materiais, pois acredita que elas o escravizam a um tipo de vida convencional (o que certamente não é para você). As coisas excitantes são alimento para você, que está sempre à procura do novo e do diferente.

O autor de "Sherlock Holmes", sir Arthur Conan Doyle (△), e o violoncelista Pablo Casals (✶).

Urano em Trígono/Sextil com o Meio do Céu

Excêntrico, individualista e muito excitável, você é capaz de causar rebuliço em qualquer lugar. Fica muito feliz quando consegue desestabilizar os outros, já imaginando qual será sua próxima traquinagem. Seu método de comunicação é aleatório, para dizer o mínimo, e você gosta de chocar os outros usando linguagem inaceitável e fazendo observações insolentes. Seu comportamento afrontoso pode ser devido, em parte, a um relacionamento difícil com um dos pais, ou com os dois (principalmente com a oposição), ou devido à ênfase na casa 3 (quincunce).

O total desprezo pelas convenções e pela aceitação social pode fazer de você uma pessoa muito rebelde, seguindo seu caminho sem levar em conta o que os outros possam dizer ou pensar. Por causa de seus caprichos, não vai ser fácil se manter em nenhum emprego, até aprender a canalizar a energia errática de Urano para áreas produtivas.

O terrorista italiano Prospero Gallinari (□), o escritor Ernest Hemingway (☍) e John Wayne Bobbit, que foi castrado pela esposa (⊼).

Aspectos de Netuno

Netuno em Conjunção com o Ascendente

Você encara a vida de maneira idealista e romântica, quase irrealista, principalmente se a conjunção só tiver aspectos fluentes. Mutante como um camaleão, um dia você pode parecer glamoroso e, no outro, o contrário disso. Na verdade, você ser ator por excelência, ostentando suas disposições de humor e seus sonhos à medida que os vivencia. Frequentemente há talento musical, artístico e criativo para os quais é preciso achar um canal de expressão, ou sua tendência será vagar sem rumo e de modo sonhador pela vida, procurando eternamente sua utopia. Você depende muito da forma como os outros reagem a você, por isso raramente age antes de perceber como seus atos vão afetar terceiros. Precisa aprender a diferenciar a realidade do faz de conta. No melhor dos casos, é perceptivo e intuitivo; no pior, enganoso e indigno de confiança.

O coreógrafo e grande bailarino George Balanchine e o ator Yul Brynner, de "O Rei e Eu".

Netuno em Trígono/Sextil com o Ascendente

Você é capaz de tecer uma teia de ilusões; portanto, teatro, literatura, política e direito são áreas em que pode se sobressair. Sua sensibilidade é muito útil no trato com os outros, já que você frequentemente consegue se sintonizar com as necessidades e expectativas deles. É intuitivo e perceptivo, sabendo, por instinto, o que pode cair no agrado do público e, assim, obtém sucesso em qualquer área relacionada a vendas ou relações públicas. Tem imaginação sempre ativa e é muito criativo, se não nas artes, pelo menos em algum artesanato. Os pressentimentos que tem são dignos de confiança, pois têm origem numa poderosa fonte em seu subconsciente. Aprenda a ouvir essa pequenina voz e saberá que está no caminho certo.

A patinadora no gelo Dorothy Hamill (△) e o artista Andrew Wyeth (✶).

Netuno em Quadratura/Oposição/Quincunce com o Ascendente

Estes aspectos proporcionam a mesma capacidade criativa e inspiradora que os trígonos e sextis; apenas exigem um pouco mais de esforço seu para se tornarem produtivos. Você precisa aprender a ser direto e honesto, em vez de evasivo e manipulador. Quando vai direto ao assunto, os outros prestam atenção e ficam encantados com seu jeito de falar e sua abordagem inspiradora. Entretanto, quando fantasia, exagera e aumenta desmesuradamente os fatos, afasta as pessoas, e todos os seus relacionamentos se tornam complicados, pois os outros acham difícil acreditar e confiar em você. Com o quincunce, tome muito cuidado com drogas e álcool; seu corpo é bastante sensível a quaisquer substâncias estranhas. Com a oposição, é comum você ser facilmente enganado e iludido; precisa aprender a não assumir os problemas dos outros. Essa tendência, com a profunda necessidade de se sentir necessário, pode torná-lo alvo fácil para as pessoas que procuram alguém em quem descarregar os problemas.

A lenda do rock, Elvis Presley (□); o escritor Erich Maria Remarque (☍); e o ás do tênis alemão, Steffi Graf (⚻).

Netuno em Conjunção com o Meio do Céu

Sua palavra-chave é *glamour*. Os outros o veem como uma pessoa carismática e irresistível. Uma carreira em cinema, TV, fotografia, petróleo ou navegação estaria de acordo com sua imagem. É sensível a tudo que o rodeia e absorve a experiência como uma esponja; muitas vezes, essa sensibilidade às impressões conduz a uma carreira na área da literatura. Evite ficar deprimido quando as coisas não caminharem como você quer. É possível que tente muitas profissões antes de se firmar em alguma área que lhe dê gratificação espiritual, tão importante para você. Se a capacidade psíquica ou intuitiva, muito frequente com esse aspecto, não for usada na profissão, pelo menos funcionará como guia particular.

Lenda na própria época, o cantor Frank Sinatra e o caçador de nazistas criminosos de guerra Simon Wiesenthal.

Netuno em Trígono ou Sextil com o Meio do Céu

Passivo e amante da paz, você tem visão idealista do mundo, e seus relacionamentos se caracterizam por muita generosidade e disposição em partilhar. Sente-se atraído por animais e pessoas necessitados; não há nada que não faça para ajudar os semelhantes. No trato com o público, credo, cor, raça e religião nada significam para você, que é realmente um cidadão do mundo. Entretanto, você efetivamente absorve os sentimentos e as vibrações das pessoas com quem se associa; assim, é importante rodear-se de pessoas positivas e expansivas, não negativas e depressivas. Você se magoa com facilidade e é um pouco tímido e retraído, até sentir que pode confiar nas pessoas. Frequentemente é vítima de falta de consideração não intencional.

O mágico David Copperfield (△) e o diretor de cinema Federico Fellini (✶).

Netuno em Quadratura/Oposição/Quincunce com o Meio do Céu

Para você, é difícil admitir seus erros por causa da insegurança e das dúvidas ao próprio respeito. É possível que sua infância tenha sido solapada por um mau relacionamento com um dos pais, ou com os dois (que podem ter sido doentes, fracos ou alcoólatras). É preciso sempre que trabalhe para construir sua autoimagem; enquanto não descobrir algo de que goste em si mesmo, os outros acharão difícil, se não impossível, dar-lhe atenção e afeto. Sua tendência é se dispersar em muitas direções, então, precisa definir, desde cedo, seus objetivos profissionais; do contrário, correrá o risco de se agitar indefinidamente, sem nunca se firmar de fato em termos profissionais. Perceptivo e intuitivo, e até religioso, dependendo da formação, é possível que você encontre muita paz de espírito numa filosofia idealista.

O tenor Placido Domingo (□), o compositor Fréderic Chopin (⚹) e a atriz Judy Garland (⚻).

Aspectos de Plutão

Plutão em Conjunção com o Ascendente

Este é um poderoso aspecto, para melhor ou para pior, proporcionando intenso poder de concentração e necessidade de impor sua vontade e seu poder sobre os outros. A menos que seja usado positivamente, esse aspecto pode lhe causar problemas, pois você tem dificuldade de encarar a vida com descontração. Joga-se de cabeça em tudo que faz e mais tarde sofre as consequências. É intensamente emocional e dramatiza tudo que lhe acontece, às vezes de maneira desproporcional; com todo esse envolvimento, pode ser irritável, melindroso e até irracional. O uso positivo desse aspecto proporciona grande vigor físico, ímpeto para levar as coisas até o fim e capacidade de controlar quase todas as situações. A competitividade o leva a dominar a maioria dos relacionamentos; assim, você tende a atrair pessoas mais ou menos fracas ou a enfrentar as personalidades fortes por meio da competição e do confronto direto.

O ator Christopher Reeve e o promotor Michael Milken.

Plutão em Trígono/Sextil com o Ascendente

Você sempre se relaciona de forma muito intensa, e muitas de suas amizades têm influência duradoura em sua vida. Você atrai as pessoas por causa da força e da atitude positiva. Tem muita curiosidade a respeito da motivação das pessoas e está sempre envolvido em sondagens psicológicas. Leva a vida a sério, é líder e encorajador e depois de chegar a alguma conclusão raramente muda o ponto de vista. Sente necessidade de mudar e regenerar as pessoas que o cercam, o que faz quase sempre de forma positiva e produtiva. Parentes, amigos e colegas de trabalho lhe pedem orientação e diretrizes, e você raramente os decepciona.

O mitólogo Joseph Campbell (△) e o cantor Maurice Chevalier (✻).

Plutão em Quadratura/Oposição/Quincunce com o Ascendente

Você tem personalidade forte, muito para dar e partilhar, mas precisa encontrar uma forma positiva de fazê-lo. Sua tendência é tratar os outros a pontapés e lhes impor sua vontade, quer eles queiram ou não. Sua vida parece ser uma série de crises, mas você gosta de estímulo e excitação, e algum dia aprenderá a baixar os punhos. Em geral, quando não consegue se dar com alguém, em vez de aceitar sua parcela de responsabilidade, você acha que a culpa toda é dos outros, que não fazem nenhum esforço para perceber seu modo de ver as coisas. O comportamento compulsivo é constante; deveria evitar conhecidos capazes de levá-lo para "o mau caminho". Quando as coisas estão muito calmas, você fica entediado e faz o possível para realizar algo que lhe permita ter mais controle.

O grande comandante militar Napoleão Bonaparte (□), o músico Jim Morrison, do "The Doors" (ℰ), e o jogador de hóquei no gelo Wayne Gretzky (⏆).

Plutão em Conjunção com o Meio do Céu

Você precisa ser líder. Para você, é imprescindível estar na frente do desfile. Não aceita ficar no banco de trás; mesmo que não tenha ninguém para liderar, você segue o próprio caminho, sem nunca olhar para trás, e raramente faz concessões. Um dos pais o influenciou bastante, e o relacionamento entre vocês é intenso. Isso pode ser benéfico; porém, se a conjunção receber aspectos desafiadores, muitas vezes o pai vai tentar dominá-lo em benefício próprio. Em alguma época da vida, vai haver uma importante mudança de rumo, que geralmente vai ocorrer quando você estiver menos atento, só se apercebendo dela posteriormente.

O diretor de cinema Roman Polanske e o juiz da Suprema Corte norte-americana Antonin Scalia.

Plutão em Trígono/Sextil com o Meio do Céu

Sua capacidade de liderança é visível, porém os efeitos são mais suaves, e ela é mais bem recebida pelos outros. Você é ambicioso e deseja o sucesso; vai se sair bem em ocupações em que possa dar conselhos e orientação. Normalmente, você determina bem cedo os rumos da carreira e, muitas vezes, recebe a ajuda de algum amigo nesse sentido. Como é introspectivo e hábil em finanças, direito e administração de empresas são profissões nas quais se sente à vontade e onde pode conseguir boa reputação. Esses aspectos, surpreendentemente, quase sempre indicam sucesso no campo da música.

O violinista virtuoso Yehudi Menuhin (△) e a atriz Faye Dunaway (✶).

Plutão em Quadratura/Oposição/Quincunce com o Meio do Céu

Você é alguém poderoso em sua área de atuação, porém conseguir os objetivos que almeja requer tempo, energia e dedicação. Muitas vezes, é derrotado no caminho para o sucesso, mas, como a fênix, renasce das cinzas e segue em frente. Não descarta um pouco de subterfúgio ou manipulação para conseguir o que quer. Enquanto não aprender a fazer concessões e ceder aos desejos dos outros, vai ter dificuldade de manter relações paritárias satisfatórias. Seu pior defeito é tratar mal os outros para chegar aonde quer; quando chegar ao topo, pode ser que descubra que ele não é tão confortável quanto você esperava.

O artista suíço Paul Klee (□), o grande mágico Harry Houdini (☍) e o flautista Jean-Pierre Rampal (⚻).

Como Delinear o Ascendente e o Meio do Céu

Para ilustrar a aplicação de nossas palavras-chave, vejamos o horóscopo de Hermann Hesse mais uma vez. Estamos propositalmente nos atendo ao mesmo gráfico, pois agora você tem uma boa ideia das facetas importantes dos padrões da vida desse escritor. Já deve ser capaz de discriminar e julgar quais palavras podem ou não se aplicar.

No mapa de Hesse, Mercúrio se opõe ao Ascendente e faz trígono com o Meio do Céu. Muito do que dizemos sobre Mercúrio em oposição ao Ascendente se aplica. "Mesmo tendo necessidade de se comunicar, é possível que você seja tão egocêntrico que os outros se ressintam de suas atitudes autoritárias. Numa conversa, precisa aprender a dialogar, para que os outros não percam o interesse." A última frase não se aplica a Hesse, que era um grande conversador e tão interessante que as pessoas adoravam ouvi-lo (Mercúrio em Gêmeos na casa 7 em sextil com Urano). "Você gosta de trabalhar com as mãos" (ele adorava jardinagem!); "pode ser um bom escritor. O nervosismo pode ter que ser tratado..." Tudo isso se aplica, assim como "Você deseja ser notado pela acuidade mental e pela habilidade de dizer a coisa certa no momento certo."

Mercúrio em trígono com o Meio do Céu pode denotar "... capacidade de dialogar, e seus hábitos de trabalho têm desembaraço e fluidez que atraem os outros" (Hesse falava e escrevia bem), e "Seus conselhos, muitas vezes, são solicitados e ouvidos..." (jovens e velhos o procuravam). "Em geral, não demora a definir a carreira que o atrai" (começou a escrever aos 22 anos), "... qualquer que seja sua área – direito, política, literatura, arte, artesanato". Tudo que escrevemos definitivamente se aplicam a Hesse. O que não era pertinente, "Tem um relacionamento quase sempre harmonioso com os pais, que o ajudam na tentativa de se estabelecer profissionalmente...", baseia-se no fato de Mercúrio estar envolvido numa difícil e desafiadora quadratura T com a Lua (mãe), Júpiter e Saturno (pai). Sempre de psique delicada, Hesse ficava facilmente deprimido (na verdade, tentou suicídio aos 15 anos); para chamar a atenção dos pais, teve que competir com cinco irmãos e dois meios-irmãos.

Vênus em quadratura com o Meio do Céu denota a necessidade vital de Hesse de receber amor, além do medo predominante de que os outros não o aceitassem por ele mesmo. Mais uma vez, esse aspecto indica forte impulso artístico e criativo. Como também mencionamos, "... sua casa é sempre decorada e mobiliada com bom gosto". E a última casa de Hesse em Castagnola, Suíça, a favorita dele, foi isso e muito mais.

A conjunção de Júpiter com o Ascendente era um dos aspectos mais significativos de Hesse. Deu-lhe a capacidade de ter a mente aberta, do ponto de vista filosófico e espiritual, para procurar um significado mais profundo na vida e permanecer otimista mesmo em meio ao turbilhão que eram nervos, muitas vezes frágeis. Já discutimos o envolvimento de Saturno com o MC e o Ascendente quando interpretamos as cúspides das casas 2 e 5, no Módulo 14.

Urano, regente da casa 3, em trígono com o Ascendente, tornou mais fácil para Hesse se destacar em seu campo. "Independente e excitável, desde pequeno exigiu o direito de ser você mesmo, de seguir os próprios preceitos..." Você pode imaginar como deve ter sido difícil para ele conviver com todos aqueles irmãos, alguns deles mais velhos, alguns mais jovens? No entanto, Hesse conseguiu ser único. O sextil entre Urano e o Meio do Céu também o ajudou a se tornar alguém fora do comum, e, como escrevemos, "... que se interesse pelo ocultismo, pela Astrologia ou por algum 'ismo' ou filosofia estranhos..." e "... embora se relacione bem com os outros, muitas vezes gosta de sair sozinho e aproveitar a vida no próprio ritmo e do próprio jeito".

Plutão em quincunce com o Ascendente pode ser um aspecto bastante difícil, porque a vida parece gerar uma série de crises. Hesse, por fim, teve que aprender a baixar os punhos, mas precisou fazer alguns ajustes e reestruturar seu *modus operandi* antes que pudesse realmente se estabelecer para escrever de maneira profissional.

Teste de Revisão

Interprete a Lua de Farrah Fawcett em conjunção com o Ascendente e o trígono de Júpiter com o Meio do Céu. Você encontrará nosso delineamento no Apêndice.

Questionário Especial para Testar seu Conhecimento da Parte II

Responda a cada pergunta com verdadeiro (V) ou falso (F). Faça um círculo em volta da letra correta e depois confira suas respostas no Apêndice.

1 Os padrões de mapas são a parte mais importante do delineamento.   V   F
2 O padrão tigela tem os dez planetas em um segmento de 180°.   V   F
3 O padrão locomotiva precisa ter pelo menos uma quadratura vazia.   V   F
4 Se existe recepção mútua, é possível ter um dispositor final.   V   F
5 A ação de um planeta retrógrado é prejudicial ou debilitadora.   V   F
6 O Sol e a Lua nunca parecem estar retrógrados.   V   F
7 A interceptação pode ocorrer em qualquer horóscopo.   V   F
8 Quando uma casa contém um signo interceptado, o mesmo acontece com a casa oposta.   V   F
9 As atividades de duas casas que têm o mesmo signo na cúspide estão associadas de alguma forma.   V   F
10 O Nodo Norte é conhecido como "A cauda do dragão".   V   F
11 O Nodo Sul é onde "doamos".   V   F

12. Se Vênus está em Libra e Marte em Áries, diz-se que esses planetas estão em recepção mútua. V F

13. Um planeta que é dispositor final precisa estar dignificado. V F

14. Touro a 22° está no segundo decanato. V F

15. Virgem a 12° está na dodecatemória de Capricórnio. V F

16. Se o regente do mapa está na casa 9, há interesse por amigos e atividades sociais. V F

17. Quando falta o elemento Ar num mapa, essa pessoa pode ter uma maneira totalmente diferente de se comunicar. V F

18. Quando falta a qualidade fixa, a pessoa consegue levar as coisas até o fim e é firme e estável. V F

19. A pessoa que não tem planetas em casas angulares é como a que não tem planetas mutáveis. V F

20. Os signos na cúspide das casas dão uma indicação da forma como a pessoa reage às atividades daquela casa. V F

Parte III

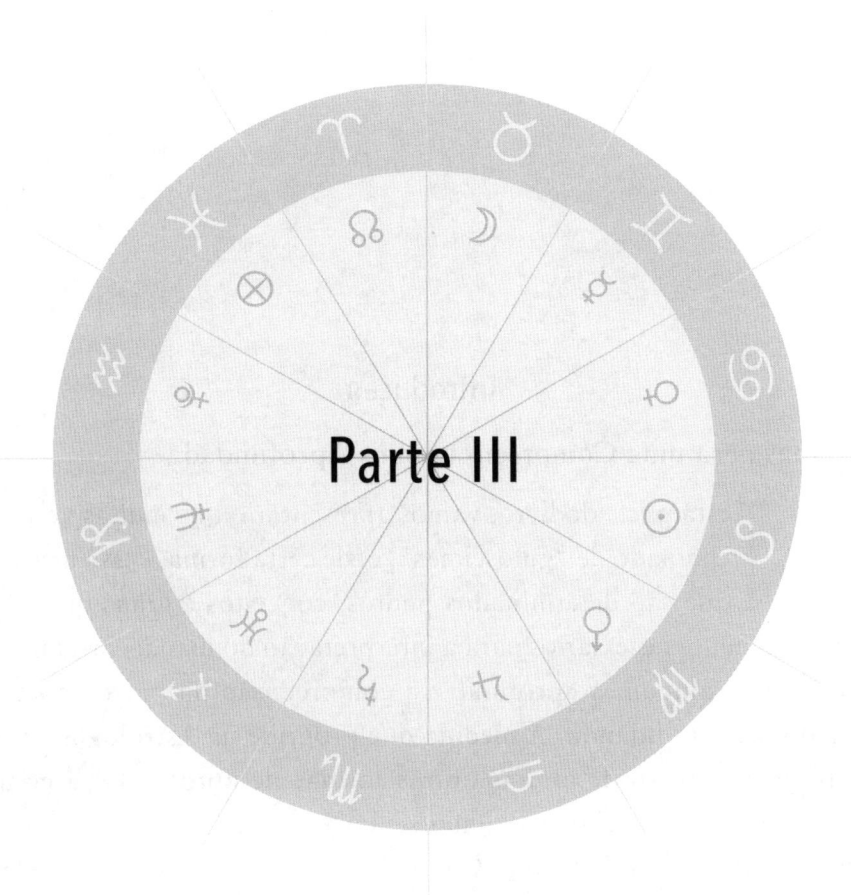

Introdução

Etapas para uma Compreensão mais Aprofundada

Nesta parte do livro, vamos apresentar o que muitas vezes é chamado de "guloseimas", e, de certa forma, é isso mesmo que são determinados pontos, conceitos e graus que não são realmente necessários para a interpretação do mapa; entretanto, todos eles ajudam a aprofundar a compreensão da pessoa com a qual você está lidando. À medida que progride na Astrologia, você vai ler a respeito de muitas outras formas de aprofundar a compreensão. É possível que algumas sejam válidas, outras, úteis, e outras, ainda, perda de tempo. Contudo, não descarte nenhuma delas antes de testá-las.

A Astrologia é uma abordagem muito pessoal da psique, da personalidade e da constituição do indivíduo. Você, o astrólogo, é quem faz a interpretação; portanto, o que funciona para você, o que o ajuda, é a única coisa que importa. Você poderia dizer que a Astrologia é uma linguagem simbólica e que você tem que encontrar os símbolos que *o* ajudam a obter mais entendimento.

Depois de aprender o ABC básico da Astrologia, ensinado no Volume I e nas primeiras duas partes deste livro, o restante é como o glacê do bolo – você pode fazer um excelente trabalho sem ele, mas nunca descarte um instrumento adicional, capaz de ajudá-lo a sintonizar-se com alguma área oculta ou subconsciente do ser humano.

Durante os últimos trinta anos, testamos centenas das chamadas novas abordagens. Em grande parte, são técnicas antigas recicladas que, no início, nos causam enorme excitação; depois, quando as colocamos em prática, nos acalmamos e, após mais ou menos um ano de testes, concluímos que trabalhamos tão bem ou melhor sem elas. Mas, de vez em quando, nos deparamos com alguma coisa realmente valiosa, que, é natural, conservamos e incorporamos ao nosso ensino e utilizamos com nossos clientes.

Você deve adotar essa mesma postura ao estudar a Parte III. O que vamos oferecer aqui são algumas guloseimas básicas usadas por muitos astrólogos. Experimente todas. Use-as por um ano e se descobrir que não precisa delas descarte-as.

Módulo 16
Planetas de Aparição Oriental, Eclipse Pré-natal, o Vértice/Antivértice

Planetas de Aparição Oriental

Qualquer planeta que se eleve antes do Sol está em aparição oriental – a palavra "Oriente" significa "leste" ou "levante". Por exemplo, se seu Sol está a 15° de Gêmeos, o planeta que se eleva imediatamente antes desse grau em Gêmeos, ou mesmo em Touro, seria o de aparição oriental, tendo se elevado ou ascendido no dia do seu nascimento imediatamente *antes* do Sol.

Não estamos falando de um imperativo para a interpretação, e sim de uma coloração ou nuança adicional capaz de esclarecer alguma necessidade psicológica ou motivacional do indivíduo. Esse método nos foi transmitido pelos antigos e não deve ser posto de lado ou ignorado por ser velho. É fácil encontrá-lo em qualquer horóscopo. No mapa de Hermann Hesse, na p. 101, por exemplo, o Sol está a 10° 52' de Câncer, e o primeiro planeta a se elevar antes do Sol é Mercúrio, a 22° 40' de Gêmeos, na casa 7.

O planeta de aparição oriental é considerado mais forte do que pode aparentar à primeira vista, como se os raios do Sol, que está para nascer, já o estivessem iluminando e dando-lhe força e luz. O planeta *ocidental*, que se eleva *depois* do Sol, não recebe essa força e essa luz adicionais; vem depois do Sol, e, naturalmente, o Sol nascente irradia mais luz que o Sol poente. Esse princípio é semelhante ao da aspectação – o aspecto é aproximativo ou separativo? O aspecto aproximativo sempre tem mais força que o separativo, mas nem sempre chegamos a essa conclusão. Isso parece variar de um mapa para outro. Poderíamos dizer que o planeta oriental se eleva à noite, antes de o Sol surgir no céu, e, portanto, pode expressar mais os traços instintivos ou femininos. O planeta ocidental se eleva no céu de dia e pode exibir características mais assertivas e masculinas.

Como no horóscopo de Hermann Hesse Mercúrio se eleva antes do Sol, todos os princípios mercurianos são muito importantes para ele. Essas motivações fundamentais são o raciocínio claro, a capacidade de escrever, a necessidade de usar a mente, a curiosidade a respeito daquilo que estimula a ele e aos outros (por causa do posicionamento de Mercúrio em Gêmeos, na casa 7).

No horóscopo de Farrah Fawcett, na p. 85, Mercúrio se eleva depois do nascer do Sol e é chamado o planeta de aparição ocidental. Ele está se separando do Sol e parece estar pronto para tratar das próprias questões, em vez de ficar tão perto do Sol.

Como nada é isolado num delineamento, procure verificar cuidadosamente se essa tendência é confirmada por outros fatores – nesse caso, a ênfase é muito mais forte. Se houver contradição por outros fatores, é preciso começar a fazer uma combinação, acrescentando uma nuança aqui, aplainando outra coisa ali, para chegar a compreender o todo.

Teste de Revisão

Delineie o planeta de aparição oriental de Joan Sutherland. Nossa análise pode ser encontrada no Apêndice.

Eclipses

Do ponto de vista astronômico, há dois tipos de eclipses: o solar e o lunar. O *eclipse lunar* ocorre quando a Terra passa entre o Sol e a Lua, privando temporariamente a Lua de iluminação; o *eclipse solar* coloca a Lua entre a Terra e o Sol, bloqueando sua luz, de modo que durante algum tempo não podemos ver, de jeito nenhum, o Sol. O eclipse lunar só pode ocorrer na época da Lua cheia; o eclipse solar, na época da Lua nova. Os dois tipos de eclipses só podem ocorrer quando o Sol e a Lua estão próximos de um ou dos dois nodos lunares.

À medida que avança na Astrologia, você vai aprender os efeitos dos eclipses que ocorrem a cada ano no céu e como afetam o horóscopo natal e progredido. Entretanto, a esta altura, preferimos que você encontre o eclipse que ocorreu imediatamente antes do seu nascimento – o *eclipse pré-natal*. Não faz diferença se foi lunar ou solar. Para sua informação, incluímos, a seguir, uma Tabela dos Eclipses de 1950 até 2050. Os eclipses anteriores a 1950 podem ser encontrados na maioria das efemérides para os anos em questão.

Sugerimos que você anote o grau de seu eclipse pré-natal em algum lugar do seu mapa natal, para futura referência. No horóscopo de Farrah Fawcett, ele ocorreu em dezembro de 1946, a 16° de Gêmeos, que cai na casa 12. Esse grau, mesmo não sendo um planeta, sempre permanece como um ponto sensível; mais importante ainda, a casa em que cai esse eclipse é acentuada por toda a vida do indivíduo. Nesse caso, poderíamos dizer que ele ajudou Farrah a focar na carreira de atriz (casa 12).

Alguns astrólogos acreditam que se o eclipse está mais próximo do Nodo Norte a vida é mais fácil; se está mais perto do Nodo Sul, a pessoa enfrenta dificuldades maiores. Tentamos testar e documentar esse conceito, mas não podemos afirmar categoricamente que concordamos com ele. Sugerimos que você faça a própria observação e tire as próprias conclusões.

O ponto do eclipse pré-natal de Hermann Hesse cai a 25° de Peixes, na casa 3, enfatizando qualquer tipo de comunicação. Você poderia dizer que, com um *stellium* de planetas na casa 3, isso já era óbvio – e tem razão, mas aqui temos mais uma confirmação, que sempre procuramos.

Teste de Revisão

Descubra o ponto de eclipse pré-natal no mapa de Joan Sutherland e depois o delineie resumidamente. Nossa resposta pode ser encontrada no Apêndice.

Tabela de Eclipses Solares e Lunares de 1950 a 2050

Eclipses Solares e Lunares (Horário dividido por zona 0.0: Greenwich)

Ano	Mês	Dia	S/L	Hora	Posição	Ano	Mês	Dia	S/L	Hora	Posição
1950	Mar.	18	S	15:20	27♓28		Dez.	2	S	8:13	10♉09
	Abr.	2	L	21:49	12♎32	1957	Abr.	29	S	00:54	09♉23
	Set.	12	S	4:29	18♍48		Maio	13	L	23:35	22♏52
	Set.	26	L	5:22	02♈31		Out.	23	S	5:44	29♎31
1951	Fev.	21	L	21:13	02♍26		Nov.	7	L	14:32	14♉55
	Mar.	7	S	20:51	16♓29	1958	Abr.	4	L	4:45	13♎52
	Mar.	23	L	10:50	02♎00		Abr.	19	S	4:24	28♈34
	Ago.	17	L	4:00	23♒25		Maio	3	L	13:24	12♏34
	Set.	1º	S	13:50	08♍16		Out.	12	S	21:52	19♎01
	Set.	15	L	13:39	21♓52		Out.	27	L	16:41	03♉43
1952	Fev.	11	L	0:29	21♌14	1959	Mar.	24	L	20:03	03♎26
	Fev.	25	S	9:16	05♓43		Abr.	8	S	4:29	17♈34
	Ago.	5	L	20:40	13♒17		Set.	17	L	1:52	23♓24
	Ago.	20	S	16:21	27♌31		Out.	2	S	13:31	08♎34
1953	Jan.	29	L	23:45	09♌48	1960	Mar.	13	L	8:26	22♍47
	Fev.	14	S	1:11	25♒03		Mar.	27	S	7:38	06♈39
	Jul.	11	S	3:29	18♋30		Set.	5	L	12:19	12♓53
	Jul.	26	L	13:21	03♒12		Set.	20	S	00:13	27♍58
	Ago.	9	S	17:10	16♌45	1961	Fev.	15	S	8:11	26♒25
1954	Jan.	5	S	2:22	14♑13		Mar.	2	L	13:35	11♍45
	Jan.	19	L	2:37	28♋30		Ago.	11	S	11:36	18♌31
	Jun.	30	S	13:26	08♋10		Ago.	26	L	4:14	02♓39
	Jul.	16	L	1:29	22♑57	1962	Fev.	5	S	0:10	15♒43
	Dez.	25	S	7:34	02♑59		Fev.	19	L	13:18	00♍25
1955	Jan.	8	L	12:45	17♋28		Jul.	17	L	12:41	24♑25
	Jun.	5	L	15:09	14♐08		Jul.	31	S	13:24	07♌49
	Jun.	20	S	5:12	28♊05		Ago.	15	L	21:10	22♒30
	Nov.	29	L	16:50	06♊42	1963	Jan.	9	L	23:09	18♋59
	Dez.	14	S	7:07	21♐31		Jan.	25	S	13:42	04♒52
1956	Maio	24	L	16:26	03♐25		Jul.	6	L	22:56	14♑06
	Jun.	8	S	22:30	18♊02		Jul.	20	S	21:43	27♋24
	Nov.	18	L	6:45	25♉55		Dez.	30	L	11:04	08♋01

Year	Month	Day	S/L	Time	Position	Year	Month	Day	S/L	Time	Position
1964	Jan.	14	S	20:44	23♑43	1973	Jan.	4	S	15:43	14♑10
	Jun.	10	S	5:23	19♊19		Jan.	18	L	21:29	28♋40
	Jun.	25	L	2:08	03♑30		Jun.	15	L	21:35	24♐35
	Jul.	9	S	12:31	17♋16		Jun.	30	S	12:39	08♋32
	Dez.	4	S	1:19	11♐56		Jul.	15	L	12:56	22♑51
	Dez.	19	L	2:42	27♊14		Dez.	10	L	1:35	17♊51
1965	Maio	30	S	22:13	09♊13		Dez.	24	S	15:07	02♑40
	Jun.	14	L	3:00	22♐48	1974	Jun.	4	L	23:10	13♐54
	Nov.	23	S	4:10	00♐40		Jun.	20	S	5:56	28♊30
	Dez.	8	L	17:22	16♊25		Nov.	29	L	15:10	07♊01
1966	Maio	4	L	22:01	13♏56		Dez.	13	S	16:25	21♐17
	Maio	20	S	10:43	28♉55	1975	Maio	11	S	8:05	19♉59
	Out.	29	L	11:00	05♉32		Maio	25	L	6:51	03♐25
	Nov.	12	S	14:27	19♏45		Nov.	3	S	13:05	10♏29
1967	Abr.	24	L	12:04	03♏37		Nov.	18	L	22:29	25♉58
	Maio	9	S	15:56	18♉18	1976	Abr.	29	S	11:20	09♉13
	Out.	18	L	11:11	24♈21		Maio	13	L	21:04	23♏10
	Nov.	2	S	5:49	09♏07		Out.	23	S	6:10	29♎55
1968	Mar.	28	S	22:48	08♈19		Nov.	6	L	23:15	14♉41
	Abr.	13	L	5:52	23♎20	1977	Abr.	4	L	5:09	14♎17
	Set.	22	S	12:08	29♍30		Abr.	18	S	11:36	28♈17
	Out.	6	L	12:46	13♈17		Set.	27	L	9:18	04♈07
1969	Mar.	18	S	4:52	27♓25		Out.	12	S	21:31	19♎24
	Abr.	2	L	19:45	12♎51	1978	Mar.	24	L	16:20	03♎40
	Ago.	27	S	11:33	03♓58		Abr.	7	S	16:16	17♈27
	Set.	11	S	20:56	18♍53		Set.	16	L	20:01	23♓33
	Set.	25	L	21:21	02♈35		Out.	2	S	7:41	08♎43
1970	Fev.	21	L	8:19	02♍18	1979	Fev.	26	S	16:46	07♓29
	Mar.	7	S	17:43	16♓44		Mar.	13	L	21:15	22♍42
	Ago.	17	L	4:16	23♒49		Ago.	22	S	18:11	29♌01
	Ago.	31	S	23:02	08♍04		Set.	6	L	11:59	13♓16
1971	Fev.	10	L	7:42	20♌55	1980	Fev.	16	S	8:51	26♒50
	Fev.	25	S	9:49	06♓09		Mar.	1º	L	21:00	11♍26
	Jul.	22	S	10:15	28♋56		Jul.	27	L	19:54	04♒52
	Ago.	6	L	20:43	13♒41		Ago.	10	S	20:10	18♌17
	Ago.	20	S	23:54	27♌15		Ago.	26	L	4:43	03♓03
1972	Jan.	16	S	10:53	25♑25	1981	Jan.	20	L	7:39	00♌10
	Jan.	30	L	10:59	09♌39		Fev.	4	S	22:14	16♒02
	Jul.	10	S	19:39	18♋37		Jul.	17	L	5:39	24♑31
	Jul.	26	L	7:24	03♒24		Jul.	31	S	4:52	07♌51

Year	Month	Day	L/S	Time	Position	Year	Month	Day	L/S	Time	Position
1982	Jan.	9	L	19:53	19♋14	1991	Jan.	15	S	23:50	25♑20
	Jan.	25	S	4:56	04♒54		Jan.	30	L	6:10	09♌51
	Jun.	21	S	12:52	29♊47		Jun.	27	L	3:58	05♑00
	Jul.	6	L	8:32	13♑55		Jul.	11	S	20:06	18♋59
	Jul.	20	S	19:57	27♋43		Jul.	26	L	19:25	03♒16
	Dez.	15	S	9:18	23♐04		Dez.	21	L	10:24	29♊03
	Dez.	30	L	11:33	08♋27	1992	Jan.	4	S	23:10	13♑51
1983	Jun.	11	S	5:38	19♊43		Jun.	15	L	5:50	24♐20
	Jun.	25	L	9:32	03♑14		Jun.	30	S	13:18	08♋57
	Dez.	4	S	12:26	11♐47		Dez.	9	L	23:41	18♊10
	Dez.	20	L	2:01	27♊36		Dez.	24	S	0:43	02♑28
1984	Maio	15	L	4:29	24♏32	1993	Maio	21	S	16:07	00♊31
	Maio	30	S	16:48	09♊26		Jun.	4	L	14:03	13♐55
	Jun.	13	L	14:42	22♐45		Nov.	13	S	21:35	21♏32
	Nov.	8	L	17:43	16♉30		Nov.	29	L	6:31	07♊03
	Nov.	22	S	22:57	00♐50	1994	Maio	10	S	18:07	19♉48
1985	Maio	4	L	19:43	14♏17		Maio	25	L	4:40	03♐43
	Maio	19	S	21:42	28♉50		Nov.	3	S	13:36	10♏54
	Out.	28	L	17:38	05♉15		Nov.	18	L	6:57	25♉42
	Nov.	12	S	14:21	20♏09	1995	Abr.	15	L	11:09	25♎04
1986	Abr.	9	S	6:09	19♈06		Abr.	29	S	18:37	08♉56
	Abr.	24	L	12:47	04♏03		Out.	8	L	16:52	14♈54
	Out.	3	S	18:55	10♎16		Out.	24	S	4:37	00♏18
	Out.	17	L	19:22	24♈07	1996	Abr.	4	L	1:17	14♎31
1987	Mar.	29	S	12:46	08♈18		Abr.	17	S	23:49	28♈12
	Abr.	14	L	3:31	23♎38		Set.	27	L	3:51	04♈17
	Set.	23	S	4:09	29♍34		Out.	12	S	15:15	19♎32
	Out.	7	L	5:13	13♈22	1997	Mar.	9	S	1:15	18♓31
1988	Mar.	3	L	16:01	13♍18		Mar.	24	L	4:46	03♎35
	Mar.	18	S	2:03	27♓42		Set.	1º	S	00:52	09♍34
	Ago.	27	L	11:56	04♓23		Set.	16	L	18:51	23♓56
	Set.	11	S	5:50	18♍40	1998	Fev.	26	S	17:26	07♓55
1989	Fev.	20	L	15:32	01♍59		Mar.	13	L	4:35	22♍24
	Mar.	7	S	18:19	17♓10		Ago.	08	L	2:10	15♒21
	Ago.	17	L	4:07	24♒12		Ago.	22	S	3:04	28♌48
	Ago.	31	S	6:45	07♍48		Set.	06	L	12:22	13♊40
1990	Jan.	26	S	19:20	06♒35	1999	Jan.	31	L	16:07	11♌20
	Fev.	9	L	19:16	20♌47		Fev.	16	S	6:39	27♒08
	Jul.	22	S	3:55	29♋04		Jul.	28	L	12:25	04♒58
	Ago.	6	L	15:20	13♒52		Ago.	11	S	12:09	18♌21

Year	Month	Day	L/S	Time	Position	Year	Month	Day	L/S	Time	Position
2000	Jan.	21	L	4:41	00♌26	2009	Jan.	26	S	7:56	06♒30
	Fev.	5	S	13:04	16♒02		Fev.	9	L	14:50	21♌00
	Jul.	1º	S	20:20	10♋14		Jul.	7	L	10:22	15♑24
	Jul.	16	L	14:56	24♑19		Jul.	22	S	3:35	29♋27
	Jul.	31	S	3:26	08♌12		Ago.	6	L	1:55	13♒43
	Dez.	25	S	17:22	04♑14		Dez.	31	L	19:13	10♋15
2001	Jan.	9	L	20:25	19♋39	2010	Jan.	15	S	7:12	25♑01
	Jun.	21	S	12:58	00♋10		Jun.	26	L	12:31	04♑46
	Jul.	5	L	16:04	13♑39		Jul.	11	S	20:41	19♋24
	Dez.	14	S	20:48	22♐56		Dez.	21	L	8:14	29♊21
	Dez.	30	L	10:41	08♋48	2011	Jan.	4	S	9:03	13♑39
2002	Maio	26	L	12:52	05♐04		Jun.	1º	S	22:03	11♊02
	Jun.	10	S	00:47	19♊54		Jun.	15	L	21:14	24♐23
	Jun.	24	L	22:43	03♑11		Jul.	1º	S	9:54	09♋12
	Nov.	20	L	1:34	27♉33		Nov.	25	S	6:10	02♐37
	Dez.	4	S	7:35	11♐58		Dez.	10	L	14:37	18♊11
2003	Maio	16	L	4:36	24♏53	2012	Maio	20	S	00:47	00♊21
	Maio	31	S	5:20	9♊20		Jun.	4	L	12:12	14♐14
	Nov.	9	L	1:14	16♉13		Nov.	13	S	22:08	21♏57
	Nov.	23	S	22:59	01♐14		Nov.	28	L	14:46	06♊47
2004	Abr.	19	S	14:22	29♈49	2013	Abr.	25	L	20:58	05♏46
	Maio	4	L	21:34	14♏42		Maio	10	S	1:29	19♉31
	Out.	14	S	3:49	21♎06		Maio	25	L	5:25	04♐08
	Out.	28	L	3:08	05♉02		Out.	18	L	00:38	25♈45
2005	Abr.	8	S	21:32	19♈06		Nov.	3	S	13:50	11♏16
	Abr.	24	L	11:07	04♏20	2014	Abr.	15	L	8:43	25♎16
	Out.	3	S	11:28	10♎19		Abr.	29	S	7:15	08♉52
	Out.	17	L	13:14	24♈13		Out.	8	L.	11:51	15♈05
2006	Mar.	14	L	24:36	24♍15		Out.	23	S	22:57	00♏25
	Mar.	29	S	11:16	08♈35	2015	Mar.	20	S	10:37	29♓27
	Set.	7	L	19:42	15♓00		Abr.	4	L	13:06	14♎24
	Set.	22	S	12:45	29♍20		Set.	13	S	7:42	20♍10
2007	Mar.	3	L	00:18	13♍00		Set.	28	L	3:51	04♈40
	Mar.	19	L	3:43	28♓07	2016	Mar.	9	S	2:55	18♓56
	Ago.	28	L	11:36	04♓46		Mar.	23	L	13:01	03♎17
	Set.	11	S	13:45	18♍25		Ago.	18	L	10:27	25♒52
2008	Fev.	7	S	3:45	17♒44		Set.	1º	S	10:03	09♍21
	Fev.	21	L	3:31	01♍53		Set.	16	L	20:05	24♓20
	Ago.	1º	S	11:13	09♌32	2017	Fev.	11	L	0:31	22♌28
	Ago.	16	L	22:17	24♒21		Fev.	26	S	14:59	08♓12

Year	Month	Day	S/L	Time	Position	Year	Month	Day	S/L	Time	Position
	Ago.	7	L	19:11	15♒25	2026	Fev.	17	S	12:01	28♒50
	Ago.	21	S	19:31	28♌53		Mar.	3	L	11:38	12♍54
2018	Jan.	31	L	13:27	11♌37		Ago.	12	S	17:37	20♌02
	Fev.	15	S	21:06	27♒08		Ago.	28	L	4:19	4♓54
	Jul.	13	S	3:48	20♋41	2027	Fev.	6	S	15:56	17♒38
	Jul.	27	L	21:21	04♒45		Fev.	20	L	23:24	02♍06
	Ago.	11	S	10:58	18♌42		Jul.	18	L	15:45	25♑49
2019	Jan.	6	S	1:28	15♑25		Ago.	2	S	10:05	9♌55
	Jan.	21	L	5:16	00♌52		Ago.	17	L	7:29	24♒12
	Jul.	2	S	20:17	10♋38	2028	Jan.	12	L	4:03	21♋28
	Jul.	16	L	22:39	24♑04		Jan.	26	S	15:13	6♒11
	Dez.	26	S	5:13	04♑07		Jul.	6	L	18:11	15♑11
2020	Jan.	10	L	19:22	20♋00		Jul.	22	S	3:02	29♋51
	Jun.	5	L	20:13	15♐34		Dez.	31	L	16:49	10♋33
	Jun.	21	S	7:42	00♋21	2029	Jan.	14	S	17:25	24♑50
	Jul.	5	L	5:45	13♑38		Jun.	12	S	3:51	21♊29
	Nov.	30	L	9:30	8♊38		Jun.	26	L	3:22	04♑50
	Dez.	14	S	16:17	23♐08		Jul.	11	S	15:51	19♋38
2021	Maio	26	L	11:14	05♐26		Dez.	5	S	14:52	13♐45
	Jun.	10	S	10:53	19♊47		Dez.	20	L	22:47	29♊21
	Nov.	19	L	8:58	27♉14	2030	Jun.	1º	S	6:21	10♊50
	Dez.	4	S	7:43	12♐22		Jun.	15	L	18:41	24♐43
2022	Abr.	30	S	20:28	10♉28		Nov.	25	S	6:46	03♐02
	Maio	16	L	4:14	25♏18		Dez.	9	L	22:40	17♊54
	Out.	25	S	10:49	02♏00	2031	Maio	7	L	3:40	16♏25
	Nov.	8	L	11:02	16♉01		Maio	21	S	7:17	00♊04
2023	Abr.	20	S	4:13	29♈50		Jun.	5	L	11:59	14♐39
	Maio	5	L	17:34	14♏58		Out.	30	L	7:33	06♉41
	Out.	14	S	17:55	21♎08		Nov.	14	S	21:10	22♏18
	Out.	28	L	20:24	05♉09	2032	Abr.	25	L	15:10	05♏58
2024	Mar.	25	L	7:00	5♎07		Maio	9	S	13:36	19♉29
	Abr.	8	S	18:21	19♈24		Out.	18	L	18:58	25♈57
	Set.	18	L	2:35	25♓41		Nov.	3	S	5:43	11♏22
	Out.	2	S	18:49	10♎04	2033	Mar.	30	S	17:52	10♈21
2025	Mar.	14	L	6:55	23♍57		Abr.	14	L	19:17	25♎09
	Mar.	29	S	10:58	09♈00		Set.	23	S	13:40	00♎51
	Set.	7	L	18:09	15♓23		Out.	8	L	10:58	15♈29
	Set.	21	S	19:54	29♍05	2034	Mar.	20	S	10:15	29♓52

	Abr.	3	L	19:19	14♎06		Out.	14	S	2:03	20♎52
	Set.	12	S	16:14	19♍59		Out.	28	L	19:48	05♉31
	Set.	28	L	2:57	05♈04	2043	Mar.	25	L	14:26	04♎50
2035	Fev.	22	L	8:54	03♍33		Abr.	9	S	19:06	19♈50
	Mar.	9	S	23:09	19♓12		Set.	19	L	1:47	26♓02
	Ago.	19	L	1:00	25♒55		Out.	3	S	3:12	09♎49
	Set.	2	S	2:00	09♍28	2044	Fev.	28	S	20:12	09♓53
2036	Fev.	11	L	22:09	22♌45		Mar.	13	L	19:41	23♍53
	Fev.	27	S	4:59	08♓10		Ago.	23	S	1:06	00♍34
	Jul.	23	S	10:17	01♌09		Set.	7	L	11:24	15♓29
	Ago.	7	L	2:49	15♒12	2045	Fev.	16	S	23:51	28♒43
	Ago.	21	S	17:35	29♌14		Mar.	3	L	7:52	13♍08
2037	Jan.	16	S	9:34	26♑35		Ago.	12	S	17:39	20♌25
	Jan.	31	L	14:04	12♌02		Ago.	27	L	14:07	04♓43
	Jul.	13	S	2:32	21♋04	2046	Jan.	22	L	12:51	02♌39
	Jul.	27	L	4:15	04♒30		Fev.	5	S	23:09	17♒19
2038	Jan.	5	S	13:41	15♑18		Jul.	18	L	0:55	25♑37
	Jan.	21	L	4:00	01♌12		Ago.	2	S	10:25	10♌20
	Jun.	17	L	2:30	26♐02	2047	Jan.	12	L	1:21	21♋44
	Jul.	2	S	13:32	10♋47		Jan.	26	S	1:43	06♒00
	Jul.	16	L	11:48	24♑04		Jun.	23	S	10:35	01♋56
	Dez.	11	L	17:30	19♊46		Jul.	7	L	10:33	15♑17
	Dez.	26	S	1:02	04♑20		Jul.	22	S	22:49	00♌05
2039	Jun.	6	L	18:48	15♐56		Dez.	16	L	23:38	24♐56
	Jun.	21	S	17:21	00♋13	2048	Jan.	1º	L	6:57	10♋31
	Nov.	30	L	16:49	08♊20		Jun.	11	S	12:50	21♊17
	Dez.	15	S	16:32	23♐33		Jun.	26	L	2:08	05♑11
2040	Maio	11	S	3:28	21♉04		Dez.	5	S	15:30	14♐10
	Maio	26	L	11:47	05♐50		Dez.	20	L	6:39	29♊03
	Nov.	4	S	18:56	12♏58	2049	Maio	17	L	11:13	27♏00
	Nov.	18	L	19:06	27♉03		Maio	31	S	14:00	10♊34
2041	Abr.	30	S	11:46	10♉30		Jun.	15	L	19:26	25♐08
	Maio	16	L	0:52	25♏33		Nov.	9	L	15:37	17♉41
	Out.	25	S	1:30	02♏01		Nov.	25	S	5:35	03♐23
	Nov.	8	L	4:43	16♉09	2050	Maio	6	L	22:26	16♏35
2042	Abr.	5	L	14:16	15♎56		Maio	20	S	20:51	00♊02
	Abr.	20	S	2:19	00♉09		Out.	30	L	3:15	06♉54
	Set.	29	L	10:34	06♈26		Nov.	14	S	13:41	22♏23

O Ponto Vértice

O astrólogo Charles Jayne fez uma pesquisa muito interessante sobre o ponto vértice no horóscopo natal. Outros astrólogos o têm usado com resultados razoavelmente bons.

O *vértice* e o *antivértice* (seu ponto oposto) são os terceiros ângulos imaginários do horóscopo (os outros dois são o Ascendente-Descendente e o MC-IC). Dizemos imaginário porque a transposição de qualquer fator tridimensional numa folha de papel plana e bidimensional resulta em pontos ou ângulos imaginários. Já estamos todos familiarizados com o ângulo Ascendente-Descendente, simbolizando a divisão do globo por latitude, entre sul e norte, ou o equador, que representa o horizonte. Também estamos familiarizados com o segundo conjunto de ângulos, o Meio do Céu (*Medium Coeli*), ou MC, e o IC (*Imum Coeli*), que simboliza a divisão do globo por longitude. O vértice/antivértice constitui o terceiro eixo, simbolizando a dimensão perpendicular existente em qualquer esfera tridimensional. Charles Jayne deu a seguinte fórmula para calcular esse eixo:

> Subtraia a latitude do local de nascimento de 90° para obter a colatitude. Use o IC (cúspide da casa 4) como se fosse o MC, procure aquele grau na sua Tábua de Casas e procure a colatitude que você acabou de calcular. O que estiver relacionado ali como Ascendente torna-se o ponto vértice. O ponto oposto (a 180° de distância) é o antivértice.

Usando como exemplo o horóscopo de Hermann Hesse: seu IC está a 19° 54' de Áries. Na Tábua de Casas (Koch), encontramos 19° 30' de Áries (o MC mais próximo do IC de Hesse). A latitude natal de Hesse é 48° 43' N; subtraindo essa latitude de 90°, chegamos à colatitude de 41° 17' N, ou aproximadamente 41°, e o Ascendente correspondente a essa coluna é 3° 30' de Leão. Se acrescentarmos a diferença de 24' entre o IC e o MC de Hesse na Tabela de Casas, chegaremos a 3° 54' de Leão. Assim, 3° 54' de Leão é o ponto vértice de Hesse, e 3° 54' de Aquário é seu ponto antivértice. (Se quiser ser exato, você pode calcular a diferença entre as duas latitudes, 41° N e 42° N, a partir das duas colunas, pois a colatitude de Hesse é 41° N 17'. Isso dará a você 1 minuto, na melhor das hipóteses 2 minutos a mais, para os pontos vértice e antivértice de Hesse.)

De acordo com Jayne, a natureza do ponto vértice é orientada para os outros. Ele tem mais uma conotação do "lado ocidental do mapa", do qual você nem sempre tem total controle, mas fica sujeito aos caprichos e desejos dos outros. Em outras palavras, o ponto vértice deveria ser considerado *reativo*, não ativo; *responsivo*, não iniciador. Se do ponto de vista astrológico o Ascendente representa a consciência pessoal, e o Meio do Céu, a consciência social, poderíamos dizer que o ponto vértice representa a *consciência grupal*.

Nossa pesquisa tem constatado que essa técnica é útil na comparação de mapas. Por que Maria e João se aproximaram, quando, na realidade, não têm tanto assim em comum? Verifique seus pontos vértice, e, muitas vezes, você vai descobrir que um dos planetas de Maria está em conjunção com o ponto vértice de João, ou *vice-versa*!

No delineamento do mapa natal, o ponto vértice deveria ser expresso, ou liberado, em função do potencial de crescimento futuro. Hermann Hesse, por exemplo, tem seu ponto vértice na casa 8, da pesquisa, do oculto, da regeneração e do sexo, no signo de Leão. Hesse tinha necessidade de provar, pesquisar e se regenerar a partir de dentro, porém de maneira um pouco demonstrativa ou dramática. Não qualificaríamos seu mapa de muito sexual, apesar de Urano na casa 8 gostar de ser experimental. Se o vértice mostra o potencial de crescimento futuro, sua presença na casa 8 mostra que, no caso de Hesse, ele vem através do apoio dos outros. Isso também é confirmado pelo Sol na casa 7, que precisa entender os outros e se relacionar com eles.

Como o ponto vértice é uma ferramenta relativamente nova na Astrologia, recomendamos que você faça sua própria pesquisa. Não deixe de nos comunicar se obtiver resultados interessantes. Nossa pesquisa parece indicar que o ponto vértice é mais importante que o antivértice; mais uma vez, porém, experimente por si mesmo e veja o que descobre.

Teste de Revisão

Calcule o ponto vértice de Emily Disckinson (mapa na p. 140). Nossa resposta está no Apêndice.

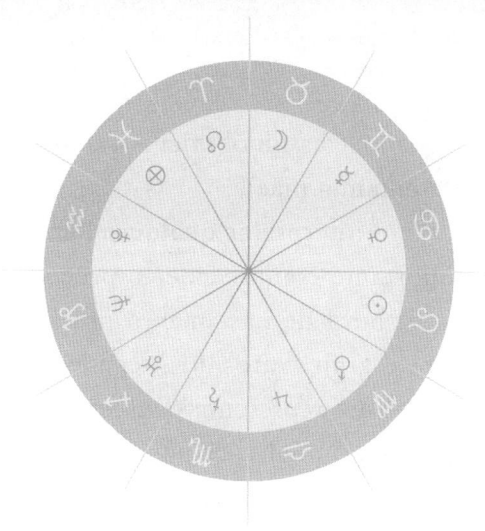

Módulo 17
Partes Arábicas

As Partes Arábicas (ou Pontos Arábicos)

Como o nome implica, essas *Partes (ou Pontos)*, eram usadas na Astrologia árabe e, no decorrer da história da Astrologia, estiveram muito em voga e depois caíram em descrédito. A Astrologia hindu ainda usa muitas dessas Partes; os países do Ocidente usam principalmente a *Parte da Fortuna*, ou simplesmente *Fortuna* (⊗).

É importante lembrar que essas Partes ou Pontos são exatamente o que o nome diz, isto é, um ponto sensível no horóscopo, NÃO UM PLANETA. Assim, sua interpretação no horóscopo não é uma necessidade básica. Entretanto, muitos astrólogos ainda acham essas Partes bastante úteis, apesar dos nomes horríveis originalmente dados a elas. Há centenas de Partes Arábicas; para sua informação, apresentamos uma lista de quase cinquenta. Você verá que pode criar as próprias Partes, depois de entender a lógica envolvida.

Quase todas as Partes Arábicas têm como ponto de partida o Ascendente, sendo esta, em geral, sua fórmula: *Ascendente + Planeta X – Planeta Y = Parte*. A "Parte do Pai", por exemplo, é obtida da seguinte maneira: *Ascendente + Sol – Saturno* (tanto o Sol como Saturno, na Astrologia, representam o pai). A "Parte da Mãe", por outro lado, é assim obtida: *Ascendente + Lua – Vênus* (a Lua e Vênus representam a mãe).

Para interpretar qualquer Parte que você decida usar ou testar, é importante compreender o procedimento envolvido. Em primeiro lugar, a hora de nascimento precisa estar correta, para se saber o signo e o grau exatos do Ascendente. Também é preciso saber o que efetivamente representa o Ascendente: sua personalidade exterior, o corpo com o qual você nasceu neste mundo, a face que você mostra ao mundo, sua realidade física nesta vida.

A *Parte da Fortuna*, a mais popular de todas, tem a seguinte fórmula: *Ascendente + Lua – Sol*. O Ascendente é o ponto de partida na realidade do aqui e agora, ao qual se acrescenta a Lua. A Lua é sua personalidade emocional, e, como as emoções não se baseiam no raciocínio ou nos sentidos, mas, sim, nos sentimentos, a maioria de nossas emoções é condicionada pelo que ocorreu antes – nossa experiência passada, nossa criação, nossas lembranças. Nossa reação emocional é quase sempre um reflexo de algum acontecimento passado que aciona nosso banco de memória. Da combinação da realidade física e da personalidade emocional, subtraímos o Sol. O Sol é nossa personalidade interior, o doador da vida, o coração do mapa – mas também reflete o potencial de crescimento inato à expansão ígnea de Leão e a criatividade da casa 5. Subtraindo essa expansão, ou potencial de crescimento, o que resta, óbvio, é aquilo que está profundamente enraizado em nossa natureza – a Parte da Fortuna ($\otimes$). Portanto, tenha sempre em mente os planetas com os quais está lidando, qual deve ser somado e qual deve ser subtraído, para que o resultado seja um delineamento racional.

Lembre-se de que, quando são usados o Sol, a Lua e o Ascendente, a Parte resultante se relaciona com esses três corpos; se a Parte faz aspecto com qualquer um deles, mostra a capacidade de integrar os três. Recomendamos limitar a órbita dos aspectos a qualquer Parte no máximo a ± 1°. Todo astrólogo precisa fazer experiências para ver se deseja usar as Partes, algumas ou muitas. Há astrólogos que criam Partes conforme as situações. Todas as questões relacionadas à carreira poderiam partir do Meio do Céu, em vez do Ascendente; as questões relativas aos filhos poderiam usar a cúspide da casa 5 como ponto de partida, e assim por diante, *ad infinitum*.

Quando fazemos um delineamento em profundidade, preferimos usar apenas duas partes: a Parte da Fortuna, sobre a qual já discorremos, e a *Parte do Espírito* (Ⓢ). A Parte do Espírito é exatamente o contrário da Parte da Fortuna: *Ascendente + Sol – Lua*. Somamos o potencial de crescimento do Sol e subtraímos o passado (a Lua); o que sobra, portanto, é o potencial de crescimento interior, ou subconsciente do indivíduo.

Cálculo da Parte da Fortuna

Usaremos como exemplo o horóscopo de Joan Sutherland. Observe que a coluna S. é o signo, a coluna G., o grau, e a coluna M. são os minutos.

			S. G. M.		
Ascendente	= 3° 05′ de Touro	ou	1s 03° 05′		
+ Lua	= 4° 05′ de Sag.	ou	+ 8s 04° 05′		S. D. M.
			9s 07° 10′	para emprestar	8s 37° 10′
– Sol	= 14° de Escorpião	ou	– 7s 14° 08′		– 7s 14° 08′
				resultado:	1s 23° 02′
				ou:	23° 02′
					de Touro

Explicação da Fórmula

O zodíaco tem doze signos. Áries é o primeiro signo; portanto, 3° de Áries equivale a 0 signos 03° (ou **0s 3°**). Portanto, 3° de Touro se torna 1 signo inteiro (ou seja, Áries) mais 3° de Touro, ou **1s 03°** (sendo s = signo). 3° de Gêmeos equivale a **2s 03°**, e assim por diante, ao longo de todo o zodíaco, até chegar a 3° de Peixes, que seria equivalente a **11s 03°**.

Alguns preferem fazer a conversão para números inteiros, não signos. Nesse caso, 3° de Áries equivaleria a **03, 3°**; Touro equivaleria a **33, 3°**; Gêmeos equivaleria a **63 e 3°**; e Peixes equivale a **333**. Use o método que lhe parecer mais fácil. Lembre-se de que, ao apropriar (ou emprestar), você está lidando com 60 minutos, 30 graus e 12 signos. No nosso exemplo, apropriamos 30 minutos para subtrair, e assim os graus caíram para 7°, dos quais, por sua vez, não dá para deduzir 14°. Desse modo, é preciso apropriar todo um signo, ou 30°, deixando apenas 8 signos inteiros em vez de 9. Naturalmente, isso é aritmética básica, mas é preciso lembrar que não estamos lidando com decimais, mas, sim, com minutos, graus e signos.

Se você decidir usar o segundo método, dos números inteiros, seria muito útil, ao fazer a conversão, ter em mente qual é o primeiro número de cada signo no círculo de todo o zodíaco. É muito simples converter para números inteiros na sua cabeça, e o cálculo resultante se torna aritmética simples. Eis a seguir os graus com os quais começa cada signo no método dos números inteiros:

Áries: 0	Leão: 120	Sagitário: 240
Touro: 30	Virgem: 150	Capricórnio 270
Gêmeos: 60	Libra: 190	Aquário 300
Câncer: 90	Escorpião: 210	Peixes 330

No método dos números inteiros, a fórmula para o cálculo da Parte da Fortuna seria expressa da seguinte forma:

Ascendente	=	33° 05'	3° 05' de Touro
+ Lua	=	244° 05'	4° 05' de Sagitário
	=	277° 10'	
– Sol	=	224° 08'	14° 08' de Escorpião
		53° 02'	23° 02' de Touro

Observação: Se você decidir usar esse sistema, lembre-se de que é preciso apropriar 360 graus quando o número de cima for menor que o de baixo. Para verificar se o resultado está certo, observe que a distância entre a Parte da Fortuna e o Ascendente deve ser igual à distância entre a Lua e o Sol. No caso de Joan Sutherland, o Sol está a 19° 57' de distância da Lua. A Parte da Fortuna, a 22° 58' de Touro, também está a 19° 57' de distância do Ascendente, e, portanto, está correta.

Interpretando a Roda da Fortuna de Joan Sutherland, diríamos que ela é, em grande parte, produto de sua criação, de suas memórias passadas, frustrações e afeições. Mas, como essa Parte cai na casa 1, ela se acostumou a lidar com isso ou tratar disso de maneira razoavelmente prática e terrena (Touro). Pode ser que nem sequer perceba esse fato.

A Parte do Espírito é calculada exatamente ao contrário da Parte da Fortuna (*Ascendente + Sol – Lua*). No caso de Sutherland, está a 13° 08' de Áries e cai na casa 12. Poderíamos dizer que, para conseguir evolução ou crescimento espiritual, Joan Sutherland terá de se voltar para seu eu interior e se conhecer no nível mais íntimo e profundo, para poder alcançar a verdadeira paz e iluminação interiores.

Teste de Revisão

Calcule a Parte da Fortuna e a Parte do Espírito de Hermann Hesse e Farrah Fawcett. Nossas respostas aparecem no Apêndice.

Partes Arábicas na Astrologia

Parte Arábica	Fórmula	
Amigos	ASC +	Lua – Urano
Amor e casamento	ASC +	Vênus – Júpiter
Amor e decepção com mulheres	ASC +	Vênus – Sol
Assassinato	ASC +	Netuno – Urano
Astrologia	ASC +	Mercúrio – Urano
Aumento	ASC +	Júpiter – Sol
Bens	ASC +	Cúspide da casa 2 – regente da casa 2
Catástrofe	ASC +	Urano – Saturno
Cirurgia	ASC +	Saturno – Marte
Comércio	ASC +	Mercúrio – Sol
Desejo e atração sexual	ASC +	Cúspide da casa 5 – regente da casa 5
Discórdia e controvérsia	ASC +	Júpiter – Marte
Divórcio	ASC +	Vênus – cúspide da casa 7
Doença	ASC +	Marte – Saturno
Empregados	ASC +	Lua – Mercúrio
Entendimento	ASC +	Lua – Vênus
ou	ASC +	Marte – Mercúrio
Espírito	ASC +	Sol – Lua
Fé	ASC +	Mercúrio – Lua
Filhas	ASC +	Vênus – Lua
Filhos	ASC +	Júpiter – Lua
Fortuna	ASC +	Lua – Sol
Fortuna no casamento	ASC +	Saturno – Vênus da mulher
Herança, posses	ASC +	Lua – Saturno
Honra	ASC +	19° de Áries – Sol
Inimigos particulares	ASC +	Cúspide da casa 12 – regente da casa 12
Inimigos públicos	ASC +	Cúspide da casa 7 – regente da casa 7
Irmãos e irmãs	ASC +	Júpiter – Saturno
Karma (destino)	ASC +	Saturno – Sol
Mãe	ASC +	Lua – Vênus
Morte	ASC +	Cúspide da casa 8 – Lua
Organização	ASC +	Plutão – Sol
Pai	ASC +	Sol – Saturno

Parte Arábica	Fórmula	
Paixão	ASC +	Marte – Sol
Perigo	ASC +	Regente da casa 8 – Saturno
Perversão	ASC +	Vênus – Urano
Prisão, desgosto	ASC +	Parte da Fortuna – Netuno
Progresso súbito	ASC +	Parte da Fortuna – Saturno
Rede	ASC +	Neturno – Sol
Servidão	ASC +	Lua – Dispositor da Lua
Viagem por água	ASC +	15º de Câncer – Saturno
Viagem por ar	ASC +	Urano – cúspide da casa 9
Viagem por terra	ASC +	Cúspide da casa 9 – regente da casa 9
Vida (homens)	ASC +	Lua – Lua nova antes do nascimento
Vida (mulheres)	ASC +	Lua – Lua cheia ante do nascimento
Vocação	MC +	Lua – Sol

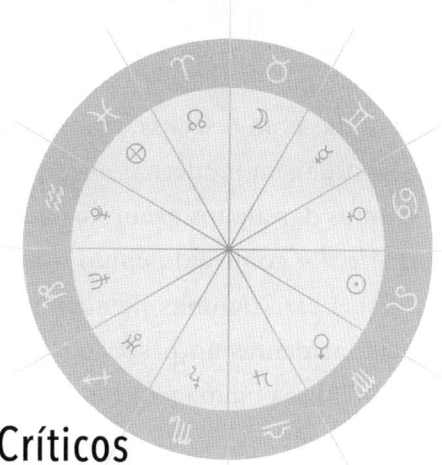

Módulo 18
Estrelas Fixas e Graus Críticos

Estrelas Fixas

O termo "estrelas fixas" foi cunhado há milhares de anos para diferenciar esses corpos dos denominados "estrelas peregrinas", o que atualmente conhecemos como planetas. O termo "fixo" parece se aplicar ainda hoje, pois a distância entre a Terra e a estrela mais próxima é tão grande que temos a impressão de que sua posição no céu é imutável ou fixa. Na realidade, essas estrelas se movem, porém não mais que cerca de 1 minuto a cada ano, de modo que a maioria leva mais de cinquenta anos para mudar de posição ou avançar 1 grau.

De acordo com alguns dos ensinamentos antigos, atribuía-se às estrelas fixas significado inerente, quando em conjunção com um planeta ou ângulo (Ascendente ou o Meio do Céu). Sua importância era menos acentuada quando em oposição. A órbita máxima permitida era em torno de 1°. Como estamos falando de ensinamentos que remontam aproximadamente a 150 A.D., todas as qualidades atribuídas às diferentes estrelas são meio terríveis, pois os sumos sacerdotes usavam o medo para manter seu poder sobre o povo e os reis. Como em tudo mais na Astrologia, essas palavras-chave terríveis precisam ser encaradas com reservas, transpostas para a linguagem atual, dentro da abordagem moderna, mais psicológica e humanística.

Vamos dar alguns exemplos que explicam o que queremos dizer. *Caput Algol* é conhecida como a mais maléfica de todas as estrelas fixas. Estas são algumas de suas palavras-chave: "Estrela do Mal, violência, acidentes no pescoço e na garganta, estrangulamento, decapitação". Essa linguagem é meio assustadora, para dizer o mínimo! Conhecemos uma criança nascida quando Marte estava a 25° 10' de Touro, em conjunção com *Caput Algol*. No parto, o cordão umbilical se enrolou no pescoço do bebê; o fato foi imediatamente percebido pelos médicos, que fizeram uma incisão e trouxeram ao mundo um bebê robusto e saudável. Porém, na Antiguidade, essa criança provavelmente teria morrido estrangulada; hoje, não. Um homem com o MC a 25° de Touro perde a cabeça, de maneira figurada, quando fica alvoroçado por causa dos negócios.

Outras estrelas fixas mais ou menos terríveis são as *Plêiades* (também conhecidas como "Irmãs que Choram"). Conhecemos um bom número de pessoas com planetas nesse grau, mas nenhuma delas se envolveu em "violência, cegueira, acidentes", como pressagiam as palavras-chave; porém, notamos que muitas delas choram por qualquer coisa!

Por outro lado, as estrelas fixas benéficas, como *Betelgeuze*, *Spica* e *Arcturus* vaticinam honra, riqueza, fama e inspiração. Isso também é exagerado. De todas as pessoas que conhecemos com essas estrelas boas e promissoras no horóscopo, nenhuma conquistou fama, só uma tem riqueza e só um punhado delas tem inspiração. Entretanto, aparentemente todas elas saem ilesas de situações difíceis ou de privações. Parece que essas estrelas afortunadas proporcionam uma espécie de proteção. As estrelas fixas parecem enfatizar qualidades já evidentes no mapa; não mudam o sentido básico do horóscopo.

Dependendo da natureza da estrela em questão, elas podem fortalecer ou enfraquecer o que já existe. É possível fazer a leitura de qualquer mapa sem nunca recorrer às estrelas fixas; porém, aqui, novamente, seu uso pode dar uma compreensão adicional ou acrescentar mais alguma nuança ou matiz ao delineamento.

Para ilustrar como podem agir algumas das estrelas fixas, vamos tomar o horóscopo de Hermann Hesse, onde temos as estrelas fixas *Hamal* em conjunção com Netuno, *Caput Algol* em conjunção com Plutão, e *Markab* em conjunção com Saturno. Lembre-se de que Hesse nasceu em 1877 (quase 150 anos atrás), e a posição das estrelas fixas era menos 2º em relação à atual. *Hamal* é uma estrela fixa difícil, e nem "violência", nem "crueldade", nem "brutalidade" se aplicam ao mapa de Hesse; mas *Hamal* também é considerada a "curandeira", e isso pode ter ajudado na cura da psique de Hesse em seus arredores (Netuno na casa 4). Plutão em conjunção com *Caput Algol* indica que Hesse poderia "perder a cabeça" com certa frequência, principalmente com as mulheres, uma vez que Plutão está na casa 5, dos casos de amor. Saturno em conjunção com *Markab*, a "Estrela do Pesar". Isso, de fato, tem a ver com Hesse, pois ele enxergava a vida e a busca da felicidade com muita seriedade. A outra descrição de *Markab*, "honras e riquezas", também se aplica a Hesse, pois ele foi abençoado por elas (ganhou, inclusive, o Prêmio Nobel!). Por favor, não se esqueça de que esses são matizes e colorações adicionais, a serem considerados com reservas, a menos que já estejam indicados no delineamento natal. Entretanto, no caso de Hesse, servem como fatores confirmatórios das indicações do mapa natal.

Vamos enfatizar novamente que as estrelas fixas, por si sós, não constituem indício suficiente de acidentes, violência, honras ou riquezas. Porém, se houver evidências nesse sentido no horóscopo natal, as estrelas fixas constituem uma confirmação adicional – e, como você sabe, em Astrologia tudo deve ser confirmado mais de uma vez, para ser realmente efetivo e significativo.

Teste de Revisão

Localize as estrelas fixas importantes nos mapas de Joan Sutherland e Farrah Fawcett e faça uma interpretação resumida. Nossas respostas estão no Apêndice.

Tabela das Estrelas Fixas

Apresentamos a seguir a tabela de algumas das mais importantes estrelas fixas. As posições referem-se a janeiro de 2010*. Lembre-se de usar uma órbita de no máximo 1°, aproximadamente.

Se quiser saber a posição das estrelas fixas para um mapa natal, você pode pedir o relatório das Estrelas Fixas ao Astro Computing Services. Esse relatório apresenta as posições de 110 estrelas fixas para uma data específica.

Tabela das Estrelas Fixas Mais Importantes

Nome	Descrição	Localização	Tradição
Difda (Deneb Kaitos)	Energia, autodestruição, nervosismo	2°♈43'	Neutra
Alpheratz	Graça, popularidade, independência, honras	14°♈27'	Benéfica
Mirach	Sorte no casamento, beleza, amor, talento	0°♉33'	Benéfica
Hamal	Violência, crueldade, brutalidade. Também chamada "A curandeira"	7°♉48'	Maléfica
Almach	Sucesso nas ocupações venusianas, capacidade artística	14°♉22'	Benéfica
Caput Algol	Estrangulamento, decapitação, perigo para o pescoço e a garganta, violência, chamada "A malévola"	26°♉18'	Maléfica
Plêiades (Alcione)	Acidentes, cegueira, violência, "Irmãs que choram"	01°♉08'	Maléfica
Aldebaran	Eloquência, coragem, ocupações militares, agitação	9°♊56'	Neutra
Rigel	Capacidade artística e técnica, inventividade, humor	16°♊58'	Benéfica

---

* A posição das estrelas fixas é a mesma por um século. A convenção é que se atualize a posição delas a cada 100 anos; portanto, o posicionamento das estrelas em 2010 é o mesmo até 2099. (N. E.)

Nome	Descrição	Localização	Tradição
Bellatrix	Loquacidade, acidentes, desonra súbita	21°♊05'	Maléfica
Capella	Curiosidade, abertura mental, amigos poderosos	21°♊60'	Benéfica
Betelgeuze	Ambição social, charme	28°♊54'	Benéfica
Alphena (Alhena)	Sensibilidade aguda, imaginação, cultura ferimentos nos pés	9°♋15'	Neutra
Sirius	Ambição, orgulho, emotividade, riqueza, fama	14°♋13'	Benéfica
Castor	Fama ou prejuízo súbitos, distinções, mente arguta	20°♋23'	Neutra
Pollux	Especulação contemplativa, audácia, "O juiz sem coração"	23°♋21'	Neutra
Procyon	Violência, sucesso súbito seguido de desastre, política	25°♋55'	Maléfica
Regulus	Nobreza, ambição, vivacidade, queda súbita	29°♌58'	Neutra
Denebola	Crítica, perseverança, controle, falta de imaginação	21°♍45'	Neutra
Spica	Riqueza, fama, honra, glamour, "A afortunada"	23°♎59'	Muito Benéfica
Arcturus	Inspiração, fama, honra, benefício através de viagens	24°♎22'	Muito Benéfica
Acrux	Interesse em Astrologia e religião, a "Mulher Fatal"	12°♏01'	Oculta
North Scale	Mente brilhante, "grau amaldiçoado"	19°♏31'	Maléfica
Agena	Saúde, moral elevada, desilusão no amor	23°♏56'	Benéfica
Bungula	Inclinação oculta e filosófica, autoanálise	29°♏36'	Benéfica
Antares	Espírito de aventura, obstinação, ferimentos nos olhos	9°♐54'	Maléfica
Vega	Sorte na política, generosidade, praticidade	15°♑27'	Benéfica

Nome	Descrição	Localização	Tradição
Altair	Fortuna súbita mas efêmera, impulsividade	1°♒55'	Neutra
Fomalhaut	Defeitos congênitos, fé, "Estrela da Alquimia"	4°♓01'	Neutra
Achernar	Sucesso na carreira pública, benefícios religiosos	15°♓27'	Benéfica
Markab	Violência, honras e riquezas, "Estrela do Pesar"	23°♓37'	Neutra
Scheat	Prisão, assassinato, suicídio, afogamento	29°♓31	Maléfica

Graus Críticos

"Graus críticos" é outro termo que herdamos dos antigos e que não deve ser realmente entendido com o sentido que damos à palavra "crítico". Na linguagem moderna, o termo crítico deve ser interpretado como acréscimo de ênfase ou ponto de sensibilidade.

Na Astrologia hindu, o zodíaco de 360° é dividido em 28 *mansões*, cada uma representando o trânsito diário médio da Lua, ou aproximadamente 13°, a partir do ponto 0° de Áries. Dividindo o zodíaco (360°) por 28, o resultado é 12° 51' 25", arredondado para 13° de Áries. Somando 12° 51' 25, obtemos 25° 42' 50", ou cerca de 26° de Áries. Somando novamente aquele fator, chegamos a 8° 34' 15" de Touro, ou quase 9° de Touro. Se continuar somando, você verá que as mansões se dividem assim:

Signos cardeais – 0°, 13° e 26°
Signos fixos   – 9° e 21°
Signos mutáveis – 4° e 17°

Como esses graus não são aspectos nem relacionamentos planetários, mas apenas pontos baseados no movimento médio da Lua, a órbita deve ser mantida em 1°, aproximadamente; na realidade, em geral não concedemos mais que ± 30' de órbita.

Para exemplificar: Joan Sutherland tem a Lua a 4° 05' de Sagitário, definitivamente num assim chamado "grau mutável crítico". Sua Lua está numa casa sucedente, faz, de certo modo, poucos aspectos (as pessoas muito populares têm, em geral, uma Lua proeminente), mas rege a casa 3, das comunicações, e esse grau, de alguma forma, dá mais ênfase ou sensibilidade à sua Lua – porque, sem dúvida, Sutherland se comunica por meio de sua magnífica voz taurina.

O termo "grau crítico" também é usado quando nos referimos a qualquer planeta, o Ascendente ou o Meio do Céu a 0° ou 29° de qualquer signo. Nesse caso, a palavra "crítico" apenas indica que o indivíduo acabou de começar ou está para terminar alguma fase, cuja natureza ou tipo é mostrado pelo signo, pela casa ou pelo planeta em questão.

Por exemplo, Farrah Fawcett tem Mercúrio a quase 21° de Aquário na casa 8. Isso dá ênfase adicional a Mercúrio, o jeito de ela se comunicar e pensar. Na casa 8, Mercúrio procura apoio dos outros, bem como satisfação sexual. Urano está num grau crítico, a 17° de Gêmeos na casa 12, onde os atores adoram fugir e se esconder atrás de papéis. Tudo isso enfatiza o que foi mostrado anteriormente na recepção mútua entre Mercúrio e Urano, e apenas torna isso muito mais importante na vida diária de Farrah.

Não dê importância demais a esses graus; apenas lembre-se deles para obter mais compreensão, síntese ou percepção a respeito do que pode se passar na mente subconsciente ou mais profunda do indivíduo.

Teste de Revisão

Interprete resumidamente os graus críticos no horóscopo de Hermann Hesse. Veja nossas respostas no Apêndice.

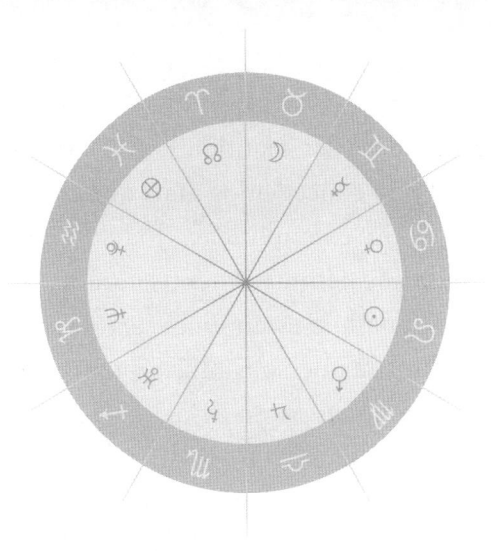

Módulo 19
Miscelânia

Há muitas outras maneiras antigas e novas de obter mais informações sobre um horóscopo. Algumas das mais populares incluem os "pontos médios", conceito originário da Alemanha, o qual, certamente, tem muito a oferecer. Algum dia, quando você tiver mais experiência, examine esse sistema, que também inclui um gráfico ligeiramente diferente chamado "A Roda de Noventa Graus".

O astrólogo dr. Zipporah Dobyns tem defendido a inclusão de certos "asteroides" no gráfico. Cinco deles se tornaram bastante populares, mas há, literalmente, milhares, e, no início, sentimos que muitos podem ser confusos e nem sempre úteis. Na realidade, quanto mais trabalhamos com Astrologia, mais percebemos que os dez planetas e os nodos da Lua podem nos dar 99% de todas as respostas de que precisamos. Mas este é um "livro de aprendizado", e queremos que você saiba que sempre há algo novo para aprender. Mas no começo é melhor aprender o básico e depois praticar isso até se sentir relativamente seguro de seu conhecimento.

Módulo 20
Etapas do Delineamento

Em qualquer processo de aprendizagem, chega uma hora em que é preciso parar, juntar todas as partes e, antes de passar para o nível seguinte, sentar-se e trabalhar. Quando falamos "trabalhar", queremos dizer: praticar! Consiga a data de aniversário de alguém que você conhece, levante o mapa e delineie-o. Consiga outra data de aniversário, de preferência de alguém que você não conheça muito bem, calcule o mapa e delineie-o ou para a própria pessoa ou para alguém que a conheça muito bem. Consiga outra data de aniversário, desta vez de alguém que você absolutamente não conheça, mas que se interesse por Astrologia e queira ter seu horóscopo interpretado, mesmo sabendo que você é novato. Levante o mapa e, então, com muito cuidado, sem nenhuma pressa, vá delineando o horóscopo, passo a passo, passando por todas as fases esboçadas neste livro e no Volume I.

Em seguida, com suas anotações, sente-se frente a frente com a pessoa e interprete o horóscopo. Preste atenção principalmente em que você acerta e erra. Você vai errar, às vezes. Faça anotações detalhadas, para si mesmo, dos erros cometidos. É aí que o processo de aprendizagem realmente deslancha. Mas lembre-se também de que as pessoas não se conhecem por completo. Pode ser que você mencione algum talento ou capacidade e a pessoa responda: "Eu? De jeito nenhum!". A essa altura, vá um pouco mais fundo antes de recuar e imaginar que você está errado. Isso é particularmente verdadeiro em relação a jovens, que quase nunca conhecem todo potencial que têm.

Para ajudá-lo a juntar as partes, vamos dar-lhe uma lista de etapas a seguir, para não deixar nada de lado. Nossos alunos acham que essa lista é muito útil, e esperamos que essa também seja sua opinião.

Etapa I – Visão Geral

a) Ênfase no norte/sul, leste/oeste? Quantos planetas há abaixo/acima do horizonte, a leste/oeste do meridiano?

b) Padrão do mapa (tigela, balde, locomotiva, gangorra, espalhado, salpicado, feixe, ventilador ou sem padrão definido).

c) Ênfase por casas. Quantos planetas angulares, sucedentes ou cadentes? Quantos caem nas casas de vida, de bens materiais, de relações ou conclusões.

d) Elementos e qualidades. Há algum predomínio, a pessoa tem alguma marca (predomínio de Cardeal/Fogo daria uma marca de Áries, por exemplo)? Ou falta alguma qualidade ou elemento?

e) Existe dispositor final? Existem recepções mútuas? Qual planeta é o regente do mapa?

f) Quantos planetas estão dignificados, exaltados, em detrimento ou em queda?

g) Quando aspectar, anote as configurações (grande cruz, quadratura T, grande trígono, *yod* etc.). Anote também se há algum *stellium* ou se algum planeta parece ter mais importância por ser o mais elevado do horóscopo ou receber o maior número de aspectos.

h) Combine o Sol, a Lua e o Ascendente para ter uma ideia geral da pessoa.

i) Para uso futuro na interpretação, anote os graus críticos, o planeta de aparição oriental, as estrelas fixas importantes, o ponto de eclipse pré-natal, as Partes Arábicas que decidir usar, o ponto vértice, se quiser incluí-lo. Anote também se há interceptações ou planetas retrógrados.

Combine as etapas de (a) a (h) para ter uma ideia do indivíduo. Agora você está pronto para desmembrar o mapa, mas tenha sempre em mente essa visão geral.

Etapa II - Interpretação de Cada Área do Mapa

Ao interpretar qualquer planeta do mapa, tenha em mente:

a) A natureza básica do planeta (Lua = emoções; Marte = impulso etc.).

b) O signo em que o planeta está colocado (no caso do Sol, da Lua e do Ascendente, também o decanato).

c) O signo e a casa em que está o regente (Mercúrio em Capricórnio – em que signo e em que casa está Saturno?). Isso dá mais uma nuança.

d) A casa regida pelo planeta (Mercúrio rege duas casas, aquelas que têm Gêmeos e Virgem na cúspide). Ele correge a casa com

Gêmeos e Virgem interceptados. Aplique o mesmo método às casas regidas por Vênus, Touro e Libra na cúspide ou onde foram interceptados, e assim por diante.)

e) A casa em que o planeta está posicionado ou localizado (Mercúrio na casa 2 funciona de forma diferente de Mercúrio na casa 4).

f) Todos os aspectos formados pelo planeta.

g) Considerações especiais: o planeta está num grau crítico? Está em conjunção com alguma estrela fixa? Está interceptado, retrógrado ou estacionário, elevado, dignificado, exaltado, em detrimento ou em queda?

Sequência para Delineamento do Mapa

1) Como o Sol é o coração do mapa, recomendamos que você comece com ele ao iniciar a Etapa II esboçada anteriormente.

2) Em seguida, delineie a Lua e depois o Ascendente.

3) Alguns astrólogos, a essa altura, passam para a interpretação de Mercúrio, pois este planeta representa a mente e a capacidade de raciocínio, que é importante. Observe também o planeta de aparição oriental para acrescentar mais informações sobre a motivação.

4) Agora você já tem uma boa compreensão da pessoa com a qual está lidando, mas ainda não viu o quadro todo. Para descobrir todo potencial e todas as características, é preciso cobrir o mapa todo, casa por casa, planeta por planeta.

5) Se houver planetas na casa 1, delineie-os conforme sugerimos anteriormente. Passe então para a casa 2. Veja o signo da cúspide, observe em que signo e casa está localizado o regente. Combine a cúspide e o regente (use nossas observações sobre as cúspides, para facilitar). Interprete os valores, os assuntos financeiros, o poder de ganho e tudo mais representado pela casa 2. Se houver planetas nessa casa, delineie-os. Se quiser, delineie também, em seguida, o regente da casa 2.

6) Siga esse procedimento, casa por casa, planeta por planeta, até atingir a casa 12 e delinear os dez planetas.

7) Ao delinear as casas, mantenha em mente:

   a) A natureza básica da casa.

   b) O signo da cúspide dessa casa em relação a essa natureza básica.

   c) O regente planetário do signo da cúspide. É preciso combinar os dois signos e as duas casas. (Áries na casa 4 – regente Marte em Gêmeos na casa 6: misture o impulso de Áries com o intelecto e a capacidade de comunicação de Gêmeos. Regente da casa 4 na casa 6: pode ser que você trabalhe em casa.)

   d) Quaisquer planetas localizados na casa, que darão um colorido à ênfase dessa casa.

   e) Existência de interceptação, dando à casa mais de um regente ou tornando-a a maior casa do mapa.

Anotações

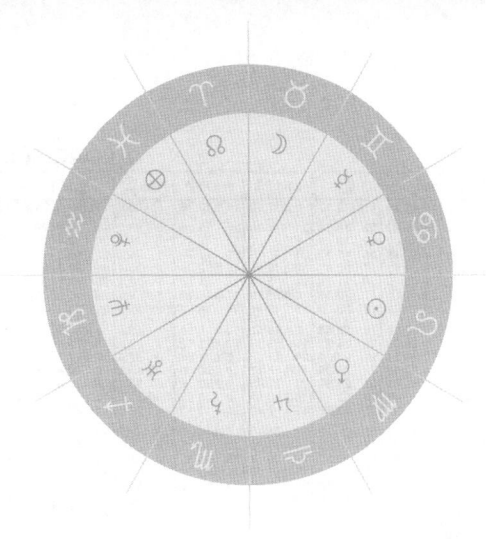

Apêndice

Módulo 3: Teste de Revisão - Mapa de Farrah Fawcett

Nascida em 2 de fevereiro de 1947, às 3:10 PM CST, Texas, EUA, 97O23 – 27N48

TEXAS

```
Corner Windmill 122
              1 30N51'37 103w44'56 6:55:00
Corner Windmill 135
              1 33N37'08 100w30'42 6:42:03
Corner Windmill 165
              1 31N50'01 102w09'14 6:48:37
Corner Windmill 180
              3 35N33'22 102w50'07 6:51:20
Corner Windmill 233
              1 30N09'35 100w55'09 6:43:41
Cornett 34    1 33N07'46  94w34'28 6:18:18
Corn Hill 246 1 30N48'24  97w36'53 6:30:28
Cornudas 115  2 31N46'47 105w28'14 7:01:53
Coronado 71   2 31N44    106w21    7:05:24
Coronado Hills 71
              2 31N49'41 106w31'37 7:06:06
Corpus Christi 178
              1 27N48'01  97w23'46 6:29:35
Corpus Christi West 178
              1 27N51     97w45    6:31:00
Corral City 61 1 33N07    97w11    6:28:44
Corrigan 187  1 30N59'48  94w49'37 6:19:18
Corry 140     1 34N01'36 102w06'03 6:48:24
Corsicana 175 1 32N05'43  96w28'07 6:25:52
Corsicana Junction 175
              1 32N06     96w31    6:26:04
Coryell 50    1 31N32'46  97w37'05 6:30:28
Cost 89       1 29N26'14  97w31'43 6:30:07
Cotton 74     1 33N35     96w11    6:24:44
```

TEXAS

```
        TX # 1
Before 11/18/1883    LMT
11/18/1883  12:00    CST
3/31/1918   02:00    CWT
10/27/1918  02:00    CST
3/30/1919   02:00    CWT
10/26/1919  02:00    CST
2/09/1942   02:00    CWT
9/30/1945   02:00    CST
4/30/1967   02:00    US#1
......................
```

Fonte: *The American Atlas: US Longitudes & Latitudes, Time Changes and Time Zones*, 5ª Edição Ampliada, Thomas Shanks, ACS Publications, 1990, p. 254 e p. 519.

LONGITUDE — FEBRUARY 1947

Day	Sid.Time	☉	0 hr ☽	Noon ☽	True ☊	☿	♀	♂	♃	♄	♅	♆	♇
1 Sa	8 41 26	11♒17 17	7♊11 52	14♊23 36	9♊46.6	17♒26.6	24♐29.8	5♒ 5.1	25♏ 0.2	4♌58.1	17♊59.8	10♎42.0	12♌12.8
2 Su	8 45 22	12 18 10	21 39 39	28 59 36	9R46.1	19 12.8	25 32.2	5 52.0	25 7.2	4R53.2	17R58.6	10R41.4	12R11.4
3 M	8 49 19	13 19 1	6♋22 52	13♋48 43	9 43.4	20 59.4	26 34.9	6 39.0	25 14.1	4 48.3	17 57.4	10 40.7	12 10.0
4 Tu	8 53 15	14 19 52	21 16 15	28 44 28	9 38.1	22 46.3	27 37.9	7 26.0	25 20.8	4 43.5	17 56.3	10 40.0	12 8.6
5 W	8 57 12	15 20 41	6♌12 16	13♌38 30	9 30.1	24 33.2	28 41.3	8 13.0	25 27.4	4 38.7	17 55.2	10 39.2	12 7.2
6 Th	9 1 9	16 21 28	21 2 3	28 21 50	9 20.1	26 20.1	29 44.9	8 60.0	25 33.8	4 33.9	17 54.2	10 38.4	12 5.7
7 F	9 5 5	17 22 15	5♍36 52	12♍46 20	9 9.1	28 6.9	0♑48.8	9 47.0	25 40.0	4 29.2	17 53.3	10 37.6	12 4.3
8 Sa	9 9 2	18 23 0	19 49 34	26 46 7	8 58.3	29 53.3	1 53.0	10 34.1	25 46.1	4 24.5	17 52.3	10 36.8	12 2.9
9 Su	9 12 58	19 23 44	3♎35 42	10♎18 15	8 49.0	1♓39.0	2 57.5	11 21.1	25 52.1	4 19.8	17 51.5	10 35.9	12 1.5
10 M	9 16 55	20 24 27	16 53 50	23 22 42	8 42.0	3 23.9	4 2.2	12 8.2	25 57.9	4 15.2	17 50.7	10 35.0	12 0.1
11 Tu	9 20 51	21 25 9	29 45 13	6♏ 1 54	8 37.6	5 7.7	5 7.2	12 55.3	26 3.6	4 10.6	17 49.9	10 34.1	11 58.7
12 W	9 24 48	22 25 50	12♏13 17	18 20 0	8D35.5	6 49.8	6 12.4	13 42.5	26 9.1	4 6.0	17 49.2	10 33.2	11 57.4
13 Th	9 28 44	23 26 30	24 22 43	0♐22 9	8 35.1	8 30.0	7 17.9	14 29.6	26 14.4	4 1.5	17 48.5	10 32.2	11 56.0
14 F	9 32 41	24 27 9	6♐18 59	12 13 56	8R35.2	10 7.8	8 23.6	15 16.8	26 19.6	3 57.0	17 47.9	10 31.2	11 54.6
15 Sa	9 36 38	25 27 47	18 7 41	24 0 53	8 34.9	11 42.6	9 29.5	16 3.9	26 24.6	3 52.6	17 47.3	10 30.1	11 53.2
16 Su	9 40 34	26 28 23	29 54 10	5♑48 7	8 33.0	13 14.0	10 35.6	16 51.1	26 29.4	3 48.2	17 46.8	10 29.1	11 51.9
17 M	9 44 31	27 28 58	11♑43 17	17 40 9	8 28.7	14 41.2	11 41.9	17 38.3	26 34.1	3 43.9	17 46.4	10 28.0	11 50.5
18 Tu	9 48 27	28 29 32	23 39 7	29 40 35	8 21.4	16 3.7	12 48.4	18 25.5	26 38.6	3 39.7	17 46.0	10 26.9	11 49.2
19 W	9 52 24	29 30 5	5♒44 48	11♒52 2	8 11.3	17 20.7	13 55.1	19 12.7	26 43.0	3 35.5	17 45.6	10 25.8	11 47.8
20 Th	9 56 20	0♓30 36	18 2 25	24 16 3	7 58.9	18 31.7	15 2.0	19 60.0	26 47.2	3 31.4	17 45.3	10 24.6	11 46.5
21 F	10 0 17	1 31 5	0♓32 59	6♓53 12	7 45.0	19 35.9	16 9.1	20 47.2	26 51.2	3 27.3	17 45.1	10 23.4	11 45.2
22 Sa	10 4 13	2 31 33	13 16 38	19 43 11	7 30.9	20 32.7	17 16.3	21 34.4	26 55.0	3 23.3	17 44.9	10 22.2	11 43.9
23 Su	10 8 10	3 31 59	26 12 45	2♈45 14	7 17.9	21 21.4	18 23.7	22 21.7	26 58.6	3 19.4	17 44.8	10 21.0	11 42.6
24 M	10 12 7	4 32 23	9♈20 29	15 58 24	7 7.0	22 1.6	19 31.2	23 8.9	27 2.1	3 15.5	17 44.7	10 19.7	11 41.3
25 Tu	10 16 3	5 32 46	22 38 56	29 22 1	6 59.0	22 32.6	20 38.9	23 56.2	27 5.4	3 11.8	17D44.7	10 18.5	11 40.0
26 W	10 20 0	6 33 6	6♉ 7 38	12♉55 48	6 54.1	22 54.3	21 46.7	24 43.4	27 8.5	3 8.1	17 44.7	10 17.2	11 38.7
27 Th	10 23 56	7 33 25	19 46 33	26 39 57	6 51.9	23R 6.3	22 54.7	25 30.7	27 11.5	3 4.4	17 44.8	10 15.9	11 37.5
28 F	10 27 53	8 33 42	3♊11 36	10♊34 53	6 51.4	23 8.6	24 2.8	26 17.9	27 14.3	3 0.9	17 44.9	10 14.5	11 36.2

Fonte: *The American Ephemeris for the 20th Century 1900-2000 at Midnight*, 5ª Edição Revisada, Neil F. Michelsen, com revisões de Rique Pottenger, ACS Publications, 1998.

Para Determinar as Cúspides das Casas do Mapa de Farrah Fawcett

a)   15:10:00   CST 2 de fevereiro de 1947

b)   (O *Atlas* diz Central Standard Time, sem horário de verão)

c)   + 6:00:00   CST para Corpus Christi, Texas (oeste de Greenwich, portanto adicionar)

d)   = 21:10:00   UT (tempo universal), 2 de fevereiro de 1947

e)   +   3:29   Correção da hora sideral solar (ver tabela na p. 410)

f)   + 8:45:22   Hora sideral para 2 de fevereiro de 1947 (encontre nas efemérides)
     = 29:58:51

g)   − 6:29:35   Hora equivalente à longitude (do *Atlas*)

h)   = 23:29:16   Hora sideral local

Consulte a Tabela das Casas de Koch e encontre a coluna mais próxima de 23h29m16s.

23h 28m 0s		352° 0' 0'			23h 32m 0s		353° 0' 0'			
		21 ♓ 17					22 ♓ 23			
11	12	ASC	2	3	11	12	ASC	2	3	LAT.
23♈46	24♉22	22♊39	20♋20	19♌35	24♈50	25♉21	23♊34	21♋17	20♌36	0
24 53	26 11	24 39	22 07	20 42	25 57	27 09	25 34	23 03	21 43	5
26 06	28 05	26 41	23 52	21 47	27 11	29 04	27 36	24 48	22 48	10
27 27	00♊08	28 47	25 38	22 50	28 32	01♊07	29 42	26 34	23 51	15
28 59	02 23	00♋59	27 25	23 53	00♉05	03 21	01♋54	28 21	24 53	20
29 19	02 51	01 27	27 46	24 05	00 25	03 50	02 22	28 42	25 06	21
29 40	03 20	01 55	28 08	24 18	00 45	04 19	02 49	29 04	25 18	22
00♉01	03 50	02 23	28 30	24 30	01 07	04 49	03 17	29 26	25 31	23
00 23	04 20	02 52	28 53	24 43	01 29	05 19	03 46	29 48	25 43	24
00 46	04 52	03 21	29 15	24 56	01 52	05 50	04 15	00♌10	25 56	25
01 09	05 24	03 50	29 38	25 08	02 15	06 22	04 44	00 33	26 08	26
01 34	05 56	04 20	00♌00	25 21	02 40	06 55	05 14	00 56	26 21	27
01 59	06 30	04 50	00 24	25 34	03 05	07 28	05 44	01 19	26 34	28
02 25	07 04	05 21	00 47	25 47	03 32	08 02	06 15	01 42	26 46	29
02 53	07 40	05 53	01 10	25 59	03 59	08 38	06 46	02 05	26 59	30
03 21	08 16	06 25	01 34	26 12	04 28	09 14	07 18	02 29	27 12	31
03 51	08 54	06 58	01 58	26 26	04 57	09 51	07 51	02 53	27 25	32
04 22	09 33	07 31	02 23	26 39	05 29	10 30	08 24	03 17	27 38	33
04 55	10 12	08 05	02 47	26 52	06 01	11 09	08 58	03 42	27 51	34
05 29	10 53	08 40	03 12	27 06	06 35	11 50	09 32	04 06	28 05	35

Fonte: *The Michelsen Book of Tables*, 1998.

Coluna 23h32m = MC de 22° 23' de Peixes
Coluna 23h28m = MC de 21° 17' de Peixes
     4m   1° 06' ou 66 minutos de diferença
23h29m16 está apenas a um pouco mais de 1 minuto de 23h28m ou ¼ do intervalo para 23h32.
¼ de 66 minutos é 16½, que arredondamos para 17 (pois é só um pouco mais de ¼).

    Meio do Céu   21° 17' de Peixes
                    +   17'
                       21° 34' de Peixes   = Meio do Céu

A latitude de Corpus Christi é 27N48, bem perto de 28N. Agora verificamos as casas entre as duas colunas.

    Casa 11   3° 05' de Touro   1° 59' de Touro
               –   1° 59' de Touro +   17'
                       66' ÷ 4 = 17   2° 16' de Touro = casa 11

Casa 12	7° 28' de Gêmeos	6° 30' de Gêmeos
−	6° 30' de Gêmeos +	15'
	58' ÷ 4 = 15	6° 45' de Gêmeos = casa 12
Ascendente	5° 44' de Câncer	4° 50' de Câncer
−	4° 50' de Câncer +	14'
	54' ÷ 4 = 14	5° 04' de Câncer = Ascendente
Casa 2	1° 19' de Leão	0° 24' de Leão
−	0° 24' de Leão +	14'
	55' ÷ 4 = 14	0° 38' de Leão = casa 2
Casa 3	26° 34' de Leão	25° 34' de Leão
−	25° 34' de Leão +	15'
	60' ÷ 4 = 15	25° 49' de Leão = casa 3

Você notará uma pequena diferença (nunca superior a 5 minutos) entre o mapa gerado por computador, na p. 85 e a versão calculada manualmente aqui.

Correção dos Planetas

Nas efemérides, encontre 2 de fevereiro de 1947. Lembre-se de que o tempo universal é 21:10, ou apenas a 3 horas do dia seguinte (3 horas de um dia de 24 horas, ou 3/24 = 1/8). De cabeça ou com uma calculadora, divida a diferença por 8 e depois deduza de 3 de fevereiro. Arredonde todos os números para cima ou para baixo.

	Plutão ℞	Netuno ℞	Urano ℞	Saturno ℞
2 fev.	12 11,4 de Leão	10 41,4 de Libra	17 58,6 de Gêmeos	4 53,2 de Leão
3 fev.	12 10,0 de Leão	10 40,7 de Libra	17 57,4 de Gêmeos	4 48,3 de Leão
	12 10 de Leão	10 41 de Libra	17 58 de Gêmeos	4 49 de Leão

Observe que os quatro planetas anteriores estão retrógrados.

	Júpiter	**Marte**
2 fev.	25 14,1 de Escorpião	06 39 de Aquário
3 fev.	− 25 07,2 de Escorpião	− 05 52 de Aquário
	7	47

$7 \div 8 = 1$ $47 \div 8 = 6$

	25 14 de Escorpião	6 39 de Aquário
	− 1	− 6
	25 13 de Escorpião	6 33 de Aquário

	Vênus	**Mercúrio**
3 fev.	26 34,9 de Sagitário	20 59,4 de Aquário
2 fev.	− 25 32,2 de Sagitário	− 19 12,8 de Aquário
	1 03	1 46

$63 \div 8 = 8$ $106 \div 8 = 13$

	26 35 de Sagitário	20 59 de Aquário
	− 8	− 13
	26 27 de Sagitário	20 46 de Aquário

Correção dos Luminares

Sol

3 fev.	13° 19' 01" de Aquário
2 fev.	− 12° 07' 02" de Aquário
	1° 00' 51"

Converta os minutos em segundos:

$$60' \times 60' = 3600''$$

Adicione os 51 segundos restantes:

$$3600'' + 51'' = 3651'' \text{ (movimento diário do Sol em segundos)}$$

Calcule os segundos por hora:

$$3651'' \div 24 \text{ horas} = 153'' \text{ segundos por hora}$$

Como o tempo universal é 21:10, multiplique 21 horas pelos segundos por hora calculados que o Sol se moveu.

$$152'' \times 21 = 3192'' \text{ segundos}$$

Para converter isso de volta em minutos, divida por 60:

$$3192'' \div 60 = 53' \text{ minutos (com 12 segundos restantes)}$$

Adicione isso à posição do Sol em 2 de fevereiro

2 fev.		18' 10" de Aquário
2 fev.	+	53' 12" de Aquário
		11' 22"

Sol corrigido para 3 de fevereiro: 13° 11' 22" de Aquário

Lua

3 fev.		6° 22' 52" de Câncer
2 fev.	−	21° 39' 39" de Gêmeos
		14° 43' 13"

Converta os 14° 43' de Gêmeos resultantes em minutos.

14° × 60 = 840'
   + 43'   (adicione os 43' minutos extras, e elimine os segundos)
   = 883' minutos de movimento diário da Lua

Divida por 24 para calcular o movimento da Lua por hora:

883' ÷ 24 = 36' (arredondado para baixo)

Multiplique o movimento da Lua por hora por 24 horas.

36' × 24 = 864' minutos

   883'
 − 864'
 = 19' (19 minutos não são suficientes para dividir por 24, mas o são para arredondar, adicionando, portanto, 1 minuto para levar os cálculos a 37 minutos.)

Multiplique 37' minutos por hora × 21 (horas do dia) = 777
Para converter novamente em graus e minutos:

777 ÷ 60 = 12° (com 57' restantes)

Lua de 2 de fevereiro   21° 39' de Gêmeos
                       + 12° 57'
                       = 04° 36' de Câncer

Lua Corrigida para 3 de fevereiro: 4° 36' de Câncer

O computador define a posição da Lua de Farrah Fawcett (gráfico na p. 85) como 4° 38' de Câncer. Você notará que existem algumas diferenças entre o cálculo dos planetas gerado por computador e o que você mesmo fez, mas essas diferenças nunca ultrapassam alguns minutos.

Segunda Pergunta do Teste de Revisão – Módulo 3

Mapa de Joan Sutherland
Nascida em 7 de novembro de 1926, às 17h30
Sydney, Austrália

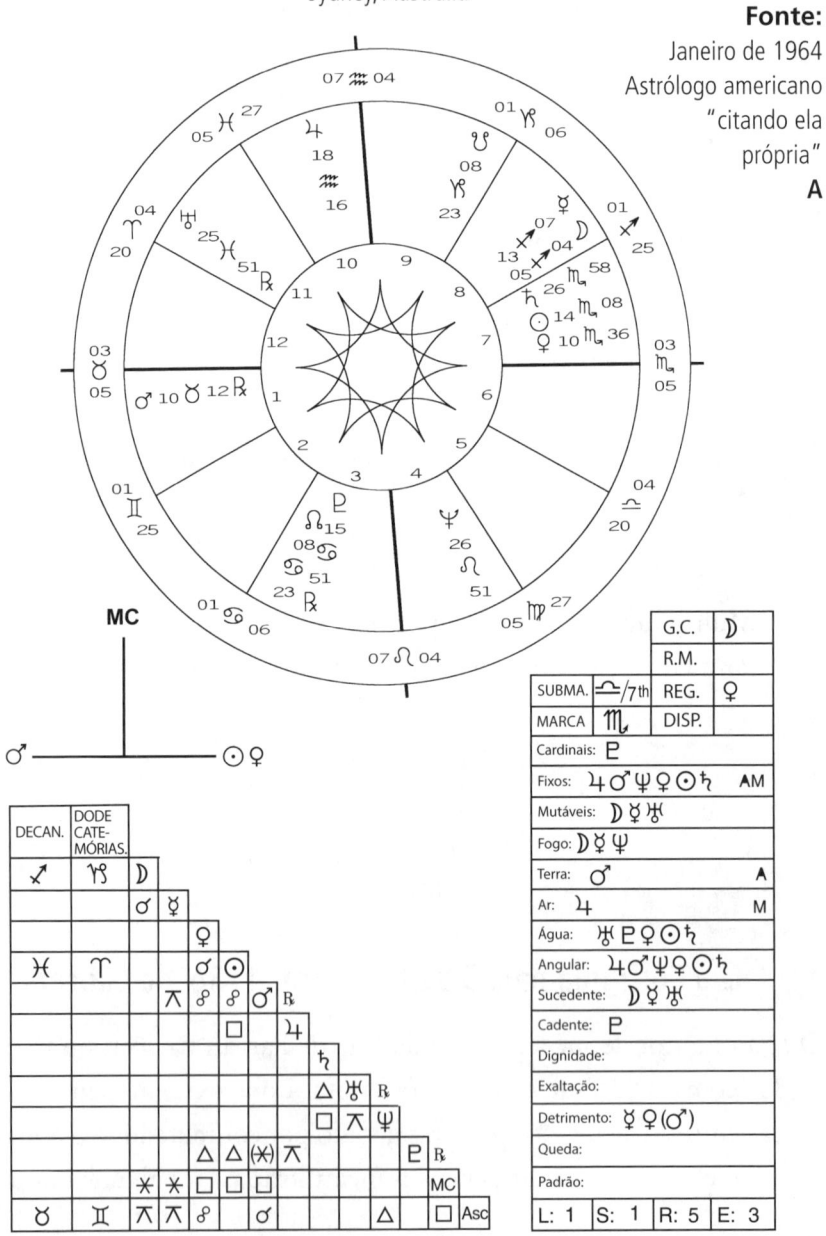

Fonte:
Janeiro de 1964
Astrólogo americano
"citando ela
própria"

A

Fonte: *The International Atlas: World Longitudes & Latitudes, Time Changes and Time Zones*, 5ª Edição Ampliada, compilado e programado por Thomas Shanks, ACS Publications, 1999, p. 18 e p. 10.

AUSTRALIA

Surat 4	4	27S09	149E04	-9:56:16
Surfers Paradise 4	4	28S00	153E26	-10:13:44
Sussex Inlet 2	1	35S11	150E36	-10:02:24
Sutherland 2	1	34S02	151E04	-10:04:16
Sutherlands 5	9	34S10	139E13	-9:16:52
Sutton 2	1	35S10	149E15	-9:57:00
Sutton Forest 2	1	34S35	150E19	-10:01:16
Swan Hill 7	2	35S21	143E34	-9:34:16
Swansea 6	3	42S08	148E04	-9:52:16
Swansea 2	1	33S05	151E38	-10:06:32
Sydenham 7	2	37S42	144E46	-9:39:04
Sydenham West 7	2	37S41	144E39	-9:38:36
Sydney 2	1	33S52	151E13	-10:04:52
Sylvania 2	1	34S01	151E07	-10:04:28
Sylvania Heights 2	1	34S02	151E06	-10:04:24
Syndal 7	2	37S53	145E09	-9:40:36
Tahmoor 2	1	34S13	150E36	-10:02:24
Tailem Bend 5	9	35S16	139E27	-9:17:48
Talawanta 4	4	18S38	140E16	-9:21:04
Talbingo 2	1	35S34	148E18	-9:53:12
Talbot 7	2	37S11	143E43	-9:34:52
Talbot Brook 8	5	32S01	116E40	-7:46:40
Talia 5	9	33S19	134E54	-8:59:36

AUSTRALIA

Time Table # 1
Before 1 Feb 1895 LMT
Begin Standard 150E00

1	Feb	1895	0:00	-10:00
1	Jan	1917	0:01	-11:00
25	Mar	1917	2:00	-10:00
1	Jan	1942	2:00	-11:00
29	Mar	1942	2:00	-10:00
27	Sep	1942	2:00	-11:00
28	Mar	1943	2:00	-10:00
3	Oct	1943	2:00	-11:00
26	Mar	1944	2:00	-10:00
31	Oct	1971	2:00	-11:00
27	Feb	1972	2:00	-10:00
29	Oct	1972	2:00	-11:00
4	Mar	1973	2:00	-10:00
28	Oct	1973	2:00	-11:00

Fonte: *The American Ephemeris for the 20th Century 1900-2000 at Midnight*, 5ª Edição Revisada, Neil F. Michelsen, com revisões de Rique Pottenger, ACS Publications, 1998.

NOVEMBER 1926 **LONGITUDE**

Day	Sid.Time	☉	0 hr ☽	Noon ☽	True ☊	☿	♀	♂	♃	♄	♅	♆	♇
1 M	2 38 6	7♏48 30	16♍25 0	22♍21 22	9♋25.4	0♐38.3	2♏40.4	12♉24.4	17♒50.2	26♏13.6	26♓ 0.4	26♌45.2	15♋54.1
2 Tu	2 42 2	8 48 34	28 19 7	4♎18 36	9R 16.7	1 47.6	3 55.7	12R 3.3	17 53.8	26 20.5	25R 58.8	26 46.2	15R 53.7
3 W	2 45 59	9 48 40	10♎20 6	16 23 54	9 6.1	2 54.8	5 11.0	11 42.1	17 57.6	26 27.5	25 57.3	26 47.1	15 53.3
4 Th	2 49 55	10 48 48	22 30 9	28 39 2	8 54.7	3 59.6	6 26.3	11 21.0	18 1.6	26 34.4	25 55.8	26 48.0	15 52.9
5 F	2 53 52	11 48 58	4♏50 36	11♏ 4 56	8 43.5	5 1.7	7 41.6	10 59.9	18 5.7	26 41.4	25 54.3	26 48.9	15 52.5
6 Sa	2 57 48	12 49 9	17 22 4	23 41 58	8 33.4	6 0.8	8 56.9	10 39.1	18 10.1	26 48.4	25 52.9	26 49.7	15 52.0
7 Su	3 1 45	13 49 23	0♐ 4 39	6♐30 7	8 25.3	6 56.5	10 12.2	10 18.4	18 14.6	26 55.4	25 51.5	26 50.5	15 51.6
8 M	3 5 41	14 49 38	12 58 20	19 29 19	8 19.8	7 48.5	11 27.6	9 58.1	18 19.3	27 2.5	25 50.1	26 51.2	15 51.1
9 Tu	3 9 38	15 49 55	26 3 5	2♑39 43	8D 16.8	8 36.3	12 42.9	9 38.0	18 24.2	27 9.5	25 48.8	26 52.0	15 50.5
10 W	3 13 35	16 50 13	9♑19 15	16 1 48	8 16.1	9 19.3	13 58.3	9 18.3	18 29.3	27 16.6	25 47.6	26 52.7	15 50.0
11 Th	3 17 31	17 50 33	22 47 27	29 36 19	8 16.8	9 57.0	15 13.6	8 59.0	18 34.6	27 23.7	25 46.4	26 53.3	15 49.4
12 F	3 21 28	18 50 54	6♒28 31	13♒24 5	8R 17.9	10 28.9	16 29.0	8 40.2	18 40.0	27 30.7	25 45.2	26 54.0	15 48.8
13 Sa	3 25 24	19 51 17	20 23 6	27 25 30	8 18.4	10 54.1	17 44.4	8 21.9	18 45.6	27 37.8	25 44.1	26 54.6	15 48.2
14 Su	3 29 21	20 51 41	4♓31 12	11♓39 59	8 17.5	11 12.1	18 59.7	8 4.0	18 51.4	27 45.0	25 43.0	26 55.1	15 47.6
15 M	3 33 17	21 52 6	18 51 35	26 5 33	8 14.7	11R 22.1	20 15.1	7 46.8	18 57.3	27 52.1	25 41.9	26 55.7	15 47.0
16 Tu	3 37 14	22 52 33	3♈21 22	10♈38 23	8 9.8	11 23.3	21 30.5	7 30.2	19 3.4	27 59.2	25 41.0	26 56.1	15 46.3
17 W	3 41 10	23 53 0	17 55 53	25 13 2	8 3.5	11 15.1	22 45.9	7 14.1	19 9.7	28 6.3	25 40.0	26 56.6	15 45.6
18 Th	3 45 7	24 53 30	2♉29 0	9♉42 56	7 56.4	10 57.0	24 1.2	6 58.8	19 16.2	28 13.5	25 39.1	26 57.0	15 44.9
19 F	3 49 4	25 54 0	16 53 59	24 1 23	7 49.5	10 28.4	25 16.6	6 44.1	19 22.8	28 20.6	25 38.3	26 57.4	15 44.2
20 Sa	3 53 0	26 54 33	1♊ 4 26	8♊ 2 35	7 43.8	9 49.3	26 32.0	6 30.1	19 29.5	28 27.7	25 37.5	26 57.8	15 43.4
21 Su	3 56 57	27 55 6	14 55 22	21 42 29	7 39.7	8 59.9	27 47.4	6 16.8	19 36.5	28 34.9	25 36.7	26 58.1	15 42.6
22 M	4 0 53	28 55 42	28 23 46	4♋59 10	7D 37.5	8 0.7	29 2.8	6 4.3	19 43.6	28 42.0	25 36.0	26 58.4	15 41.9
23 Tu	4 4 50	29 56 19	11♋28 49	17 52 55	7 37.2	6 52.9	0♐18.2	5 52.5	19 50.8	28 49.2	25 35.3	26 58.7	15 41.0
24 W	4 8 46	0♐56 57	24 11 47	0♌25 48	7 38.2	5 38.1	1 33.7	5 41.5	19 58.2	28 56.3	25 34.7	26 58.9	15 40.2
25 Th	4 12 43	1 57 37	6♌35 29	12 41 20	7 39.9	4 18.4	2 49.1	5 31.2	20 5.8	29 3.5	25 34.2	26 59.1	15 39.4
26 F	4 16 39	2 58 19	18 43 56	24 43 53	7 41.6	2 56.3	4 4.5	5 21.8	20 13.5	29 10.6	25 33.7	26 59.2	15 38.5
27 Sa	4 20 36	3 59 2	0♍41 49	6♍38 22	7R 42.5	1 34.6	5 19.9	5 13.1	20 21.4	29 17.8	25 33.2	26 59.4	15 37.6
28 Su	4 24 33	4 59 47	12 34 9	18 29 48	7 42.2	0 16.0	6 35.4	5 5.3	20 29.4	29 24.9	25 32.8	26 59.4	15 36.7
29 M	4 28 29	6 0 34	24 25 55	0♎23 4	7 40.5	29♏ 3.1	7 50.8	4 58.2	20 37.5	29 32.0	25 32.4	26R 59.5	15 35.8
30 Tu	4 32 26	7 1 21	6♎21 47	12 22 34	7 37.4	27 58.1	9 6.2	4 52.0	20 45.8	29 39.1	25 32.1	26 59.5	15 34.9

Para Determinar a Cúspide das Casas

a)   17:30:00   7 de novembro de 1926
b)   (O *Atlas* diz "sem horário de verão")
c) − 10:00:00   (correção para Austrália – subtrair porque está a leste de Greenwich)
d) =   7:30:00   UT (tempo universal), 7 de novembro de 1926
e) +   1:14   Correção da hora sideral solar (ver tabela na página 410)
f) +   3:01:45   Hora sideral para 7 de novembro de 1926 (encontre nas efemérides)
   + 12:00:00   Some, pois está ao sul do Equador
   = 22:32:59
g) + 10:04:52   Hora equivalente à longitude (do *Atlas*)
      32:37:51
    − 24:00:00
h) =   8:37:51   Hora sideral local (arredonde para 8:38)

Consulte a Tabela de Casas de Koch (ou a seção parcial a seguir) e trabalhe com as duas colunas mais próximas:

Coluna 8h40m = 7° 35′ de Leão
Coluna 8h36m = 6° 37′ de Leão
                58′ minutos de diferença.

8h 36m 0s — 129° 0′ 0″ — 06 ♌ 37						8h 40m 0s — 130° 0′ 0″ — 07 ♌ 35				
11	12	ASC	2	3	LAT.	11	12	ASC	2	3
07♍18	09♎48	11♏26	10♐36	08♑16	0	08♍22	10♎53	12♏27	11♐32	09♑11
06 56	08 51	10 05	09 15	07 19	5	07 59	09 54	11 04	10 10	08 14
06 36	07 57	08 47	07 54	06 21	10	07 37	08 59	09 45	08 48	07 15
06 16	07 06	07 31	06 33	05 20	15	07 17	08 06	08 27	07 26	06 13
05 57	06 16	06 15	05 11	04 16	20	06 56	07 14	07 10	06 02	05 08
05 53	06 06	06 01	04 54	04 02	21	06 52	07 04	06 55	05 45	04 54
05 49	05 56	05 46	04 37	03 49	22	06 48	06 53	06 40	05 28	04 40
05 45	05 46	05 31	04 20	03 35	23	06 44	06 43	06 24	05 10	04 26
05 41	05 36	05 16	04 03	03 21	24	06 40	06 33	06 09	04 53	04 12
05 37	05 26	05 00	03 46	03 06	25	06 36	06 22	05 53	04 35	03 57
05 33	05 16	04 45	03 28	02 51	26	06 31	06 12	05 38	04 18	03 42
05 29	05 05	04 30	03 11	02 36	27	06 27	06 02	05 22	04 00	03 27
05 25	04 55	04 15	02 53	02 21	28	06 23	05 51	05 06	03 41	03 11
05 21	04 45	03 59	02 35	02 05	29	06 19	05 41	04 51	03 23	02 55
05 17	04 35	03 44	02 16	01 49	30	06 14	05 30	04 35	03 05	02 39
05 13	04 25	03 28	01 58	01 33	31	06 10	05 20	04 19	02 46	02 22
05 09	04 15	03 12	01 39	01 16	32	06 06	05 09	04 03	02 27	02 05
05 05	04 04	02 56	01 20	00 59	33	06 01	04 58	03 46	02 07	01 48
05 00	03 54	02 40	01 01	00 41	34	05 57	04 48	03 30	01 48	01 30
04 56	03 43	02 24	00 41	00 23	35	05 52	04 37	03 13	01 28	01 11
04 52	03 33	02 08	00 22	00 05	36	05 48	04 26	02 57	01 07	00 52
04 47	03 22	01 51	00 01	29♐45	37	05 43	04 15	02 40	00 47	00 33

Fonte: *The Michelsen Book of Tabels*, compilado e programado por Neil F. Michelsen, revisões de Rique Pottenger, ACS Publications, 1998, p. 49.

O LST de Sutherland é 8:38 ou bem no meio. Assim, seu MC é 6° 37' de Leão mais 29 minutos = 7° 06' de Leão. *MAS* é, na verdade, 7° 06' de Aquário, porque Sydney está ao sul do Equador, e temos que *inverter as cúspides*.

MC = 7° 06' de Aquário

Sydney está localizada na latitude 33° S 52', ou quase 34° S. Verificamos entre as duas tabelas, como fizemos com o Meio do Céu (lembre-se: não Virgem, mas Peixes).

Casa 11		5° 57' de Peixes	5° 00' de Peixes
	−	5° 00' de Peixes +	28'
		57' ÷ 2 = 28	5° 28' de Peixes = casa 11
Casa 12		4° 48' de Áries	3° 54' de Áries (Áries, não Libra)
	−	3° 54' de Áries +	27'
		54' ÷ 2 = 27	4° 21' de Áries = casa 12
Ascendente		3° 30' de Touro	2° 40' de Touro (Touro, não Escorpião)
	−	2° 40' de Touro +	25' de Touro
		50' ÷ 2 = 25	3° 05' de Touro = Ascendente
Casa 2		1° 48' de Gêmeos	1° 01' de Gêmeos (Gêmeos, não Sagitário)
	−	1° 01' de Gêmeos +	23'
		47' ÷ 2 = 23	1° 24' de Gêmeos = casa 2
Casa 3		1° 30' de Câncer	0° 41' de Câncer (Câncer, não Capricórnio)
	−	0° 41' de Câncer +	24'
		49' ÷ 2 = 24	1° 05' de Câncer = casa 3

Você verá uma pequena diferença (nunca mais de 5 minutos) entre o gráfico gerado por computador (p. 386) e a versão calculada manualmente aqui.

Correção dos Planetas

Nas efemérides, encontrar 6 de novembro de 1926. Lembre-se de que o tempo universal é 7:30 da manhã, ou 1/3 do dia. De cabeça ou com uma calculadora, observe a diferença entre a posição dos planetas em 7 e 8 de novembro, depois divida essa soma por 3 e adicione o resultado ao dia 7.

	Plutão ℞	Netuno	Urano ℞	Saturno
8 nov,	15 51,1 de Câncer	26 51,2 de Leão	25 50,1 de Peixes	27 02,5 de Escorpião
7 nov,	15 51,6 de Câncer	26 50,5 de Leão	25 51,5 de Peixes	26 55,4 de Escorpião
	15 51 de Câncer	26 51 de Leão	25 51 de Peixes	26 57 de Escorpião

	Júpiter	Marte ℞	Vênus	Mercúrio
8 nov.	18 19,3 de Aquário	9 58,1 de Touro	11 27,6 de Escorpião	7 48,5 de Sagitário
7 nov.	18 14,6 de Aquário	10 18,4 de Touro	10 12,2 de Escorpião	6 56,5 de Sagitário
	18 16 de Aquário	10 12 de Touro	10 37 de Escorpião	7 13 de Sagitário

Correção dos Luminares

Sol

8 nov.	14 49,38 de Escorpião
7 nov.	13 49,23 de Escorpião
	1 00,15 ou 60,15

$$\times 60$$
$$= 3600 \text{ (converter em segundos)}$$
$$+ 15$$
$$3615 \div 24 = 150{,}6 \text{ segundos por hora}$$

Você pode eliminar o ponto decimal de 0,6 ou arredondar para 151, pois o resultado será praticamente o mesmo.)

UT é 7:30 $150 \times 7 \frac{1}{2} = 1125$ (segundos no dia)

Para converter novamente em minutos:

1125 (60 = 18 minutos (45 segundos restantes))

Adicione isso ao Sol de 7 de novembro   13 49,23 de Escorpião
+ 18,45
13 67,68 de Escorpião ou
68 segundos = 1' 08"
13 68,08 de Escorpião ou
68 minutos = 1° 08'

Sol corrigido = 14 08'08" de Escorpião

Lua

8 nov.   12 58,20 de Sagitário
7 nov.   − 0 04,39 de Sagitário
12 53,41 ou 12 graus 54' (arredondados para cima)
12 × 60 = 720 (converter em minutos)
+ 54 min.
774 ÷ 24 = 32 min
Multiplicar 32' × 7½ (horas em dias) = 240

Para voltar a converter em graus e minutos

240 ÷ 60 = 4 graus

Lua 7 de nov.   0 05 de Sagitário (arredondado de 0° 04' 39")
+ 4 00
Lua corrigida   **4 05 de Sagitário**

Você notará que há algumas diferenças entre o cálculo dos planetas gerado por computador e o cálculo que você fez, mas essa diferença nunca é maior que poucos minutos.

Resposta do Teste de Revisão – Módulo 6
Marca Final e Submarca – Farrah Fawcett

Farrah Fawcett tem seis planetas em signos fixos e cinco em signos de Ar. O único signo fixo/Ar é Aquário. Com essa distribuição, ela parece incomum, gosta de coisas que os outros não se atrevem a fazer (divorciou-se do marido, foi morar com Ryan O'Neal e teve um bebê com ele sem ser casada, comportamento considerado não muito respeitável naquele tempo). Uma marca aquariana não é inesperada com seu Sol, Mercúrio e Marte nesse signo, mas sua personalidade única aparece mais forte que sua Lua e seu Ascendente em Câncer. Farrah Fawcett tem seis planetas sucessores (equivalente a fixo) e seis planetas em casas de conclusões (Água), dando a ela uma submarca da casa 8 (Escorpião). Ela parece, aos olhos do público, um símbolo sexual, e não se importa com isso, uma das interpretações da casa 8; ela prospera ao transformar sua imagem e a si mesma (casa 8).

Resposta do Teste de Revisão – Módulo 7
Retrógrados – Joan Sutherland

Plutão no mapa de Joan Sutherland não causa muito impacto, pois está retrógrado. Mais importante é Urano retrógrado na casa 11, em dignidade acidental, porque essa é casa natural de Urano e Aquário no mapa plano. Esse fato, somado ao trígono com Saturno, dá a Urano maior força. A necessidade de ser diferente (Urano) pode ser usada de maneira disciplinada e positiva mais ou menos rapidamente. O desejo de dominar é menos enfatizado na posição sucedente que na angular. Com Marte retrógrado na casa 1, Joan aprendeu a planejar antes de agir e provavelmente percebeu que, para atingir seus objetivos, precisava sugerir, não ordenar. Como Marte rege sua casa 12, a do subconsciente, provavelmente ela nem mesmo acha difícil se voltar para seu interior antes de se manifestar abertamente. Como Urano rege sua casa 10, da carreira e do status, ela sabe que vai usar sua qualidade diferenciada na profissão.

Resposta do Teste de Revisão – Módulo 8
Interceptações – Bob Dylan

Bob Dylan tem Peixes interceptado na casa 3 e Virgem interceptado na casa 9. Essas duas casas cobrem um arco de mais de 53° cada, um tamanho bem significativo, e empurram Dylan, instintivamente, em direção à comunicação e à religião, palavras-chave das casas 3 e 9. Há quatro planetas envolvidos aqui: Urano, regente da cúspide da casa 3; Netuno, regente da interceptação (Peixes); o Sol, regente da cúspide da casa 9; e Mercúrio, regente dessa interceptação em Virgem. Urano, o Sol e Mercúrio participam de um estreito agrupamento de planetas na casa 5, da criatividade, na casa 6, do trabalho, e na casa 7, dos parceiros e do público. Netuno não só rege uma casa interceptada, mas também está interceptado na casa 9, além de estar retrógrado. Isso poderia indicar que algumas das ideias, dos ideais e dos esforços criativos de Dylan podem ter sofrido atrasos, e pode ter hesitado bastante em expressar abertamente seus verdadeiros pensamentos, sobretudo porque Marte está interceptado na casa 3. Mas esse mesmo Marte também lhe dá a energia para trabalhar com afinco para chegar ao sucesso, em especial porque faz quadratura com o Sol, desafiando-o, assim, a partir para a ação.

Dylan deveria a sua casa 9 para solucionar suas tensões e frustrações, mas como a ênfase do mapa está nas casas 5 e 6 (seis planetas nessas duas casas) suas energias terão de vir da criatividade, dos prazeres, dos jogos, do romance e, possivelmente, dos filhos (assuntos da casa 5), além, naturalmente, do trabalho árduo (casa 6). Contudo, para Dylan, o trabalho nunca vai parecer muito árduo, com Júpiter, o Sol e Vênus nessa casa.

A ação não se concentra nas casas 5 e 6 apenas por causa do grande número de planetas envolvidos, mas porque essas casas estão unidas pela presença do mesmo signo, Touro, em suas cúspides. Dylan, com toda a certeza, trabalha na área criativa e poderá acabar prestando serviços aos jovens por meio do trabalho religioso, como sugerimos quando explicamos a união entre essas duas casas. Naturalmente, as casas 11 e 12 também estão unidas, com Escorpião nas duas cúspides. Desde que Dylan descobriu a religião, tem feito muito trabalho de caridade; e com Plutão, regente de Escorpião, na casa 8 ele deverá continuar a receber apoio do público em seus empreendimentos, principalmente se fizer os ajustes necessários na forma de se comunicar com as pessoas cujo apoio deseja receber (Plutão em quincunce com Marte na casa 3).

Como a interpretação apresentada precisa ser confirmada e é necessário levar em consideração o mapa todo, faça algumas anotações a respeito do horóscopo de Dylan. Observe que Netuno é o planeta mais elevado do mapa e está retrógrado, há um dispositor final, não existem planetas cardeais, vários planetas estão em graus críticos, há algumas estrelas fixas e outros fatores que tornam Bob Dylan um ser humano único.

Resposta do Teste de Revisão – Módulo 9

Recepção Mútua - Zubin Mehta

A recepção mútua de Mehta é Vênus em Áries na casa 2 e Marte em Touro na casa 3. Vênus está muito feliz e em casa na casa 2, a casa natural de Touro no mapa plano. No entanto, Vênus não está confortável em Áries, já que está em "prejuízo", então não totalmente em casa ali. O ardor rápido e a atitude bastante egocêntrica de Áries são contrários à consciência venusiana de amor caloroso e sensual, bem como ao seu sentido de beleza. Na casa 2, dos recursos, dos talentos e da capacidade de ganhar dinheiro, Vênus em Áries poderia agir muito rapidamente, sem muita premeditação, em especial com a facilidade de ação engendrada pelo trígono de Vênus a Júpiter. Marte, por outro lado, não está no seu melhor em Touro, sentindo-se um pouco retido e forçado a desacelerar, em vez de se expressar com inteligência e rapidez. Mas pelo envolvimento mútuo com os regentes um do outro ambos os planetas trabalham em direção a uma linha de ação. É como se a força deles refletisse de um para o outro. Mehta foi capaz de trocar o fluxo e utilizar sua apreciação da beleza (Vênus e Touro) ao expressá-la (casa 3) através da música (Touro) e da regência (Áries).

Dispositor Final - Hesse, Sutherland e Fawcett

O Sol de Hermann Hesse está em Câncer, regido pela Lua em Peixes, por Netuno em Touro, por Vênus em Câncer, o que nos leva de volta à Lua e a Netuno – um círculo adorável. Não incluímos Urano em Leão, que é regido pelo Sol, voltando ao círculo. Apenas um planeta não é contabilizado: Júpiter em Sagitário está dignificado e fica sozinho. Portanto, não há dispositor final no mapa de Hesse.

O Sol de Joan Sutherland está em Escorpião, regido por Plutão em Câncer, pela Lua em Sagitário, por Júpiter em Aquário, por Urano em Peixes, por Netuno em Leão, levando-nos de volta ao Sol em Escorpião. O único planeta que não contamos foi Marte, regido por Vênus em Escorpião, levando de volta ao círculo sem fim. Resultado: não há dispositor final.

O Sol de Farrah Fawcett em Aquário é regido por Urano em Gêmeos, levando a Mercúrio em Aquário, uma recepção mútua, e novamente um círculo. Sua Lua está dignificada e fica sozinha. Os dois planetas em Leão levam de volta ao Sol. Júpiter em Escorpião leva a Plutão em Leão e de novo ao Sol. Netuno em Libra leva a

Vênus em Sagitário, de volta a Júpiter, e assim por diante; nenhum dos planetas é dispositor final.

O Regente do Mapa - Hermann Hesse

Hesse tem ascendente em Sagitário e Júpiter em Sagitário (onde está dignificado) na casa 1. A casa em que o regente do Ascendente está colocado assume grande importância. Esse é o lugar onde Hesse realmente queria estar: um homem empreendedor, alguém que expressou as próprias opiniões e filosofias, como fez em todos os seus escritos. Júpiter desempenhou grande papel em sua vida. Esse planeta está envolvido numa quadratura T opondo-se a Mercúrio (necessidade de crescimento, tomando cuidado para não dispersar o foco e a energias) e formando uma quadratura com a Lua (com possível excesso de indulgência, novos canais de expressão emocional parecem se abrir), bem como a quadratura de Saturno (capacidade de mover montanhas). Júpiter também faz parte de um *yod*: Júpiter forma quincunce com Vênus (ajustar tendência à autoabsorção contra a necessidade joviana de salvar a humanidade); Júpiter forma quincunce com Plutão (idealismo imenso *versus* possível excesso sensual – Plutão em Touro na casa 5). Plutão está em sextil com Vênus da casa 5 para a 8. Júpiter assume mais um papel significativo. É o único planeta do lado oriental ou autodirigido do horóscopo de Hesse – um planeta solitário nesse hemisfério.

Resposta do Teste de Revisão – Módulo 10

Padrão Feixe - Julio Iglesias

Como o nome implica, nesse padrão todos os planetas estão enfeixados ou agrupados nos estreitos limites de um trígono. No caso de Julio Iglesias, um trígono entre Mercúrio em Libra e Urano em Gêmeos.

Como o mapa do cantor tem concentração muito grande, pode haver pouca integração com as muitas casas vazias; com esse tipo de mapa, não é possível haver configurações nem mesmo oposição. Essa falta de percepção, até mesmo de necessidade dos outros, resulta numa pessoa um tanto egocêntrica, e todas as energias se concentram numa pequena área, o que normalmente resulta em automotivação e capacidade de se sentir livre para viver "do meu jeito". No caso de Iglesias, o trígono entre Urano e Mercúrio, os dois planetas externos do Feixe, o ajudou a construir a carreira (Mercúrio na casa 10) tão apreciada pelo público (Urano na casa 7).

Em Astrologia, sabemos que precisamos de algo que impulsione a usar um trígono ou sextil. Se não há oposições, precisamos procurar um forte *stellium* ou algumas quadraturas. A quadratura de órbita mais estreita (o mapa de Iglesias não tem um *stellium* verdadeiro) será o planeta que nos estimulará a agir – o planeta "gatilho", como dizia Marc Edmund Jones. Julio Iglesias tem quadratura forte (órbita de 3°) entre o Sol na casa 10, assim como Netuno e o planeta externo Mercúrio, e Saturno na casa 8. Se essa tensão interna não é suficiente para levá-lo à ação, o outro planeta externo, Urano, tem quadratura desafiadora (órbita de 4°) para Vênus.

Julio Iglesias nasceu numa família de classe média. Estudou direito na Universidade de Cambridge e depois voltou para casa, em Madri, para se juntar a um time de futebol. Após um acidente de carro quase fatal, ficou paralisado e bastante desesperado por dois anos, até que uma enfermeira deu a ele um violão. Quando aprendeu a tocar o instrumento, começou a compor canções e, por fim, a cantar. Iglesias finalmente recuperou o movimento dos membros, e o restante é história. Ele literalmente se tornou o galã de milhões de mulheres em todo o mundo. As quadraturas mostram vontade de agir, e o trígono de um feixe aumenta o fluxo e a facilidade nos esforços.

O padrão feixe, com muita frequência, indica outro padrão de vida. À medida que o nativo realiza com sucesso o que quer que tenha decidido fazer, a necessidade de escapar aos estreitos limites e de explorar o grande e vasto mundo representado pelas casas vazias impulsiona-o em direção aos assuntos dessas casas. Mas como ele só enxerga o mundo do seu jeito, em vez de se ajustar ao estilo e às atitudes dos outros, vai persuadir as pessoas a verem as coisas do seu modo, e, portanto, sempre será considerado líder, raramente um seguidor.

Correndo o risco de entediar você e parecer muito repetitivas, queremos dizer que as palavras e frases-chave fornecidas para os padrões de mapas (e, aliás, para tudo) *são apenas um guia! Nunca as use sem levar em conta todo o horóscopo!*

O padrão de um mapa pode ser importante, mas *tudo que é mostrado por ele também precisa ser confirmado por outro fator do mapa.* Por favor, lembre-se disso em seus delineamentos.

Resposta do Teste de Revisão – Módulo 11
Visão Geral do Mapa – Joan Sutherland

Quatro planetas a leste e seis planetas a oeste, basicamente, não é uma divisão importante; mas, nesse caso, os seis planetas a oeste incluem o Sol, a Lua, o regente do mapa (Vênus) e Mercúrio; portanto, sabemos que se relacionar com os outros e agradar a eles é muito importante para Joan Sutherland. Com sete planetas acima e apenas três abaixo do horizonte, compreendemos que a necessidade de se tornar alguém, de ter uma carreira pública e melhorar de posição na vida significa muito para ela. Isso também mostra sua capacidade de ser expansiva e objetiva. Entretanto, esse último fato precisa ser avaliado, uma vez que Escorpião não é o signo mais objetivo do zodíaco.

Uma conclusão final a esse respeito deveria ser adiada até o fim do delineamento do mapa.

Não existe um padrão planetário óbvio; também não se trata de um padrão salpicado verdadeiro, pois há muitas conjunções.

Em termos de qualidades, há tendência visível para a fixa; só existe um planeta cardeal, mas Sutherland tem seis planetas em casas angulares, o que compensa satisfatoriamente a falta de qualidade cardeal. Falta de garra não é um de seus problemas. Marte na casa 1 dá a confirmação. Os elementos mostram predomínio de Água, com pouca Terra e Ar. A qualidade de Ar é amplamente suprida por cinco planetas nas casas de relacionamento, enquanto o único planeta em Terra é compensado pelo Ascendente em Touro. Portanto, apesar do aparente desequilíbrio, um exame mais atento mostra que os elementos de Sutherland estão bem distribuídos, e que ela pode usar os quatro conforme suas necessidades. A marca final é de Escorpião (Água/fixo), mais ou menos evidente com a presença de três planetas nesse signo. Não há dispositor final, recepção mútua nem interceptação.

Vênus é o regente do mapa e está na casa 7; assim, os parceiros e o público tornam-se muito importantes para Sutherland. A conjunção entre Vênus e o Sol torna-a capaz de brilhar com um parceiro e com o público. Como está em Escorpião, ela leva tudo muito a sério e é profundamente sensível. Vênus não está superfeliz em Escorpião (signo de seu detrimento), mas fica muito à vontade na casa 7, onde está acidentalmente dignificado (Vênus rege Libra). A mistura do detrimento e da dignidade acidental, a conjunção favorável de Vênus com o Sol e a oposição mais desfavorável com Marte precisam ser levadas em consideração na interpretação do horóscopo de Joan.

Joan Sutherland não tem planetas em dignidade, em exaltação nem em queda. Vênus, Mercúrio e Marte estão em detrimento. Assim como Vênus, Marte também está acidentalmente dignificado pela posição na casa (casa 1/Áries), o que torna mais fácil lidar com sua energia. Mercúrio em Sagitário pode tornar-se muito dispersivo, mas com tantos planetas fixos no mapa Mercúrio, na verdade, é mais uma bênção que um prejuízo; dá mais leveza aos traços demasiado sérios e sensíveis, o que é especialmente útil, pois Mercúrio rege a casa 5, do amor e da criatividade, bem como a casa 2, dos valores.

Sutherland tem configuração muito importante, uma cruz T envolvendo Vênus e o Sol, ambos em oposição a Marte, e todos em quadratura com Júpiter. Primeiro, isso une as casas 1, 7 e 10; segundo, é ainda mais importante, no seu caso, pois essas casas são angulares – as casas da ação. Terceiro, há três planetas pessoais envolvidos nessa configuração, mostrando a necessidade de reagir a esses aspectos desde cedo. O Sol, Vênus e Marte fazem aspectos fluentes com Plutão, que, assim, se torna o canal de uso da energia gerada pela cruz T. Plutão rege três planetas de Sutherland em Escorpião. Está na casa 3, da comunicação, e poderíamos dizer que ela usa essas energias de maneira bastante positiva.

Já discutimos Marte e Urano retrógrados no Módulo 6. Plutão retrógrado não acrescenta muito à visão geral.

O aspecto mais exato no mapa de Sutherland é uma quadratura entre Saturno e Netuno, dando-lhe a capacidade de usar todo seu talento criativo da maneira mais disciplinada e de forma concreta. A oposição entre Vênus e Marte também é exata, puxando-a em duas direções (o eu *versus* os outros ou os parceiros), mas também lhe permitindo se tornar consciente de suas necessidades em relação aos outros. O quincunce entre Urano e Netuno é igualmente bastante próximo; obriga-a a fazer ajustes ou acordos entre o lar e a vida doméstica e todas as questões da casa 11, o que, é bem provável, incluía seus amigos, na juventude, e as grandes organizações (como as companhias de ópera).

Não deixe de ter em mente essa visão geral ao interpretar os planetas e as casas.

Resposta do Teste de Revisão – Módulo 12

Decanatos – Sol de Hermann Hesse

O Sol de Hermann Hesse está a 10° 52' de Câncer, no segundo decanato, ou decanato de Escorpião, regido por Plutão em Touro na casa 5. Ao Sol emotivo e um pouco sensível, acrescentamos agora um matiz de Escorpião, tornando-o mais profundo, mais investigativo e mais exigente. Plutão, regente do decanato, está em Touro na casa 5, dando um toque de valores e praticidade à criatividade dessa casa. A posição do Sol na casa 7 (Libra) já tem conotação de necessidade de equilíbrio, de se relacionar; portanto, estamos lidando com uma pessoa interiormente mais ou menos complexa – toda sensibilidade do elemento Água (o Sol faz trígono muito próximo com Marte em Peixes) e necessidade de aprovação. O desejo de Hesse de criar é intenso (Plutão na casa 5), e a oportunidade de fazê-lo (Sol em sextil com Netuno) existe, mas é frequentemente contida pela vontade de agradar aos outros ao ajustar as próprias necessidades às dos parceiros (Sol na casa 7). Acrescentando o decanato de Escorpião a esse Sol, é possível perceber agora a importância de Plutão no mapa de Hesse, e compreender a profunda turbulência sempre presente nele, no entanto quase totalmente oculta por trás de uma máscara sagitariana, mais ou menos amistosa, otimista e idealista.

Dodecatemórias – Lua e Ascendente de Farrah Fawcett

A Lua de Farrah Fawcett está a 4° 38' de Câncer na dodecatemória de Leão. Isso acrescenta bastante dramaticidade e exibicionismo à sua Lua em Câncer. A Lua está feliz em Câncer, signo da dignidade de Farrah. Emocionalmente, ela é sensível e, como a Lua fica logo antes do Ascendente, ou na casa 12, bastante intuitiva. Entretanto, essa posição pode torná-la um pouco passiva, em especial porque a Lua não faz muitos aspectos. A dodecatemória de Leão ajuda Farrah a se manifestar, acrescenta-lhe autoconfiança e audácia romântica.

O Ascendente de Farrah está a 5° 26' de Câncer, na dodecatemória seguinte, ou seja, Virgem. À natureza de Câncer, regida pela Lua em Câncer, acrescentamos, agora, um matiz de praticidade e análise de Virgem, permitindo que Farrah faça uso prático de alguns dos atributos indicados pelo Ascendente.

Resposta do Teste de Revisão – Módulo 13

Nodos da Lua - Joan Sutherland

O Nodo Norte Médio de Joan está em 9° 52' de Câncer, enquanto o Nodo Norte verdadeiro está a 8° 23' de Câncer – ambos na casa 3. O Nodo Sul está, é claro, a 9° 52' de Capricórnio, ou 8° 23' de Capricórnio, respectivamente, em oposição na casa 9. Interpretando as casas de uma maneira, pode-se dizer que Joan está mais em casa ou se sente à vontade com viagens, aprendendo línguas estrangeiras e sendo idealista. Ela deve se esforçar em direção à casa 3, ou seja, à comunicação, e a todos os outros assuntos dessa casa, bem como cultivar a qualidade nutritiva de Câncer. Você precisa olhar todo o gráfico antes de fazer qualquer declaração definitiva.

Resposta do Teste de Revisão – Módulo 14

Delineamento da Cúspide das Casas
A Cúspide da Casa 5 de Farrah Fawcett

Escorpião está na cúspide da casa 5 de Farrah, e o regente Plutão, em Leão na casa 2. Ela, sem dúvida, pode ganhar dinheiro através de seu trabalho artístico ou de seus talentos criativos, que poderiam ser bastante vistosos com o dramático Plutão em Leão. O corregente Marte está na casa 8, sugerindo que o sexo e os casos amorosos podem assumir papel significativo na vida dela, já que Escorpião, por si só, é muito intenso. O posicionamento de Marte na casa 8 reforça sua sensualidade e suas necessidades sexuais. Quando Farrah ama, é profunda e apaixonadamente. A casa 8 também indica possível apoio de terceiros em seus esforços criativos (casa 5). Com Marte se opondo a Saturno e Plutão, bem como a conjunção entre o Sol e Marte e a oposição a Plutão, Farrah pode ter se sentido restringida pelo pai (ou por alguma figura de autoridade na juventude), mas esse tipo de deficiência ou revés poderia tê-la estimulado a agir. O corregente Marte está em trígono com Netuno na casa 5, novamente chamando a atenção para o talento artístico de Farrah.

Com Júpiter na casa 5, multiplique tudo o que dissemos sobre o amor, os casos amorosos e o talento. Júpiter amplia a imagem, incluindo possível sucesso na casa 5 com o trígono com o MC. A quadratura com Mercúrio pode representar uma ideia irracional de que tudo acontecerá naturalmente ou de que Farrah deve começar no topo. Como modelo de sucesso e uma das três panteras do seriado *As Panteras*, Farrah praticamente começou no topo, mas como bons papéis eram difíceis de encontrar ela realmente se esforçou e se tornou uma excelente atriz dramática.

Resposta do Teste de Revisão – Módulo 15

Aspectos com o Ascendente e com o Meio do Céu – Farrah Fawcett

Lua em conjunção com o Ascendente: com a Lua e o Ascendente em Câncer, Farrah provavelmente tem senso maternal inato, em especial com a Lua atrás do Ascendente na casa 12, onde ela se sente mais segura cuidando dos outros que revelando as próprias necessidades e vulnerabilidade. A Lua, assim como as marés, passa por altos e baixos, e, quando está em conjunção com o Ascendente, todos podem ver essas mudanças de humor. Portanto, Farrah teve que aprender a fingir desde cedo, sorrindo e mostrando os lindos dentes, afofando o cabelo para se fazer parecer muito glamourosa, qualquer coisa para que as pessoas não pudessem detectar seus verdadeiros sentimentos, pensamentos ou vulnerabilidade.

Júpiter em trígono com o Meio do Céu: o Júpiter de Farrah em Escorpião na casa 5 está em trígono com o Meio do Céu. Suas habilidades criativas da casa 5 são aprimoradas por Júpiter, e Farrah tinha acesso relativamente fácil a oportunidades de carreira. Esse aspecto, obviamente, funcionava muito bem para ela, já que foi escolhida para a série de TV *As Panteras* e se tornou sucesso imediato; e assim continuou por muito tempo, até querer sair. Farrah quase acabou sendo vítima de um processo confuso, uma vez que seu contrato não havia terminado, mas aquele lindo trígono parece ter vencido outra vez. Vênus na casa 6 em quadratura com o Meio do Céu parece colocá-la em apuros no trabalho, mas Júpiter, que rege a casa 6, parece libertá-la.

Respostas ao Questionário da Parte II

1. Falso
2. Verdadeiro
3. Falso
4. Falso
5. Falso
6. Verdadeiro
7. Verdadeiro
8. Verdadeiro
9. Verdadeiro
10. Falso
11. Verdadeiro
12. Falso
13. Verdadeiro
14. Falso
15. Falso
16. Falso
17. Verdadeiro
18. Falso
19. Falso
20. Verdadeiro
21. Verdadeiro

Respostas do Teste da Revisão – Módulo 16

Planetas em Aparição Oriental – Joan Sutherland

No mapa de Joan Sutherland, Vênus é o planeta de aparição oriental, tendo se elevado imediatamente antes do Sol. Ele agora adquire maior importância, não só por ser o regente do mapa (Touro em elevação regido por Vênus) e estar numa casa angular, o que sempre enfatiza um planeta, mas porque agora percebemos que esse planeta, e tudo que significa nesse mapa, indica alguns dos fatores psicológicos que motivam Sutherland. Vênus significa valores, afetos, amor no sentido mais puro, talento artístico e necessidade social. Na casa 7, vemos que tudo que Joan faz é motivado por um parceiro ou pelo público. No seu caso, os dois. É claro que Sutherland é uma personalidade muito pública, com a vida devotada à carreira de cantora de ópera, mas é interessante que ela nunca canta sem que seu maestro e marido, Richard Bonynge, esteja à frente, em concertos, óperas ou gravações.

Ponto de Eclipse Pré-natal – Joan Sutherland

O ponto de eclipse pré-natal de Joan Sutherland está a 1° 30' de Aquário. Cai na sua casa 9, em conjunção com o Meio da Céu, confirmando a importância de sua carreira, principalmente uma que lhe permita viajar pelo mundo. Esse eclipse lunar em Aquário também indica a originalidade de sua profissão.

O Vértice – Emily Dickinson

A cúspide da casa 4 da poetisa Emily Dickinson está a 1° 36' de Peixes. Encontre esse MC na Tabela de Casas Koch (o MC mais próximo é 2° 00' de Peixes). Sua latitude natal é 42° N 22'; quando subtraímos de 90°, temos 47° N 38'. Vá até 48° N na Tabela de Casas. Procure na coluna do Ascendente, e você encontrará 2° 32' de Câncer.

Subtraindo a diferença de 24' entre o IC de Dickinson e o MC de Koch, você chegará a 2° 08' de Câncer. Esse é o ponto vértice de Dickinson. Ele cai na casa 8.

Respostas do Teste de Revisão – Módulo 17
Cálculo da Parte da Fortuna e do Espírito

Parte da Fortuna

		Hermann Hesse		**Farrah Fawcett**			
Ascendente		8s 20° 11'		3s 05° 01'			
+ Lua	+	11s 28° 12'	+	3s 04° 38'			
Total		19s 48° 23'		6s 09° 39'	converta:		17s39°39*
– Sol	–	03s 10° 52'	–	10s 13° 11'		–	10s 13° 12'
		16s 37° 31' ou					7s 26° 27'
		17s 07° 31' ou					
		5s 07° 31'					

Parte da Fortuna de Hesse = 7° 31' de Virgem
Parte da Fortuna de Fawcett = 26° 27' de Escorpião

Parte do Espírito

		Hermann Hesse		**Farrah Fawcett**			
Ascendente		8s 20° 11'		3s 05° 01'			
+ Sol	+	3s 10° 52'	+	10s 13° 12'			
Total		11s 30° 63'		13s 18° 13'	ou		13s 17° 73'
– Lua	–	11s 28° 12'	–	3s 04° 38'		–	3s 04° 38'
	=	0s 02° 05'					10s13° 35'

Parte do Espírito de Hesse = 2° 51' de Áries
Parte do Espírito de Fawcett = 13° 35' de Aquário

---

* Só existem 12 signos no zodíaco, portanto somamos ou subtraímos 12 para achar o signo correto. Favor consultar as Partes Arábicas para ver cálculos e conversões semelhantes.

Respostas do Teste de Revisão – Módulo 18

Estrelas Fixas – Sutherland e Fawcett

No mapa de Joan Sutherland, a estrela fixa *Acrux* está em conjunção com Vênus. Essa estrela estava a 11° 29' de Escorpião em 1972; em 2010, estava a 12° 01' de Escorpião; e, quando ela nasceu, em 1926, estava aproximadamente a 10° 43' de Escorpião, sem dúvida dentro da órbita. Não sabemos se Sutherland tem quaisquer inclinações ocultas ou religiosas, mas podemos confirmar que a imagem de *femme fatale* se aplica, talvez não com conotação sexual, mas com certeza como personalidade muito bela e fascinante, exercendo forte atração sobre o público.

Farrah Fawcett tem a estrela fixa *Markab* em conjunção com o Meio do Céu. Ela nasceu em 1947, quando *Markab* estava aproximadamente a 22° 41' de Peixes, dentro da órbita. Sabemos que Farrah recebeu honras e riquezas, ou, na linguagem atual, ela é famosa! Não sabemos que desgostos teve, mas o restante do mapa poderá dar algumas indicações de como ela deveria lidar com os problemas que pudessem surgir. Observe que não usamos as estrelas fixas *Aldebaran* ou *Antares* em conjunção com os nodos Norte e Sul da Lua.* Achamos que as estrelas fixas parecem ter o máximo de força quando estão em conjunção com um planeta, o Ascendente e o Meio do Céu, e não são muito importantes quando fazem conjunção com os nodos, as cúspides das outras casas, os pontos arábicos ou outros. Porém, por favor, não aceite simplesmente nosso ponto de vista; experimente você mesmo.

---

* **Nota do editor:** À luz da luta corajosa e pública de Farrah com câncer, você pode querer delinear o significado dessas estrelas fixas no mapa dela.

Graus Críticos – Hermann Hesse

No mapa de Hesse, só um planeta está realmente num grau crítico – Vênus, a 26° 12' de Touro. Os nodos estão em graus críticos dos signos mutáveis, mas não consideramos os nodos planetas. Alguns astrólogos incluem os nodos nos graus críticos, no padrão do mapa, nas configurações etc. Nós, não. Mais uma vez, insistimos que você faça as próprias experiências e use o que lhe parecer funcionar melhor.

Vênus não é um dos planetas mais fortes no mapa de Hesse. Não é angular, não está dignificado nem exaltado. Entretanto, rege a casa 5 de Hesse, da criatividade, e também a casa 10, da carreira, do status e do ego. De onde sai a força para utilizar os trígonos com a Lua e Saturno e o sextil com Plutão? Porque sabemos que Hesse usou Vênus em todos os seus trabalhos, escritos, poesia, pintura, até no amor pela natureza e pela jardinagem. Nossa resposta, é claro, está no *yod* (Júpiter/Vênus/Plutão), mas a ênfase adicional da sensibilidade criada pelo grau crítico também ajudou. Ela nos dá a confirmação que sempre buscamos no delineamento astrológico.

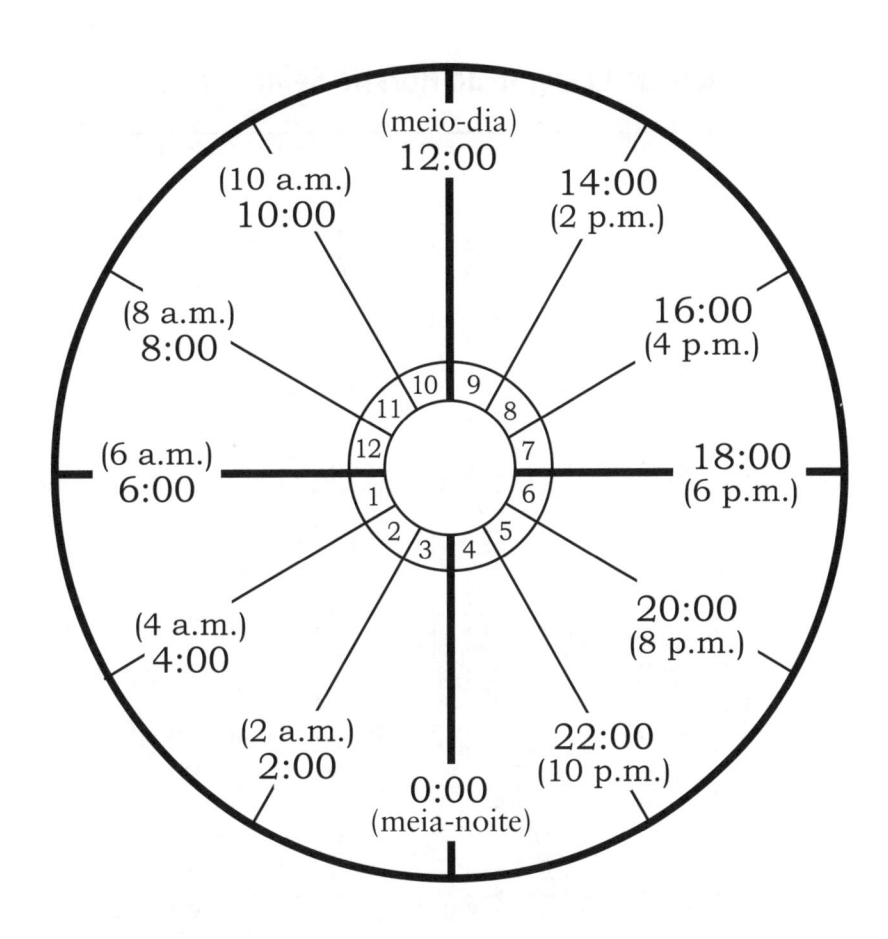

Posição do Sol ao Longo das 24 Horas do Dia

Tabela da Correção do Horário Solar-Sideral

MIN	0h m s	1h m s	2h m s	3h m s	4h m s	5h m s	6h m s	7h m s	8h m s	9h m s	10h m s	11h m s
0	0 0	0 10	0 20	0 30	0 39	0 49	0 59	1 9	1 19	1 29	1 39	1 48
1	0 0	0 10	0 20	0 30	0 40	0 49	0 59	1 9	1 19	1 29	1 39	1 49
2	0 0	0 10	0 20	0 30	0 40	0 50	0 59	1 9	1 19	1 29	1 39	1 49
3	0 0	0 10	0 20	0 30	0 40	0 50	0 60	1 9	1 19	1 29	1 39	1 49
4	0 1	0 11	0 20	0 30	0 40	0 50	0 60	1 10	1 20	1 29	1 39	1 49
5	0 1	0 11	0 21	0 30	0 40	0 50	0 60	1 10	1 20	1 30	1 39	1 49
6	0 1	0 11	0 21	0 31	0 40	0 50	1 0	1 10	1 20	1 30	1 40	1 49
7	0 1	0 11	0 21	0 31	0 41	0 50	1 0	1 10	1 20	1 30	1 40	1 50
8	0 1	0 11	0 21	0 31	0 41	0 51	1 0	1 10	1 20	1 30	1 40	1 50
9	0 1	0 11	0 21	0 31	0 41	0 51	1 1	1 10	1 20	1 30	1 40	1 50
10	0 2	0 11	0 21	0 31	0 41	0 51	1 1	1 11	1 20	1 30	1 40	1 50
11	0 2	0 12	0 22	0 31	0 41	0 51	1 1	1 11	1 21	1 31	1 40	1 50
12	0 2	0 12	0 22	0 32	0 41	0 51	1 1	1 11	1 21	1 31	1 41	1 50
13	0 2	0 12	0 22	0 32	0 42	0 51	1 1	1 11	1 21	1 31	1 41	1 51
14	0 2	0 12	0 22	0 32	0 42	0 52	1 1	1 11	1 21	1 31	1 41	1 51
15	0 2	0 12	0 22	0 32	0 42	0 52	1 2	1 11	1 21	1 31	1 41	1 51
16	0 3	0 12	0 22	0 32	0 42	0 52	1 2	1 12	1 21	1 31	1 41	1 51
17	0 3	0 13	0 23	0 32	0 42	0 52	1 2	1 12	1 22	1 32	1 41	1 51
18	0 3	0 13	0 23	0 33	0 42	0 52	1 2	1 12	1 22	1 32	1 42	1 51
19	0 3	0 13	0 23	0 33	0 43	0 52	1 2	1 12	1 22	1 32	1 42	1 52
20	0 3	0 13	0 23	0 33	0 43	0 53	1 2	1 12	1 22	1 32	1 42	1 52
21	0 3	0 13	0 23	0 33	0 43	0 53	1 3	1 12	1 22	1 32	1 42	1 52
22	0 4	0 13	0 23	0 33	0 43	0 53	1 3	1 13	1 22	1 32	1 43	1 52
23	0 4	0 14	0 24	0 33	0 43	0 53	1 3	1 13	1 23	1 32	1 42	1 52
24	0 4	0 14	0 24	0 34	0 43	0 53	1 3	1 13	1 23	1 33	1 43	1 52
25	0 4	0 14	0 24	0 34	0 44	0 53	1 3	1 13	1 23	1 33	1 43	1 53
26	0 4	0 14	0 24	0 34	0 44	0 54	1 3	1 13	1 23	1 33	1 43	1 53
27	0 4	0 14	0 24	0 34	0 44	0 54	1 4	1 13	1 23	1 33	1 43	1 53
28	0 5	0 14	0 24	0 34	0 44	0 54	1 4	1 14	1 23	1 33	1 43	1 53
29	0 5	0 15	0 25	0 34	0 44	0 54	1 4	1 14	1 24	1 33	1 43	1 53
30	0 5	0 15	0 25	0 34	0 44	0 54	1 4	1 14	1 24	1 34	1 43	1 53
31	0 5	0 15	0 25	0 35	0 45	0 54	1 4	1 14	1 24	1 34	1 44	1 54
32	0 5	0 15	0 25	0 35	0 45	0 55	1 4	1 14	1 24	1 34	1 44	1 54
33	0 5	0 15	0 25	0 35	0 45	0 55	1 5	1 14	1 24	1 34	1 44	1 54
34	0 6	0 16	0 25	0 35	0 45	0 55	1 5	1 15	1 24	1 34	1 44	1 54
35	0 6	0 16	0 26	0 35	0 45	0 55	1 5	1 15	1 25	1 34	1 44	1 54
36	0 6	0 16	0 26	0 35	0 45	0 55	1 5	1 15	1 25	1 35	1 44	1 54
37	0 6	0 16	0 26	0 36	0 46	0 55	1 5	1 15	1 25	1 35	1 45	1 54
38	0 6	0 16	0 26	0 36	0 46	0 56	1 5	1 15	1 25	1 35	1 45	1 55
39	0 6	0 16	0 26	0 36	0 46	0 56	1 6	1 15	1 25	1 35	1 45	1 55
40	0 7	0 16	0 26	0 36	0 46	0 56	1 6	1 16	1 25	1 35	1 45	1 55
41	0 7	0 17	0 27	0 36	0 46	0 56	1 6	1 16	1 26	1 35	1 45	1 55
42	0 7	0 17	0 27	0 36	0 46	0 56	1 6	1 16	1 26	1 36	1 45	1 55
43	0 7	0 17	0 27	0 37	0 46	0 56	1 6	1 16	1 26	1 36	1 46	1 55
44	0 7	0 17	0 27	0 37	0 47	0 57	1 6	1 16	1 26	1 36	1 46	1 56
45	0 7	0 17	0 27	0 37	0 47	0 57	1 7	1 16	1 26	1 36	1 46	1 56
46	0 8	0 18	0 27	0 37	0 47	0 57	1 7	1 17	1 26	1 36	1 46	1 56
47	0 8	0 18	0 28	0 37	0 47	0 57	1 7	1 17	1 27	1 36	1 46	1 56
48	0 8	0 18	0 28	0 37	0 47	0 57	1 7	1 17	1 27	1 37	1 46	1 56
49	0 8	0 18	0 28	0 38	0 47	0 57	1 7	1 17	1 27	1 37	1 47	1 56
50	0 8	0 18	0 28	0 38	0 48	0 57	1 7	1 17	1 27	1 37	1 47	1 57
51	0 8	0 18	0 28	0 38	0 48	0 58	1 8	1 17	1 27	1 37	1 47	1 57
52	0 9	0 18	0 28	0 38	0 48	0 58	1 8	1 18	1 27	1 37	1 47	1 57
53	0 9	0 19	0 29	0 38	0 48	0 58	1 8	1 18	1 28	1 37	1 47	1 57
54	0 9	0 19	0 29	0 38	0 48	0 58	1 8	1 18	1 28	1 38	1 47	1 57
55	0 9	0 19	0 29	0 39	0 48	0 58	1 8	1 18	1 28	1 38	1 48	1 57
56	0 9	0 19	0 29	0 39	0 49	0 58	1 8	1 18	1 28	1 38	1 48	1 58
57	0 9	0 19	0 29	0 39	0 49	0 59	1 9	1 18	1 28	1 38	1 48	1 58
58	0 10	0 19	0 29	0 39	0 49	0 59	1 9	1 19	1 28	1 38	1 48	1 58
59	0 10	0 20	0 29	0 39	0 49	0 59	1 9	1 19	1 29	1 38	1 48	1 58
60	0 10	0 20	0 30	0 39	0 49	0 59	1 9	1 19	1 29	1 39	1 48	1 58

12h		13h		14h		15h		16h		17h		18h		19h		20h		21h		22h		23h		MIN
m	s	m	s	m	s	m	s	m	s	m	s	m	s	m	s	m	s	m	s	m	s	m	s	
1	58	2	8	2	18	2	28	2	38	2	48	2	57	3	7	3	17	3	27	3	37	3	47	0
1	58	2	8	2	18	2	28	2	38	2	48	2	58	3	7	3	17	3	27	3	37	3	47	1
1	59	2	8	2	18	2	28	2	38	2	48	2	58	3	8	3	17	3	27	3	37	3	47	2
1	59	2	9	2	18	2	28	2	38	2	48	2	58	3	8	3	18	3	27	3	37	3	47	3
1	59	2	9	2	19	2	29	2	38	2	48	2	58	3	8	3	18	3	28	3	37	3	47	4
1	59	2	9	2	19	2	29	2	39	2	48	2	58	3	8	3	18	3	28	3	38	3	48	5
1	59	2	9	2	19	2	29	2	39	2	49	2	58	3	8	3	18	3	28	3	38	3	48	6
1	59	2	9	2	19	2	29	2	39	2	49	2	59	3	8	3	18	3	28	3	38	3	48	7
1	60	2	9	2	19	2	29	2	39	2	49	2	59	3	8	3	18	3	28	3	38	3	48	8
1	60	2	10	2	19	2	29	2	39	2	49	2	59	3	9	3	19	3	28	3	38	3	48	9
1	60	2	10	2	20	2	29	2	39	2	49	2	59	3	9	3	19	3	29	3	38	3	48	10
2	0	2	10	2	20	2	30	2	40	2	49	2	59	3	9	3	19	3	29	3	39	3	49	11
2	0	2	10	2	20	2	30	2	40	2	50	2	59	3	9	3	19	3	29	3	39	3	49	12
2	0	2	10	2	20	2	30	2	40	2	50	2	60	3	9	3	19	3	29	3	39	3	49	13
2	1	2	10	2	20	2	30	2	40	2	50	2	60	3	0	3	19	3	29	3	39	3	49	14
2	1	2	11	2	20	2	30	2	40	2	50	2	60	3	0	3	20	3	29	3	39	3	49	15
2	1	2	11	2	21	2	30	2	40	2	50	3	0	3	0	3	20	3	30	3	39	3	49	16
2	1	2	11	2	21	2	31	2	40	2	50	3	0	3	0	3	20	3	30	3	40	3	49	17
2	1	2	11	2	21	2	31	2	41	2	51	3	0	3	0	3	20	3	30	3	40	3	50	18
2	1	2	11	2	21	2	31	2	41	2	51	3	1	3	0	3	20	3	30	3	40	3	50	19
2	2	2	11	2	21	2	31	2	41	2	51	3	1	3	11	3	20	3	30	3	40	3	50	20
2	2	2	12	2	21	2	31	2	41	2	51	3	1	3	11	3	21	3	30	3	40	3	50	21
2	2	2	12	2	22	2	31	2	41	2	51	3	1	3	11	3	21	3	31	3	40	3	50	22
2	2	2	12	2	22	2	32	2	41	2	51	3	1	3	11	3	21	3	31	3	41	3	50	23
2	2	2	12	2	22	2	32	2	42	2	52	3	1	3	11	3	21	3	31	3	41	3	51	24
2	2	2	12	2	22	2	32	2	42	2	52	3	2	3	11	3	21	3	31	3	41	3	51	25
2	3	2	12	2	22	2	32	2	42	2	52	3	2	3	12	3	21	3	31	3	41	3	51	26
2	3	2	13	2	22	2	32	2	42	2	52	3	2	3	12	3	22	3	31	3	41	3	51	27
2	3	2	13	2	23	2	32	2	42	2	52	3	2	3	12	3	22	3	32	3	41	3	51	28
2	3	2	13	2	23	2	33	2	42	2	52	3	2	3	12	3	22	3	32	3	42	3	51	29
2	3	2	13	2	23	2	33	2	43	2	52	3	2	3	12	3	22	3	32	3	42	3	52	30
2	3	2	13	2	23	2	33	2	43	2	53	3	3	3	12	3	22	3	32	3	42	3	52	31
2	4	2	13	2	23	2	33	2	43	2	53	3	3	3	13	3	22	3	32	3	42	3	52	32
2	4	2	14	2	23	2	33	2	43	2	53	3	3	3	13	3	23	3	32	3	42	3	52	33
2	4	2	14	2	24	2	33	2	43	2	53	3	3	3	13	3	23	3	33	3	42	3	52	34
2	4	2	14	2	24	2	34	2	43	2	53	3	3	3	13	3	23	3	33	3	43	3	52	35
2	4	2	14	2	24	2	34	2	44	2	53	3	3	3	13	3	23	3	33	3	43	3	53	36
2	4	2	14	2	24	2	34	2	44	2	54	3	3	3	13	3	23	3	33	3	43	3	53	37
2	5	2	14	2	24	2	34	2	44	2	54	3	4	3	14	3	23	3	33	3	43	3	53	38
2	5	2	15	2	24	2	34	2	44	2	54	3	4	3	14	3	24	3	33	3	43	3	53	39
2	5	2	15	2	25	2	34	2	44	2	54	3	4	3	14	3	24	3	34	3	43	3	53	40
2	5	2	15	2	25	2	35	2	44	2	54	3	4	3	14	3	24	3	34	3	44	3	53	41
2	5	2	15	2	25	2	35	2	45	2	54	3	4	3	14	3	24	3	34	3	44	3	54	42
2	5	2	15	2	25	2	35	2	45	2	55	3	4	3	14	3	24	3	34	3	44	3	54	43
2	6	2	15	2	25	2	35	2	45	2	55	3	5	3	15	3	24	3	34	3	44	3	54	44
2	6	2	16	2	25	2	35	2	45	2	55	3	5	3	15	3	25	3	34	3	44	3	54	45
2	6	2	16	2	26	2	35	2	45	2	55	3	5	3	15	3	25	3	35	3	45	3	54	46
2	6	2	16	2	26	2	36	2	45	2	55	3	5	3	15	3	25	3	35	3	45	3	54	47
2	6	2	16	2	26	2	36	2	46	2	55	3	5	3	15	3	25	3	35	3	45	3	55	48
2	6	2	16	2	26	2	36	2	46	2	56	3	5	3	15	3	25	3	35	3	45	3	55	49
2	6	2	16	2	26	2	36	2	46	2	56	3	6	3	15	3	25	3	35	3	45	3	55	50
2	7	2	17	2	26	2	36	2	46	2	56	3	6	3	16	3	26	3	35	3	45	3	55	51
2	7	2	17	2	27	2	36	2	46	2	56	3	6	3	16	3	26	3	36	3	45	3	55	52
2	7	2	17	2	27	2	37	2	46	2	56	3	6	3	16	3	26	3	36	3	46	3	55	53
2	7	2	17	2	27	2	37	2	47	2	56	3	6	3	16	3	26	3	36	3	46	3	56	54
2	7	2	17	2	27	2	37	2	47	2	57	3	6	3	16	3	26	3	36	3	46	3	56	55
2	7	2	17	2	27	2	37	2	47	2	57	3	7	3	16	3	26	3	36	3	46	3	56	56
2	8	2	17	2	27	2	37	2	47	2	57	3	7	3	17	3	26	3	36	3	46	3	56	57
2	8	2	18	2	28	2	37	2	47	2	57	3	7	3	17	3	27	3	37	3	46	3	56	58
2	8	2	18	2	28	2	38	2	47	2	57	3	7	3	17	3	27	3	37	3	47	3	56	59
2	8	2	18	2	28	2	38	2	48	2	57	3	7	3	17	3	27	3	37	3	47	3	57	60

Tabela das Zonas Horárias Padrão Propostas
(separadas por meridiano)

Cortesia de Lois Rodden

NOME DA ZONA	Abrev. Zona	Abrev. Zona (Rodden)	Meridiano (Taeger)	GMT Offset
New Zealand Standard Time	NZT	NZT	180 East	-12:00
New Zealand Daylight Time	NZDT	NZT/S	180East	-13:00
Old New Zealand Standard Time	ONZT	OZT	172:30 East	-11:30
Old New Zealand Daylight Time	ONZD	OZT/S	172:30 East	-12:00
Russia Zone 10 Standard Time	R11S	Z11	165 East	-11:00
Russia Zone 10 Daylight Time	R11D	Z11/S	165 East	-12:00
Russia Zone 10 War Time	R11W	Z11/S	165 East	-12:00
Australia South Standard Time	ASST	ASST	157:30 East	-10:30
Australia South Daylight Time	ASDT	ASST/S	157:30 East	-11:30
Australia Eastern Standard Time	AEST	AEST	150 East	-10:00
Australia Eastern Daylight Time	AEDT	AEST/S	150 East	-11:00
Australia Central Standard Time	ACST	ACST	142:30 East	-09:30
Australia Central Daylight Time	ACDT	ACST/S	142:30 East	-10:30
Japan Standard Time	JST	JST	135 East	-09:00
Japan Daylight Time	JDT	JST/S	135 East	-10:00
Japan War Time	JWT	JST/S	135 East	-10:00
Australia Western Standard Time	AWST	AWST	120 East	-08:00
Australia Western Daylight Time	AWDT	AWST/S	120 East	-09:00
Java Standard Time	JVT	JVT	112:30 East	-07:30
Java Daylight Time	JVDT	JVT/S	112:30 East	-08:30
South Sumatra Standard Time	SST	SST	105 East	-07:00
South Sumatra Daylight Time	SSDT	SST/S	105 East	-08:00
North Sumatra Standard Time	NST	NST	97:30 East	-06:30
North Sumatra Daylight Time	NSDT	NST/S	97:30 East	-07:30
Russia Zone 5 Standard Time	R5T	R5T	90 East	-06:00
Russia Zone 5 Daylight Time	R5DT	R5T/S	90 East	-07:00
Russia Zone 5 War Time	R5WT	R5T/S	90 East	-07:00
India Standard Time	IST	IST	82:30 East	-05:30
India Daylight Time	IDT	IST/S	82:30 East	-06:30
India War Time	IWT	IST/S	82:30 East	-06:30

NOME DA ZONA	Abrev. Zona	Abrev. Zona (Rodden)	Meridiano (Taeger)	GMT Offset
Russia Zone 4 Standard Time	**R4T**	R4T	75 East	**-05:00**
Russia Zone 4 Daylight Time	R4DT	R4T/S	75 East	-06:00
Russia Zone 4 War Time	R4WT	R4T/S	75 East	-06:00
Russia Zone 3 Standard Time	**R3T**	R3T	60 East	**-04:00**
Russia Zone 3 Daylight Time	R3DT	R3T/S	60 East	-05:00
Russia Zone 3 War Time	R3WT	R3T/S	60 East	-05:00
Iran Standard Time	**IRT**	IRT	52:30 East	**-03:30**
Iran Daylight Time	IRDT	IRT/S	52:30 East	-04:30
Baghdad Standard Time	**BGT**	BGT	45 East	**-03:00**
Baghdad Daylight Time	BGDT	BGT/S	45 East	-04:00
Kenya Standard Time	**KET**	KET	37:30 East	**-02:30**
Eastern European Standard Time	**EET**	EET	30 East	**-02:00**
Eastern European Daylight Time	EEDT	EET/S	30 East	-03:00
Eastern European War Time	EEWT	EET/S	30 East	-03:00
Middle European Standard Time	**MET**	MET	15 East	**-01:00**
Middle European Daylight Time	MEDT	MET/S	15 East	-02:00
Middle European War Time	MEWT	MET/S	15 East	-02:00
Middle European Double Summer Time	MDST	MET/DS	15 East	-03:00
Greenwich Mean Time/ Universal Time	**GMT/UT**	WET/UT	0	**+00:00**
Western European Time				
Greenwich Daylight Time/ Western European Summer Time	GDT	WET/S	0	-01:00
Greenwich War Time/ Western European Summer Time	GWT	WET/S	0	-01:00
Greenwich Double War Time/ Western European Double Summer Time	GDWT	WET/DS	0	-02:00
West Africa Standard Time	**WAT**	WAT	15 West	**+01:00**
West Africa Daylight Time	WADT	WAT/S	15 West	+00:00
Azores Standard Time	**AZT**	AZT	30 West	**+02:00**
Azores Daylight Time	AZDT	AZT/S	30 West	+01:00
Azores War Time	AZWT	AZT/S	30 West	+01:00
Brazil Zone 2 Standard Time	**BZT**	BZT	45 West	**+03:00**

NOME DA ZONA	Abrev. Zona	Abrev. Zona (Rodden)	Meridiano (Taeger)	GMT Offset
Brazil Zone 2 Daylight Time	BZDT	BZT/S	45 West	+02:00
Newfoundland Standard Time	**NFT**	**NFT**	**52:30 West**	**+03:30**
Newfoundland Daylight Time	NFDT	NFT/S	52:30 West	+02:30
Newfoundland War Time	NFWT	NFT/S	52:30 West	+02:30
Atlantic Standard Time	**AST**	**AST**	**60 West**	**+04:00**
Atlantic Daylight Time	ADT	AST/S	60 West	+03:00
Atlantic War Time	AWT	AST/D	60 West	+03:00
Eastern Standard Time	**EST**	**EST**	**75 West**	**+05:00**
Eastern Daylight Time	EDT	EST/S	75 West	+04:00
Eastern War Time	EWT	EST/S	75 West	+04:00
Central Standard Time	**CST**	**CST**	**90 West**	**+06:00**
Central Daylight Time	CDT	CST/S	90 West	+05:00
Central War Time	CWT	CST/S	90 West	+05:00
Mountain Standard Time	**MST**	**MST**	**105 West**	**+07:00**
Mountain Daylight Time	MDT	MST/S	105 West	+06:00
Mountain War Time	MWT	MST/S	105 West	+06:00
Pacific Standard Time	**PST**	**PST**	**120 West**	**+08:00**
Pacific Daylight Time	PDT	PST/S	120 West	+07:00
Pacific War Time	PWT	PST/S	120 West	+07:00
Yukon Standard Time	**YST**	**YST**	**135 West**	**+09:00**
Yukon Daylight Time	YDT	YST/S	135 West	+08:00
Yukon War Time	YWT	YST/S	135 West	+08:00
Alaska-Hawaii Standard Time	**AHST**	**AHT**	**150 West**	**+10:00**
Alaska-Hawaii Daylight Time	AHDT	AHT/S	150 West	+09:00
Alaska-Hawaii War Time	AHWT	AHT/S	150 West	+09:00
Hawaii Standard Time	**HST**	**HST**	**157:30 West**	**+10:30**
Hawaii Daylight Time	HDT	HST/S	157:30 West	+09:30
Hawaii War Time	HWT	HST/S	157:30 West	+09:30
Nome-Bering Standard Time	**NAT**	**NAT**	**165 West**	**+11:00**
International Date Line East	**IDLE**	**IDLE**	**180 East**	**-12:00**
International Date Line West	**IDLW**	**IDLW**	**180 West**	**+12:00**

Ausência do Elemento Terra

Joan MacEvers
7 de fevereiro de 1925
3:34 CST
Chicago, Illinois, EUA
41N52   87O39

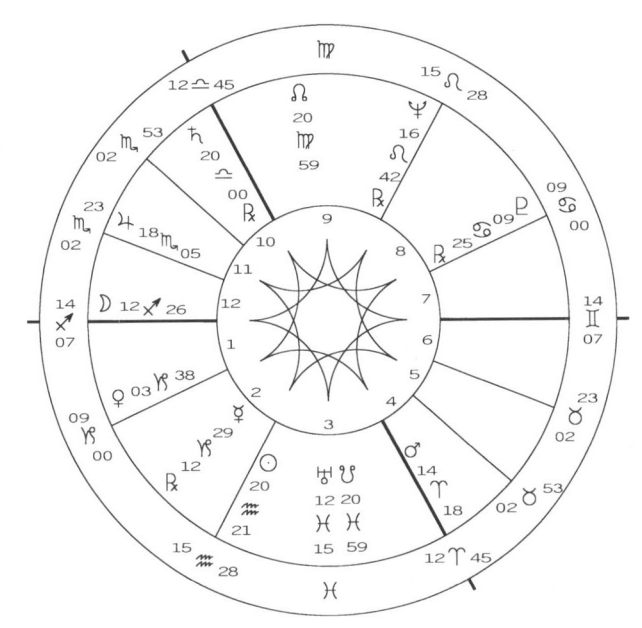

Marion D. March
10 de fevereiro de 1923
3:46 MET
Nurnburg, Alemanha
49N27   11L04

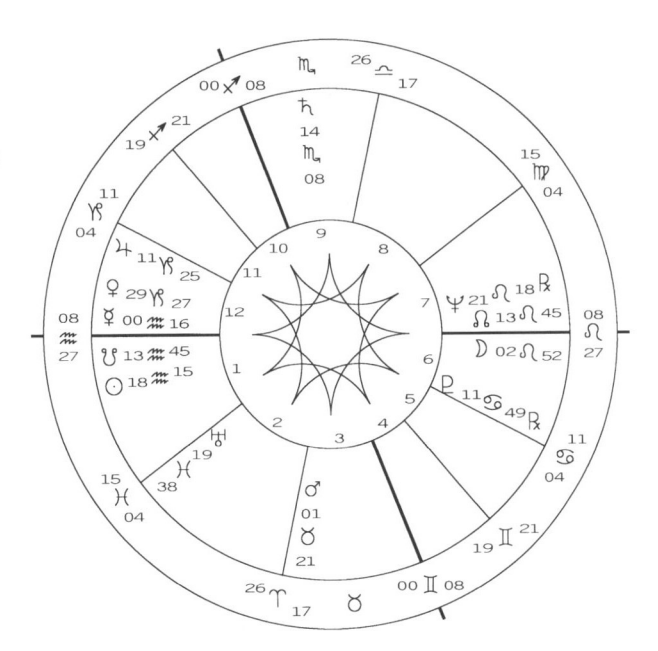

Impresso por :

gráfica e editora
Tel.:11 2769-9056